UTB **3085**

D1726487

Eine Arbeitsgemeinschaft der Verlage

Böhlau Verlag · Köln · Weimar · Wien
Verlag Barbara Budrich · Opladen · Farmington Hills
facultas.wuv · Wien
Wilhelm Fink · München
A. Francke Verlag · Tübingen und Basel
Haupt Verlag Bern · Stuttgart · Wien
Julius Klinkhardt Verlagsbuchhandlung · Bad Heilbrunn
Lucius & Lucius Verlagsgesellschaft · Stuttgart
Mohr Siebeck · Tübingen
C. F. Müller Verlag · Heidelberg
Orell Füssli Verlag · Zürich
Verlag Recht und Wirtschaft · Frankfurt am Main
Ernst Reinhardt Verlag · München · Basel
Ferdinand Schöningh · Paderborn · München · Wien · Zürich
Eugen Ulmer Verlag · Stuttgart
UVK Verlagsgesellschaft · Konstanz
Vandenhoeck & Ruprecht · Göttingen
vdf Hochschulverlag AG an der ETH Zürich

Rolf Walter

Einführung in die Wirtschafts- und Sozialgeschichte

BÖHLAU VERLAG KÖLN WEIMAR WIEN · 2008

Rolf Walter ist Professor für Wirtschafts- und Sozialgeschichte an der
Friedrich-Schiller-Universität Jena.

Für Anne

Bibliografische Information der Deutschen Bibliothek:

Die Deutsche Nationalbibliothek verzeichnet diese Publikation in der
Deutschen Nationalbibliografie; detaillierte bibliografische Daten sind
im Internet über http://dnb.ddb.de abrufbar.

ISBN 978-3-8252-3085-2 (UTB)
ISBN 978-3-412-20073-2 (Böhlau)

© 2008 by Böhlau Verlag GmbH & Cie, Köln Weimar Wien
Ursulaplatz 1, D-50668 Köln, www.boehlau.de

Einbandgestaltung: Atelier Reichert, Stuttgart
Satz: Satzpunkt Bayreuth, Bayreuth
Druck und Bindung: AALEXX Druck GmbH, Großburgwedel
Gedruckt auf chlor- und säurefreiem Papier
Printed in Germany

ISBN 978-3-8252-3085-2

Inhaltsverzeichnis

Vorwort

Zur ersten Auflage

Von Anfängern des Studiums der Wirtschafts- und Sozialgeschichte immer wieder nach einer leichtverständlichen Einführung und einer zusammenfassenden Darstellung meiner Lehrveranstaltungen befragt, entschied ich mich vor einigen Jahren, diesem Wunsch Rechnung zu tragen und an die Abfassung eines Manuskripts zu gehen, dessen Schlusspunkt zu setzen ich jetzt erst den Mut fand. Dies geschah in der Einsicht, dass ein solches Vorhaben nie im engeren Sinne als „fertig" oder „abgeschlossen" angesehen werden kann; zu viele neue Ergebnisse werden in unserem Fach laufend vorgelegt, als dass ein Erkenntnisstand unverändert von dauerhafter Natur sein könnte.

Kein Semester vergeht ohne neue Erträge der Forschung und des wissenschaftlichen Unterrichts. Kein Studienjahr ohne interessante neue Hypothese, und der Weg der Wissenschaft führt ja – wie einmal ein kluger Volkswirt sagte – über Leichen von Hypothesen. Soll heißen: ohne Hypothesen keine Theorien. Neuen Hypothesen und somit Theorien muss aber allemal eine gründliche Bestandsaufnahme der vorhandenen Forschungsfelder und die Feststellung des Forschungsstandes in denselben vorangehen. Dazu soll vorliegendes Buch nützliche Hinweise bieten und darüber hinaus in dem interessierten Studenten oder Geschichtslehrer das Nachdenken über neue Gegenstände der Wirtschafts- und Sozialgeschichte anregen. Die Wirtschafts- und Sozialgeschichte wurde mit Absicht um die wichtigsten Grundzüge der Technikgeschichte erweitert in dem Bewusstsein, dass viele wirtschaftliche und soziale Entwicklungen ohne den technikhistorischen Hintergrund schwer begreifbar sind bzw. kaum plausibel erklärt werden können. Die diesbezüglichen Abschnitte können und sollen jedoch eine eigene Einführung in die Technikgeschichte nicht ersetzen.

Die Einführung folgt keinem streng chronologischen Konzept, sondern ist strukturhistorisch und themenorientiert angelegt. An verschiedenen Stellen des Textes finden sich sog. „Telegramme". Sie sollen dem Leser das behandelte Stoffgebiet gebündelt und auf die wesentlichsten Basisinformationen reduziert darbringen. Es handelt sich um Nachrichten in der kürzestmöglichen Form, die

z. B. dem Lernenden bei der Wiederholung ein kurzes „Durchchecken" des Stoffes und die Konstruktion geistiger Brückenpfeiler erleichtern sollen.

Sollte dieses Buch Impulse setzen und Interesse für die Wirtschafts- und Sozialgeschichte entwickeln helfen, wäre dies ein schöner Erfolg und würde allein schon die Mühe der Niederschrift und der gezielten Auswahl als besonders wesentlich erachteter Sachverhalte gerechtfertigt erscheinen lassen.

Es dient also mehr der Anregung und Förderung der Vorstellungskraft, weniger der Vertiefung. Es soll Probleme und Sachverhalte benennen und zum weiteren Lesen und Lernen animieren. Es soll auf Forschungslücken hinweisen, wird sie jedoch im Großen und Ganzen nicht ausfüllen können. Es soll Einblick geben in die Werkstatt des Historikers und das Werkzeug zur Verfügung stellen, teilweise auch fertige Werkstücke präsentieren, die der anschauliche Maßstab weiteren Tuns sein können. Vielleicht ist die Einführung gut genug, um für ein Fach zu werben, das gleichermaßen in den Philosophischen und den Wirtschafts- und Sozialwissenschaftlichen Fakultäten beheimatet ist und sich zuweilen heftiger Zugriffe der Vertreter der „reinen" Lehren in den jeweiligen Fachbereichen zu erwehren hat, die in ihrer hochspezialisierten Verengung die faszinierende Erkenntniswelt gesamthistorischer Zusammenhänge geringschätzen.

Vorliegende Schrift ist ein Anfang und wird sich als verbesserungswürdig herausstellen, dessen bin ich mir bewusst. Alle potentiellen Fehler liegen in meiner Verantwortung. Für kritische Hinweise und Verbesserungsvorschläge bin ich jederzeit offen und stets dankbar. Herrn Dr. Norbert H. Schneeloch sowie Herrn Dipl.-Hdl. Albert Fischer danke ich für die Freundlichkeit der sach- und sprachkundigen Durchsicht des Manuskripts. Dank gebührt darüber hinaus Herrn Michael Werner vom Verlag Schöningh, der die Entstehung dieses Buches stets mit konstruktiver Kritik und wohlwollenden Ratschlägen begleitete.

Jena, im Herbst 1993   *Rolf Walter*

Zur zweiten Auflage

Dem im Vorwort zur 1. Auflage geäußerten Wunsch nach konstruktiver Kritik und gut gemeintem Rat ist von vielen sachkundigen Personen entsprochen worden. Dafür habe ich sehr zu danken. Diese Anregungen sowie eine Vielzahl neuer Forschungserträge aus den letzten Jahren finden nun in der vorliegenden zweiten Auflage gebührende Berücksichtigung. Der Text wurde da gestrafft, wo offensichtlich Überlängen auftraten, er wurde dort erweitert, wo die Ausführungen allzu knapp ausgefallen waren. Im Übrigen galt es, den neuesten Forschungs- und Literaturstand einzufangen und auf neue Erkenntnisinteressen und „Paradigmen" hinzuweisen. Schließlich kommt das neue, großzügige Design der UTB-Studienbücher dem Anspruch besonders entgegen, Form und Inhalt der Darstellung noch mehr Struktur zu verleihen. Es sollte dies auch ein gutes Omen und Entgegenkommen für die hoffentlich wieder zahlreichen Benutzer dieser Einführung sein. Und also sehe ich betroffen, den Vorhang auf, und möchte hoffen, der aufgeschlossenen Leser mögens viele sein, der garstigen Kritiken wenige.

Jena, im Frühjahr 2008 *Rolf Walter*

1. Erkenntnisinteressen

> *„Es ist gewissermaßen das Unglück der Geschichts-*
> *wissenschaft, dass die Gemeingefährlichkeit des Mediziners ohne*
> *anatomische Kenntnisse so viel leichter erkennbar ist als die des*
> *Historikers oder auch Geschichtslehrers, der nicht imstande ist, die*
> *Dokumente, denen er etwas entnehmen soll, zu lesen."*
> (H. BOOCKMANN, Einführung, S. 9)

Wirtschaftswissenschaftliche Sachverhalte müssen der Deutlichkeit und Ver-
ständlichkeit wegen oft im historischen Kontext betrachtet werden. Die Wirtschaft ist der gemeinsame Betrachtungsgegenstand der Wirtschaftsgeschichte
und der Wirtschaftswissenschaften. Zwischen beiden besteht eine enge Interdependenz, wobei es dem Wirtschaftshistoriker darum geht, bestimmte Determinanten der Ökonomie hervorzuheben und chronologisch zusammenhängend darzustellen.

So wichtig es ist, die Geschichte stets aufs Neue mit auf Gegenwart und
Zukunft gerichtetem Blickwinkel zu befragen, so sehr sollte man sich dessen
bewusst sein, dass hierin der Keim unzulässiger Schlussfolgerungen und Gene-
ralisierungen liegt. Es gibt keine Situation im Zeitpunkt x + 1, die mit jener zum
Zeitpunkt x in der Geschichte identisch sein könnte – nicht einmal zufällig.
Aber es gibt kollektive und individuelle Erfahrungen, Bündel von Variablen,
bemerkenswerte Ähnlichkeiten, raum-zeitliche Prägungen und sonstige
Bedingtheiten, um deren gründliche Analyse und unvoreingenommenes Sinn-
verstehen es dem Historiker gehen muss. Die evolutorische Theorie spricht in
diesem Zusammenhang summarisch von „Pfadabhängigkeiten".

Im Kapitel über die Beziehung der Wirtschafts- und Sozialgeschichte zu
anderen Fächern werden Beispiele aufgeführt, die einerseits die Bedeutung der
Wirtschaftsgeschichte für die Wirtschaftswissenschaften und umgekehrt die
Bedeutung der Wirtschaftswissenschaften für die Wirtschaftsgeschichte zu be-
legen vermögen und andererseits das gegenseitige Bedingungsverhältnis von
Sozialgeschichte und Sozialwissenschaften aufzeigen sollen. Die Wirtschafts-
geschichte mag in den Augen der Wirtschaftswissenschaften als empirische
Hilfswissenschaft angesehen werden. Sie ist es, insoweit sie der Gegenwarts-

wissenschaft Daten bietet, aber sie ist es nicht nur. Vielmehr ist auch sie eine eigenständige Disziplin mit eigenen Methoden und Erkenntnisinteressen, wie an anderer Stelle noch zu zeigen sein wird.

Was das Verhältnis der Wirtschafts- zur Sozialgeschichte anlangt, wurde dies von Clemens Bauer einmal folgendermaßen beschrieben: „Unbestreitbar besitzen Wirtschafts- und Sozialgeschichte einen hohen Grad von Komplementarität bzw. sind in wesentlichen Dingen aufeinander angewiesen, aber sie sind doch zwei selbstständige Disziplinen des historischen Zweiges der Sozialwissenschaften." (BAUER, Wirtschafts- und Sozialgeschichte, Sp. 838). Es soll jedoch nicht unerwähnt bleiben, dass es auch Autoren gibt, die – in der angelsächsischen Tradition stehend – Wirtschafts- und Sozialgeschichte weniger als Parallele, sondern eher als Kontrast sehen, eine innere Einheit also nicht betonen. In Großbritannien und den USA findet sich so häufig die Trennung von *Social history* und *Economic history*, von letzterer häufig noch unterschieden die *Business history*.

Geschichte kennt kein methodisches Rechenverfahren, und man sollte es lassen, sie in einem logischen Sinne zu „kausalisieren". Es gibt keinen nachprüfbaren historischen Prozess, der quasi naturnotwendig auf den anderen folgen müsste. Der Französischen Revolution lag wohl ebensowenig ein Algorithmus zugrunde wie der deutschen von 1989. Wer nur die „kausale Ergiebigkeit" der Folge oder Verbindung im historischen Datenmaterial sucht (CONRAD/MEYER. In: Wehler, Ökonomie, S. 144), geht von der (falschen) Unterstellung aus, es gäbe solche zwingenden Kausalitäten. Wenn es sie denn gäbe, wäre jeder Historiker der beste Futurologe. Beim Verlauf der Geschichte und bei der wirtschaftlichen und gesellschaftlichen Entwicklung handelt es sich eben um nicht-algorithmische Prozesse, also solche, die keinem festen Schema folgen. Dass es hingegen Entwicklungsähnlichkeiten, strukturelle Analogien, gibt, ist kaum zu bestreiten. Sie zu erforschen gehört zu den faszinierendsten Aufgaben der Wirtschafts- und Sozialgeschichte.

Die bisherigen kurzen Ausführungen haben vielleicht bereits verdeutlicht, wie breit und komplex das Forschungs- und Arbeitsfeld der Geschichte, besonders der Wirtschafts- und Sozialgeschichte ist. Im Vordergrund steht das chronologische Erfassen wirtschaftlicher und gesellschaftlicher Daten und Prozesse sowie die querschnittsmäßige (vertikale oder horizontale) Heraushebung der sie prägenden Strukturen und Elemente. Dies geschieht in dem Bestreben, die einzelnen Komponenten nicht isoliert zu betrachten, sondern sie in einen Gesamtzusammenhang zu stellen, d. h. festzustellen, inwieweit sich die Zustände und Strukturen in lang-, mittel- und kurzfristigen Schwankungen bewegen oder ob sie möglicherweise einfach der Bewegung der Natur folgen. Auch geht es darum, Dialektiken und daraus resultierende Spannungen zu beobachten und zu erklären.

Die Denkrichtung des Historikers sollte nicht starr, sondern gleichermaßen prospektiv wie retrospektiv sein („Perspektive durch Retrospektive"), wobei einzelne theoretische oder praktische Leistungen in der Wirtschaft und Gesellschaft als Teil eines Gesamtbildes aufzufassen sind, das er nie aus seinem Blickfeld verlieren sollte. Dies gilt heute in ganz besonderem Maße, da die zunehmende Spezialisierung allzu leicht dazu führt, den „Horizont" zu verlieren, d. h. die Fähigkeit, Dinge in größeren Zusammenhängen zu sehen, in die sich die historische Realität einfügt.

Mit dem „Horizont" ist auch die Frage der „Grenzen" angesprochen. Zur Erschließung neuer Horizonte ist es notwendig, bestimmte Grenzen durch neuartige Fragestellungen zu überschreiten oder sich zumindest der Relativität von Grenzen bewusst zu sein, deren Überwindung die Chance neuer Einsichten, also beachtlicher kognitiver Effekte, in sich birgt. Konkret beinhaltet dies die Forderung an den Historiker, sich ständig mit neuen Sichten konfrontieren zu lassen und durch Offenheit Paradigmenwechsel zu ermöglichen und neue Erkenntnisinteressen zu formulieren. Geschichte wird hier also verstanden als offenes und komplexes System.

Am Ende gilt für jeden Wissenschaftler, für den Historiker jedoch in besonderem Maße, das Postulat der Wertfreiheit im Sinne MAX WEBERS in den von ihm aufgezeigten Grenzen der Objektivität. Sie verlangt von ihm das Freimachen von subjektiven, ideologischen oder dogmatischen Präferenzen. Ein Gebot der wissenschaftlichen Redlichkeit ist es ferner, dass sich Aussagen und Schlussfolgerungen – sofern nicht nur als nicht zu überprüfende Hypothese formuliert – aus Quellen, nach Möglichkeit aus mehreren verschiedenen Quellen, schlüssig nachweisen lassen. Kaum zu verhindern jedoch ist die Subjektivierung der Forschung durch Wissen, Wesen und die apriorischen Überzeugungen des einzelnen Forschers. Daneben ist die Gegenwart für den Historiker von spezifischem Einfluss und besonderer Wichtigkeit als Kriterium und Maßstab der Beziehungen zur Vergangenheit.

Der Historiker findet sich zuweilen in der Rolle des Detektivs und des Richters wieder. Der Detektiv sammelt Indizien, Beweisstücke, Befunde und hat es auch mit der Problematik des Brechens von Indizienketten zu tun, so wie der Geschichtswissenschaftler in seinem meistbesuchten Observationsfeld und Quellenlager, dem Archiv, Akten und Dokumente findet oder auch schmerzliche Datenlücken feststellen muss. In seiner Funktion als derjenige, der über die Geschichte ein Urteil abzugeben und dies zu begründen hat, also als Richter, kommt die Aufgabe des Bündelns aller Daten und des Abwägens unter

Beurteilung der Zuverlässigkeit von Quellen hinzu. Eine besondere Schwierigkeit ist meist die generelle Einseitigkeit der Überlieferung und die zeitliche Entfernung des Ereignisses, über das ein „Urteil" zu fällen ist. Erschwerend hinzu kommt zuweilen das Fehlen jeglichen Kausalzusammenhangs oder einer Rekonstruktionsmöglichkeit, die einer einfachen Logik folgt.

Die eingangs beschriebene Annahme des nicht Vorhandenseins eines Algorithmus begründet die Offenheit der Geschichte. Die Chronologie folgt wie gesagt keinem genau definierbaren und prognostizierbaren Ursache-Wirkungsverhältnis. Wie der Richter hat es der Historiker mit einem weiten Zustandsbzw. Ereignisraum zu tun, also mit „Zwischentönen" bzw. „Halbwahrheiten" und vieldeutigen Phänomenen.

Offenheit der Geschichte und Offenheit des Historikers seinem Gegenstand gegenüber heißt in dessen Werkstatt dann auch, dem Sparsamkeitstrend des ceteris-paribus-Modellierers zu widerstehen und wichtige erklärende Variablen nicht allzu früh auf dem Opfertisch der heuristischen oder formallogischen Konzeption preiszugeben. Das Ziel sollte es viel mehr sein, informationsarme Erklärungen zu vermeiden und durch die Zulassung einer vielseitigeren und komplexeren ganzheitlichen Sicht informationsreichere Erklärungen zu finden. Gemeint ist damit etwa das Argument von TONY LAWSON, dass die Welt stärker durch (recht persistente) demi-regularities charakterisiert sei als durch regularities, wie sie Positivisten allzu gerne und zu vereinfachend annehmen, nämlich feste (fixe) und messbare Größen. Geschichte als offenes System arbeitet also mit einem kontrastiven oder auch dialektischen Ansatz, der beispielsweise Aspekte der Neuheit oder der Überraschung einschließt und untersucht, worin die Gründe dafür liegen. Viele Arbeiten über historische Zäsuren folgen einem solchen kontrastiven Untersuchungsansatz. Dazu gehören die Kontextforschung und die komparative Wirtschaftsgeschichte, die in einem viel weiteren (zeitlichen, räumlichen und inhaltlichen) Evidenzrahmen modelliert sind als übliche ökonometrische Studien. Der detektivisch arbeitende Historiker kann kaum mögliche Faktoren ausschließen, am wenigsten qualitative Informationen in Beziehung auf soziale und politische Einflüsse und noch weniger Bedingungsfaktoren, die kognitiver, geno- oder phänotypischer Natur sind. Hier kommt häufig die Frage intrinsischer oder extrinsischer primärer Kausalität ins Spiel, d.h. ob Akteure aus eigenem Antrieb gestalten oder aber äußeren Anlässen, z.B. Zwangslagen, folgen. All dies verleiht der Wirklichkeit einen vielfältig erklärbaren (polyinterpretablen) Charakter und führt zu einer prinzipiellen Ergebnisoffenheit, d.h. mithin Bestreitbarkeit der Befunde. Das führt nicht selten zu der falschen Vorstellung, die Geschichts- bzw. Geisteswissenschaften arbeiteten nicht genügend präzise und systematisch.

Die Geschichtswissenschaft betrachtet Zustände und Zustandsräume anders als jene Naturwissenschaften, die nichts mit (denkenden) Lebewesen zu tun haben. Letztere beobachten ihren Gegenstand in der Regel lediglich von außen. Im gravierenden Unterschied dazu gibt es in den Humanwissenschaften die Schwierigkeit der adäquaten Berücksichtigung des „Innen" und „Außen". Jede Handlung hat eine Außen- und eine Innenseite. Die Außenseite repräsentiert alles sinnlich Wahrnehmbare, die Innenseite den dahinter liegenden Gedanken. Jedes historische Ereignis besteht aus der Einheit der Außen- und Innenseite. In der Regel nähert sich der Historiker seinem Gegenstand von der Außenseite und kommt zu Rückschlüssen auf bzw. über die Intentionen einer Handlung, d.h. auf die Innenseite. Je dichter die Erkenntnisse über die Außenseite sind, desto verlässlicher lässt sich daraus die Intention folgern. Die Aufgabe des Historikers ist demzufolge letztlich die Rekonstruktion der Idee. Dies haben schon JOHANN GUSTAV DROYSEN in seiner Geschichtstheorie (Historik) und WILHELM DILTHEY in seiner Arbeit über den Aufbau der geschichtlichen Welt in den Geisteswissenschaften so gesehen. In der Wirtschafts- und Sozialgeschichte, deren Hauptbetrachtungsgegenstand der wirtschaftende Mensch und dessen ökonomisches Entscheiden und Handeln aufgrund bestimmter Bedürfnisse und Motive ist, kommt der Ausleuchtung des Inneren, eben der Motive, eine zentrale Rolle zu. Bei der Rekonstruktion von Motiven ist der Wirtschaftshistoriker dabei an ein Kritierium gebunden, das zuweilen mit dem Begriff der psychologischen Kohärenz beschrieben wird. Hier geht es um eine Art Wahrscheinlichkeitsabschätzung des Auftretens von Motiven in bestimmten historischen Kontexten bzw. zu Annäherungen an den Idealtypus der historischen Wahrheit (wenn auch noch nicht der Gewissheit, die „nur" eine fehlbare intersubjektive Übereinstimmung darstellt).

Literatur

BAUER, Clemens: Wirtschafts- und Sozialgeschichte. In: Staatslexikon, 6. Aufl., Bd. 8, Freiburg 1963, Sp. 838–847; BECKER, Gary S.: Der ökonomische Ansatz zur Erklärung menschlichen Verhaltens, Tübingen 1982; BOOCKMANN, Hartmut: Einführung in die Geschichte des Mittelalters, 6. durchges. Aufl., München 2001; CONRAD, Alfred H./MEYER, John R.: Ökonomische Theorie, Statistik und Wirtschaftsgeschichte. In: H.-U. Wehler, Geschichte und Ökonomie, Köln 1973; DROYSEN, Johann Gustav: Historik. Krit. Ausg. von P. Leyh, Stuttgart 1977; ESCH, Arnold: Zeitalter und Menschenalter. Der Historiker und die Erfahrung vergangener Gegenwart, München 1998; ESCH, Arnold: Der Historiker und die Wirtschaftsgeschichte. In: Deutsches Archiv für Erforschung des Mittelalters, 43. Jg., Heft 1, Köln/Wien 1987, S. 1–27; GINZBURG, Carlo: Der Richter und der Historiker. Überlegungen zum Fall Sofri, Berlin 1991; GOERTZ, Hans-Jürgen: Umgang mit Geschichte. Eine Einführung in die Geschichtstheorie, Reinbek bei Hamburg 1995; LAWSON, Tony: Economics and Reality, Cambridge 1997; LORENZ, Chris: Konstruktion der Vergangenheit. Eine Einführung in die Geschichtstheorie, Köln/Weimar/Wien 1997; OEXLE, Otto G./RÜSEN, Jörn (Hg.): Historismus in den Kulturwissenschaften. Geschichtskonzepte, historische Einschätzungen, Grundlagenprobleme, Köln/Weimar/ Wien 1996; PINKSTONE, Brian: Critical Realism and Applied work in Economic History: Some Methodological Implications, Ms. 02/2002; SCHULZ, Günther u. a. (Hg.): Sozial- und Wirtschaftsgeschichte. Arbeitsgebiete, Probleme, Perspektiven. 100 Jahre Vierteljahrschrift für Sozial- und Wirtschaftsgeschichte (VSWG-Beihefte 169) Stuttgart 2004; WEBER, Max: Die „Objektivität" sozialwissenschaftlicher und sozialpolitischer Erkenntnis. In: Archiv für Sozialwissenschaft und Sozialpolitik, Bd. 19, 1904, S. 22–87.

2. Instrumentarien, Theorien und Methoden

2.1. Quellen und Instrumente

> *„In good traditional history, as in good scientific history,*
> *the quality of the work or sources alone decides the quality and*
> *the acceptability of the history written."*
> (GEOFFREY R. ELTON. *In: Robert W. Fogel/*
> *Geoffrey R. Elton, Views, S. 106).*

Auch wenn man die Auffassung von Elton nicht ganz teilen will, so gilt doch unbestritten: Quellen sind wesentliche Grundlage der geschichtswissenschaftlichen Erkenntnis, oder, um mit JOHANN GUSTAV DROYSEN zu sprechen, „alles und jedes, was die Spur von Menschengeist und Menschenhand an sich trägt". Wer Geschichte studiert, sollte daher Bescheid wissen über Quellenbegriff, Quellengruppen bzw. -gattungen, über Möglichkeiten zu deren Auffindung sowie über die Art und Weise, sie zu interpretieren.

Begrifflich kann man „Quelle" zunächst ruhig in der umgangssprachlichen Bedeutung fassen: Etwas, aus dem man (Erkenntnisse) schöpfen kann. Einschätzungen und Auffassungen über Quellen sind standpunktbezogen naturgemäß sehr unterschiedlich. Sie reichen von HENRY FORDS Einschätzung („Geschichte ist Müll") bis zu dem von LEOPOLD VON RANKE aufgezeigten Spannungsfeld zwischen totem Papier und Residuum des Lebens.

Was die Quellengruppen anlangt, so sind im Wesentlichen vier zu unterscheiden: schriftliche (Textquellen), mündliche (Tonband und andere akustische Datenträger), materielle (Sachgüter, Werke) sowie immaterielle (Tatsachen, Zustände). Die wesentlichsten Schriftquellen sind Akten (Geschäftsschriftgut), Urkunden (beglaubigte Schriftstücke rechtlicher Natur), Briefe (man denke auch an Wechselbriefe), Memoiren sowie Niederschläge der Publizistik (Flugblätter, Zeitungen etc.). Mündliche Quellen (z.B. Zeugenaussagen, Erinnerungen) sind seit der Erfindung von Tonträgersystemen konservierbar und damit zeitlich nachgelagert verwertbar. Sie bilden seitdem die Basis für eine neue historische Richtung, die *oral history*. Unter materiellen Quellen hat man sich Gebrauchsgegenstände (Geräte, Möbel, Geschirr, Bilder, Wappen,

Münzen, Waffen, Siegel etc.), Bauwerke, Siedlungen, Denkmäler und Kunst-
werke vorzustellen. Zu den immateriellen Quellen schließlich zählen Institutionen (Kirche, Staat etc.), Rechte (Erbschaft, Strafe etc.), Gebräuche (Riten,
Zeremonien, Handelsusancen, Maße und Gewichte etc.) und nicht zuletzt
Sprachen.

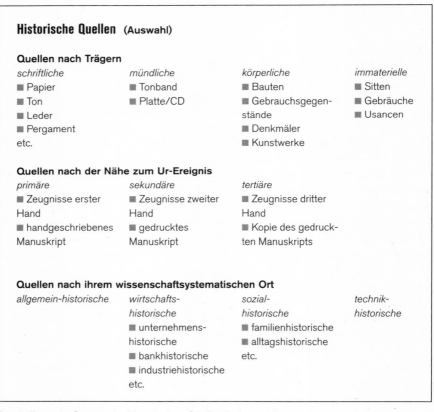

Historische Quellen (Auswahl)

Quellen nach Trägern

schriftliche	mündliche	körperliche	immaterielle
▧ Papier	▧ Tonband	▧ Bauten	▧ Sitten
▧ Ton	▧ Platte/CD	▧ Gebrauchsgegen-	▧ Gebräuche
▧ Leder		stände	▧ Usancen
▧ Pergament		▧ Denkmäler	
etc.		▧ Kunstwerke	

Quellen nach der Nähe zum Ur-Ereignis

primäre	sekundäre	tertiäre
▧ Zeugnisse erster Hand	▧ Zeugnisse zweiter Hand	▧ Zeugnisse dritter Hand
▧ handgeschriebenes Manuskript	▧ gedrucktes Manuskript	▧ Kopie des gedruck-ten Manuskripts

Quellen nach ihrem wissenschaftsystematischen Ort

allgemein-historische	wirtschafts-historische	sozial-historische	technik-historische
	▧ unternehmens-historische	▧ familienhistorische	
	▧ bankhistorische	▧ alltagshistorische	
	▧ industriehistorische	etc.	
	etc.		

Darstellung 1   System der historischen Quellen in Auswahl

In der Geschichtswissenschaft ist es üblich, die Nähe zum Ur-Ereignis als Ein-
teilungskriterium zu wählen und zwei große Gruppen von historischen Zeugnissen zu unterschieden: primäre und sekundäre. Primärquellen sind Zeugnisse
erster Hand, d. h. ihr Urheber teilt ihren Inhalt aus eigener Kenntnis und eige-

nem Erleben mit. Solche können schriftlicher (z. B. [Geschäfts-]Briefe, Briefkopierbücher, Journale, Tagebücher, Memoiren, Protokolle, Listen, Seelen- und
Güterbeschriebe, Verlassenschafts- und Vermögensübergabeakten, Einkünfte-
register, Lehensbriefe etc.) oder nichtschriftlicher Natur sein (z. B. Sachquellen
wie Handwerkszeuge, Geräte, Keramiken, Bilder etc.).

Mit LUDWIG BEUTIN kann man unter wirtschaftshistorischen Primärquellen
solche verstehen, die der Wirtschaftstätigkeit von Menschen oder Institutionen
unmittelbar entspringen. Dazu zählen materielle Überreste in Form von Hoch-
öfen, Köhlereien, Fabriken, Werkstätten, Mühlen, Papier (mit der besonderen
Aussagekraft der Wasserzeichen des Herstellers), Textilien (oft mit den Initia-
len des Kaufmanns bzw. des Herstellers versehen), Legierungen, Münzen,
Werkstoffe, Waagen, Handelsstraßen, Marktorte, Land- und Wasserfahrzeuge,
Geräte, Handwerkszeuge, Maschinen, Bergbaustollen, Möbel und dergleichen
mehr. Als schriftliche Primärquellen könnte man ansprechen: Bilanzen, Briefkopierbücher, Kurszettel, Verträge, Testamente und Nachlässe, Rechnungen,
Kataster, Urbare, diverse Verzeichnisse, Protokolle und ähnliches.

Als Sekundärquellen bezeichnet man Zeugnisse zweiter Hand, d. h. nicht-
ursprüngliche, nicht eigener Kenntnis und eigenem Erleben entsprungene
Zeugnisse. Für den Historiker kann „sekundär" aber auch bedeuten: nachträg-
lich hinzukommend. Auch Sekundärquellen können wiederum schriftlicher
(Chroniken, Zeitungen etc.) oder nichtschriftlicher Natur sein und betreffen
nur mittelbar das Original. Schließlich ist an Quellen zu denken, die beiden
Gruppen angehören können, je nachdem, mit welchem Erkenntnisinteresse
man sie befragt. Dies zeigt die Relativität der jeweils vorgeschlagenen Eintei-
lungen.

Wählt man schließlich als Unterscheidungskriterium den wissenschaftssys-
tematischen Ort der Quellengruppe, so ist, bezogen auf den Gegenstand dieses
Buches, nach wirtschafts- und sozialhistorischen Quellen zu differenzieren. Da
von der Quelle oft die methodische Vorgehensweise abhängt, ist es empfeh-
lenswert, sich mit dem Charakter derselben sorgfältig auseinander zu setzen.

Die methodische Arbeit des Historikers unter Verknüpfung einer Vielzahl
unterschiedlichster Quellen wie der genannten ist da und dort unter der Bezeichnung „record linkage" zu finden.

Zum Rüstzeug des Wirtschafts- und Sozialhistorikers gehört eine entsprechende technische Ausstattung ebenso wie eine „Lehre" in den historischen
Grundwissenschaften. Zu seinen wesentlichen Hilfsmitteln zählen z. B. Atlanten, vorzugsweise solche mit thematischen Karten. Mehr und mehr hat sich
auch hier die EDV den historischen Disziplinen als Hilfsdisziplin angeboten
und ermöglicht schnellere und übersichtlichere Darstellungsformen, insbeson-

dere im dreidimensionalen Bereich, der ohne Graphikprogramm in der zeichentechnischen Praxis nur schwer umsetzbar ist.

Neben diesen technischen Hilfsmitteln, die meist nur der leichteren, schnelleren und präziseren Umsetzung der erlangten Kenntnisse und deren Darstellung dient, ist jedoch eine vertiefte Kenntnis der historischen Grundwissenschaften erforderlich. Hierzu gehört die Archivalienquellenkunde, innerhalb derer der Paläographie (Schriftkunde) besondere Bedeutung zukommt, bleibt doch ohne ihre Kenntnis die ältere schriftliche Quelle ohne Aussagekraft und Informationswert. Sodann sind die Genealogie (Ursprung, Folge und Verwandtschaft der Geschlechter, Ahnenforschung), Heraldik (Siegel- und Wappenlehre), die Sphragistik (Siegelkunde), die Chronologie (Zeitrechnungslehre) sowie die Diplomatik (Urkundenlehre) von spezifischer Bedeutung im Rahmen der Archivalienquellenkunde. Neben der Archäologie (Altertumskunde) kommt heute der Archäometrie sowie der Luftbildarchäologie besondere Bedeutung zu.

Die Numismatik (Münzkunde) besitzt innerhalb der Wirtschaftsgeschichte einen hohen Stellenwert, ist doch das Geld einer der wesentlichsten Betrachtungsgegenstände dieser Disziplin. So findet man in der einschlägigen Literatur oft die Geld- und Münzgeschichte kombiniert mit numismatischen Darstellungen. Aber auch Münzen, die nie Geldfunktion hatten, sind als Quellen von großem Aussagewert.

Von größter, von der Wirtschaftsgeschichte immer noch unterschätzter, Bedeutung ist die Metrologie (Maß- und Gewichtskunde, messende Verfahren). Ihre Bedeutung nimmt zu, je weiter zurückliegend die Vergangenheit betrachtet wird, wobei die Zeit zwischen Französischer Revolution (1789) und Deutschem Zollverein (1834) als „Schwellenzeit" anzusehen ist, in der sich in diesem Bereich besonders gravierende Veränderungen ergaben. Gemeint ist der allmähliche Übergang zum metrischen System, das, von Frankreich ausgehend, in Deutschland erst allmählich übernommen wurde. Mit zunehmender Arbeitsteilung, Normierung und Standardisierung im Laufe des 19. und 20. Jahrhunderts wurde die metrologische Vielfalt der vorangegangenen Jahrhunderte zunehmend aufgehoben.

Literatur

ALBERTI, Hans-Joachim von: Maß und Gewicht. Geschichtliche Darstellung von den Anfängen bis zur Gegenwart, Berlin (Ost) 1957; BRANDT, Ahasver von: Werkzeug des Historikers, 16. Aufl. Stuttgart 2003; FRANZ, Eckhart G.: Einführung in die Archivkunde, 5. Aufl., Darmstadt 1999; GROTEFEND, Hermann: Taschenbuch der Zeitrechnung des deutschen Mittelalters und der Neuzeit, 13. Aufl. Hannover 1991; NIETHAMMER, Lutz (unter Mitarbeit von W. TRAPP) (Hg.): Lebenserfahrung und kollektives Gedächtnis. Die Praxis der ‚Oral History', 1980; Frankfurt/M. 1985; NORTH, Michael (Hg.): Von Aktie bis Zoll. Ein historisches Lexikon des Geldes, München 1995; OPGENOORTH, Ernst/SCHULZ, Günther: Einführung in das Studium der Neueren Geschichte, 6., grundlegend überarb. Aufl. Paderborn 2001; SELDON, A./PAPPWORTH, J.: By Word of Mouth. 'Elite' oral history, London 1983; WITTHÖFT, Harald (Hg.) Die historische Metrologie in den Wissenschaften (= Sachüberlieferung und Geschichte. Siegener Abhandlungen zur Entwicklung der materiellen Kultur Bd. 3), St. Katharinen 1986; WITTHÖFT, Harald: Die jüngere historisch-metrologische Forschung als Anregung für die Arbeit in den Archiven. In: Archivpflege in Westfalen und Lippe. Im Auftr. d. Landschaftsverb. Westf.-Lippe hgg. v. Westfäl. Archivamt, Heft 32, Oktober 1990, 2–8.

2.2. Theorien

2.2.1. Historische „Grundlagenforschung" und Evolutionstheorie

Grundlagen zu erforschen heißt eigentlich, Gesetzmäßigkeiten zu erkennen. Da jedoch, wie bereits betont, die Geschichte zwar Analogien, jedoch keine Gesetzmäßigkeiten im Sinne einer prognostizierbaren Kausalität kennt, kann sie logisch auch nicht Gegenstand jener Grundlagenforschung sein, die einen Algorithmus voraussetzt. Wenn der Begriff hier dennoch verwendet wird, dann im Sinne einer Erfassung der Grundbausteine zum Verständnis chronologischer Prozesse, in deren Mittelpunkt der Mensch als soziales Wesen steht.

Zur Grundlagenforschung gehört die systematische und möglichst vollständige Erfassung aller Informationen, die dazu dienen
- das Vergangene zu verstehen und zu erklären
- das dialektische Verhältnis von Vergangenheit und Gegenwart zu ergründen
- die historisch gewachsenen Bedingungen zu erhellen, in denen sich das gegenwärtige Handeln in der Gesellschaft vollzieht.

Auch wenn es keine historischen Gesetzmäßigkeiten gibt, so doch Erfahrungen, Parallelen, gewisse Regelmäßigkeiten, Verdichtungen, Häufungen, Wahrscheinlichkeiten, Gefahren, Risiken, Einschätzungen, Werthaltungen, Bedürfnisse, Mentalitäten, Fähigkeiten und Schwächen, die in ihrer willfährig kombinierten Ausprägung letztlich die historische Realität als Summe von Ereignissen und das Menschsein im räumlich-zeitlich-sozialen Umfeld bestimmen.

Was die Wirtschafts- und Sozialgeschichte anbelangt, zielt sie besonders ab auf die vielfältigen Wandlungsprozesse der menschlichen Grund- und Luxusbedürfnisse, deren Knappheit Ausgangspunkt allen Wirtschaftshandelns ist, woraus sich dann spezifische gesellschaftliche Konstellationen erklären lassen.

Aus der Evolution der Natur ist das Phänomen der natürlichen Auslese bekannt. Ein Blick auf die Geschichte des Menschen und die Entwicklung seiner Subsistenz- bzw. Reproduktionstechniken offenbart analoge Muster, die mit der Dialektik von Variation und Selektion beschrieben werden können. Dem Zusammenspiel von natürlicher Auslese und Selektion scheint auch die Genese des Marktes zu folgen. Die Frage ist ferner, inwieweit der natürliche und kulturelle Ausleseprozess parallel verliefen. Zu beachten sind in diesem Zusammenhang Prozesse der Ko-Evolution und vielleicht der Kontra-Evolution, wenn man an retardierende (verzögernde, hemmende) Momente, Gegenreaktionen, dialektische Aufschaukelungsvorgänge, die in der Geschichte häufig zu beobachten sind, denkt. Die Theorie wirtschaftlichen Wandels hat realistischerweise solcherlei Komplexitäten zu berücksichtigen.

Natürliche und kulturelle Evolution unterscheiden sich eben durch diesen Faktor Komplexität wesentlich. Die besondere kognitive Disposition, Kommunikations- und Sprachfähigkeit sind wesentliche Entwicklungsbeschleuniger und geben der kulturellen Evolution eine domänenspezifische Möglichkeit der ständigen Wandlung des Zustandsraumes, d.h. die Fähigkeit zur Selbstgenerierung. Dies beinhaltet vor allem die intelligente Anpassung (GÜNTER HESSE) an invariante (unveränderliche) Entwicklungskonstellationen, wie sie z.B. von der Natur vorgegeben sind (Klimazonen, meteorologische Grundbedingungen, geologische und geographische Bedingtheiten etc.). Die kulturelle Evolution hat so im Vergleich zur natürlichen eine ganz andere räumliche und zeitliche Dynamik.

Bei aller unterschiedlichen Entwicklungsdynamik ist jedoch die Interdependenz der beiden „Evolutionen" zu sehen. Die kulturelle bleibt weiter in gewissem Umfang auf die natürliche bezogen. Dies hat die französische Historikerschule, namentlich FERNAND BRAUDEL, vorzüglich herausgearbeitet. Seine longue durée (die lange Dauer im Sinne einer langfristig sich kaum verändernden Struktur) lässt sich bis zu einem gewissen Grad als Element der kulturellen Evolution in der natürlichen interpretieren.

Zu den Besonderheiten der kulturellen Evolution gehören die Antriebskräfte: Motivationen, Bedürfnisse, Präferenzen, Triebe, Neigungen des mit feinen sensorischen Anlagen ausgestatteten homo sapiens. Sein Grundstock an physischen und mentalen Kräften, vor allem seine Fähigkeit zur kognitiven Kreation, d.h. zur Schöpfung von Neuem, sind es, die den historischen Prozess offen gestalten. Aus Sicht des rekonstruierenden Historikers ergibt sich daraus die Schwierigkeit der Interpretation der Geschichte. CHRIS LORENZ spricht in diesem Zusammenhang vom „polyinterpretablen Charakter der Wirklichkeit". Bei der Rekonstruktion von Motiven gilt für den Historiker das Kriterium der psychologischen Kohärenz. Er muss abwägen, welche Motive oder welche Motivstruktur sehr wahrscheinlich vorherrschten. Hierbei kommt der Hermeneutik eine besondere Schlüsselrolle zu.

Im Zusammenhang mit den mentalen Fähigkeiten des Menschen stellt sich die Frage nach den Grenzen seiner physischen und psychischen Möglichkeiten. In Bezug auf die Lernfähigkeit scheint es biologische Grenzen zu geben, die sich als Invarianzen („Unveränderlichkeiten") durch die Geschichte ziehen. Dazu gehören seine Fähigkeit zur Schöpfung von Neuem, mithin seine Möglichkeit, aus Wissen Wachstum zu generieren. Die Begrenzung der säkularen Wachstumsrate ist möglicherweise auf die begrenzte Lernfähigkeit des Menschen zurückzuführen. So gesehen wäre die Breite des Wachstumspfads mehr oder weniger vorgegeben. Dies hängt einerseits mit der begrenzten Lebensdauer des Menschen zusammen. Er nimmt zumindest einen Teil seiner kumulierten Kapazität mit ins Grab und die Nachkommen beginnen mit ihrer Ontogenese jeweils wieder „bei Null". Zweitens unterliegt die menschliche Lernkapazität und Lerngeschwindigkeit einer physiologischen Konstante oder doch einer sehr bedingten Steigerbarkeit. Das Wachstum des Pro-Kopf-Sozialprodukts wurde für das 11. bis 17. Jahrhundert mit 0,3 % p.a. geschätzt. Später dürften es ca. 1,5 % gewesen sein.

Neben dem Element Lernfähigkeit/Lernkapazität prägt ein anderer Aspekt die Menschheitsgeschichte wesentlich: der demographische, genauer: die Tatsache, dass eine wachsende Bevölkerung zunehmend mehr miteinander in Verbindung trat, z.B. durch ihre schlichte Vielzahl auf gegebenem Raum sowie durch infrastrukturelle Verdichtung. Die Konsequenzen waren z.B. die Konversion des Lebensstandards der Masse der Bevölkerung, der demographische Übergang sowie der Strukturwandel in Angebot und Nachfrage, Produktion und Konsum. Auf dem Gebiet der Produktion scheint die stetige Verbesserung der Input-Output-Relationen, mithin die Erhöhung der Produktivität, gesteigert durch flächenerschließende Effekte des Technologietransfers, zu einer „Gesetzmäßigkeit" zu gehören.

Essentiell für die Steigerung der Produktivität war die Energiefrage. Ohne Erschließung neuer Energiequellen (Wind, Wasser, Öl, Gas, Elektromagnetismus, Sonne etc.) wären Phänomene wie etwa die „Industriellen Revolutionen" nicht denkbar gewesen. Wichtig ist in diesem Zusammenhang die Territorialisierung der Energie durch die Erfindung standortunabhängiger Antriebseinheiten (Dampfmaschine, Elektromotor etc.)

Solches Nachdenken über die „Grundlagen" nähert sich schließlich einer Antwort auf die „Frage der Fragen", nämlich die nach der Theoriefähigkeit. Inwieweit ist wirtschaftliche und gesellschaftliche Evolution theoriefähig?, fragte vor einiger Zeit der Volkswirt und Evolutoriker ULRICH WITT und die Resonanz auf seine herausfordernden Thesen war so ertragreich, dass hier nicht der Platz ist, die interessanten Befunde auch nur annähernd wiederzugeben. Es sei daher auf die unten zitierte Publikation verwiesen. Wesentliches Anliegen Witts ist es dabei, zu einer gemeinsamen und dem Komplexitätsanspruch gerecht werdenden Taxonomie zu kommen.

Literatur
JASPERS, Karl: Vom Ursprung und Ziel der Geschichte, Neuausgabe 2. Aufl., München 1988; KELLENBENZ, Hermann/WALTER, Rolf: Die Wirtschaftsgeschichte im Rahmen der Wirtschaftswissenschaften. In: Wirtschaftswissenschaftliches Studium, 9. Jg., 1980, S. 411–417; KOCKA, Jürgen (Hg.): Theorien in der Praxis des Historikers. Forschungsbeispiele und Diskussionen, Göttingen 1977; LLOYD, Christopher: Explanation in Social History, Blackwell, Oxford 1986; LLOYD, Christopher: The Structures of History, Blackwell, Oxford 1993; LORENZ, Chris: Konstruktion der Vergangenheit. Eine Einführung in die Geschichtstheorie (Beiträge zur Geschichtskultur Bd. 13) Köln/Weimar/Wien 1997; SNOOKS, Graeme Donald: Great Waves of Economic Change: The Industrial Revolution in Historical Perspective, 1000 to 2000. In: Ders. (Ed.) Was the Industrial Revolution Necessary? London 1994; SNOOKS, Graeme D. (ed.): Historical Analysis in Economics, London 1993; SNOOKS, Graeme D.: The Laws of History, London/New York 1998; VEYNE, Paul: Geschichtsschreibung – Und was sie nicht ist, Frankfurt/M. 1990; WITT, Ulrich: Beharrung und Wandel – ist wirtschaftliche Evolution theoriefähig? In: Erwägen – Wissen – Ethik (EWE), Jg. 15, Stuttgart 2004.

2.2.2. Angewandte Theorien

Theorien sind „explizite und konsistente Begriffs- und Kategoriensysteme, die der Identifikation, Erschließung und Erklärung von bestimmten zu untersuchenden historischen Gegenständen dienen sollen und sich nicht hinreichend aus den Quellen ergeben, nicht aus diesen abgeleitet werden können." (JÜRGEN KOCKA, Fragestellungen, S. 10).

Eine Theorie bilden heißt, etwas zu abstrahieren, die Wurzel zu erfassen und ein in sich geschlossenes Denkgebäude auf der Basis der reinen Erkenntnis zu errichten. Dieses besteht aus Lehrsätzen (Theoremen), deren Gesamtheit als Heuristik bezeichnet wird. Die Frage ist nur: Was heißt „reine Erkenntnis" in der Geschichtswissenschaft? „Rein" im Sinne von unwandelbar ist lediglich das historische Material, nicht aber die Erkenntnis, die daraus gewonnen wird. Die Geschichtswissenschaft kennt als hermeneutische Wissenschaft die Gefahren und Schwierigkeiten der Interpretation. Es gibt mehrere Interpretationsmöglichkeiten und keine sichere Kenntnis darüber, wie viele es sind. Dieser „polyinterpretable Charakter" des Gegenstands, mit dem sich Historiker auseinanderzusetzen haben, sollte aber nicht dazu verleiten, deren Arbeit generell als weniger präzise oder gar „unwissenschaftlich" abzutun. Auch an hermeneutisches Vorgehen richtet sich die unabdingbare Anforderung, es habe systematisch, differenziert und präzise zu sein. Nur enthält es seinem Charakter nach keinen Algorithmus wie ein logisch-kausal konstruiertes mathematisches Modell, dessen Möglichkeitenraum per definitionem limitiert werden kann. So gesehen wird der Historiker – überhaupt der Sozial- und Geisteswissenschaftler – immer „angreifbar" bleiben, es sei denn, er beschränkte seine retrospektive Betätigung in positivistischer Manier auf Zahlen und eindeutig feststellbare Fakten ohne jegliche Wertung und Deutung. Sollte er sich dann aber noch Historiker nennen können?

Es sollte sich von selbst verstehen, dass die in der Wirtschaftsgeschichte häufig auftretenden Möglichkeiten exakter Datenerfassung und -bearbeitung genutzt und jene Bereiche, die quantitativ erfassbar oder „monointerpretabel" sind, in voller Ausschöpfung der mathematischen bzw. statistischen Verfahren auch wirklich zu den bestmöglichen Ergebnissen gebracht werden. Dies tangiert bereits wieder Methodenfragen, die im nächsten Kapitel behandelt werden.

Verschiedentlich wurde ein „Theoriedefizit" in der Geschichtswissenschaft bemängelt, wobei eigentlich ein methodisches Defizit gemeint war. Es läuft auf die Grundfrage (Induktion versus Deduktion) hinaus: geht man mit einer Theorie im Kopf ins Archiv und versucht dort dieselbe mit „Material anzureichern" oder ist die Theorie nicht vielmehr Ergebnis und nicht Voraussetzung meines Archivbesuchs? Genau genommen ist nur der zweite Fall als Theorie anzusprechen, denn hätte man bereits eine Theorie, wäre ein Archivbesuch in der Absicht, eine solche zu gewinnen, überflüssig. Dies heißt jedoch nicht, dass man nicht mit einem Maßstab, einer Vorstellung an die Quelle herangeht, im Gegenteil: diese(r) sollte so konkret wie möglich sein.

Die nächste Frage ist: Auf welche Theorieangebote könnte der Wirtschafts- und Sozialhistoriker zurückgreifen? Das Vorhandensein einer historischen Theorie im Sinne einer prognostizierbaren Kausalität wurde bereits verneint, sodass sich das andere Standbein der Wirtschaftsgeschichte, nämlich die Wirtschaftswissenschaft anbietet. Die Dogmengeschichte repräsentiert quasi das reichhaltige Angebot, das sinnvoll für die Wirtschafts- und Sozialgeschichte anwendbar ist. Darauf wird an anderer Stelle in diesem Buch noch einzugehen sein. Genannt seien aber schon einmal Beispiele wie die Preis- und Kostentheorie, Konjunkturtheorie, Raumwirtschaftstheorie, Institutionentheorie, Entwicklungstheorien oder die Verteilungs- und Wachstumstheorie. Dabei ist nicht zu vergessen, dass einige davon, etwa die Konjunkturtheorie, aus der Wirtschaftsgeschichte insoweit hervorgegangen sind, als diese sich wesentlich früher als die Volkswirtschaftslehre mit den Krisen als Tiefpunkten der konjunkturellen Entwicklung auseinandersetzte und aus der genauen Beobachtung der Krisenabstände eine Zyklizität behauptet wurde, deren Erforschung dann die Grundlage der Konjunkturtheorie bildete. Auch die Raumwirtschaftstheorie ist ohne ihre dogmenhistorischen Vorläufer, die auf JOHANN HEINRICH VON THÜNEN zurückgehen (die „Thünenschen Kreise"), kaum verständlich. Die Marktformenlehre ist für die Wirtschaftsgeschichte von großem Nutzen, gab es doch Phasen, wie z. B. die des Merkantilismus, in denen die privilegierte Handelsgesellschaft mit staatlicher Unterstützung oder sogar Trägerschaft den Handel dominierte und gleichzeitig staatlich geförderte Manufakturen die Wirtschaft prägten. Staatlich gestützter Preis heißt aber nichts anderes als Oligopol- oder gar Monopolpreis, so dass sich die Oligopol- oder Monopolpreistheorie zur Analyse der Entwicklung des 16. bis 18. Jahrhunderts besonders eignet. Die am Beginn des 21. Jahrhunderts beobachtbare zunehmende Oligopolisierung vieler Produktbereiche des Weltmarkts lässt es ohnehin geraten erscheinen, sich mit der Oligopoltheorie intensiv auseinanderzusetzen.

Zur abstrakten Abbildung realer Entwicklungen oder typischer Marktsituationen eignen sich ferner theoretische Konzeptionen wie die der Zuordnungsmärkte (Matching Markets). Als Zuordnungsmärkte bezeichnet man solche, auf denen multi-attributive Güter oder Dienstleistungen gehandelt (angeboten und nachgefragt) werden, wobei Heterogenität auf beiden Seiten besteht. Der Handelsvorteil jeder Zuordnung ist dabei von den Ausprägungen der Attribute beider Handelspartner abhängig und kann für jede Zuordnung unterschiedlich sein. Es handelt sich hier also um einen theoretischen Ansatz, der zur Erfassung sehr heterogener Märkte dient wie z. B. dem Arbeitsmarkt oder dem Immobilienmarkt. Für die historische Arbeitsmarktforschung bietet sich hier ein Raster, mit Hilfe dessen man Anforderungs- und Eignungsprofile abgleichen und systematisch analysieren kann. Darüberhinaus findet die Humankapitaltheorie Anwendung in der Arbeitsmarktforschung. Hier wird die individuelle zukünftige Arbeitsproduktivität ins Kalkül gezogen und eine „Bildungsrendite" berechnet. Bildungsfragen erlangten darüber hinaus große Bedeutung im Rahmen der Neuen Wachstumstheorie. In der New Economy, innerhalb derer die Wissensökonomie einen hohen Stellenwert einnimmt, ist das Humankapital der entscheidende Produktionsfaktor. Die Wirkungsforschung bei der Evaluation arbeitsmarktpolitischer Maßnahmen setzt bei der Wirkungsanalyse Kontrollgruppen ein. Ferner stützt sie sich auf mikro- und makroökonometrische Evaluationsansätze, auf Effizienzanalysen sowie auf Implementationsanalysen.

Sinnvoll anwendbar auf wirtschaftshistorische Zusammenhänge ist auch die Vertragstheorie. Hier geht es um die Allokation knapper Ressourcen durch Verträge, wenn die Vertragsgestaltung gewissen Einschränkungen unterliegt. Diese Einschränkungen entstehen etwa durch Informationsasymmetrien.

Literatur

BELLMANN, Lutz: Themen, Theorien und Ergebnisse der neuen Arbeitsmarktforschung. In: Walter, Rolf (Hg.): Arbeitsmärkte, Stuttgart 2008; KAUFHOLD, Karl Heinrich: Wirtschaftsgeschichte und ökonomische Theorien. Überlegungen zum Verhältnis von Wirtschaftsgeschichte und Wirtschaftstheorie am Beispiel Deutschlands. In: G. Schulz (Hg.), Geschichte heute. Positionen, Tendenzen und Probleme, Göttingen 1973, S. 256–278; KOCKA, Jürgen (Hg.): Theorien in der Praxis des Historikers. Forschungsbeispiele und Diskussionen, Göttingen 1977; MAJER, Helge (Hg.): Qualitatives Wachstum. Einführung in Konzeptionen der Lebensqualität. Frankfurt/New York 1984; MONTANER, Antonio (Hg.): Geschichte der Volkswirtschaftslehre (= Neue Wiss. Bibl. 19), Köln/Berlin 1967 (Zahlreiche vorzügliche Beiträge über die Geschichte der volkswirtschaftlichen Lehrmeinungen von hervorragenden Wissenschaftlern); SÖLLNER, Fritz: Die Geschichte des ökonomischen Denkens, 2., verb. Aufl., Berlin et al. 2001; SPREE, Reinhard: Zur Theoriebedürftigkeit quantitativer Wirtschaftsgeschichte (am Beispiel der historischen Konjunkturforschung und ihrer Validitätsprobleme). In: Geschichte und Gesellschaft, Sonderheft 3: Theorien und Praxis des Historikers, hg. v. J. Kocka, Göttingen 1977, Anhang, S. 189–204; STAVENHAGEN, Gerhard: Geschichte der Wirtschaftstheorie, 4. Aufl. Göttingen 1969 (Umfassendes, alle bis in die 1960er Jahre bekannten theoretischen Ansätze der VWL erfassendes Grundlagenbuch zur Dogmengeschichte mit beträchtlichem propädeutischem Wert); WALTER, Rolf (Hg.): Arbeitsmärkte. Ihre Funktion, Bedeutung und Entwicklung für Wirtschaft und Gesellschaft vom Mittelalter bis zur Gegenwart, Stuttgart 2008.

2.3. Methoden-Workshop

2.3.1. Grundsätzliches

> *„Die Methode der Geschichtsforschung ist durchaus auf das*
> *einmalige, individuelle Geschehen gerichtet, auch wo sie sich des*
> *Vergleichs bedient. Die Methodik der Wirtschafts- wie der*
> *Gesellschaftswissenschaft unterscheidet sich*
> *von ihr, da bei beiden eines ihrer Ziele die Gewinnung systemati-*
> *scher Erkenntnisse, die Einsicht in überzeitliche Problem- und*
> *Lösungskonstanzen ist. Sie gehören aber gleich der Geschichte*
> *dem Kreis der Kultur-(Geistes)wissenschaften an.“*
> (H. AUBIN/W. ZORN (Hg.), Handbuch I, S. 1)

> Es *„gerät immer mehr in Vergessenheit, dass ungehindertes*
> *Denken die allerwichtigste aller Forschungsmethoden ist.“*
> (S. ANDRESKI, Hexenmeister, S. 116)

Je nach Erkenntnisinteresse kann es sinnvoll sein, Wirtschaftswissenschaften als Teil der Sozialwissenschaften zu verstehen oder umgekehrt. In jenem Maße nämlich, in dem die wachsende Komplexität und Differenziertheit der (historischen) Realität den Wirtschaftswissenschaftler und Wirtschaftshistoriker veranlasst, auf der Suche nach überzeugender Theorie und empirischer Relevanz seine Problemkreise zu abstrahieren und seine Methoden zu mathematisieren, müssen zwangsläufig Teile der Realität aus der Betrachtung herausfallen. Aus diesem Grund erscheint es wichtig, einen gewissen Grad des „Herausfallenlassens" nicht zu überschreiten und nötigenfalls gegenzusteuern, indem der soziopolitische Gesamtkontext (wieder) eine stärkere Betonung erfährt. Die Neigung des Historikers, die wirtschaftswissenschaftliche Vorgehensweise für zu stark formelhaft-abstrahierend zu halten und umgekehrt die des Wirtschaftswissenschaftlers, die historische Methode als zu wenig analytisch zu betrachten, ist erklärlich und möglicherweise verständlich. Unverständlich bliebe es jedoch, wenn man nicht beide Seiten gemeinsam sehen würde, also „die Wirtschaftsgeschichte als Ganzes" (ARNOLD ESCH).

Neben dem Grundzusammenhang im Forschungsgegenstand besteht so eine weitere ganz wesentliche Verbindung in der Art und Weise, wie die Mittel, mit deren Hilfe dieser Gegenstand bearbeitet wird, ausgewählt werden. Hier greift der Wirtschafts- und Sozialhistoriker einerseits auf das methodische

Rüstzeug der historischen Wissenschaften zurück, deren Erkenntnismethoden durch die Geistes- und Kulturwissenschaften ausgebildet und geprägt wurden. Aus der Untergliederung des Bereichs der Wirtschaft ergibt sich andererseits die Orientierung anhand des Instrumentariums der Wirtschafts- und Sozialwissenschaften. Der Begriffsapparat des Wirtschafts- und Sozialhistorikers lehnt sich damit eng an den des Wirtschafts- und Sozialwissenschaftlers an. Es wäre daher müßig oder gar unsinnig, über den Vorzug wirtschafts- und sozialwissenschaftlicher gegenüber historisch-hermeneutischen Methoden im Rahmen der Wirtschafts- und Sozialgeschichte zu streiten, denn dies ist ziemlich vom Forschungsgegenstand abhängig (der Inhalt bestimmt die Form!). Vom Wirtschafts- und Sozialhistoriker muss verlangt werden können (und dies will etwas heißen), dass er

1) beide methodischen Ausrichtungen beherrscht
2) den Vorzug der einen oder anderen am konkreten Fall entscheiden kann und
3) mehrere in Anwendung zu bringen in der Lage ist (Methodenpluralismus).

Letztlich (und nicht zum wenigsten) ist darauf hinzuweisen, dass der Wirtschafts- und Sozialhistoriker im Unterschied zum Volks-, Betriebs- oder Sozialwirt bzw. zum Wirtschafts- und Sozialgeographen auch paläographisch geschult sein muss. Dies wird allzu gerne übersehen. Dasselbe gilt für das vielfache Vergessen der historischen Bedingtheit jeder gegenwärtigen Situation.

Der quantifizierende Geschichtsforscher stößt bei seiner Arbeit in möglicherweise höherem Maße als der Volks-, Betriebs- und Sozialwirt auf Schwierigkeiten bei der Messung seines Gegenstandes, und zwar in zweierlei Hinsicht: Erstens fehlt es oftmals an Daten, deren systematische Erhebung vor dem 18. oder 19. Jahrhundert kaum obligatorisch war (z.B. Aufzeichnung der Preise bestimmter Waren, Angaben über Kurse, Umsätze, Einkommen etc.). Zweitens gibt es Informationslücken, weil Kriege, Brände, schlechte Papierbeschaffenheit, schlampige oder fehlende Archivierung und mangelnder Schutz zur Vernichtung oder unzureichenden Erhaltung notwendiger Daten geführt haben. Daraus ergibt sich die Notwendigkeit einer verbesserten Entwicklung und Heranziehung gültiger Indikatoren im Bereich der wirtschafts- und sozialhistorischen Wissenschaft. Aufgrund der aus der erwähnten Lückenhaftigkeit oder dem Nichtvorhandensein bestimmter Daten sich ergebenden Schwierigkeiten kommt der Konjunktur- und Wachstumstheorie, insbesondere der statistischen Trendberechnung und -analyse, große Bedeutung zu.

Neben den historischen, typisierenden und den biographischen Methoden, die sowohl für Sozial- als auch für Wirtschaftshistoriker von grundlegender

Bedeutung sind, steht die statistische Methode, die stark abstrahierend und weit weniger individualistisch als die anderen ist. Ohne die Bedeutung individueller Denkweisen, Intentionen, Werthaltungen und Weltanschauungen in ihrem Einfluss auf wirtschaftliche Entwicklung und Wachstum unterschätzen zu wollen, muss die statistische Methode als eine der Wirtschaftsgeschichte sehr adäquate Arbeitsweise angesehen werden. Es liegt in der Natur des Forschungsgegenstandes der Wirtschaftsgeschichte, dass sie es in erheblichem Umfang mit zu quantifizierenden Massenvorgängen zu tun hat und der Rechenhaftigkeit insbesondere der modernen Wirtschaft gewachsen sein muss.

Mindestens schon im Hochmittelalter finden sich statistisch verwertbare Aufzeichnungen in Registerform, wie z. B. das Domesday Book, das WILHELM DER EROBERER 1085–1086 von England anlegen ließ. Darin trug man alle Grund-

---

Methoden

Grundmethoden

Induktion	Deduktion	Plausibilitätsschluss
(Verallgemeinerung)	(Beweis)	(Übergangshypothese)

Angewandte Methoden (Auswahl)

Bezeichnung	*Beschreibung*
Hermeneutische	Auslegung
Historische	Kritische Quellenprüfung
Begriffsgeschichtliche	„Vereindeutigung"
Biographische	Identitätsbestimmung
Prosopographische	Bestimmung der Gruppenidentität
Graphische	Sichtbarmachung
Kartographische	Räumliche Visualisierung
Naturwissenschaftliche	Altersbestimmung
Dialektische	Infragestellung durch Antithese
Komparative	Vergleich
Typisierende	Suche nach Normen
„Histoire totale"	Gesamtansicht
Idealtypus	Vollkommenheit als Maßstab
Stil	Einheit der Formgestaltung
Quantitative Fallstudien	Analyse numerischer Daten, Repräsentative Mikrountersuchung
„New Economic History"	Was-wäre-geschehen-wenn-Fragestellung (kontrafaktische)
„Longue durée"	Nachweisversuch langer Konjunkturwellen

Darstellung 2   Übersicht über die Methoden der Wirtschafts- und Sozialgeschichte

stücke ein, die der land- und geldhungrige König als Lehen gegen jährliche Geldrenten verlieh. Zu derartigen Registern kamen dann Zoll-Listen, Häuserverzeichnisse usw. ebenso wie vom 16. Jahrhundert ab die Taufregister. Darüber hinaus sind wesentliche Daten oft Untertanenlisten („Huldigungslisten") und Steuerregistern zu verdanken. Da diese Quellen nicht zweckfrei entstanden, ist ihre Entstehung kritisch zu überprüfen und ihre Verlässlichkeit begrenzt, wodurch die nachträgliche statistische Bearbeitung erschwert wird. Mit der Entwicklung der „politischen Arithmetik" in England in der zweiten Hälfte des 17. Jahrhunderts gewann die Quantifizierung von Strukturen und Bewegungen des menschlichen Daseins schlechthin verstärktes Interesse und wachsende Bedeutung.

Zusammenhängende Statistiken kennt man aus der merkantilistischen Epoche und in größerer Zahl erst aus dem 18. Jahrhundert, bevor im Säkulum darauf staatliche (Behörden), öffentliche (Kammern, z.B. Industrie-, Handels- und Handwerkskammern) und privatwirtschaftliche Institutionen (Unternehmen, Banken) mit einer starken Anhäufung statistischen Materials begannen.

Die Statistik findet besonders bei der Auswertung serieller Quellen methodische Anwendung. Dabei werden die Grenzen durch die Lückenhaftigkeit und mangelnde Verfügbarkeit des historischen Quellenmaterials sowie durch die Problematik des Übersetzens und Vergleichens von Begriffen und Zahlen über längere Zeiträume (intertemporal) und geographische Einheiten hinweg (interlokal, -regional, -territorial, -national, -kontinental) fixiert. Hierbei kommt der Metrologie herausragende Bedeutung zu, wobei exemplarisch auf die fundamentalen Studien verwiesen sei, die HARALD WITTHÖFT und FRANK GÖTTMANN verfassten oder herausgaben.

Häufig auftretende Lücken in den Quellen historischer Forschung setzen die Beschäftigung mit statistischen „Überbrückungsverfahren" voraus, mit deren Hilfe man durch Umrechnung die fehlenden Zähleinheiten gewinnt. Dazu gehört der Reduktionsfaktor, der es z.B. ermöglicht, aus Häusern auf Familienzahlen oder aus der Anzahl der Arbeitsmittel auf Beschäftigungszahlen zu schließen.

Daneben sind besonders für den Wirtschaftshistoriker aufgrund der häufigen Konfrontation mit lückenhaften Datenreihen Spezialkenntnisse in der Theorie und Anwendung der Index- und Extrapolationsverfahren, der Regressions- und Korrelationsrechnung sowie der Spektralanalyse erforderlich, wobei hier der Einsatz der EDV zunehmend unverzichtbarer wird (siehe Kapitel 2.3.18).

Zu jenen, die die „Neue Wirtschaftsgeschichte" vertraten, d.h. einen sehr stark empirisch-ökonometrisch orientierten Ansatz, gehörten – um nur einige

zu nennen – JEAN MARCZEWSKI, PIERRE VILAR, GEORGE G. S. MURPHY UND JONATHAN
R. T. HUGHES. Aktuell scheint sich der Trend wieder mehr der qualitativen Forschung zuzuneigen, d. h. die historischen werden wieder zunehmend neben
die wirtschaftswissenschaftlichen Methoden gestellt, und es werden mehr die
Wurzeln der quantitativen Daten hinterleuchtet. In diesem Zusammenhang
finden die „rein wirtschaftswissenschaftlichen" Ansätze zunehmende Kritik,
Ablehnung oder feinsinnig-ironische Hinterfragung, wie etwa bei D.C.M. PLATT
in seinem 1988 erschienenen Buch mit dem bezeichnenden Titel: „Mickey
Mouse Numbers in World History. The Short View". Von besonderer Bedeutung für das Verständnis wirtschaftshistorischer Abläufe sind oft Rahmenord-
nungen oder Bedingungskonstellationen, deren empirische Erfassung sich äußerst schwierig gestaltet. Es ist keine Frage, dass aus bestimmten Ordnungen
bestimmte Impulse und Handlungsmotive hervorgehen. Die Freisetzung individueller Kräfte wird im Rahmen einer auf den Einzelnen abgestimmten Eigentumsordnung stärker möglich sein als in kollektivistischen bzw. sozialistischen
Systemen. Daraus resultieren wiederum spezifische Handlungsmotive (z. B.
Bau von Werkstätten oder Fabrikhallen) und Bedürfnisse (z. B. Gütererwerb,
Kulturgenuss), die tatsächlich auch befriedigt werden können. Andererseits
kann es sinnvoll sein, das Kollektive einer Gesellschaft besonders zu fördern
und damit dem sozialen Element (z. B. Einkommensverteilung und -besteue-
rung, Sozialversicherung, gleiche Bildungschancen) eine besondere Betonung
zu geben.

Was hier mit der Ordnung auf der einen und den Motivationsketten auf der
anderen Seite angedeutet wurde, ist nichts anderes als die zu fordernde Verbindung von statischer und dynamischer Betrachtungsweise, die Historiker und
Wirtschaftswissenschaftler gleichermaßen anstreben sollten. Es gibt nicht allzu
viele Werke, die in diesem Sinne als hervorragend gelungen angesehen werden
können. Eines der wenigen ist DAVID MCCLELLANDS Buch „The Achieving Society", zu deutsch: Die Leistungsgesellschaft, in dem es um die wirtschaftliche
Entwicklung aus der Sicht der Verhaltensforscher geht. MCCLELLAND versucht
darin, das zum Zeitpunkt X in der Geschichte vorhandene Bedürfnis nach Leistung mittels verschiedener Indikatoren (Literaturanalyse, Feststellung des leis-
tungsbezogenen Wortschatzes etc.) zu messen und festzustellen, wann und wie
sich hohe Leistungsmotivation in wirtschaftlichem Wachstum äußert. In diesem Zusammenhang ging er auch – unter Rückgriff auf MAX WEBER – auf Fragen der religiösen Motivation und deren unterschiedliche materielle Ausprägungen ein und fragte sich nach Faktoren und Ordnungen, die eine hohe Leistungsmotivation bedingen. Nach seinen Erkenntnissen arbeiten hoch leistungs-
motivierte Personen nur bei starker Herausforderung überdurchschnittlich,

dagegen bei Routinetätigkeiten unterdurchschnittlich. Eine solche Herausforderung kann dabei sowohl materieller (höherer Verdienst, Prämie, Eigentumszuwachs etc.) als auch ideeller Natur sein (Befriedigung bestimmter Leistungsansprüche, Anspruchsniveau, Lösungswürdigkeit von Problemstellungen etc.), wobei MCCLELLAND die materiellen Anreize wohl kaum gelten lassen würde, man sie aber realistischerweise nicht außer Acht lassen sollte. Da es für eine optimale Wohlfahrtswirkung auf das „genau richtige Maß an Herausforderung" (Toynbee) ankommt und diese wesentlich ordnungsbedingt sein kann, sollte das Ordo (die Gesamtheit aller positiven Handlungen und Rechtssetzungen, die Wohlfahrt in Freiheit ermöglichen können) als strukturbildendes Element zu keiner Zeit unterschätzt werden.

In die theoretischen Erklärungen wirtschaftlicher Entwicklung werden in jüngerer Zeit immer mehr auch meteorologische Daten einbezogen. Ausgangsbasis hierfür bildet die fundamentale Bestandsaufnahme allen erreichbaren Materials durch die historische Klimaforschung, als deren internationaler Hauptvertreter der Schweizer CHRISTIAN PFISTER anzusehen ist. Ein Beispiel für die ertragreiche Einbeziehung meteorologischen Basismaterials in die theoretische und empirische Analyse der langfristigen Entwicklung bietet die Studie von GÜNTER HESSE. Er erklärt die historisch erste Entstehung industrialisierter Volkswirtschaften als Ergebnis der Anpassung entwickelter Agrarwirtschaften an eine spezifische klimatische Situation. Er hebt weniger den Produktionsfaktor Boden als vielmehr die Arbeit, genauer: die in den Perioden der Spitzenbelastung realisierte Arbeitsleistung, als entscheidenden Erklärungsfaktor hervor, wobei wegen Witterungsschwankungen in Europa die „Zeit der kritische Faktor" war. HESSE erkannte richtig, dass die „Erhöhung der Arbeitsproduktivität im Agrarsektor und (die) Ausweitung des industriellen Sektors einander wechselseitig bedingende Prozesse…, zwei Seiten des gleichen Strukturwandels, der als Industrialisierung bezeichnet wird" sind.

Häufig führt eine Kombination hermeneutisch-historischer, wirtschaftswissenschaftlich-analytischer und sozialwissenschaftlich-empirischer Verfahren zu den brauchbarsten Ergebnissen, worauf noch zurückzukommen sein wird. Wirtschafts- und Sozialgeschichte kann in der Regel nicht monokausal und monomethodisch betrieben werden, sondern bedarf einer am Erkenntnisinteresse ausgerichteten Fähigkeit und Bereitschaft zum Methodenpluralismus.

Literatur

ESCH, Arnold: Der Historiker und die Wirtschaftsgeschichte. In: Deutsches Archiv für Erforschung des Mittelalters, 43. Jg., H. 1, Köln/Wien 1987, S. 1–27; GÖTTMANN, Frank: Getreidemarkt am Bodensee. Raum – Wirtschaft – Politik – Gesellschaft (1650–1810)

(= Beiträge zur südwestdeutschen Wirtschafts- und Sozialgeschichte, Bd. 12), St. Katharinen 1990; HESSE, Günter: Die Entstehung industrialisierter Volkswirtschaften, Tübingen 1982; KELLENBENZ, Hermann: Die Methoden der Wirtschaftshistoriker (Kölner Vorträge zur Sozial- und Wirtschaftsgeschichte, Heft 22) Köln 1972; NORTH, Douglass C.: Theorie des institutionellen Wandels. Eine neue Sicht der Wirtschaftsgeschichte (= Die Einheit der Gesellschaftswissenschaften Bd. 56) Tübingen 1988; PFISTER, Christian: Das Klima der Schweiz von 1525–1860 und seine Bedeutung in der Geschichte von Bevölkerung und Landwirtschaft, 2 Bde., Bern 1984; SCHLUNK, Andreas: Königsmacht und Krongut. Die Machtgrundlage des deutschen Königtums im 13. Jahrhundert – und eine neue historische Methode, Stuttgart 1988; SCHREMMER, Eckart (Hg.): Wirtschafts- und Sozialgeschichte. Gegenstand und Methode (VSWG-Beihefte 145), Stuttgart 1998; WITTHÖFT, Harald (Hg.) Die historische Metrologie in den Wissenschaften (= Sachüberlieferung und Geschichte. Siegener Abhandlungen zur Entwicklung der materiellen Kultur Bd. 3), St. Katharinen 1986.

2.3.2. Induktion

Bei der Induktion handelt es sich um eine wissenschaftliche Methode, die vom besonderen Einzelfall auf das Allgemeine, Gesetzmäßige schließt, also vereinfacht gesagt um eine Verallgemeinerung. Da der Historiker zunächst in der Regel von der Quelle und dem sich daraus ergebenden Einzelfall ausgeht und daraus seine Schlüsse zieht, ist die induktive als eine der Geschichtswissenschaft sehr adäquate, zumindest häufig verwendete Methode anzusprechen. Es muss jedoch davor gewarnt werden, die Induktion zum bloßen Induktivismus verkommen zu lassen, d.h. zu glauben, ausreichendes Faktensammeln führe irgendwann quasi automatisch zu einer Theorie. Auch wenn es somit eine induktive Wahrheit im Sinne eines zwingenden Schlusses von singulären Erfahrungsaussagen auf universelle erfahrungswissenschaftliche Gesetze wohl nicht gibt, so besteht doch immerhin eine induktive Wahrscheinlichkeit, deren Berechnungsmethoden von der induktiven Statistik vermittelt werden.

2.3.3. Deduktion

Geht man von einer allgemeinen Gesetzmäßigkeit aus und leitet von ihr das Besondere und Einzelne ab, so handelt es sich um einen deduktiven Schluss. In der Regel arbeiten die sog. exakten Wissenschaften wie die Mathematik mit deduktiven Schlüssen, d.h. logischen Ableitungen (Beweisen) einer Gesetzmäßigkeit. Da sich historische Prozesse nicht logisch vernetzen lassen, vielmehr durch Variablen in nicht mehr berechenbarer Menge sowie durch Irrationalismen (Zufälligkeiten, Zwänge, Subjektivismen etc.) geprägt sind, ergibt sich zwangsläufig eine Infragestellung ihrer logischen Ableitbarkeit aus einer als Theorie erkannten Gesetzmäßigkeit. Hier gelten die von dem Philosophen HEINRICH RICKERT aufgezeigten Grenzen bzw. sein Hinweis, dass allein schon der Begriff „historisches Gesetz" einen inneren Widerspruch in sich trägt. Dies sollte den Historiker jedoch nicht davon abhalten, eine klare Begrifflichkeit zu schaffen und darauf aufbauend eine quantitativ verarbeitbare Symbolik zu entwickeln. Solange ein Modell der gedanklichen Strukturierung dient, die geistige Kreativität anregt und man sich seiner Relativität und begrenzten Aussagekraft bewusst ist, sollte man seine Zweckdienlichkeit anerkennen.

Man muss sich immer darüber im Klaren sein, dass mathematisches Modellieren nur einen Unterfall theoretischer Argumentation darstellt. „Die Erklärung der Entstehung eines neuen Organismus oder einer neuen Problemlösung kann nicht die Form eines geschlossenen deduktiv-monologischen Arguments (mathematisches Modell) haben. Sie besteht aus Berichten und Ableitungen. Sie ist in diesem Sinne ein ‚historischer Text'… Ernst Mayr betont, dass Darwin die Methodologie einer historischen Wissenschaft begründet habe." (HESSE, Evolutionsökonomik, 1998, S. 15; E. Mayr, 1988, S. 243).

2.3.4. Plausibilitätsschluss, Thesenbildung und heuristischer Ansatz

Oft erscheint ein theoretisch-logischer Zugang zu einem Thema auf den ersten Blick unmöglich, so dass man von dem ausgeht, was am plausibelsten erscheint. Um den Grad an Plausibilität zu messen, benötigt man einen Maßstab. Ein solcher Maßstab kann zunächst eine Hypothese sein, eine Art Leitfaden für die „praktische" Forschung. Um etwas als „falsch" oder „richtig" bezeichnen zu können, muss man den Gegenstand bestimmen, den man falsifiziert oder verifiziert, also im weiteren Forschungsverlauf als falsch oder richtig annimmt. Es gibt kaum eine Theorie, die nicht aus einer Unzahl von Hypothesen hervorging. Diesem Prinzip folgt im Wesentlichen auch der heuristische Ansatz. Er verwendet Arbeitshypothesen als Hilfsmittel der Forschung, deren vorläufige Annahme zunächst dem Zweck des besseren Verständnisses eines Sachverhalts dienen soll, bis eine weiterentwickelte Arbeitshypothese einen neuen Maßstab setzt. Der Weg zur Theorie wird so vorbereitet entlang der Linie der ersetzten oder revidierten, jedoch jeweils als vorläufig angenommenen Arbeitshypothesen.

Literatur

POPPER, Karl: Die offene Gesellschaft und ihre Feinde, 2 Bde., 7. Aufl., Tübingen 1992; NELSON, Richard R.: Recent Evolutionary Theorizing About Economic Change. In: Journal of Economic Literature, Vol. 33, No. 1, 1995, S. 48–90.

2.3.5. Hermeneutik (Sinnverstehen und Interpretation)

Grundsätzlich lassen sich hermeneutische von den analytischen Methoden (siehe hierzu auch Kapitel 2.3.18. Quantitative Methoden und EDV) unterscheiden, wobei zunächst auf erstere eingegangen werden soll. Spätestens bei seinem ersten Archivbesuch stellt sich dem Studenten der Geschichtswissenschaften die Frage, welche Aussagekraft der vor ihm liegenden Quelle, die er womöglich als erster Benutzer in der Hand hat, die also noch von niemandem ausgelegt wurde, zukommt. Für diesen Fall bietet die Hermeneutik Hilfestellungen an, d. h. ein wissenschaftliches Verfahren zur Auslegung und Erklärung von Texten oder auch Kunstwerken. Bei der Interpretation von Quellen sollte systematisch vorgegangen werden. Konkret sind bei der Textanalyse folgende Kriterien „abzuklopfen" (nach H. FORSTER, Lernziele, S. 12):

- Herausfinden und einordnen der Schlüsselwörter und Kernaussagen;
- Überprüfung der Aussagen auf ihre Richtigkeit (sind sie widersprüchlich, unvollständig, unrichtig?);
- Feststellung der Art der Aussage (informiert sie über Tatsachen (faktisch), gibt sie nur eine Meinung wieder (Kommentar), handelt es sich um Sach- oder Werturteile?);
- In welchem Stil ist die Aussage gehalten?

Sodann ist der Text nach dem Grad seiner Objektivität oder Subjektivität (d. h. der seines Verfassers) zu befragen. Hier ist zu fragen, welche Weltanschauung und subjektiven Wertmaßstäbe, welche Beobachtungsmöglichkeit und -fähigkeit (Charakter, persönliches Schicksal, Intelligenz, Ausbildung etc.) und welche Motive (sachliche, persönliche, Täuschung) der Verfasser hatte oder wenigstens vermutbar haben konnte. Ist man solcherart zu Ergebnissen gelangt, stellt sich das Auswertungsproblem. Zunächst versucht man am besten, die Ergebnisse nochmals zu reflektieren und zusammenfassend zu bündeln. Man wird Widersprüche und offene Fragen (möglicherweise Desiderate) feststellen und versuchen, das Ergebnis der hermeneutischen Analyse in den Gesamtkontext einzuordnen und den Erkenntnisstand gegebenenfalls zu korrigieren.

Literatur

FORSTER, Hans (Hg.): Allgemeine Lernziele zur Geschichte und Sozialkunde mit Beispielen für den Unterricht in der gymnasialen Oberstufe, Würzburg 1975.

2.3.6. Historische Methode

Die Historische Methode, oft auch als philologisch-kritische Methode apostrophiert, will einen Weg zeigen, wie man den Inhalt einer Quelle aus dem (historischen) Ganzen heraus verstehen und ihre Echtheit abzuschätzen lernen kann. Ihr Grundsatz ist, alle Quellen strenger Kritik etwa nach den Kriterien der Echtheit, Provenienz, Zielsetzung und Glaubwürdigkeit zu unterwerfen. Nicht selten begegnen dem Historiker im Archiv oder in Sekundär-Quellenbeständen nämlich Fälschungen, sodass man zunächst mit Vorsicht und stets kritischer Wachsamkeit an die Quellen herangehen sollte. In diesem Zusammenhang sollte man nach der Zuverlässigkeit des Quellenursprungs fragen und die Genese der Quelle als solche kritisch beleuchten. Diese Prüfung kann von größter Bedeutung sein, ist doch von ihr die Einschätzung der Aussagekraft einer Quelle abhängig. Erinnert sei hier nur an den leidigen Streit über die Hitler-Tagebücher, die von einigen Experten als „echt" identifiziert wurden und deren Enttarnung als Falsifikate erst durch chemische Analysen des Papiers und der Tinte gelang. Inzwischen waren Fälschungen, die sich durch die gesamte bekannte Geschichte ziehen (man denke z. B. an die sog. „Konstantinische Schenkung") bereits Gegenstand mehrerer geschichtswissenschaftlicher Kongresse.

Literatur

MEIER, Christian/RÜSEN, Jörn (Hg.): Historische Methode (= Beiträge zur Historik 5), München 1988; Fälschungen im Mittelalter, 6 Bde., Internationaler Kongress der Monumenta Germaniae Historica (= MGH-Schriften 33), München 1988–1990.

2.3.7. Begriffsgeschichtliche Methode

Zu den sich ständig wandelnden Maßstäben historischer Forschung gehören die Begriffe, deren Klärung und „Vereindeutigung" eine bessere Operationalisierung des Forschungsgegenstandes gewährleistet. WERNER CONZE umschrieb einmal, worum es dabei geht: „Vieldeutigkeit, Verwirrung und politisch-ideologische Umwendbarkeit der politisch-sozialen Begriffe und (neuen) Schlagwörter sind bezeichnend für das Zeitalter der Revolution und der sozialen Bewegung. Die Praxis sozialgeschichtlicher Forschung und Darstellung hat bis heute (ca. 1966, R.W.) daran gekrankt, dass das begriffsgeschichtliche Bewusstsein häufig nur schwach entwickelt gewesen ist. Hier liegen vordringliche Aufgaben der Sozialgeschichtsforschung in nächster Zukunft" (Sozialgeschichte, S. 25). CONZE verweist in diesem Zusammenhang auf OTTO BRUNNERS grundlegendes Werk „Feudalismus. Ein Beitrag zur Begriffsgeschichte" (1959). CONZE, BRUNNER und REINHART KOSELLECK starteten denn auch einen großangelegten Versuch der lexikalischen Erfassung ihres Anliegens, das inzwischen abgeschlossen wurde.

Literatur
GESCHICHTLICHE GRUNDBEGRIFFE: Historisches Lexikon zur politisch-sozialen Sprache in Deutschland, hg. von Otto Brunner, Werner Conze und Reinhart Koselleck, 7 Bde., Stuttgart 1972–1998.

2.3.8. Biographische Methode

Die biographische Methode will einen Weg zeigen, auf systematische Weise das Individuelle im Kontext des Gesamtgesellschaftlichen zu erforschen. Diese Methode hat den Vorteil größerer Anschaulichkeit etwa gegenüber der hohen Abstraktion der statistischen Methode. Ausgehend von der einfachen Erkenntnis der unverwechselbaren Identität jedes Menschen geht es darum, den Stellenwert des Einzelnen im Spannungsfeld zwischen Individuum und Kollektiv zu untersuchen. Dies bedeutet sowohl die Individualisierung des Typischen als auch die Typisierung des Individuellen. Inwieweit war etwa, um ein Beispiel zu geben, JAKOB FUGGER „der Reiche" ein typischer Kaufmann der Renaissance (Typisierung des Individuellen) und inwieweit schuf die Renaissance einen spezifischen Kaufmannstyp wie ihn (Individualisierung des Typischen). Größte Wachsamkeit ist allerdings angesagt, wenn die Biographie eines Einzelnen bewusst in den Dienst der Politik gestellt und zum nationalen Monument heroisiert wird, wie dies z. B. in Südamerika mit SIMÓN BOLÍVAR oder in den kommunistischen Ländern mit KARL MARX oder JOSEPH W. STALIN der Fall war.

Mit der Biographie zusammen hängt die Genealogie, die versucht, den Ursprung, die Folge und die Verwandtschaft der Geschlechter nachzuweisen. Die Biographie einer bestimmten Person weist immer spezifische genealogische Prägungen auf. In der Regel geht die Genealogie über reine „Ahnenforschung" hinaus, indem sie versucht, die Bedeutung ganzer Geschlechter im historischen Zusammenhang herauszuarbeiten.

Literatur

NEUE DEUTSCHE BIOGRAPHIE, hg. von der Historischen Kommission bei der Bayerischen Akademie der Wissenschaften in München, Berlin 1953ff.; RIBBE, Wolfgang/HENNING, Eckart (Hg.): Taschenbuch für Familiengeschichtsforschung, 12. Aufl., Neustadt/Aisch 2001.

2.3.9. Prosopographische Methode

Prosopon kommt aus dem Griechischen und heißt „Person". Demnach ist die Prosopographie mit Personenkunde zu umschreiben. Sie ist Hilfswissenschaft und Methode zugleich und geht über die Biographie, die ja ebenfalls eine Person zum Betrachtungsgegenstand hat, deutlich hinaus, denn sie richtet den Blick hinaus auf Personengruppen. Die Prosopographie versucht, deren Spezifik, Umfeld, sozialen Kontext (Nachbarschaft, Verwandtschaft, Schicht, Klasse etc.), Stellenwert innerhalb der Gesellschaft oder die räumlich-zeitliche Entwicklung einer bestimmten Kohorte im Sinne einer analytischen Sozialgeschichte zu erfassen. Personen und Personengruppen als repräsentative Forschungsgegenstände zu betrachten kann die Chance eröffnen, im Wege der individualistisch oder kollektivistisch orientierten Strukturgeschichte über die personengebundenen Einzeldaten durch Bündelung einer Vielzahl von Informationen allgemeine Strukturen zu erkennen. Beliebte Anwendungsfelder in der Wirtschafts- und Sozialgeschichte sind schichtenspezifische Studien, Arbeiten zu Ständen (z.B. zu Patriziern oder zum Kaufmannsstand), zu bestimmten Unternehmergruppen (merchant banker, Kulturunternehmer, Verleger etc.), zeitbezogenen Kaufmannstypen (z.B. Kreuzzugsunternehmer, Renaissancekaufmann, Hofbankier, Fabrikant etc.) oder auch Gruppen von Minderheiten (Sklaven, Glaubensflüchtlinge etc.). Um ein Beispiel zu nennen: Friedrich Justin Bertuch (1747–1822) war ein vielseitig engagierter Unternehmer Weimars in der Goethezeit, der Verleger, Schriftsteller und Buchhändler und Mitbegründer der „Allgemeinen Literaturzeitung" sowie des „Journal des Luxus und der Moden" gewesen ist. Die prosopographische Fragestellung wäre nun die, inwieweit Unternehmerpersönlichkeiten wie er zeittypisch für eine ganze Gruppe von Unternehmern waren. Inwieweit war z.B. Bertuch der Prototyp eines „Kulturunternehmers" der Goethezeit? Hierzu werden auch andere besonders ins Visier genommen. Dazu gehören u.a. Christoph Martin Wieland, der Mitbegründer der „Allgemeinen Literaturzeitung" und Herausgeber der Zeitschrift „(Neuer) Teutscher Merkur" ebenso wie C. M. Schütz, daneben auch Manufakturunternehmer/„Fabrikanten", Kaufleute und Händler. Dazu wird zuweilen eine Soziomatrix erarbeitet. Die Verflechtungsbeziehungen der

Teilnehmer und Unternehmen eines bestimmten Marktsegments werden einer Netzwerkanalyse unterzogen und graphisch sowie thematisch-kartographisch dargestellt.

Literatur
REINHARD, Wolfgang (Hg.): Augsburger Eliten des 16. Jahrhunderts. Prosopographie wirtschaftlicher und politischer Führungsgruppen 1500–1620, Berlin 1996; WALTER, Rolf: Bürger Bertuch. In: Dicke, Klaus/Dreyer, Michael (Hg.): Weimar als politische Kulturstadt. Ein historisch-politischer Stadtführer, Berlin 2006; WILLER, David (Ed.): Network Exchange Theory, Westport/London 1999.

2.3.10. Ideal- und Realtypus

Der von MAX WEBER geprägte Grenzbegriff des Idealtypus ist ein angenommenes begriffliches Extrem mit dem Abstraktionsgrad eines Modells. Er ist als theoretische Gedankenkonstruktion zu verstehen, als eine Art Muster höchster Vollkommenheit, in dessen Gegenüberstellung das real Unvollkommene umso klarer hervortritt.

Darstellung 3   Max Weber

Der Idealtypus als Subjekt (z. B. der homo oeconomicus, der stets rational handelnde Mensch), Objekt (z. B. das Perpetuum mobile, eine Maschine, die ohne Energieverbrauch ständig Arbeit leistet) oder als Zustand (z. B. der vollkommene Markt) ist nichts anderes als eine Maßgröße, an der die Realität zu messen ist. Dabei kann man sich fragen, wie hoch der Grad der Annäherung ist bzw. nach den Gründen, weshalb das Ideal als Maximum, Optimum usw. nicht zu erreichen ist. Bezogen auf die Wirtschaftsgeschichte könnte beispielsweise untersucht werden, inwieweit sich die Börse als höchste Marktform im Sinne der Vollkommenheitskriterien im Laufe der Jahrhunderte dem idealen Markt näherte und welche Faktoren (z. B. die Verkehrs- und Kommunikationsinfrastrukturen) für diese Annäherung verantwortlich waren. Im Bezug auf Objekte ließe sich z. B. die Geschichte des Motors von seiner Erfindung bis heute verfolgen und zeigen, wie mit immer weniger Energie immer mehr Leistung erzielt werden kann. Im Subjekt-Bereich könnte an die Studien MAX WEBERS und ALFRED MÜLLER-ARMACKS erinnert werden, die der protestantischen Ethik eine erhebliche Bedeutung für die Rationalisierung des Menschen zumaßen, die sich nach Webers Auffassung letztlich im Kapitalismus manifestierte.

Literatur

SCHWEMMER, Oswald: Artikel „Idealtypus". In: Enzyklopädie Philosophie und Wissenschaftstheorie. Bd. II, hg. v. J. Mittelstraß, Mannheim u. a. 1984; WEBER, Max: Die „Objektivität" sozialwissenschaftlicher und sozialpolitischer Erkenntnis (1904). In: Ders., Gesammelte Aufsätze zur Wissenschaftslehre, Tübingen 1988.

2.3.11. Typisierung und Modellbildung

Die Typisierung versucht herauszufinden, inwieweit gemeinsame Raster einer Entwicklung vorliegen, wo es charakteristische Normen und Verhaltensweisen gab und wie sich diese in ihrer Struktur veränderten. Dabei kann es um historische Menschentypen (z. B. „den" dynamischen Unternehmer, „den" Kapitalisten, „den" Diktator) ebenso gehen wie um die Typisierung von Gruppen (z. B. Parteien, Vereinen, Lesegesellschaften etc.) oder Objekten (Standardisierung, Normung z. B. im Produktionsbereich). Die Typformen können sich also auf die Gestalt, die Struktur, den Verlauf oder das Verhalten beziehen. Dementsprechend lassen sich Gestalttypen (Junker, Beamte, Unternehmer, organisierte Arbeiter, der absolutistische Fürst), Strukturtypen (Absolutismus, Feudalismus, Merkantilismus, Industriegesellschaft), Verlaufstypen (Depression, Stockung, Revolution, Evolution, Epidemie, Endemie, Pandemie) und Verhaltenstypen (Liberalismus, Konservatismus, Fortschrittlichkeit, Radikalismus) unterscheiden. Das stete Nachdenken über die Typformen ist umso wichtiger, je größer die Gefahr ist, „vor lauter Bäumen den Wald nicht mehr zu sehen", d. h. sich nicht mehr genügend daran zu erinnern, dass jedes Element Teil eines (historischen) Ganzen ist.

Die Modellbildung dient der Simulation der genannten und weiterer Typformen im kleineren, vereinfachten, jedenfalls repräsentativen Maßstab. Dadurch können Funktionszusammenhänge analysiert und (Rück-)Wirkungsmöglichkeiten identifiziert sowie anschaulich gemacht werden.

2.3.12. Stilforschung

Von der Kunstgeschichte ausgehend, welcher der Stilbegriff zur Charakterisierung einer gewissen Einheit der Formgestaltung einer Epoche dient, wurde verschiedentlich der Versuch unternommen, diesen auch im Bereich der Wirtschafts- und Sozialwissenschaften anzuwenden. Dem liegt der Gedanke zugrunde, dass Wirtschaftsformen nicht isoliert existieren, sondern Ausdruck gemeinsamer geistiger Antriebe sind. Die früheren Stufenlehren waren nur unzureichend in der Lage, die ausdruckhafte, innere Eigenart bestimmter Geschichtsabschnitte zu erfassen. Einen gewissen begrifflichen und gedanklichen Fortschritt brachten WERNER SOMBARTS „Wirtschaftssystem" und „Wirtschaftsgeist" („Geist des Kapitalismus") zur Erfassung der gesamtwirtschaftlichen Entwicklung. Der Stil-Ansatz, der auf HEINRICH BECHTEL zurückgeht, wurde bislang wohl am konsequentesten von ALFRED MÜLLER-ARMACK in seiner Arbeit über „Die Genealogie der Wirtschaftsstile" (Religion, 46-244) vertreten, wo es ihm um den (auch empirischen) Nachweis der geistesgeschichtlichen Ursprünge der Staats- und Wirtschaftsformen bis zum Ausgang des 18. Jahrhunderts ging. Dabei wies MÜLLER-ARMACK ausdrücklich darauf hin, dass das Stilproblem nicht von der Wissenschaft gestellt ist, sondern von der Geschichte selbst. Dies heißt, eine systematische Gliederung der Wirtschaftsstile ist unmöglich; sie folgen eben der inneren Entwicklung der Geschichte und sind aus ihr heraus zu erklären. Für MÜLLER-ARMACK ist der Stil „die in den verschiedensten Lebensgebieten einer Zeit sichtbare Einheit des Ausdrucks und der Haltung" (A. MÜLLER-ARMACK, Religion, S. 57). Epochen unterscheiden sich somit voneinander durch einen anderen Gesamtsinn und ein anderes Formprinzip. Aus seiner „genealogischen" Aufarbeitung der Stile, bei der metaphysische Kräfte (besonders Religionsformen wie Katholizismus, Luthertum und Calvinismus) als stark stilbildend erachtet werden, wird klar, dass die Stilformen nicht notwendig zeitlich aufeinander folgen mussten, sondern verschiedene „Stilzonen" zeitgleich nebeneinander existieren konnten.

In ihrer idealtypischen Vorgehensweise soll die Wirtschaftsstilforschung in MÜLLER-ARMACKS eigenen Worten nicht „geschichtliche Verallgemeinerung und darstellerische Überzeichnung" sein, sondern entscheidend sei, „dass es im Historischen neben individuellen Erscheinungen, die auch nur idealtypisch fassbar sind, generelle Strukturen, Zeiten und Räume umfassende Gemeinsamkeiten gibt. Sie festzustellen, ist die Aufgabe der Wirtschaftsstillehre." (A. MÜLLER-ARMACK, Religion, S. 59) Den Blick zu schärfen für Ausdruckseinheiten und Gesamtheiten, ist zweifellos ein Verdienst der Wirtschaftsstilforschung. Will man jedoch die Komplexität der historischen Realität erfassen – und darum geht es der Forschung regelmäßig auch – sollte sie ergänzt werden etwa durch Ansätze, wie sie in vorliegendem Buch bereits vorgeschlagen wurden.

Literatur

BECHTEL, Heinrich: Wirtschaftsstil des deutschen Spätmittelalters. Der Ausdruck der Lebensform in Wirtschaft, Gesellschaftsaufbau und Kunst von 1350 bis um 1500, München/Leipzig 1930; KLUMP, Rainer (Hg.): Wirtschaftskultur, Wirtschaftsstil und Wirtschaftsordnung. Methoden und Ergebnisse der Wirtschaftskulturforschung, Marburg 1996; MÜLLER-ARMACK, Alfred: Religion und Wirtschaft. Geistesgeschichtliche Hintergründe unserer europäischen Lebensform, 3. Aufl., Bern/Stuttgart 1981; MÜLLER-ARMACK, Alfred: Genealogie der Wirtschaftsstile. Die geistesgeschichtlichen Ursprünge der Staats- und Wirtschaftsformen bis zum Ausgang des 18. Jahrhunderts, Stuttgart 1941 (3. Aufl. 1944); MÜLLER-ARMACK, Alfred: Diagnose unserer Gegenwart. Zur Bestimmung unseres geistesgeschichtlichen Standorts, 2. erw. Aufl., Bern/Stuttgart 1981; SCHEFOLD, Bertram: Wirtschaftsstile, 2 Bde., Frankfurt a.M. 1994/95; SPIETHOFF, Arthur: Die allgemeine Volkswirtschaftslehre als geschichtliche Theorie. Die Wirtschaftsstile. In: Schmollers Jahrbuch, 56. Jg. II. Halbbd., 1932, S. 891–924.

2.3.13. Idiographische vs. nomothetische Methode

Die idiographische Methode ist im Unterschied zur nomothetischen (Auffinden des Allgemeinen bzw. von Gesetzmäßigkeiten) eine Methode zur Untersuchung des Besonderen (auch: qualitative Methode). Im Gegensatz zur Global- oder Gesamtgeschichte versucht sie, das Einmalige, Singuläre, Eigentümliche im historischen Prozess hervorzuheben bzw. systematisch zu erforschen. Dies hat mit ‚Heldengeschichte' nichts zu tun, sondern bedeutet vielmehr die sorgfältige Herauskristallisierung möglicherweise bislang übersehener oder zu gering geschätzter Eigenentwicklungen gegen den oder außerhalb des „Gesamtstroms" der historischen Entwicklung. In der Wirtschaftsgeschichte kann dies z.B. die Frage nach zunächst unerklärlichen Polen wirtschaftlichen Wachstums sein oder die Suche nach den Gründen der Erscheinung besonders eigentümlicher Unternehmergestalten oder von einmaligen Krisensituationen. Auch an regionale oder lokale Sonderentwicklungen innerhalb eines sich anders entwickelnden (sprachlichen, wirtschaftlichen, sozialen, konfessionellen) Umfelds ist hierbei zu denken, eine Fragestellung, die oft in Enklaven-/Exklavendiskussionen berührt ist.

2.3.14. Vergleich (Komparatistik)

Ein kleiner Hinweis auf die „Äpfel und Birnen", deren Vergleich man tunlichst lassen sollte oder auf Fettnäpfchen, in die z. B. Politiker regelmäßig treten, wenn sie Gegenwärtiges mit Vergangenem vergleichen, offenbart bereits die Brisanz und Kompliziertheit der historischen Komparatistik. Die komparative Methode der Geschichtsbetrachtung untersucht die Bedingungskonstellationen analoger Entwicklungen z. B. in Gesellschaften unterschiedlichen „Milieus". In dem „System von Fragestellungen", das in Hinsicht auf die Vergleichbarkeit entwickelt wird, spielen die vergleichende Sprachwissenschaft ebenso eine Rolle wie z. B. soziologisch-historische und geographisch-morphologische Ansätze. Vergleiche setzen zunächst die Präzisierung und Definition der Maßstäbe voraus, die ihnen zugrundegelegt werden sollen, nachdem vorab schon die Frage der generellen Vergleichbarkeit geklärt wurde.

In der Wirtschafts- und Sozialgeschichte wird insbesondere von inter- und intraräumlichen sowie inter- und intrazeitlichen (inter- und intratemporalen) Vergleichen häufig Gebrauch gemacht. Bei Datenlücken (die in der Wirtschaftsgeschichte häufig auftreten) oder aus Gründen der Zeitersparnis bei der Forschung genügt es oft, den Vergleich mehrerer hundert Daten auf einige wenige, eben repräsentative, zu beschränken. Will man z. B. den Außenhandel Deutschlands mit der Schweiz zwischen 1875 und 1910 anhand der Handelsbilanzen vergleichen, so kann es möglicherweise genügen, statt der 35 Jahre sich auf drei oder vier zu beschränken. Diese Jahre sollten dann sowohl „Normaljahre" sein als auch (bei der Messung langfristiger Entwicklungen) weit genug auseinanderliegen, um strukturelle Veränderungen deutlich zu machen. Ebenso ist es möglich, statt der zeitlichen Querschnitte räumliche zu bilden und komparativ zu betrachten, wobei die Vergleichbarkeit der Topographie, der Klimazone, der Bodenbeschaffenheit, der Besiedlungsdichte, der infrastrukturellen Durchdringung usw. als Indikatoren für den Vergleich herangezogen werden können. Beim inzwischen häufig angestellten Vergleich historischer Wirtschaftsräume ist eine entsprechende Definition der ökonomischen Vergleichsparameter Voraussetzung für die Ableitung gültiger Aussagen. Hierbei leistet die historische Metrologie wichtige Dienste. Ferner greift man vorzugsweise auf standardisierte mikro- oder makroökonomische Kennziffern (Produktivität, Inlandsprodukt, Investitionsquote, Exportquote etc.) zurück. Ein vorzügliches Beispiel für die Anwendung des Vergleichsansatzes im räumlichen Kontext bietet die Dissertation von

REINER FLIK, der im Vergleich der beiden südwestdeutschen Städte Calw und Heidenheim die wesentlichen Gründe für die Entwicklungsunterschiede zweier Regionen in frühindustrieller Zeit herausarbeitet, wobei die Aussagekraft der Studie weit über den regionalen Rahmen hinausgeht.

Literatur

FLIK, Reiner: Die Textilindustrie in Calw und Heidenheim 1750–1870, Stuttgart 1990; HAUPT, Heinz-Gerhard/KOCKA, Jürgen (Hg.): Geschichte und Vergleich, F rankfurt/M./ New York 1996; KAELBLE, Hartmut: Der historische Vergleich. Eine Einführung zum 19. und 20. Jahrhundert, Frankfurt/M. 1999; MUELLER, Leos: The Merchant Houses of Stockholm, c. 1640–1800: A Comparative Study of Early-Modern Entrepreneurial Behaviour (= Studia Historica Upsaliensia, 188), Uppsala 1998; SCHNABEL-SCHUELE, Helga (Hg.): Vergleichende Perspektiven – Perspektiven des Vergleichs: Studien zur europäischen Geschichte von der Spätantike bis ins 20. Jahrhundert, Mainz 1998.

2.3.15. Dialektik

Bei der Dialektik handelt es sich um eine aus der Philosophie (von Georg Wilhelm Friedrich HEGEL) stammende Arbeitsmethode, die ihre Ausgangsposition durch gegensätzliche Behauptungen (These und Antithese) in Frage stellt und in der Synthese beider Positionen einen Erkenntnisfortschritt zu gewinnen sucht. Das dialektische Prinzip HEGELS wurde z. B. von KARL MARX aufgenommen und fand im „dialektischen Materialismus" seinen Niederschlag, einer Lehre von den allgemeinen Bewegungs-, Entwicklungs- und Strukturgesetzen der Natur und der Gesellschaft. Gesellschaftshistorisch bietet die dialektische Methode oftmals einen sinnvollen Zugang bei der Konzipierung des Stoffes und wurde auch von HEGEL bereits so angedacht. Der Philosoph, von ADAM SMITH beeinflusst, sah oder ahnte zumindest als Konsequenz der zunehmenden Arbeitsteilung seiner Zeit die Herausbildung einer armen Unterschicht, des „Pöbels" und eines damit verbundenen Bewusstseins ganz spezifischer Ausprägung. Angesprochen sind hier insbesondere die Wechselwirkungen von gesellschaftlichem „Sein", also den Produktionsverhältnissen und „Bewusstsein", nämlich dem Verständnis von der Gesellschaft selbst. Das im 19. Jahrhundert im Zuge der Industriellen Revolutionen entstandene dialektische Verhältnis charakterisiert bis heute die Beziehung zwischen Arbeitgebern und Arbeitnehmern. Im Sinne der Dialektik könnte man z. B. die Unternehmerverbände als These, die Gewerkschaften als Antithese und die Sozialpartnerschaft als Synthese betrachten. Solche und andere politischen und gesellschaftlichen Interrelationen lassen sich oft am adäquatesten mittels des dialektischen Pro und Contra erfassen.

2.3.16. Fallstudien (*Case Studies*)

Im Rahmen von Fallstudien werden ausgewählte Ereignisse untersucht, denen im Hinblick auf ein bestimmtes Erkenntnisinteresse eine gewisse repräsentative Bedeutung zugemessen wird. Sie dienen somit oft der Abstraktion des Ganzen und der Vereinfachung der Forschung bzw. der erheblichen Reduzierung des (zeitlichen und finanziellen) Forschungsaufwands. Gegenstand einer wirtschaftshistorischen Fallstudie können z.b. bestimmte Unternehmen, Wirtschaftsregionen, Märkte oder Produkte sein. Die Ergebnisse von Fallstudien haben oft den Charakter feststehender Elemente eines noch unvollendeten Puzzle-Spiels oder von Mikrostudien, die aus den genannten Gründen anstelle von Makrountersuchungen angestellt werden, wobei die Repräsentativität der Fallstudie dabei gesichert sein muss. Als exemplarische Fallstudie sei der Buchdruck genannt, den WOLFGANG GIESECKE zum Gegenstand nahm um festzustellen, welcher Stellenwert diesem bei der Durchsetzung der Informations- und Kommunikationstechnologien in der Frühen Neuzeit zukam.

Die Verwendung des Begriffs *case studies* auch in der deutschsprachigen Wissenschaft deutet auf deren Entwicklung und besonders häufige Anwendung im englischsprachigen Raum hin. Im Grunde handelt es sich bei vielen wirtschaftshistorischen Studien um *case studies* ohne sie ausdrücklich so zu benennen. Eine besondere Variante der Fallstudien sind die *event studies*, bei denen ein bestimmtes Ereignis als „Fall" aufgefasst und analysiert wird.

2.3.17. „Der rote Faden" – exemplarische Leitlinienkonzepte

Das „Rote-Faden-Konzept", das hier in Ermangelung eines besseren Namens einmal so bezeichnet sei, ist ein methodischer Ansatz, der sich auf *ein* Objekt oder Subjekt konzentriert und im historischen Verlauf *kontinuierlich* beobachtet. Es ist ein Längsschnittkonzept, bei dem der Blick des Forschers stets auf das als besonders wesentlich Erkannte konzentriert bleibt, dessen Veränderungen im Zeitablauf registriert werden sollen. Dabei sind diese Veränderungen nicht nur äußerliche, die gewissermaßen durch eine *„historische Kamera"* eingefangen werden können, sondern gemeint sind z.B. auch Bedeutungs- oder Sprachwandlungen. Als Betrachtungsobjekte oder -subjekte eignen sich besonders solche, die als repräsentativ für größere Zusammenhänge anzusehen sind. Das soeben Gesagte soll nun an einigen Beispielen erläutert werden, beginnend mit der Darstellung eines beliebigen Produkts als „rotem Faden".

Die Geschichte des Tabaks spiegelt nicht nur ein Kolonialprodukt und Genussmittel wider, das mit der Entdeckung Amerikas in die Alte Welt gelangte und für den Handel bestimmter Hafenstädte, z. B. Bremens, von beträchtlicher Bedeutung war; die Geschichte des Tabaks ist auch eine Kulturgeschichte und eine Geschichte der Zeit, wenn man die Formen in Betracht zieht, in denen er in unterschiedlichen Epochen konsumiert wurde: Zunächst als Kau- und Schnupftabak und in der Pfeife zur Blütezeit des höfischen Lebens und des Absolutismus, als man noch genügend Muße hatte, sich den Konsum des Genussmittels selbst vorzubereiten. Im Zuge der Vor- und Frühindustrialisierung wurde die Zeit etwas knapper und man begann, vorgefertigten Tabak in Zigarrenform zu sich zu nehmen und auch die Architektur des 18. und 19. Jahrhunderts mit ihren Herren- bzw. Raucherzimmern richtete sich auf die zigarrenrauchende, großbürgerliche Gemächlichkeit ein, mit zwar schon beschränkter, aber doch noch vorhandener Zeit. Mit der zunehmenden Arbeitsteilung und Standardisierung im Zuge der Industriellen Revolution im mittleren 19. Jahrhundert kam, gewiss nicht zufällig, ein neues standardisiertes Tabakprodukt auf den Markt, das heute noch die Funktion des Pausenfüllers hat: die Zigarette, die zum Zeitbegriff wurde. Umgangssprachlich heißt es, man geht „auf eine Zigarette" irgendwo hin, womit in der Regel eine Zeiteinheit von ca. fünf Minuten gemeint ist. Tabak, speziell die Zigarre, war oft in der Geschichte Symbolträger, z. B. für die politische Geschichte: war da zunächst um die Mitte des 19. Jahrhunderts die Zigarre Symbol des Widerstands oder sozialpolitischen Aufbruchs (KARL MARX und die „Emanzen" des 19. Jahrhunderts rauchten sie), wurde sie ein halbes Jahrhundert später zum Symbol für den zylindertragenden, wohlständig dickbauchigen „Kapitalisten". LUDWIG ERHARD mag man als Personifizierung dieses Wachstums- und Wohlstandssymbols ansehen.

Die Möglichkeit, Geschichte gewissermaßen „entlang eines roten Fadens" zu schreiben, braucht sich keineswegs auf mobile Güter zu beschränken. Auch Immobilien eignen sich dafür, wie OTTO BORST mit seiner Geschichte der Esslinger Pliensau-Brücke gezeigt hat. Er versuchte herauszufinden und zu beschreiben, welche Funktion und Bedeutung diese Brücke im Wandel der Zeiten einnahm, durch welche Personen, Tiere und Fahrzeuge sie benutzt wurde, wen sie verband oder trennte, usw. Durch die Konstanz des (örtlichen) Betrachtungspunktes und genaue Beobachtung der Dinge im Zeitablauf (der Variablen in seinem „Modell") gelang es ihm, einen wesentlichen Teil des reichsstädtischen Alltagslebens, des Handels und Wandels, als Ergebnis einer bestimmten Verkehrs- und Wirtschaftspolitik vom Frühmittelalter bis zur Gegenwart quasi aus einer historischen Kameraposition festzuhalten.

Methodisch ebenso sinnvoll könnte es mit Blick auf bestimmte Themen sein, zwar den Standpunkt der historischen Kamera zu verändern oder gar mehrere Kameras aufzustellen, aber zeitpunkt- und nicht zeitraumbezogen zu berichten, z. B. den Staatshaushalt verschiedener Länder zum Zeitpunkt x einer komparativen Betrachtung zu unterziehen. Ein Vergleich dieses Ergebnisses mit dem zum Zeitpunkt x+1 führt zwar (als Betrachtung von zwei statischen Situationen zu unterschiedlichen Zeitpunkten) noch zu keiner dynamischen Betrachtungsweise, es lässt sich jedoch damit zumindest ein trendmäßiges Ergebnis ableiten.

Bei dem zu Vergleichenden muss es sich nicht um Gegenständliches, um Mobilien und Immobilien handeln, sondern es kann z. B. eine bestimmte Rechtssituation oder eine politische Struktur Gegenstand der historischen Betrachtung sein.

Literatur

BORST, Otto: Die Esslinger Pliensaubrücke. Kommunale Verkehrspolitik und Wirtschaftspolitik vom frühen Mittelalter bis zur Gegenwart (= Esslinger Studien 3), Esslingen 1971; GIESECKE, Michael: Der Buchdruck in der frühen Neuzeit. Eine historische Fallstudie über die Durchsetzung neuer Informations- und Kommunikationstechnologien, Frankfurt/M. 1991; PFISTER, Ulrich: Die Anfänge von Geburtenbeschränkung. Eine Fallstudie (ausgewählte Zürcher Familien im 17. und 18. Jahrhundert), Bern 1985; PLATT, John: The Cases of Cases ... of Cases. What is a Case? Exploring the Foundations of Social Inquiry, Cambridge 1992; SCHIVELBUSCH, Wolfgang: Das Paradies, der Geschmack und die Vernunft. Eine Geschichte der Genussmittel, 6. Aufl., Frankfurt/M. 2005.

2.3.18. Quantitative Methoden, EDV und Datenbanken

> *„Außerordentliche Menschen und Ereignisse und bedeutende Brüche in der Kontinuität stellen exogene Variablen dar, mit denen die quantitative Wirtschaftsgeschichte nur umgehen kann, wenn sie von der qualitativen Geschichtswissenschaft borgt. Täte sie dies nicht, so würde sie nichts weiter hervorbringen als eine Masse numerischer Daten und Serien von Erklärungsskizzen, die zwar in sich zusammenhängen, aber kaum einen Nutzen hätten, da ihnen die erklärende Verknüpfung mit dem wahren Ursprung aller Geschichte fehlte: dem Auftreten neuer Ideen und Fakten. Es kann daher keinen Gegensatz oder gar eine Konkurrenz zwischen quantitativer und qualitativer Geschichtswissenschaft geben. Sie stellen lediglich zwei unterschiedliche, aber komplementäre Ansätze dar, die für die historische Forschung beider gleich unentbehrlich sind."*
>
> (J. MARCZEWSKI, Wirtschaftsgeschichte, S. 172)

Die quantitative Wirtschaftsgeschichte hat in jüngerer Zeit beträchtliche Forschungsergebnisse hervorgebracht. Einen vorzüglichen Überblick über die diesbezüglichen Studien auf europäischer Ebene boten JOS DELBEKE und HERMAN VAN DER WEE 1983, auf den hier ausdrücklich verwiesen sei.

Da es die – vor allem jüngere – Wirtschafts- und Sozialgeschichte regelmäßig mit Datenmassen zu tun hat, die komplex verkettet und vernetzt sind und mannigfach bedingte historische Realitäten in sich bergen, bedarf es schon recht umfassender Speicherkapazitäten, um die Anatomie geschichtlicher Strukturen herauszukristallisieren. Durch historische Datenbanken, denen zahlreiche Forscherteams zuarbeiten, ist es inzwischen möglich, bislang unüberschaubare und daher nur bedingt analysierbare Datenmengen einer systematischen Erschließung zuzuführen. Insofern eröffnet modernste Technologie auch der Geschichtswissenschaft neue Erkenntnishorizonte. Im Wesentlichen konzentriert sich jedoch hier der Erkenntnisfortschritt auf das quantifizierbare oder doch zumindest operationalisierbare, EDV-adäquat aufbereitbare Material, so dass Quellen und Methoden nicht selten durch qualitative Elemente zu ergänzen sind, will man sich nicht dem Vorwurf aussetzen, einseitig zu forschen. Es ist jedoch schwierig, menschliche Motive und individuelle Urteile im historischen Prozess ex post der Quantifizierung und Generalisierung zugänglich zu machen. Der Soziologe oder Psychologe, der dies heute mit einem sehr verfeinerten Instrumentarium angeht, hat es mit lebenden Probanden zu tun, die befragbar sind und deren Motivstrukturen offengelegt werden können. Der Historiker hat in der Regel nicht die Möglichkeit, seine Befunde durch Befragung zu kontrollieren, mit Ausnahme des Zeithistorikers (*oral history*).

An verschiedenen wissenschaftlichen Institutionen der Bundesrepublik wurde mit der Einrichtung von Datenbanken und der systematischen Erfassung allen erreichbaren statistischen Materials begonnen. Eines der ersten datenbankorientierten Programmsysteme hieß CLIO und wurde vom Max-Planck-Institut für Geschichte in Göttingen betreut. In Köln, Bonn, München, Mannheim und Tübingen sowie an den meisten bedeutenden Hochschulorten des Auslands sind inzwischen Datenbanken entstanden und Bestrebungen im Gange, allenthalben durch die Gewährung von on-line-Zugängen die Vernetzung und damit Synergieerträge zu ermöglichen.

Bestimmte Forschungsrichtungen innerhalb der Wirtschafts- und Sozialgeschichte eignen sich besonders dafür, etwa dort, wo serielles Material massenhaft (zum Teil über Jahrhunderte) zur Verfügung steht. Hier fließen Wirtschafts- und Sozialgeschichte und Statistik zusammen. So dürfte die vorzügliche Studie von RAINER METZ über Trends, Zyklen und Zufälle im langfristigen Wachstumsverlauf jedem Statistiker zur Ehre gereichen. Weitere typische und fruchtbare

Bereiche der elektronischen Verarbeitung von Geschichte finden sich in den Forschungsfeldern der New Economic History bzw. der Kliometrik.

Seitdem SPSS (Statistical Package of the Social Sciences) auch auf PC's anwendbar ist, hat sich die entsprechende Anwendung breit durchgesetzt, ja ist zum Standard geworden.

Literatur

DELBEKE, Jos/VAN DER WEE, Herman: Quantitative Research in Economic History in Europe after 1945. In: R. Fremdling/P.K. O'Brien (eds.), Productivity in the Economies of Europe (= Historisch-Sozialwiss. Forschungen Bd. 15), Stuttgart 1983; FLOUD, Roderick: Einführung in quantitative Methoden für Historiker. Deutsche Bearbeitung aufgrund der Übersetzung von V. Henn u. U. Irsigler, hg. v. F. Irsigler, Stuttgart 1980; IRSIGLER, Franz (Hg.): Quantitative Methoden in der Wirtschafts- und Sozialgeschichte der Vorneuzeit (= Historisch-Sozialwissenschaftliche Forschungen 4) Stuttgart 1978; JARAUSCH, Konrad H./ARMINGER, Gerhard/THALLER, Manfred: Quantitative Methoden in der Geschichtswissenschaft. Eine Einführung in die Forschung, Datenverarbeitung und Statistik, Darmstadt 1985; MARCZEWSKI, Jean: Quantitative Wirtschaftsgeschichte. In: H.-U. Wehler (Hg.), Geschichte und Ökonomie, Köln 1973, S. 163–173; METZ, Rainer: Trend, Zyklus und Zufall. Bestimmungsgründe und Verlaufsformen langfristiger Wachstumsschwankungen, Stuttgart 2002; THALLER, Manfred: Numerische Datenverarbeitung für Historiker. Eine praxisorientierte Einführung in die quantitative Arbeitsmethode und in SPSS (Statistical Package for the Social Sciences). (= Ludwig-Boltzmann-Institut für historische Sozialwissenschaft, Materialien zur Historischen Sozialwissenschaft 1), Wien/Köln 1982; THOME, Helmut: Grundkurs Statistik für Historiker II: Induktive Statistik und Regressionsanalyse, Köln 1990.

2.3.19. Historiometrie

Historische Individuen sind im Rahmen dieser Methode Subjekte historiometrischer „Befragung". Es geht um solche Personen, die auf einem bedeutenden Gebiet der menschlichen Kulturentwicklung „Geschichte gemacht" haben. Es handelt sich um Personen, denen ein außerordentlich kreativer Genius nachgesagt wird. Zu diesen „kreativen Geistern" gehören z.B. Nobelpreisträger und ähnliche geschichtsmächtige, prägende Gestalten. Zu denken wäre an Persönlichkeiten wie Leonardo da Vinci, William Shakespeare, Wolfgang Amadeus Mozart oder Albert Einstein. Im Unterschied zur biographischen, prosopographischen und idiographischen Forschung ist das Ziel der Historiometrie die Entdeckung allgemeiner Regeln oder statistischer Evidenz jenseits von „Namen, Daten und Plätzen". Dabei ist die quantitative Analyse (multiple Regression, Faktoranalyse, structural equation, latent-variable models, Zeitreihenanalyse etc.) eine unabdingbare Voraussetzung. Sie findet Anwendung nach der Übertragung qualitativer Faktoren in messbare Größen: Intelligenz, Motivation, traumatische Kindheitserlebnisse etc. Insofern ist die Historiometrie eine Komposition aus Psychometrie, Psychogeschichte und Cliometrie. Zu den ersten Historiometrikern zählen der belgische Astronom, Meteorologe, Mathematiker, Soziologe und Dichter ADOLPHE QUETELET (1835), dann GEORGE M. BEARD (1874) und nicht zuletzt der zuweilen als „Vater der Historiometrie" titulierte FRANCIS GALTON mit seinem Werk „Hereditary Genius" (1869).

Literatur

SIMONTON, Dean Keith: Creativity from a Historiometric Perspective. In: R. Sternberg (ed.) Handbook of Creativity, Cambridge 1999, S. 116–133; SIMONTON, Dean K.: Greatness. Who makes history and why? New York 1994; SIMONTON, Dean K.: Genius, creativity, and leadership: Historiometric inquiries, Cambridge MA. 1984.

2.3.20. Anthropometrie

Um das Jahr 1000 war der Mensch von kleinerer Statur, nicht 1,75 m groß wie heute ein ausgewachsener Mann, sondern vielleicht 1,55 m. Er lebte im Durchschnitt möglicherweise 50 Jahre. Ersteres lässt sich leichter feststellen als letzteres. Man weiß heute auch, dass es einen Zusammenhang zwischen Nahrung und Körpergröße gibt. Die einschlägige Wissenschaft, die u. a. diese Korrelation zu ergründen versucht, heißt Anthropometrie. Menschen unterschiedlichen Milieus und Geschlechts werden gemessen und die Aufzeichnungen über deren Messung ausgewertet: Musterungsprotokolle, Gefängnisakten, Schulstatistiken, Nachlassakten von Krankenhäusern und Ärzten usw. Die anthropometrischen Daten zeigen beispielsweise, dass die Menschen schichtenspezifische Größenunterschiede aufwiesen, was auf Umfang und Qualität der Nahrungsmittel zurückzuführen war. Diese waren jedoch abhängig vom Einkommen. Daraus lässt sich der Schluss ziehen: Reiche waren größer als Arme. Die notleidende Unterschicht war kleiner als der im Überfluss lebende Adel. Anthropometrische Messungen lassen mithin Rückschlüsse auf den Nahrungsspielraum historischer Individuen zu bzw. helfen dem Historiker, die Krisenhaftigkeit bestimmter Perioden abzuschätzen. Auch kann die Entwicklung des Lebensstandards im historischen Ablauf besser abgeschätzt werden.

Literatur
BATEN, Jörg: Anthropometrics, Consumption and Leisure: The Standard of Living. In: Sheilagh Ogilvie/Richard Overy (eds.), Germany: A New Social and Economic History, vol. III: 1800–1989, London 2002; HISTORISCHE ANTHROPOMETRIE (Jahrbuch für Wirtschaftsgeschichte 2000/1), Berlin 2000; KOMLOS, John (Ed.), Stature, Living Standards and Economic Development. Essays in Anthropometric History, Chicago/London 1994.

2.3.21. Archäometrie, insbesondere Fotogrammetrie und (Luft)Bildarchäologie

Die Archäometrie umfasst die naturwissenschaftlichen Methoden im kulturhistorischen Bereich, wobei physikalische und chemische Methoden im Vordergrund stehen, im Übrigen aber auch Methoden der Biologie, der Medizin und der Geologie Anwendung finden. Ihre Verbindung mit der Archäologie dient dem Ziel, die reine Archäologie zu ergänzen und ihre Erkenntnismöglichkeiten zu erweitern. Dabei geht es im Wesentlichen um Methoden der Prospektion, d. h. um die Lokalisierung verborgener Funde, sodann um Materialanalysen und schließlich um Datierungsfragen (Herstellungszeit). Diese mehr naturwissenschaftlich orientierten Verfahren können für die Wirtschafts- und Technikgeschichte durchaus von gesteigertem Interesse sein. Man denke etwa an die Entdeckung prähistorischer Maisfelder mittels thermaler Infrarotbilder, einer der vielen Methoden der archäometrischen Prospektion. Oder an die Herkunftsbestimmung von Keramik mittels der Neutronenaktivierungsanalyse. Beim Nachweis der Blei- und Silberverhüttung in der Ägäis wurde mit der Blei-Isotopenanalyse gearbeitet, und durch die Analyse des Sauerstoff-Isotopenverhältnisses lassen sich wesentliche Einblicke in die Klimageschichte gewinnen. Die Essgewohnheiten alter Kulturen lassen sich mit Hilfe des Kohlenstoff- und Stickstoffisotopenverhältnisses erforschen, und was schließlich die Datierungsmethoden anbelangt, ist z. B. das Alter von Holz anhand der Dendrochronologie ziemlich genau bestimmbar.

Durch neuere Methoden der Luftbild-Archäologie wurde es z. B. möglich, das Routennetz alter Ochsenhandelswege systematisch nachzuzeichnen. Die Ausscheidungen der jährlich oft in die Hunderttausende gehenden Tiere hinterließen auf den Stein- und Sandwegen Spuren, die als rötliche Verfärbungen auf den Luftbildern sichtbar waren, freilich nur bei den nicht überbauten Strecken. Auch die Limes-Forschung etwa, welche die ehemaligen Grenzbefestigungen der Römer aufzufinden und zu identifizieren versucht, bedient sich zunehmend der Luftbild-Archäologie bzw. Archäometrie.

2.3.22. Graphische und kartographische Methode (Darstellungsmethoden)

Bestimmte Zusammenhänge sind oft am einfachsten graphisch, d.h. visuell in Form von Zeichnungen und Schriften darstellbar. Die Tatsache, dass der Mensch Informationen am leichtesten visuell aufnimmt, weist der graphischen Methode eine besondere Bedeutung bei der Wissensvermittlung zu. Strukturen und Veränderungen lassen sich oft erst nach der Visualisierung des Materials erkennen. Ich möchte hierzu ein Beispiel aus der Forschungspraxis geben. Im Rahmen der historischen Marktforschung arbeitete ich über Agrar- bzw. Viehmärkte und hatte statistische Angaben über die Orte gewonnen, an denen die Viehhändler ansässig waren. Das Erstaunen war groß, als ich nach kartographischer Umsetzung meiner Statistik das Ergebnis erhielt, das Darstellung 4 wiedergibt. Eine derartige Konzentration hätte ich ohne die Karte nicht gleich wahrgenommen.

Auf den folgenden Seiten sind einige weitere, ausgewählte Beispiele abgebildet, die den Wert der Visualisierung von Daten verdeutlichen sollen.

Zunehmend bedient man sich in den Wirtschaftswissenschaften der Matrix bzw. Matrizentechnik. Sie dient der zweidimensionalen analytischen und optischen Darstellung (in vertikaler und horizontaler Form) miteinander zusammenhängender Komponenten. Viele Interdependenzen sind aber nur auf der mehr-als-zweidimensionalen Ebene erklärbar; die x- und y-Achse wird also um eine z-Achse ergänzt und die Darstellung gestaltet sich körperhaft, beispielsweise würfelförmig.

Besonders für dreigliedrige Darstellungen, die relativ häufig vorkommen, erscheint das Würfel-Modell als sehr geeigneter analytischer Ansatz. So könnte z.B. eine wirtschafts-, sozial- und technikhistorische Regionalstudie von folgendem Modell ausgehen bzw. die Strukturierung der Inhalte übersichtlich mittels eines „Datenquaders" erfolgen:

Dabei werden auf der x-Achse zwei Güter x1 und x2, auf der y-Achse die Produktionsfaktoren Arbeit, Kapital, Boden, technischer Fortschritt/Wissen und auf der z-Achse die drei Sektoren (primärer, sekundärer und tertiärer) dargestellt. Sie stehen zueinander in einem interdependent-funktionalen Verhältnis, das jeweils als „Scheibe" des Würfels dargestellt werden kann, z.B. in der folgenden Form:

Eine Teilstudie würde sich z.B. auf das Verhältnis zwischen dem Primären und dem Sekundären Sektor in Bezug auf den Produktionsfaktor Arbeit konzentrieren. Zu untersuchen wären dabei z.B. die Wanderungsbewegungen freier Landarbeiter in die Gewerbezentren zu einem bestimmten Zeitpunkt oder Zeitraum.

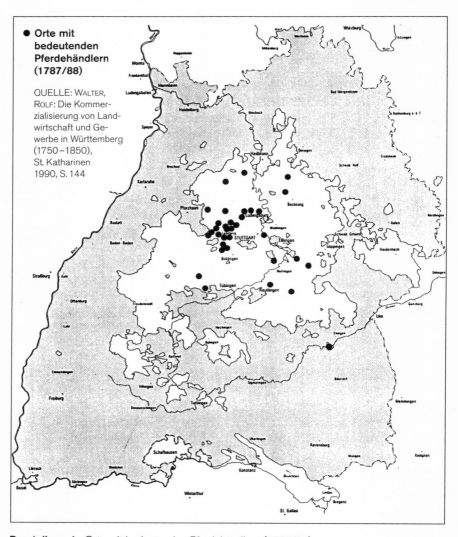

● **Orte mit
  bedeutenden
  Pferdehändlern
  (1787/88)**

QUELLE: WALTER,
ROLF: Die Kommer-
zialisierung von Land-
wirtschaft und Ge-
werbe in Württemberg
(1750–1850),
St. Katharinen
1990, S. 144

Darstellung 4   Orte mit bedeutenden Pferdehändlern (1787/88)

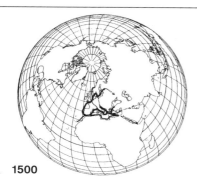 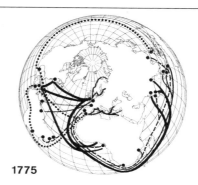

1500

1775

Ein eindrucksvolles Beispiel der historisch vergleichenden, thematischen Karthographie gibt *Fernand Braudel*, der hier die Vernetzung des „Welthandels" im intertemporalen (statischen) Vergleich im Zeitabstand von 275 Jahren darstellt. Im Jahre 1500 werden von Venedig aus das Mittelmeer und Westeuropa direkt ausgebeutet; Relaisstationen stellen die Verbindung zum Ostseeraum, nach Norwegen und über die Stapelplätze der Levante zum Indischen Ozean her.
1775 umfasst das europäische Handelsnetz polypengleich die ganze Welt. London ist zum Weltmittelpunkt aufgestiegen.

QUELLE: BRAUDEL, FERNAND: Sozialgeschichte des 15.–18. Jahrhunderts, Bd. 3: Aufbruch zur Weltwirtschaft, München 1990, S. 26 f.

Darstellung 5 Die Expansion der europäischen Wirtschaft in Gestalt der wichtigsten Welthandelsbeziehungen

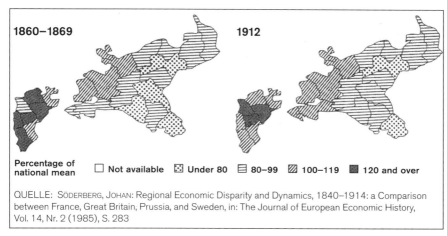

1860–1869

1912

| Percentage of national mean | ☐ Not available | ▦ Under 80 | ▤ 80–99 | ▨ 100–119 | ▨ 120 and over |

QUELLE: SÖDERBERG, JOHAN: Regional Economic Disparity and Dynamics, 1840–1914: a Comparison between France, Great Britain, Prussia, and Sweden, in: The Journal of European Economic History, Vol. 14, Nr. 2 (1985), S. 283

Darstellung 6 Preußische Tageslöhne in % des Durchschnitts der Löhne in Deutschland

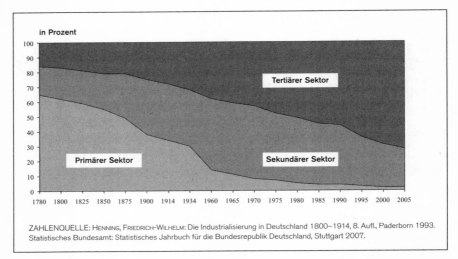

Darstellung 7 Die sektorale Wirtschaftsentwicklung in Deutschland 1780–2005

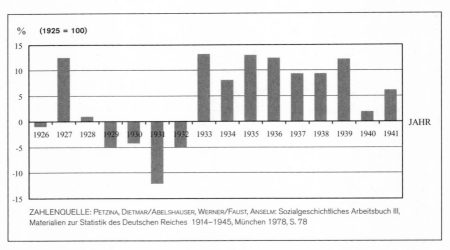

Darstellung 8 Wachstum des realen Sozialprodukts je Einwohner 1926–1941

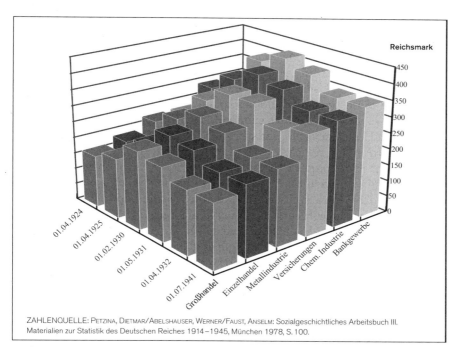

ZAHLENQUELLE: Pᴇᴛᴢɪɴᴀ, Dɪᴇᴛᴍᴀʀ/Aʙᴇʟsʜᴀᴜsᴇʀ, Wᴇʀɴᴇʀ/Fᴀᴜsᴛ, Aɴsᴇʟᴍ: Sozialgeschichtliches Arbeitsbuch III. Materialien zur Statistik des Deutschen Reiches 1914–1945, München 1978, S. 100.

Darstellung 9 Angestelltengehälter 1924–1941 in Reichsmark

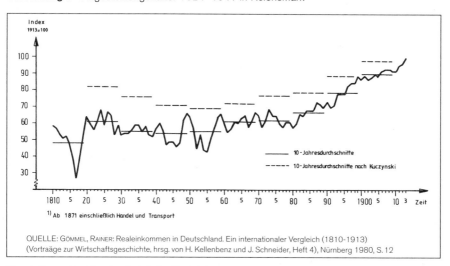

QUELLE: Göᴍᴍᴇʟ, Rᴀɪɴᴇʀ: Realeinkommen in Deutschland. Ein internationaler Vergleich (1810-1913) (Vorträäge zur Wirtschaftsgeschichte, hrsg. von H. Kellenbenz und J. Schneider, Heft 4), Nürnberg 1980, S. 12

Darstellung 10 Durchschnittliche Realeinkommen in Industrie und Handwerk

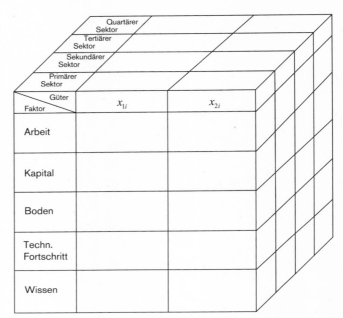

Darstellung 11
Datenquader

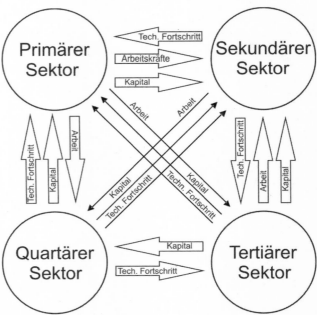

Darstellung 12
Scheibe des Würfels

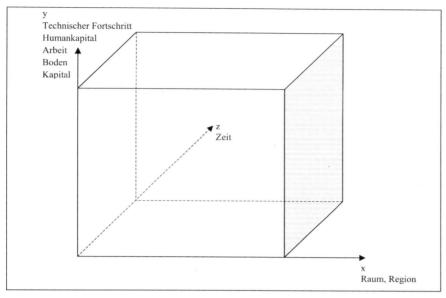

y
Technischer Fortschritt
Humankapital
Arbeit
Boden
Kapital

z
Zeit

x
Raum, Region

Darstellung 13 Datenquader mit x-y-z-Achse

Die Scheibe eines Würfels stellt also jeweils ein Forschungssegment dar, wobei freilich der Scheibenschnitt z. B. auch diagonal erfolgen kann. Nur wird dann das ganze System etwas unübersichtlich und seinem Grundanliegen, ein Forschungskonzept und Gedankensystem strukturiert zu visualisieren, wäre damit weniger entsprochen.

Schließlich sei darauf hingewiesen, dass es sich gerade bei historischen Studien und mit Blick auf den Primat des Chronologischen in der Geschichte empfiehlt, die Dimension Zeit immer mit einzubeziehen. Im Modell ist dies dadurch zu bewerkstelligen, dass jeweils mindestens eine der Achsen eine Zeitachse darstellt.

Spielt der räumliche Gesichtspunkt eine besondere Rolle, kann auch dieser durch Einbeziehung einer Raumachse in ein- oder zweidimensionaler Form berücksichtigt werden.

3. Elemente, Strukturen und Dimensionen

3.1. Erkenntnisebenen

Im Unterschied zur traditionellen politischen und allgemeinen Geschichte hat die Wirtschafts- und Sozialgeschichte einen wesentlich mehr struktur- als ereignisgeschichtlichen Grundcharakter. Diese Tatsache soll in den folgenden Kapiteln besondere Berücksichtigung finden.

Strukturgeschichte kann auf verschiedenen Ebenen angesetzt werden, am sinnvollsten wohl auf der demographischen, sozialen, ökonomischen, politischen und mentalen Ebene. Die demographische Strukturgeschichte berücksichtigt die Bevölkerungsentwicklung und deren wichtigste Indikatoren. Zu letzteren gehören die Sexualproportion, der Altersaufbau (oft als „Alterspyramide" dargestellt), die Geburten- und Todesrate, die Rate des natürlichen Bevölkerungszuwachses, sowie die Nettoreproduktionsrate. (Die folgende Übersicht nach: FEICHTINGER, Gustav: Art. Bevölkerung, in: HdWW 1, 1988, S. 610–631).

Die Geschichte der sozialen Strukturen beinhaltet u. a. die Analyse der Gesellschaftsschichten, die „Klassen"-Bildung, soziale Mobilität und die Erforschung von soziologischen Verflechtungen (Netzstudien). Sie findet eine vorzügliche deskriptive Darstellung in Form der Sozio-Matrix.

Ökonomische Strukturen können sektoral (primärer, sekundärer und tertiärer Sektor) oder faktoral (Produktionsfaktoren Arbeit, Kapital, Boden, technischer Fortschritt etc.) und mikro- oder makroökonomisch (mit Blick auf Unternehmen oder Gesamtwirtschaft) untersucht werden.

Die Analyse der historisch-politischen Strukturen berücksichtigt Fragen der Verfassung bzw. Gesetzgebung, der Gewaltenteilung und des politischen Systems. Die mentale Strukturebene schließlich beinhaltet die Erschließung von Erkenntnissen über Konfessionen, (nationale) Identitäten, anthropologische Eigenheiten bzw. Ausprägungen sowie Verhaltensnormen.

Indikatoren

1. *Sexualproportion:*   zahlenmäßiges Verhältnis Frauen zu Männern

2. *Altersaufbau:*   Besetzungszahl von Altersgruppen als Prozentsatz der Gesamtbevölkerung

3. *Rohe Geburtenrate:* $b = 1000\ B/P$
   B = Anzahl der in einem Kalenderjahr Lebendgeborenen auf 1000 Personen
   P = Bevölkerungsstand zur Jahresmitte

4. *Rohe Todesrate:* $d = 1000\ D/P$
   D = Todesfälle eines Jahres bezogen auf P

5. *Rohe Rate des natürlichen Bevölkerungszuwachses* (in %)
   $$r = 100\ (B{-}D)/P$$
   $$= (b{-}d)/10$$

6. *Mortalität* (Sterblichkeit)
   – altersspezifische Mortalitätsrate $d_x = 1000\ D_x/P_x$

7. *Fertilität* (Fruchtbarkeit)
   – altersspezifische Fertilitätsrate $b_x = 1000\ B_x/F_x$
   B_x = Zahl der von x-jährigen Frauen während eines Kalenderjahres lebend geborenen Kinder auf die Anzahl
   F_x = der Frauen bezogen, die sich zur Jahresmitte in x befinden

8. *Nettoproduktionsrate:* NRR misst die Anzahl an Töchtern, die von einer Kohorte (nach best. Kriterien ausgesuchte Untersuchungsgruppe) neugeborener Mädchen im Laufe ihres Lebens zur Welt gebracht werden.

Darstellung 14   Bevölkerungslehre – Demographie

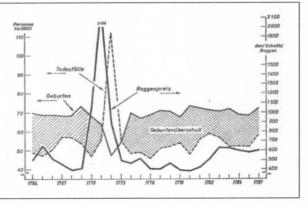

Geburten und Todesfälle im Kurfürstentum Sachsen und Leipziger Roggenpreise von 1764–1787

QUELLE: ABEL, WILHELM:
Massenarmut und Hungerkrisen
im vorindustriellen Europa,
2. Aufl., Göttingen 1977, S. 253

Darstellung 15   Geburten und Todesfälle

Die verwandtschaftliche Verflechtung der Ravensburger Kleinratsfamilien durch Verschwägerung (1500–1660)

QUELLE: MACZAK, ANTONI (Hrsg.): Klientelsysteme im Europa der Frühen Neuzeit, München 1988, S. 54

Darstellung 16 Soziomatrix

Die soziale Verflechtung der Ravensburger Kleinratsfamilien durch Trauzeugenschaften (1512–1520)

		(X)	(X)	(X)	(X)		(X)	(X)	(X)				((X))	(X)	(X)	(X)	(X)	(X)
	BESSELER	BETZ	BURGAU	DEURING	EBENRIEDT	FABER	GAIST	de GALL	HAIDENHOFER	MERZ	MILLER	MOCKH	REICHLIN	ROTH	SCHELLENBERGER	SCHULTHAIS	TÄSCHLER	WOLPARTHSHOFER
BESSELER (X)	X					●												
BETZ (X)		X													●		●	
BURGAU (X)			X				●	●				●					●	
DEURING (X)				X			●	●								●		
EBENRIEDT					X					●								
FABER (X)	●					X												
GAIST (X)			●	●			X					●						
de GALL (X)			●	●				X				●						
HAIDENHOFER	●								X	●	●							
MERZ					●				●	X	●							●
MILLER									●	●	X							
MOCKH ((X))			●				●	●				X						
REICHLIN (X)													X			●	●	
ROTH (X)														X			●	
SCHELLENBERGER (X)		●													X		●	
SCHULTHAIS (X)				●									●			X		
TÄSCHLER (X)		●	●										●	●	●		X	
WOLPARTHSHOFER										●								X

QUELLE: MACZAK, ANTONI (Hrsg.): Klientelsysteme im Europa der Frühen Neuzeit, München 1988, S. 53

Darstellung 17   Soziomatrix

3.2. Individuen

Es gibt Bereiche, die weder der Wirtschafts- noch der Sozialgeschichte eindeutig zuordenbar sind. Dazu gehört die Unternehmergeschichte, die wirtschaftliche, soziale und, im Falle des Erfinder-Unternehmers oder Wirtschaftsingenieurs, auch technische Komponenten miteinander vereinigt. WOLFGANG ZORN versuchte einmal, die Unternehmergeschichte folgendermaßen aufzuschlüsseln: „Auch wenn der ganze qualitative Sonderzweig der Unternehmergeschichte wirtschafts- und weniger sozialgeschichtlich aufgefasst wird, hat er seine eigene Biographienreihe bedeutender (nicht immer persönlich erfolgreicher) Männer und Frauen. Dabei enthüllt sich wieder der volle menschliche Horizont der Wirtschaftsgeschichte, indem sich das Gewinnstreben oft untrennbar mit irrationalem Gestaltungs- und Herrschaftsstreben, ja mit Abenteuerlust verbinden konnte. Die Genealogie, die wissenschaftliche Familienkunde, hat hier eine wirtschaftsgeschichtliche Seite, da Unternehmerehen oft auch Vermögensverbindungen waren. Zur historischen Unternehmerschaft pflegt man heute auch die „angestellten Unternehmer", Direktoren von Kapitalgesellschaften und öffentlichen Unternehmen, zu zählen." (Einführung, S. 57)

Der wissenschaftliche Umgang mit Subjekten bzw. Personen und deren Motiven, Bedürfnissen etc. findet sich in systematischer Form in Werken aufgearbeitet, die dem methodologischen Individualismus verpflichtet sind. Die vorgestellten biographischen und prosopographischen Methoden bieten in diesem Zusammenhang adäquate Zugriffsmöglichkeiten (siehe dort). Viele Studien, die Gustav v. Schmollers, Josef Alois Schumpeters („dynamischer Unternehmer") oder Max Webers Werk verpflichtet sind, haben z.B. klassische Bezüge zur Wirtschaftssubjektbetrachtung. Aspekte wie z.B. das Handeln des Einzelnen, sein Entscheiden in bestimmten Situationen oder der Prozess des Lernens (kognitive und lernpsychologische Aspekte) hierbei werden in der jüngeren Sozialwissenschaft von der Entscheidungs- und Spieltheorie aufgegriffen und teilweise experimentell erforscht.

Literatur

DÜLMEN, Richard van (Hg): Entdeckung des Ich. Die Geschichte der Individualisierung vom Mittelalter bis zur Gegenwart, Köln/Weimar 2001; KELLENBENZ, Hermann: Anton Fugger 1493–1560. Aus: Lebensbilder aus dem bayerischen Schwaben, Bd. 11, 1976. Sonderdruck Weissenhorn 1993, SWEDBERG, Richard: Joseph A. Schumpeter. Eine Biographie, Stuttgart 1994; WITT, Ulrich: Individualistische Grundlagen der evolutorischen Ökonomik, Tübingen 1987; ZORN, Wolfgang: Einführung in die Wirtschafts- und Sozialgeschichte des Mittelalters und der Neuzeit, 2. Aufl., München 1974.

3.3. Organisationen

Organisationen sind wesentliche Elemente des Wirtschafts- und Sozialsystems und wichtige Träger der Wirtschafts- und Sozialordnung bzw. -politik. Dazu gehören Unternehmen und Unternehmensverbände ebenso wie Gewerkschaften, Parteien, Bildungseinrichtungen, Kultureinrichtungen, Vereine und Gesellschaften aller Art (Sport- oder Kulturvereine, wissenschaftliche Vereine wie der Verein für Socialpolitik, die Gesellschaft für Sozial- und Wirtschaftsgeschichte, Gesellschaft für Unternehmensgeschichte etc.) sowie Einrichtungen der Legislative, Exekutive und Judikative (Parlamente, Polizei und Militär, Gerichte). Sie zusammen bilden die formellen Rahmenbedingungen der gesellschaftlichen Entwicklung. Die Gesellschaftsgeschichte, verstanden als Wissenschaft all dessen, was mit der Vergangenheit von Menschenhand Geschaffenen schlechthin zu tun hat, sollte diese Komponenten wesentlich berücksichtigen.

Die Geschichte der Unternehmen als den wesentlichsten Trägern der Wirtschaft hat in der jüngeren wirtschafts- und sozialhistorischen Forschung starke Berücksichtigung gefunden und bemerkenswerte Ergebnisse hervorgebracht. Dasselbe gilt für die Unternehmenskonzentrationen in Form von Kartellen (Einschränkung des Wettbewerbs durch rechtsverbindliche Verträge) oder Syndikaten (straffste Form der Kartellisierung, besonders Kontingentierungs- und Preiskartell). Über viele private, halb-staatliche und staatliche Unternehmen und nicht-unternehmerische Organisationen liegen hervorhebenswerte Monographien vor. In diesem Kapitel soll jedoch weniger auf die Unternehmen als Institution Bezug genommen (dies geschieht im Kapitel über die Unternehmensgeschichte), sondern der Aspekt der Institutionalisierung als Einfluss- und Erklärungsfaktor der modernen wirtschaftlichen und gesellschaftlichen Entwicklung aufgegriffen werden, wozu wesentlich auch die „Wissenschaft als gesellschaftliche Institution" (N. ROSENBERG/L.E. BIRDZELL JR., Prosperität, S. 110) gehört.

Die Institutionalisierung der Wissenschaft ab etwa der Mitte des 17. Jahrhunderts in der Form wissenschaftlicher Akademien war für die Koordinierung und Nutzung der alten und neuen Wissenspotentiale von ziemlicher (bisher möglicherweise unterschätzter, inzwischen aber von NATHAN ROSENBERG wieder betonter) Bedeutung für die Errungenschaften vor und während der Industriellen Revolutionen. Hatte bereits mit NEWTON, KOPERNIKUS, KEPLER, GALILEI, LEIBNIZ, DESCARTES usw. eine massive Inwertsetzung des intellektuellen Nachlasses früherer Zivilisationen stattgefunden, so fehlte es doch dem 16. und den früheren Jahrhunderten noch weitgehend an der Koordinierung des Wissens durch Institutionalisierung und Schaffung einheitlicher Maßstäbe. Freilich gab es auch da schon Begegnungen von Gelehrten und schulmäßige Einrichtungen, aber die Einzelforschungen wurden nicht in dem Maße systematisch zusammengeführt, wie dies z.B. durch die Royal Society of London (ab 1660), die Deutsche Akademie der Naturforscher Leopoldina in Halle (ab 1652) oder die Académie des sciences in Paris (1666) im 17. Jahrhundert geschah. Derartigen Institutionalisierungsprozessen kommt eine nicht geringe Bedeutung für die Schaffung der spezifischen Beziehungsintensität zwischen Wissenschaft und Technik zu, einer entscheidenden Komponente bei der Entwicklung der modernen Wissenschaft.

Einrichtungen ganz anderer Art bildeten sich im Rahmen von Konzentrationsprozessen in der Wirtschaft. Sie sind typische Begleiter beim Aufbau ökonomischer und politischer Machtsphären. Zwei Institutionen von beträchtlichem wirtschaftlichen und politischen Einfluss waren der Centralverband Deutscher Industrieller und der Bund der Industriellen, die geradezu prototypisch stehen für das Verhältnis von Politik und Wirtschaft im Wilhelminischen Reich bzw. in der Weimarer Republik, wenn man den Reichsverband der Deutschen Industrie hinzunimmt.

Auf der anderen Seite entstanden mit den Gewerkschaften mitgliederstarke Organe zur Wahrnehmung von Gegenmacht. Mit solchen Intentionen wurden sie jedenfalls von der Ersten Internationalen Arbeiterassoziation 1865 versehen: „Gewerkschaften tun gute Dienste als Sammelpunkte des Widerstands gegen die Gewalttaten des Kapitals." (G. BEIER, Gewerkschaften, S. 642) Im Laufe der Zeit wandelte sich das Selbstverständnis der Gewerkschaften. Sie sind heute nicht mehr nur als „konfliktorische" Einrichtung anzusehen, sondern verstehen sich als „Ordnungsfaktor" und „kooperative" Institution, ob sie nun der Organisation der Massen, der Arbeit oder als Sozialpartner dienen.

Zum Schluss sei darauf hingewiesen, dass die moderne Institutionentheorie den Begriff „Institution" ungleich anders verwendet als hier vorgestellt. Als solche werden dort sowohl Organisationen als auch Verfassungen, Regeln, Motive und dergleichen verstanden. Das Anwendungsfeld reicht bis hin zur metaphorischen Verwendung des Begriffs (siehe den Abschnitt „Institutionentheorie").

Literatur

BEIER, Gerhard: Gewerkschaften I: Geschichte. In: HdWW 3, 1981, S. 641–659; KAELBLE, Hartmut: Industrielle Interessenpolitik in der Wilhelminischen Gesellschaft. Centralverband Deutscher Industrieller 1895 bis 1914 (= Veröff. d. Historischen Kommission zu Berlin 27), Berlin/New York 1967; NORTH, Douglass C.: Theorie des institutionellen Wandels. Eine neue Sicht der Wirtschaftsgeschichte (= Die Einheit der Gesellschaftswissenschaften Bd. 56), Tübingen 1988; ROSENBERG, Nathan/BIRDZELL jr., L.E.: Industrielle Revolution und Prosperität. In: Daniel, Ute, Kompendium Kulturgeschichte. Theorien, Praxis, Schlüsselwörter, 3. Aufl. Frankfurt/M. 2002; Spektrum der Wissenschaft, 1/1991, S. 108–120; ULLMANN, Hans-Peter: Der Bund der Industriellen. Organisation, Einfluss und Politik klein- und mittelbetrieblicher Industrieller im Deutschen Kaiserreich 1895-1914, Göttingen u. Zürich 1976; WOLFF-ROHÉ, Stephanie: Der Reichsverband der Deutschen Industrie 1919–1924/25, Frankfurt/M. 2001.

3.4. Materielle Kultur

Es kann durchaus möglich, sinnvoll und methodisch originell sein, eine Sache, z.B. Produkte wie Fahrzeuge, Möbel, Papier, Textilien, Tabak, Kaffee, Zucker oder ähnliches zum Hauptgegenstand einer historischen Abhandlung zu wählen, gewissermaßen als „roten Faden" durch die Geschichte (siehe oben den Abschnitt 2.3.17.). In der Regel entstehen daraus Kulturgeschichten, die wesentliche Einblicke in die historische Entwicklung von sozialen oder wirtschaftlichen Gegebenheiten einer bestimmten Epoche gewähren. So hat JEAN-FRANÇOIS BERGIER die Geschichte des Salzes geschrieben, die nicht nur tiefe Einblicke in die Formen und Möglichkeiten der Konservierung und der Nahrungsgewohnheiten in mittelalterlicher und frühneuzeitlicher Zeit gibt, sondern auch unter dem Aspekt des (internationalen) Handels und der obrigkeitlichen Versorgungspolitik von Interesse ist.

Das Aufsteigen auf ein Hochrad, ohne nach vorne überzukippen, war eine Prozedur für sich, die geübt sein wollte.

Darstellung 18 Hochrad

Teilweise wird so auf recht originelle Art Wirtschaftsgeschichte geschrieben, wie die Geschichte des Klaviers von CYRIL EHRLICH zeigt. Hier geht es um Klaviernachfrage und -produktion wie um die Distribution des Klaviers als Status- und Kultursymbol.

Besonders spannend sind die Studien zu jenen Sachen, die hohen symbolischen Wert haben oder mit deren Existenz die Veränderungen ganzer Sinn- und Wahrnehmungswelten verbunden sind, wie z. B. mit der Eisenbahn, der elektrischen Lampe oder der Turmuhr.

Literatur

BERGIER, Jean-François: Die Geschichte vom Salz. Mit einem Anhang von Albert Hahling über die technische Entwicklung im Salzbergbau, 1989; EHRLICH, Cyril: The Piano. A History, 2. durchgesehene Aufl., Oxford 1990; HOCQUET, Jean-Claude: Das Salz und die Macht in Europa von 800 bis 1800, Stuttgart 1993; MINTZ, Sidney W.: Die süße Macht. Kulturgeschichte des Zuckers, Frankfurt/M. 1992; PENDERGRAST, Mark: Uncommon Grounds. The history of coffee and how it transformed our world, New York 1999 (deutsch: Kaffee. Wie eine Bohne die Welt veränderte, Bremen 2001); SCHIVELBUSCH, Wolfgang: Lichtblicke. Zur Geschichte der künstlichen Helligkeit im 19. Jahrhundert, Frankfurt/M. 1986; TREUE, Wilhelm: Kulturgeschichte der Schraube, 2. Aufl. 1962 (1. Aufl. 1955).

3.5. Immaterielle Strukturen (Rechte, Motive, Mentalitäten)

Wenn man mit HEGEL davon ausgehen will, der Geist bestimme die Materie (was ja ebensowenig realistisch ist wie KARL MARX' Umkehrung von HEGELS Satz, die Materie bestimme den Geist), dann wird man eher dazu neigen, die immateriellen und geistigen Strukturen als geschichtsprägend oder -bildend anzusehen. Dazu gehören bestimmte Mentalitäten, Erfahrungen, Motive, Weltanschauungen, Geisteshaltungen und Denkweisen, die sich meist niederschlagen in (Ordnungs-)Prinzipien und bestimmten Spielregeln, über die gesellschaftlicher Konsens erzielt wurde. Sie finden in Ritualen, Religionsformen, Kulten, Zeremonien, Festen, Traditionen und nicht zuletzt auch in Sprachen, Mundarten sowie Gesetzestexten, philosophischen Lehren und schließlich rationalen oder irrationalen Handlungen ihren konkreten Niederschlag.

Die in Frankreich von MARC BLOCH, LUCIEN FÈBVRE und FERNAND BRAUDEL begründete Schule der „Annales" setzt sich besonders intensiv mit der Mentalitätsgeschichte und mit den historischen Ausprägungen der Kulturanthropologie auseinander, die bis zu einem gewissen Grad „Alltagsgeschichte" ist, aber eben nicht nur, da sie weniger die Materie als vielmehr den geistigen Überbau und die Motivstrukturen zu erforschen sucht. So thematisiert etwa FÈBVRE in seinem empfehlenswerten Buch „Das Gewissen des Historikers" Begriffe wie „frontière" und „Zivilisation" und macht sich Gedanken über die Zusammenhänge Psychologie, Sensibilität und Geschichte oder schreibt die Geschichte eines Gefühls: Das Bedürfnis nach Sicherheit. Die Geschichtswissenschaft entdeckte inzwischen das „Vertrauen", die „Erfahrung", „Erwartung", „Imagination", „Vision", „Angst", „Furcht", Kreativität usw. als relevante Kategorien der Forschung. Auch kognitive Größen („Wissen", *human resources*, „Erinnerung" etc.) scheinen zunehmend von der historischen *scientific community* wahrgenommen zu werden.

Vertrauen ist ein universelles Phänomen. Es trägt zur Senkung der Transaktionskosten zwischenmenschlicher Interaktionen bei. Es wird von der Institutionentheorie als Element angesehen, das zu *sunk costs* führt, d. h. die pro Interaktion anfallenden Kosten des Prüfens, Kontrollierens oder Suchens sind in vertrauenswürdigen Institutionen geringer.

Literatur

BERGHOFF, Hartmut: Vertrauen als ökonomische Schlüsselvariable. Zur Theorie des Vertrauens und der Geschichte seiner privatwirtschaftlichen Produktion. In: K.-P. Ellerbrock/C. Wischermann (Hg.), Die ,Wirtschaftsgeschichte vor der Herausforderung durch die New Institutional Economics, Dortmund 2004, S. 58–71; FÉBVRE, Lucien: Das Gewissen des Historikers. Hg. u. aus dem Franz. übers. v. U. Raulff, Berlin 1988; FREVERT, Ute (Hg.): Vertrauen: Historische Annäherungen, Göttingen 2003; HELD, Martin/ KUBON-GILKE, Gisela/STURM, Richard (Hg.): Reputation und Vertrauen. Normative und institutionelle Grundfragen der Ökonomik, Jahrbuch 4, Marburg 2005; LUHMANN, Niklas: Vertrauen. Ein Mechanismus der Reduktion sozialer Komplexität, 3. Aufl., Stuttgart 1989; MOKYR, Joel: Mobility, Creativity, and Technological Development: David Hume, Immanuel Kant and the Economic Development of Europe. In: Günter Abel (ed.): Kreativität – XX. Deutsche Kongress für Philosophie, Kolloquiumsbeiträge, Hamburg 2006; MOKYR, Joel: The Intellectual Origins of Modern Economic Growth, in: Journal of Economic History, Vol. 65; No. 2 (June 2005), S. 285–351; MÜNCH, Paul (Hg.): „Erfahrung" als Kategorie der Frühneuzeitgeschichte. In: Historische Zeitschrift, Beiheft N.F. 31), München 2001; Raulff, Ulrich (Hg.), Mentalitäten-Geschichte. Zur historischen Rekonstruktion geistiger Prozesse, Berlin 1987; SCHINKEL, Anders: Imagination as a Category of History: An Essay Concerning Koselleck's Concepts of Erfahrungsraum und Erwartungshorizont. In: History and Theory 44 (2005), S. 42–54; SCHÖN, Erich: Der Verlust der Sinnlichkeit oder Die Verwandlungen des Lesers. Mentalitätswandel um 1800 (Sprache und Geschichte Bd. 12), Stuttgart 1987; WALTER, Rolf: Die Ressource

„Wissen" und ihre Nutzung. Ernst Abbe und der Jenaer Aufschwung um 1900. In: Klaus-M. Kodalle (Hg.), Angst vor der Moderne. Philosophische Antworten auf Krisenerfahrungen: Der Mikrokosmos Jena 1900–1940. (Kritisches Jahrbuch der Philosophie, Bd. 5), Würzburg 2000; WALTER, Rolf: Wesentliche Triebfedern unternehmerischen Erfolgs aus wirtschaftshistorischer Sicht. In: Forum, Köln 2004; WALTER, Rolf: Human resources. Unternehmer und ihre Agenten auf den europäischen Märkten und Messen im 16. Jahrhundert. In: Istituto Internazionale di Storia Economica „F. Datini" (Ed.), XXXII. Settimana di Studi, Fiere e mercati nella integrazione delle economie europee. Secoli XIII–XVIII, Prato/Firenze 2001, S. 779–796.

3.6. Räumliche Dimension

Auch Räume können Gegenstand historischer Forschung sein. Die Definition des Raums ist vom jeweiligen Erkenntnisinteresse desjenigen abhängig, der ihn erforschen will. Determinanten der Raumstruktur oder raumprägende Faktoren sind dabei die Lage des Raums im gesamtgeographischen Gebilde (Klimazone etc.), die Topographie (Frage der Transfererschwernis), die geologische Beschaffenheit des Bodens (Produktivität des Produktionsfaktors Boden, Ressourcen etc.), die infrastrukturelle Erschließung des Raums (überirdisch, unterirdisch, in der Luft, zu Wasser) sowie dessen Besiedlung (Bevölkerungsdichte, Marktdichte, zentrale Orte etc.).

Die Raumforschung begann in Deutschland mit JOHANN HEINRICH VON THÜNEN, der seine Erkenntnisse von praktischer Anschauung auf seinem Gut im mecklenburgischen Raum ableitete. Die heutigen standorttheoretischen und Stadtentwicklungsmodelle gehen häufig auf THÜNENS Ableitung zurück. In seinem 1826 erstmals erschienenen Werk „Der isolirte Staat in Beziehung auf Landwirthschaft und Nationalökonomie" kommt THÜNEN zu generellen Aussagen über die Bewirtschaftung des Bodens in Abhängigkeit von der Entfernung zum Markt, wobei er seinen Blick v. a. auf die landwirtschaftliche Produktion richtet. Vom Zentrum, dem (bei ihm einzigen) Marktort ausgehend, bilden sich auf der als homogen angenommenen Fläche kreisförmige Zonen, die sog. Thünen'schen Ringe, in denen jeweils nur ein bestimmtes Gut produziert wird. So befindet sich um das Zentrum herum die Zone des Gartenbaus und der Milchwirtschaft, der mit zunehmender Entfernung vom Zentrum die forstwirtschaftliche Zone folgt. Diese geht über in intensiven (Koppelwirtschaft), dann extensiven Getreidebau (Dreifelderwirtschaft), um die die Viehzucht- und schließlich die Jagdzone gelagert sind. Aufgrund der von THÜNEN aufgestellten Prämissen ist sein System in sich geschlossen, d.h. widerspruchsfrei, wenngleich seine Annahmen unrealistisch erscheinen. Er geht davon aus, dass der Ertrag pro Flächeneinheit in quantitativer und qualitativer Hinsicht überall gleich, das Zentrum der einzige Marktort und die verkehrsmäßige Erschließung ebenfalls allerorts gleich sei (also z.B. keine topographischen Unterschiede, keine Flüsse etc.). Ferner geht er davon aus, dass die Produktionskosten unabhängig von der Marktentfernung seien. Alle übrigen Effekte, z.B. externe, Agglomerations- (= Zusammenballungs-) und Deglomerations-(= Entflechtungs-)effekte, sind im Modell ausgeschlossen. THÜNEN berücksichtigt z.B. nicht den Effekt, dass sich eine Firma an einem bestimmten Ort ansiedelt, weil bestimmte andere Unternehmen bereits dort ihren Standort wählten (dies wäre Agglomeration). Später wurde THÜNENS Theorie immer mehr verfeinert, d.h. realitätsnäher weiterentwickelt bis zur heutigen Raumwirtschaftstheorie, wie sie z.B. von EDWIN V. BÖVENTER vertreten wird.

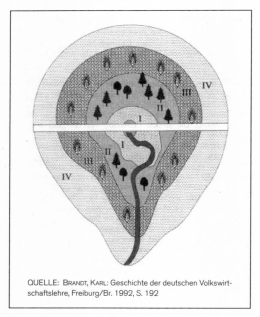

QUELLE: BRANDT, KARL: Geschichte der deutschen Volkswirtschaftslehre, Freiburg/Br. 1992, S. 192

Darstellung 19   Die Thünenschen Ringe

Hauptgegenstand der wirtschafts- und sozialhistorischen Betrachtung sind meist geographisch, wirtschaftlich und politisch mehr oder weniger konkret definierte Räume, ob es sich nun um eine Stadt, eine Region, ein Land, einen Kontinent oder um den ganzen Globus handelt. Dabei ist, wenn es sich um wirtschaftliche Räume handelt, z. B. den Handelsraum, davon auszugehen, dass die Raumgrenzen das Ergebnis der Forschung sind und nicht von vornherein vorgegeben. Dies erscheint sinnvoll auch im Hinblick darauf, dass der Wirtschaftsraum in hohem Maße z. B. von der Zoll- und Handelspolitik abhängt. Je höher etwa die protektionistischen Hemmnisse in Form von Schutzzöllen und dergleichen sind, desto mehr nähert sich (ceteris paribus) die wirtschaftliche Grenze der politischen. Die Komplementarität interräumlicher Geflechte relativiert zudem die Grenzziehungen, die in historischen Atlanten zu finden sind. Die ökonomischen Grenzen sind abhängig von den interräumlichen Leistungsgefällen, also von Produktivitäts- und Preisgefällen, von Einkommens- oder Kaufkraftgefällen und von tarifären, nicht-tarifären und administrativen Handelshemmnissen und dergleichen, die durch kommunikative Prozesse zum Ausgleich kommen: Integration durch Kommunikation.

Die Entwicklung der wirtschaftshistorischen Forschung in den vergangenen 30 Jahren lässt m. E. zwei Tendenzen erkennen: Zum einen wird der regionale, subregionale oder sogar lokale Aspekt besonders betont, andererseits widmen sich einige größere internationale Forschergruppen zunehmend der Weltwirtschaft. Dies bedeutet Aggregierung und Disaggregierung zugleich. Die an historisch-politischen Grenzen orientierte Wirtschafts- und Sozialgeschichte genießt demgegenüber nurmehr geringen Zuspruch.

Was die Geschichtsschreibung der Weltwirtschaft anbelangt, so war eine ähnliche „Konjunktur" bereits früher einmal vorhanden, als bedeutende Universalhistoriker und Vertreter der Wirtschafts- und Sozialgeschichte sich dieser Thematik annahmen. So entwickelte ARNOLD J. TOYNBEE D.J. als Antwort auf die stark eurozentrische Geschichtsbetrachtung seine Auffassung von der universalen, weltumspannenden Geschichte, die er als Summe der Geschichte aller Zivilisationen rund um den Globus interpretierte. So sehr eine derartige gesamtheitliche Betrachtung immer wieder angestrebt werden muss, so fragwürdig erscheint sie andererseits hinsichtlich der Feststellung, dass viele „Zivilisationen" noch kaum als hinreichend ausgeforscht gelten können. Solange die Gesellschaftsgeschichte noch nicht einmal in ihren regionalhistorischen Differenzierungen erschlossen ist und infolgedessen über die Aggregation des Regionalen ein ausreichend differenziertes Gesamtbild noch kaum gesichert vorliegt, ist weder das Regionale noch das „Nationale" im globalen Rahmen hinreichend definiert. Es ist schon noch so, wie es WOLFGANG ZORN 1972 zum Ausdruck brachte: „...eine vergleichbare Betrachtung nicht europäisch geprägter Kulturkreise erfordert..., wenn sie nicht dilettantisch sein soll, ausgedehntere besondere Vorstudien." (Einführung, S. 13). Dennoch beschäftigte sich, wie erwänt, bereits vor Jahrzehnten die Wirtschafts- und Sozialgeschichte mit „Welt"-Themen. Dilettantisch wird man diese zwar nicht nennen können, aber es fällt schon auf, dass recht weite Definitionen und Abstraktionen nötig waren, um Aussagen zu erhalten, die nicht gleich verworfen werden mussten.

Stellvertretend für viele der älteren „Welthistoriker" seien genannt: EGMONT ZECHLIN (Maritime Weltwirtschaft), FRITZ RÖRIG (Mittelalterliche Weltwirtschaft), BRUNO KUSKE (Historische Grundlagen der Weltwirtschaft), AUGUST SARTORIUS VON WALTERSHAUSEN (Entstehung der Weltwirtschaft; Einführung in die Weltwirtschaft), WILHELM RÖPKE (Weltwirtschaft im 19. und 20. Jahrhundert) und BERNHARD HARMS (Volkswirtschaft und Weltwirtschaft).

In jüngerer Zeit hat es nicht an Versuchen und Theorien gefehlt, die „Welt" als gesamträumliches Gebilde unter den verschiedensten Aspekten historisch zu erfassen; sei es, dass man, wie dies FERNAND BRAUDEL tat, Weltgeschichte als quasi grenzenlose Weltkulturgeschichte mit besonderer Betonung des sozialen und wirtschaftlichen Alltags auffasste, sei es, dass man die Evolution der weltwirtschaftlichen Zentren einer eingehenderen Betrachtung unterzog. Oft wurden bestimmte Sachgebiete herausgegriffen und unter welthistorisches Licht gestellt, so Ordnungs- und Rechtsaspekte, die zwischenstaatlichen Vertragssysteme und der Goldstandard.

Wie sehr die „Verkehrsrevolution" die Entwicklung der „modernen Welt" prägte, hat WOLFGANG ZORN 1977 prägnant dargestellt. Daneben sind im kleineren Maßstab, auf nationaler Ebene, von der Wirtschaftsgeschichte Studien erarbeitet worden, die Ansätze enthalten, die die Raumüberwindung und deren Kosten zum Gegenstand haben. So enthält z.B. eine Studie von RAINER FREMDLING über „Eisenbahnen und deutsches Wirtschaftswachstum 1840–1879" neben entwicklungstheoretischen Überlegungen auch einen wesentlichen Beitrag zur Theorie der Infrastruktur.

Häufig wird der Raum über typische regionale Erscheinungen spezifiziert. So gibt es das Konzept der „Produktregion", z.B. der Baumwollregion, des Bergbaureviers, des Montandistrikts oder die Spezifizierung des Raums nach Währungen (Dollar-Raum, Euro-Zone, Taler-Gebiet o.ä.). Zur Bezeichnung von räumlichen Hochtechnologie-Agglomerationen haben sich teilweise recht eigentümliche Begrifflichkeiten durchgesetzt (z.B. Silicon Valley) oder es steht einfach der Name eines Stadtteils als Synonym für High-tech (z.B. München-Martinsried).

Literatur

BEREND, Ivan T./RANKI, György: The European Periphery and Industrialization, 1780–1914, Cambridge 1982; BRACKER, Jörgen (Hg.): Die Hanse. Lebenswirklichkeit und Mythos, 2 Bde., Hamburg 1989; BOEVENTER, Edwin von: Die Struktur der Landschaft. Versuch einer Synthese und Weiterentwicklung der Modelle J.H. von Thünens, W. Christallers und A. Löschs. In: E. Schneider (Hg.), Optimales Wachstum und Optimale Standortverteilung (= Schriften des Vereins für Socialpolitik N.F. 27), Berlin 1962, S. 77–133; BOEVENTER, Edwin von: Theorie des räumlichen Gleichgewichts, Tübingen 1962; BRAUDEL, Fernand: Le Temps du Monde. Civilisation matérielle, économique et capitalisme. XVe–XVIIIe siécle, tome 3, Paris 1979; DIWALD, Hellmut: Der Kampf um die Weltmeere, München 1980; DOLLINGER, Philippe: Die Hanse, 4. Aufl., Stuttgart 1989; HAMMEL-KIESOW, Rolf: Die Hanse, München 2000; HARMS, Bernhard: Volkswirtschaft und Weltwirtschaft. Versuch der Begründung einer Weltwirtschaftslehre (= Probleme der Weltwirtschaft 6), Jena 1920; KUSKE, Bruno: Die historischen Grundlagen der Weltwirtschaft (= Kieler Vorträge 17), Jena 1926; RÖPKE, Wilhelm: Die Weltwirtschaft im 19. und 20. Jahrhundert. In: Historia Mundi, Ein Handbuch der Weltgeschichte, hg. v. F. Valjavec, Bd. 10: Das 19. und 20. Jahrhundert, Bern/München 1961, S. 653–679; RÖRIG, Fritz: Mittelalterliche Weltwirtschaft. Blüte und Ende einer Weltwirtschaftsperiode (= Kieler Vorträge 40), Jena 1933; ROSTOW, Walt Whitman: The World Economy. History and Prospekt, London/Basingstoke 1978; SARTORIUS VON WALTERSHAUSEN, August: Einführung in das Studium der Weltwirtschaft (= Lehrschriften des Athenäums über „Staat und Wirtschaft", Nr. 4) Füssen am Lech 1923; SARTORIUS VON WALTERSHAUSEN, August: Die Entstehung der Weltwirtschaft. Geschichte des zwischenstaatlichen Wirtschaftslebens vom letzten Viertel des achtzehnten Jahrhunderts bis 1914, Jena 1931; STROMER, Wolfgang Frhr. von: Gewerbereviere und Protoindustrien in Spätmittelalter und Frühneuzeit. In: H. Pohl (Hg.): Gewerbe- und Industrielandschaften vom Spätmittelalter bis ins 20. Jahrhundert, Stuttgart 1986, S. 39–111; THÜNEN, Johann Heinrich von: Der isolierte Staat in Beziehung auf Landwirtschaft und Nationalökonomie, 3 Teile, Rostock 1826, 1850, 1863; TOYNBEE, Arnold J.: A Study of History (Abridgement of Vols. 1–6 by D.C. Somervell), New York 1947; WALTER, Rolf: Geschichte der Weltwirtschaft. Eine Einführung, Köln/Weimar/Wien 2006; WALTER, Rolf: Der Wirtschaftsraum in historischer Perspektive. In: W. Feldenkirchen et al. (Hg.), Wirtschaft, Gesellschaft, Unternehmen. Festschrift für H. Pohl zum 60. Geb. (= VSWG-Beihefte 120a), Stuttgart 1995, S. 500–515; WESTERMANN, Ekkehard (Hg.): Vom Bergbau- zum Industrierevier. Montandistrikte des 17./18. Jahrhunderts auf dem Wege zur industriellen Produktionsweise des 19. Jahrhunderts. III. Ettlinger Tagung zur europäischen Bergbaugeschichte, Stuttgart 1995; ZECHLIN, Egmont: Maritime Weltgeschichte. Altertum und Mittelalter, Hamburg 1947; ZORN, Wolfgang: Einführung in die Wirtschafts- und Sozialgeschichte des Mittelalters und der Neuzeit, München 1972; ZORN, Wolfgang: Verdichtung und Beschleunigung des Verkehrs als Beitrag zur Entwicklung der „modernen Welt". In: Reinhart Koselleck (Hg.), Studien zum Beginn der modernen Welt (= Industrielle Welt 20), Stuttgart 1977, S. 115–137.

3.7. Dimension Zeit

Die Zeit ist das wichtigste Strukturierungselement des Lebens. Sie teilt den Alltag ein und Zeitknappheit dynamisiert ihn. Die industrielle Welt wäre in ihrer ausgeprägten Arbeitsteiligkeit, die sehr umfänglich eine Zeitteiligkeit ist, nicht rational organisierbar. Die Industriellen Revolutionen bedurften der Uhr mindestens ebenso wie neuer Energieformen, etwa der Dampfkraft. Zeit ist der eigentliche Regulator der Wirtschaft, des Lebens. Ihrer Messung und Bewertung kommt daher große Bedeutung zu

Der Wirtschaftsgeschichte öffnen sich, wenn man sie als Geschichte des Faktors Zeit versteht, bereits bei grober Betrachtung eine Vielzahl von Perspektiven: Sie reichen von Vorstellungen der Zeit als einer objektiven und subjektiven Größe, vom Zeit-Geld-Wertzusammenhang, dem Knappheitsfaktor Zeit, der ökonomischen Zeit, dem Zeitwandel über den Zeitwohlstand bis hin zur Rationalisierung der Zeit.

Darstellung 20   Chronos im Führerstand

Das Zeitempfinden war im Zeitfluss ähnlichen Wandlungen unterworfen wie die immaterielle und materielle Kultur. Natürlich ist auch der Nutzen des Gutes Zeit unterschiedlich. Es scheint so, als sei für immer mehr Menschen im historischen Ablauf das Gut Zeit zu einem knappen Gut geworden. Der Wert der Zeit bemisst sich nach den in ihr vollzogenen Aktivitäten. Ohne den Komplementärfaktor Zeit wären Güter häufig gar nicht bewertbar. Knappheit steigert den Preis und so wird der Faktor Zeit in der Gegenwart wohl höher bewertet als in der Vergangenheit. Es kommt somit nicht von ungefähr, dass die Zeit als entscheidender Wirtschaftsfaktor immer mehr ins Blickfeld der einschlägigen Forschung gerät, ja man kann geradezu von der Entdeckung der Zeit reden.

Literatur

BECKER, Gary S.: A Theory of the Allocation of Time, in: The Economic Journal, 75. Jg. (1965), S. 493–517. Wiederabgedruckt in: Becker, Gary S.: Der ökonomische Ansatz zur Erklärung menschlichen Verhaltens, Tübingen 1982, S. 97–130; BOOCKMANN, Hartmut: Einführung in die Geschichte des Mittelalters, 5. Aufl., München 1992; BORSCHEID, Peter: Das Tempo-Virus. Eine Kulturgeschichte der Beschleunigung, Frankfurt a. M./New York 2004; BRAUDEL, Fernand: Schriften zur Geschichte 1: Gesellschaften und Zeitstrukturen, Stuttgart 1992; Schriften zur Geschichte 2: Menschen und Zeitalter, Stuttgart 1993; CIPOLLA, Carlo M.: Clocks and Culture, 1300–1700, New York 1977; ESCH, Arnold: Zeitalter und Menschenalter. Der Historiker und die Erfahrung vergangener Gegenwart, München 1994; EUCKEN, Walter: Grundlagen der Nationalökonomie, 9. unveränd. Aufl., Berlin et al. 1989 (1. Aufl. 1939); HEUSS, Ernst: Allgemeine Markttheorie, Tübingen/Zürich 1965; LANDES, David S.: Revolution in Time. Clocks and the Making of the Modern World, Cambridge/Mass./London 1983; REHEIS, Fritz: Die Kreativität der Langsamkeit. Neuer Wohlstand durch Entschleunigung, Darmstadt 1996; SCHIVELBUSCH, Wolfgang: Geschichte einer Eisenbahnreise. Zur Industrialisierung von Raum und Zeit im 19. Jahrhundert, Frankfurt/M./Berlin/Wien 1981; SCHULZE, Winfried: Einführung in die Neuere Geschichte, 2. Aufl., Stuttgart 1991; SOMBART, Werner: Die deutsche Volkswirtschaft im neunzehnten Jahrhundert, 3. durchges. und weitergeführte Aufl., Berlin 1913; STALK, G. Jr./HOUT, T.M.: Zeitwettbewerb, Frankfurt/New York 1990; WAGNER, Monika: Der flüchtige Blick. Geschwindigkeitsdarstellungen im 19. Jahrhundert. In: Zug der Zeit – Zeit der Züge. Deutsche Eisenbahn 1835–1985, Bd. 2, Berlin 1985, S. 529–535; WALTER, Rolf: Die Wirtschaftsgeschichte als Geschichte der Zeit. In: Struktur und Dimension. Festschrift für K. H. Kaufhold zum 65. Geb., hg. von H.-J. Gerhard, Bd. 2: Neunzehntes und Zwanzigstes Jahrhundert (VSWG-Beihefte, Nr. 133) Stuttgart 1997, S. 3–18.; WHITROW, G.J.: Time in History, Oxford 1988.

4. Dynamische Faktoren und Prozesse

> *„Diese Substanz aber, die der Geist ist, ist das Werden seiner zu*
> *dem, was er an sich ist; und erst als dies in sich reflektierende*
> *Werden ist er an sich in Wahrheit der Geist."*
> (HEGEL, G.W.F.: Phänomenologie des Geistes, Werke 3,
> Frankfurt/M. 1970, S. 585)

4.1. Kommunikations- und Interaktionsgeschichte

Zu den menschlichen Grundbedürfnissen zählt die Kommunikation. Infolgedessen kommt der Kommunikation als historischer Komponente der Gesellschaftsgeschichte ein hoher Stellenwert zu. Sie ist die Voraussetzung jeder Sozialisation. Geschichtliches Verstehen erfordert tiefe Einsichten in die Grundstruktur der menschlichen Kommunikation. Sie umfasst „alle Formen von Verkehr, Verbindung, Vermittlung und Verständigung" (PROSS). Sie greift weit hinein in den Alltag und seine kulturellen, wirtschaftlichen und sozialen Interaktionen. Dabei muss es sich nicht unbedingt um interpersonale Kommunikation
handeln, sondern sie kann auch apersonal sein, d.h. sie findet indirekt durch
technische Vermittlung statt. Sie tritt zunehmend neben die zwischenmensch-
liche Kommunikation, so dass heute bereits von der Kommunikations- oder
Informationsgesellschaft die Rede ist. Sie hat ihre Grundlagen wesentlich in
der „elektrischen Revolution" (BALKHAUSEN) des 19. und beginnenden 20. Jahrhunderts, insbesondere in der Erfindung des elektrischen Telegraphen, des Te-
lefons und der kabellosen Technik.

In jüngster Vergangenheit hat sich ein bestimmter Bereich der Geschichtswissenschaften mehr und mehr profiliert und verselbstständigt, nämlich die
Kommunikationsgeschichte. Ihr wird auch von seiten der Wirtschafts- und Sozialgeschichte zunehmende Aufmerksamkeit gewidmet. Erwähnenswert in
diesem Zusammenhang ist eine 1987 von der Gesellschaft für Sozial- und Wirtschaftsgeschichte durchgeführte Tagung zum Thema „Die Bedeutung der
Kommunikation für Wirtschaft und Gesellschaft", auf der 16 Referenten die
vielfältigen Formen und Erscheinungen von Kommunikation vom späten Frühmittelalter bis in die Gegenwart zu erfassen versuchten.

Durch die Schaffung von kommunikativen Voraussetzungen (Infrastruktur, Verkehrs- und Nachrichtenwesen) werden Interaktionen auf interlokaler, interregionaler, internationaler oder interkontinentaler Ebene möglich. Im historischen Kontext wäre hier insbesondere an Studien zu bi- oder multilateralen konsularischen oder Wirtschaftsbeziehungen zu denken unter Einschluss der staats- und handelsvertraglichen Ebene. Außerdem kommt den Wissensbeziehungen beträchtliche Bedeutung zu, bedeuten Wissensgefälle doch häufig Produktivitätsgefälle und sind damit oft entscheidende Gründe für die Rückständigkeit oder spezifische Progression von Regionen. Der Technologie-Transfer, der den Anlagenimport und den personalen Technologietransfer beinhaltet, ist bisher nur für wenige Branchen historisch bearbeitet. Außerdem stellt der historische – materielle und personale – Kulturtransfer ein Gebiet dar, das in historischer Perspektive kaum systematisch erforscht ist.

Literatur
BENIGER, James A.: The Control Revolution. Technological and Economic Origins of the Information Society, London 1986; KAASE, Max/SCHULZ, Winfried (Hg.), Massenkommunikation. Theorien, Methoden, Befunde (= Kölner Zeitschrift f. Soziologie und Sozialpsychologie, Sonderheft 30), Opladen 1989; NORTH, Michael (Hg.): Kommunikationsrevolutionen. Die neuen Medien des 16. und 19. Jahrhunderts (= Wirtschafts- und sozialhistorische Studien, Bd. 3), Köln/Weimar 1995; NORTH, Michael: Kommunikation, Handel, Geld und Banken in der Frühen Neuzeit, München 2000; POHL, Hans (Hg.): Die Bedeutung der Kommunikation für Wirtschaft und Gesellschaft (= VSWG-Beihefte 87), Stuttgart 1989 (Enthält 15 Referate zum Thema, welche die Zeit vom Hochmittelalter bis zur Gegenwart abdecken).

4.2. Migrationsgeschichte, räumliche Mobilität, Aus- und Einwanderung

Die Migrationsgeschichte hängt insoweit stark mit der Kommunikations-, insbesondere der Verkehrsgeschichte zusammen, als die „Wanderungsschwelle" durch die Qualität der verfügbaren Verkehrsverbindungen mitbestimmt wurde. Die Migrationsgeschichte behandelt Motive, Organisation, Ablauf und Folgen (meist massenhafter) räumlicher Veränderungsbewegungen. Im Vordergrund stehen dabei Pendlerstudien (z.B. die Polen im Ruhrgebiet), Forschungen zur Emigration und Immigration (z.B. deutsche Auswanderung nach USA; die Einwanderung von Hugenotten nach Franken) sowie Akkulturationsstudien (z.B. Iren und Deutsche in der Neuen Welt, Vereinsbildung, Gemeindeaufbau etc.).

Analytisch unterscheidet man „Push-Effekte" von „Pull-Effekten". Mit „Push-Effekten" bezeichnet man Wirkungen, die z.B. auf materielle oder weltanschaulich-konfessionelle Notlagen im Ursprungsland zurückgehen. Als „Pull-Effekte" werden z.B. Anreiz- oder Werbeaktivitäten für Zuwanderer im Zielland bezeichnet. So wurden viele Emigranten des 18. und 19. Jahrhunderts durch Landversprechungen in Amerika angezogen. Die „Kettenwanderung" (von Verwandten, Nachbarn und Freunden) verminderte entscheidend die „soziale Entfernung" zwischen Ursprungs- und Zielgebiet und damit die „psychischen Kosten" der Emigration. Bemerkenswert erscheint der hochsignifikante Zusammenhang zwischen Lebensmittelpreisentwicklung und Auswanderungsintensität (W. V. HIPPEL) in der Zeit, als der Agrarzyklus noch weitgehend das soziale und wirtschaftliche Leben bestimmte, d.h. bis weit in das 19. Jahrhundert hinein. In Zeiten hoher Getreidepreise und infolgedessen sinkender Realeinkommen gelangten viele Menschen an den Rand des Existenzminimums und entschieden sich notgedrungenermaßen zur Auswanderung.

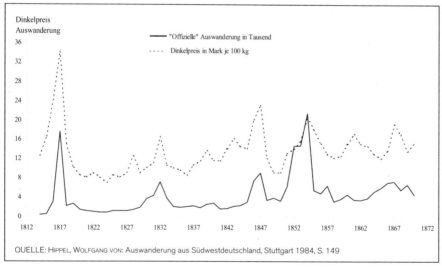

QUELLE: HIPPEL, WOLFGANG VON: Auswanderung aus Südwestdeutschland, Stuttgart 1984, S. 149

Darstellung 21 Zusammenhang zwischen Getreidepreis und Auswanderung

Migrationen wie z.B. Arbeiterwanderungen waren häufig das Ergebnis von (regional unterschiedlichen) Diskrepanzen zwischen Arbeitskräftepotential und Arbeitsplatzangebot. Erhebliche interregionale Lohn- bzw. Einkommensgefälle waren häufig Ursache oder auch Folge des Missverhältnisses zwischen

Angebot und Nachfrage nach Arbeitskräften. Wanderarbeiter und Pendler waren diejenigen, die hier einen Ausgleich herbeiführen konnten. Diese Träger der Migration wurden oft nach ihrem Zielgebiet benannt, so etwa die „Sachsengänger" oder die „Hollandgänger". Für viele dieser Migranten war die zeitweise Tätigkeit auf den ausländischen Arbeitsmärkten geradezu existenznotwendig. Im Übrigen wurde durch die Migration das Spannungsverhältnis zwischen Angebot und Nachfrage nach Arbeitskräften abgebaut und somit das Lohngefälle ausgeglichen. Zuweilen kam es auch zur Umkehrung der Migrationsrichtung: So ging z.B. der „Hollandgang" westfälischer Arbeiter in den 1890er Jahren in einen (grenznahen) „Deutschlandgang" niederländischer Arbeitskräfte über.

Literatur

BADE, Klaus J.: Europa in Bewegung. Migration vom späten 18. Jahrhundert bis zur Gegenwart, München 2002; BADE, Klaus J. (Hg.): Deutsche im Ausland – Fremde in Deutschland. Migration in Geschichte und Gegenwart, München 1992; BADE, Klaus J. (Hg.): Auswanderer – Wanderarbeiter – Gastarbeiter. Bevölkerung, Arbeitsmarkt und Wanderung in Deutschland seit der Mitte des 19. Jahrhunderts, 2 Bde., 2. Aufl., Ostfildern 1985; BICKELMANN, Hartmut: Deutsche Überseeauswanderung in der Weimarer Zeit, Wiesbaden 1980; DOERRIES, Reinhard R.: Iren und Deutsche in der Neuen Welt. Akkulturationsprozesse in der amerikanischen Gesellschaft im späten neunzehnten Jahrhundert (= Beiheft 76 zur VSWG), Stuttgart 1986; GLADEN, Albin/KRAUS, Antje: Deutsche Wanderarbeiter in den Niederlanden im 19. Jahrhundert. Ein Beitrag zur Geschichte der Arbeiterwanderung. In: Bevölkerung, Wirtschaft, Gesellschaft seit der Industrialisierung, Festschrift für W. Köllmann, Dortmund 1990; HIPPEL, Wolfgang von: Auswanderung aus Südwestdeutschland. Studien zur württembergischen Auswanderung und Auswanderungspolitik im 18. und 19. Jahrhundert (= Industrielle Welt, Schriftenreihe d. AK f. mod. Sozialgesch., hg. v. W. Conze, Bd. 36), Stuttgart 1984; LANGEWIESCHE, Dieter: Wanderungsbewegungen in der Hochindustrialisierungsperiode. Regionale, interstädtische und innerstädtische Mobilität in Deutschland 1880–1914. In: VSWG 64, 1977, S. 1–40; MARSCHALCK, Peter: Deutsche Überseeauswanderung im 19. Jahrhundert. Ein Beitrag zur soziologischen Theorie der Bevölkerung, Stuttgart 1973; MOLTMANN, Günter (Hg.): Deutsche Amerikaauswanderung im 19. Jahrhundert (Amerikastudien 44), Stuttgart 1976.

4.3. Transmissions- und Transformationsgeschichte

Unter Transmissionsgeschichte kann die Geschichte der Kräfte und Hebel verstanden werden, die Veränderungen (Transformationen) in irgendeiner Weise bewirkten. Dazu gehören z.B. Maschinen, Fachkräfte, die Übertragung von Spezialwissen oder Kapital von einem entwickelteren Land auf das weniger entwickelte, mit der Wirkung von Transformationsprozessen in letzterem. In der Zeit der „Wende" wurde die gesellschaftliche Umgestaltung mit einem neuen, russischen, Begriff umschrieben: Perestroika.

Transformation ist zu verstehen als ständige Veränderung der Strukturelemente, also der – in einem der obigen Kapitel aufgeschlüsselten – Strukturebenen (demographische, soziale, ökonomische, politische und mentale Struktur). Die Transformationskonzepte finden häufig Anwendung im Bereich der regionalbezogenen Wirtschafts- und Sozialgeschichte (Transformation von einer agrarischen zu einer industriellen Gesellschaft; Umwandlung von Getreideland in Rebland etc.) sowie für bestimmte Zeitabschnitte, die durch säkulare Veränderungen gekennzeichnet sind, wie z.B. das Ende des Ancien régime mit der Säkularisation, Mediatisierung sowie „Gewerbefreiheit" und „Bauernbefreiung".

Der Transformationsgeschichte besonders angemessen ist die komparative Methode, die das Gewesene mit dem späteren Ist vergleicht, um so unter Zugrundelegung bestimmter Kriterien den Umwandlungsprozess festzuhalten. Dabei ist wiederum nicht nur an materielle Veränderungen zu denken, sondern auch an immaterielle, z.B. mentale, sprachliche, weltanschauliche und vor allem gesellschaftliche. HANNA SCHISSLER untersuchte beispielsweise den Transformationsprozess der agrarischen Gesellschaft in Preußen, insbesondere die Veränderung der herrschaftlichen Grundstruktur des ländlichen Sozialsystems durch die nach 1807 erlassenen Reformgesetze. Dabei ging es um die Liberalisierung und Individualisierung der Agrargesellschaft, die sich dann auf die Preußen zugeordneten Gebiete wie z.B. Westfalen übertrug.

Im Jahre 1979 widmete sich ein Kongress internationaler Wirtschafts- und Sozialhistoriker in Prato dem Thema „Landwirtschaft und Transformation der Agrarlandschaft, 13.–18. Jahrhundert", der den internationalen Forschungsstand von damals repräsentiert.

In den letzten Jahren entstanden eine Reihe von komparativen Studien mit dem Ziel, mögliche Verlaufsmuster und strukturelle Analogien von Transformationsprozessen in gesellschaftlicher und ökonomischer Hinsicht zu identifizieren.

Literatur

POLANY, Karl: The Great Transformation. Politische und ökonomische Ursprünge von Gesellschaften und Wirtschaftssystemen, Frankfurt/M. 1978; ROSENBERG, Nathan/BIRD-ZELL, L.E. JR.: How the West Grew Rich: The Economic Transformation of the Industrial World, New York 1986; SCHISSLER, Hanna: Preußische Agrargesellschaft im Wandel. Wirtschaftliche, gesellschaftliche und politische Transformationsprozesse von 1763 bis 1814 (= Krit. Stud. z. Geschichtswiss. 33), Göttingen 1978; SCHWERIN, Joachim: Wachstumsdynamik in Transformationsökonomien. Strukturähnlichkeiten seit der industriellen Revolution und ihre Bedeutung für Theorie und Politik (Wirtschafts- und Sozialhistorische Studien Bd. 12), Köln/Weimar/Wien 2001; STRAUB, Alfred: Das badische Oberland im 18. Jahrhundert. Die Transformation einer bäuerlichen Gesellschaft vor der Industrialisierung (= Historische Studien 429), Husum 1977.

4.4. Integrationsgeschichte

Im Zeichen der deutschen Einigung von 1990 und dem europäischen Zusammengehen Anfang 1993 kamen Fragen der Integration zunehmend in die Diskussion. Ähnlich wie in den 1990er Jahren wurde bereits im 19. Jahrhundert, im Vorfeld der deutschen Zollvereinigung und in der Gründungszeit des Zweiten Reichs, über derlei Fragen gesprochen. Den historischen Hintergrund dazu bot vor allem die Tatsache, dass das Deutsche Reich noch um 1789 politisch aus 314 selbstständigen Territorien und über 1400 Reichsritterschaften bestand. Im 17. und 18. Jahrhundert war eine politische und wirtschaftliche Integration kaum möglich, da „das Bewusstsein des Kriegsrisikos" (Pfälzische, Schlesische, Napoleonische Kriege etc.) bei Herrschern und Einwohnern lebendig blieb und „eine interregionale wirtschaftliche Verflechtung behinderte" (K. BORCHARDT, Europ. Wigesch. 4, S. 142). Diese konnte sich erst im 19. Jahrhundert vollziehen.

Lassen wir einen berühmten Zeitgenossen reden, der am 23. Oktober 1828 das Wesen seiner Zeit folgendermaßen zu erfassen suchte: „Mir ist nicht bange, dass Deutschland nicht eins werde; unsere guten Chausseen und künftigen Eisenbahnen werden schon das Ihrige tun. Vor allem aber sei es eins in Liebe unter einander! Und immer sei es eins gegen den auswärtigen Feind. Es sei eins, dass der deutsche Taler und Groschen im ganzen Reich gleichen Wert habe; eins, dass mein Reisekoffer durch alle sechs und dreißig Staaten ungeöffnet passieren könne. Es sei eins, dass der städtische Reisepass eines weimarischen Bürgers von dem Grenzbeamten eines großen Nachbarstaates nicht für unzulänglich gehalten werde, als der Pass eines Ausländers. Es sei von Inland und Ausland unter deutschen Staaten überall keine Rede mehr. Deutschland sei ferner eins in Maß und Gewicht, in Handel und Wandel und hundert ähnlichen Dingen, die ich nicht alle nennen kann und mag." Dieser berühmte Zeitgenosse hieß JOHANN WOLFGANG VON GOETHE, der hier so anschaulich schilderte, wie eine ökonomische und politische, nationale Einheit aussehen sollte, die er dann allerdings nicht mehr selbst erleben durfte.

Um den Integrationsgrad von Räumen bestimmen zu können, sind eine ganze Reihe von Informationen erforderlich, die aber in mittelalterlicher und frühneuzeitlicher Zeit häufig sehr lückenhaft sind, also Desiderate im Bereich der historischen Metrologie darstellen.

Versteht man Integration im Sinne der Raumwirtschaftstheorie als wirtschaftliche Integration, so sind nach BORCHARDT für eine wirtschaftshistorische Raumuntersuchung folgende Kriterien als hinreichend anzusehen:

- Der Umfang des Leistungsgefälles zwischen räumlich verteilten Wirtschaftseinheiten. Vom Aspekt des Handels her gesehen beinhaltet dieser Punkt auch die interregionalen Preisdifferenzen, also die Produktivitäts-, Preis- und Qualitätsgefälle.

- Die Intensität der Wissensbeziehungen zwischen räumlich verteilten Wirtschaftseinheiten.

- Die Höhe der Transferkosten (Transport, Zölle, Straßengelder etc.) bei Güterbewegungen zwischen diesen räumlich verteilten Wirtschaftseinheiten.

- „Verhaltensweisen", eine qualitative, in Richtung Mentalitätsgeschichte weisende Determinante.

Es erübrigt sich beinahe der Hinweis, dass dieser Ansatz kombinatorisch und zusammenhängend angewandt werden sollte und der jeweiligen themenspezifischen Vertiefung und Ergänzung bedarf. Zur grundsätzlichen Strukturierung einer wirtschaftshistorischen Raumuntersuchung erscheint er jedoch brauchbar, auch wenn er – wie Borchardt selbst einräumt – keinen kompletten historisch-empirischen Nachweis bringen kann.

In der Regel ist Integration das Ergebnis des Zusammenwirkens von politischen und wirtschaftlichen Entscheidungen bzw. Kräften, wobei nicht generell gesagt werden kann, welche den Anfang machte. In der Schweiz trug die, wenn auch nur kurzlebige Helvetische Republik (1801–03) dazu bei, die wirtschaftliche Integration vorzubereiten, d.h. die Vereinigung der 23 kantonalen Wirtschaftsgebiete bis zur eidgenössischen Bundesverfassung von 1848. Die relativ starke Frühindustrialisierung in der Schweiz ist auch vor dem Hintergrund zu sehen, dass Stadt und Land im 17. und 18. Jahrhundert stark miteinander integriert waren und deshalb die Landwirtschaft mit der allgemeinen wirtschaftlichen Entwicklung Schritt halten konnte.

Im 19. Jahrhundert, in dem sich die Integration in Europa sehr intensivierte, stand das Zusammenführen bestimmter Rohstoffe, z. B. Kohle und Erz, im Vordergrund integrativer Bemühungen. Dieses Bemühen ist z. B. in Frankreich um die Jahrhundertmitte bei den Eisenunternehmen festzustellen, wobei der Grund dafür zugleich die Auffächerung der Produktion war, um Krisen des herkömmlichen Typs zu vermeiden.

Versteht man unter wirtschaftlicher Integration auch die Verdichtung von makroökonomischen Beziehungsnetzen, so lässt sich die Entwicklung im 19. Jahrhundert kaum ohne Berücksichtigung dieses Sachverhalts beschreiben, wie BORCHARDT meinte: „Es ist nach meiner Meinung eines der Geheimnisse des großen Sprungs in Deutschland im 19. Jahrhundert, dass hier der fertigungstechnische Fortschritt mit dem Nachholen des „Ökonomisierungsprozesses", der „Organisationsrevolution", zusammengefallen ist. Für die Intensivierung von Kommunikation und Integration spielten unter den schließlich auch in Deutschland veränderten Verhältnissen Staat und Bankensystem eine bedeutende Rolle – aber auch hier war das dominierende Phänomen die rasche Verbreitung und Intensivierung der marktwirtschaftlich gesteuerten Tauschbeziehungen und Organisationen." Mit der makroökonomischen Integration ging die mikroökonomische, d.h. die der (Groß)Unternehmen, einher, und zwar in Form der horizontalen oder vertikalen Integration. Die Tatsache, dass die Betriebe der deutschen Stahlindustrie um 1870 die Größe der vergleichbaren englischen noch nicht erreichten, diese aber um 1900 um ca. 300 % übertrafen, muss nach Auffassung BORCHARDTS „vor allem im Zusammenhang mit der Ausnützung der Vorteile der vertikalen Integration" gesehen werden. (Europ. Wigesch. 4, S. 180).

Der Weg der Forschung hin zu einer Integrationstheorie hat verschiedene Stufen herausgearbeitet, die nicht im Sinne von historisch-chronologischen Etappen, sondern von unterschiedlichen Graden der Beeinflussung zu verstehen sind. Die erste, niedrigste Stufe stellt die „Handelsintegration" dar, der die Stufe der „Faktorenintegration" (Kapital und Arbeitskräfte) folgt. Als dritte Stufe ist die Integration wirtschaftspolitischer Maßnahmen zu sehen. Sie wird auch als „positive" Integration bezeichnet, im Gegensatz zur „negativen" Integration, welche die Beseitigung bestehender Schranken in den ersten zwei Stufen umschreibt. Als vierte und letzte, totale Integration ist schließlich jene unter politischer Ägide zu sehen. Freilich gibt es auch hier Zwischenstufen. So wäre etwa die Vereinheitlichung der Währungspolitik zwischen der dritten und vierten Stufe anzusiedeln. (nach S. POLLARD, Integration. In: Berding, Integration, S. 9ff.). Diese Grade kommen letztendlich auch zum Ausdruck in der Steigerung Freihandelszone, Zollunion, Gemeinsamer Markt, der unvollständigen und dann vollständigen Wirtschaftsunion.

Unter den vielen möglichen Aspekten sei die Marktintegration ins Auge gefasst, deren Vorhandensein und Intensität sich etwa an Preiszusammenhängen bzw. Kurs- und Preiskonvergenzen aufzeigen lässt. Lange nach den Gütermärkten, doch noch vor dem Ersten Weltkrieg, nahm die Verflechtung der Kapitalmärkte rapide zu. Damit wurde die Übertragung von Trendwenden wahrscheinlicher, die Integrationskraft stärker. Ein Schaubild mag dies belegen:

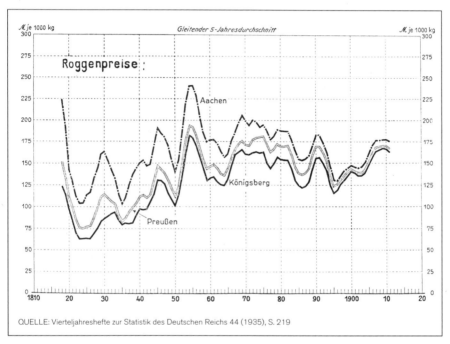

QUELLE: Vierteljahreshefte zur Statistik des Deutschen Reichs 44 (1935), S. 219

Darstellung 22   Einfluss der Verkehrsentwicklung auf die Getreidepreise

Derselbe Prozess, der sich so im regionalen und nationalen Raum abspielte, galt in ähnlicher Weise international und weltweit, wiederum besonders auffällig in den letzten drei Jahrzehnten des 19. Jahrhunderts: „Ende der 1870er Jahre weitet sich infolge des sich immer mehr verbessernden überseeischen Verkehrs und des Nachrichtenwesens der europäische Getreidemarkt zum Weltmarkt, auf dem die Ernten neu erschlossener Überschussgebiete in der ganzen Welt die Getreidepreise beschleunigt zum Sinken bringen, sodass die sinkende Tendenz in den europäischen Zuschussgebieten sich fortsetzt. In Deutschland aber, das nach 1870 – für Roggen schon 20 Jahre früher – ebenfalls Zuschussgebiet ist, vermag diese sinkende Grundtendenz sich nicht durchzusetzen, da – besonders deutlich bei Weizen, Gerste und Hafer zu beobachten – die Einführung der Schutzzölle 1880 und mehr noch ihre Verdreifachung 1885 die deutschen Preise in den Jahren 1887 bis 1890 stark über den Stand der Weltmarktpreise hinaushebt." (o.V.: Getreidepreise, S. 289)

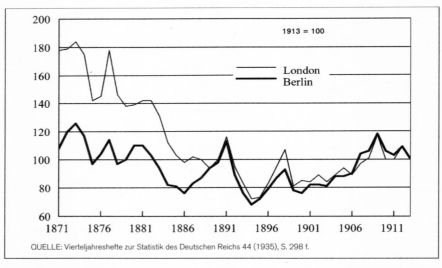

Darstellung 23   Der Weizenpreis in Deutschland und im Ausland 1871–1913

Literatur

BERDING, Helmut (Hg.): Wirtschaftliche und politische Integration in Europa im 19. und 20. Jahrhundert (= Geschichte und Gesellschaft, Sonderheft 10), Göttingen 1984 (Sammelwerk mit Beiträgen von 14 Historikern. Interessanter Querschnitt mit einem problematisierenden, systematischen Überblick von Sidney Pollard (S. 9–33)); BORCHARDT, Knut: Integration in wirtschaftshistorischer Perspektive. In: Weltwirtschaftliche Probleme der Gegenwart (= Schriften d. Vereins f. Socialpolitik, N.F. Bd. 35, hg. v. E. Schneider), Berlin 1965; ENGEL, Ernst: Die Getreidepreise, die Ernteerträge und der Getreidehandel im preußischen Staate. In: Zeitschrift d. Königl. Preuß. Stat. Bureaus, Jg. 1861; GÖMMEL, Rainer: Transportkosten und ihr Einfluss auf die Integ-ration von Wirtschaftsräumen. In: Economia, Aachen 1986, S. 1–23; HAHN, Hans-Werner: Wirtschaftliche Integration im 19. Jahrhundert. Die hessischen Staaten und der Deutsche Zollverein (= Kritische Studien zur Geschichtswissenschaft 52), Göttingen 1982; MACHLUP, Fritz (Hg.): Economic Integration: Worldwide, Region, Sectoral, London 1976; o.V.: Die Getreidepreise in Deutschland seit dem Ausgang des 18. Jahrhunderts. In: Vierteljahreshefte z. Stat. d. Dt. Reichs, 44. Jg., 1935; VOLCKART, Oliver/WOLF, Nikolaus: Estimating Financial Integration in the Middle Ages: What can we learn from a TAR-model, in: Journal of Economic History, Vol. 66, No. 1 (March 2006), S. 122–139; VOLCKART, Oliver: The Influence of Information Costs on the Integration of Financial Markets: Northern Europe, 1350–1560 (SFB 649 Discussion Paper 2006–049), Berlin 2006; WALTER, Rolf: Wirtschaftsgeschichte. Vom Merkantilismus bis zur Gegenwart, 4. Aufl., Köln/Weimar/Wien 2003; ZORN, Wolfgang: Die wirtschaftliche Integration Kleindeutschlands in den 1860er Jahren und die Reichsgründung. In: HZ, Bd. 216, Heft 2, April 1973, S. 304–334.

4.5. Entwicklungsgeschichte und Wachstumstheorie

Bei der allgemeinen Entwicklungsgeschichte geht es um die Herausarbeitung von Kontinuitäten, Diskontinuitäten, Kausalitäten (Ursache-Wirkungs-Verhältnissen) sowie um Fragen der Stabilität oder Instabilität in der historischen Entwicklung. Bei der wirtschaftshistorischen Betrachtung steht die wirtschaftliche Entwicklung im Vordergrund, wobei es sich empfiehlt, in diesem Zusammenhang auf das von den Wirtschaftswissenschaften erarbeitete theoretische Rüstzeug zurückzugreifen. Dieses liegt in Form der Entwicklungstheorie vor, die die Wachstums- und die Industrialisierungstheorie beinhaltet. Die sozialhistorische Komponente der Entwicklungsgeschichte beobachtet die Entwicklung der Bevölkerungs- und Gesellschaftsstruktur sowie z.B. den Umbruch von Mentalitäten. In der Entwicklungsgeschichte der Technik stehen aufeinander aufbauende Technologien, umwälzende Neuerungen in Form von Inventionen und Innovationen und deren geschichtsprägende Kräfte im Vordergrund der Betrachtung.

Solange es die Geschichtswissenschaft gibt, hat es nicht an Konzepten gefehlt, die Historie in Phasen und Stufen einzuteilen. Je nach Erkenntnisinteresse mussten diese zwangsläufig unterschiedlich ausfallen. Im Vordergrund der historischen Diskussion standen zunächst die Stufentheorien der älteren und jüngeren historischen Schule. Gemeinsam ist diesen Ansätzen die Betonung der Kontinuität, d.h., dass ein Zustand die Fortsetzung des vorhergehenden ist. So sah RINNE (1848) eine Entwicklung von der Familien-, Geschlechts- und

Stammeswirtschaft zur Volkswirtschaft, Völkergemeinschaftswirtschaft und Weltwirtschaft. BRUNO HILDEBRAND stellte 1864 die Abfolge „Naturalwirtschaft, Geldwirtschaft und Kreditwirtschaft" zur Diskussion. KARL BÜCHER schließlich meinte 1893, die folgenden Stufen ausmachen zu können: die Periode der geschlossenen Hauswirtschaft, die die Zeit vom Altertum bis zum frühen Hochmittelalter (12. Jahrhundert) umfasste, dann die bis ins 18. Jahrhundert reichende Periode der Stadtwirtschaft und danach schließlich die Periode der Volkswirtschaft. Diese und viele weitere, etwa die von WERNER SOMBART, MAX WEBER und ARTHUR SPIETHOFF entwickelten Stufentheorien sind im Grunde nichts weiter geblieben als Hilfskonstrukte bei dem Versuch, historische Entwicklungen zu periodisieren oder nach typischen, charakteristischen, prägenden Kräften zu ordnen. Dieses Typische weiter zu konkretisieren und somit historische Perioden zu präzisieren, versuchten dann die Anhänger des von der Kunstgeschichte übernommenen Stilgedankens, der insofern einen wesentlichen Fortschritt darstellte, als er mit der Vorstellung einer grundsätzlich chronologischen Kausalität aufräumte und auch sich überlappende, parallele, diskontinuierliche Entwicklungen berücksichtigte.

Der Kontinuitätsgedanke findet sich später in den Ansätzen der Wachstumstheorie wieder. So lehnt sich z.B. WALT WHITMAN ROSTOWS Theorie des Wachstums eng an die Stufentheorie an. Er unterscheidet folgende Stadien: Die traditionelle Gesellschaft geht über in ein Stadium, in dem die Voraussetzungen für den wirtschaftlichen Aufstieg geschaffen werden. Diesem folgte als weitere Phase die des wirtschaftlichen Aufstiegs („take-off"), welche überging in eine Reifephase, die dann schließlich in das Zeitalter des Massenkonsums einmündete.

Ein beträchtlicher Teil der entwicklungshistorischen Forschung widmete sich der Geschichte der Unterentwicklung. Aus ihr ging die sog. Dependencia-Theorie hervor, die eine Abhängigkeit der (unterentwickelten) „Peripherie" (Staaten der sog. Dritten Welt) vom (entwickelten) Zentrum (Industrieländer) behauptet. Die Entwicklungsgeschichte wird nicht selten in den Dienst der politisch indoktrinierten Peripherie/Zentrum-Geschichte gestellt. Die politische Botschaft ihrer Vertreter (z.B. ANDRÉ GUNDER FRANK, SAMIR AMIN, ARGHIRI EMMANUEL usw.) folgte oft ohne Bemühen um eigene empirische Befunde der These, die Entwicklungsländer-Peripherie sei abhängig vom (kapitalistisch-imperialistischen) Zentrum. Der „ungleiche Austausch" führe zu abhängiger (Kapital-)Akkumulation und zu Unterentwicklung, behaupten die Verfechter dieses Ansatzes. Dabei geht es nicht, wie FRANK betont, einfach darum, die Welt zu interpretieren, sondern sie zu verändern! (A. G. FRANK, Accumulation, S. 22).

Gewiss ist es bei derartigen Studien notwendig, den Begriff „Entwicklung" seiner Relativität zu entheben und den Maßstab anzugeben, mit dem man die wirtschaftliche, gesellschaftliche oder kulturelle „Entwicklung" misst. Folgende Vorüberlegungen gehen der quantitativen oder qualitativen Messung voraus: Wann und wo sind Begriffe wie „Entwicklung" und „Unterentwicklung" anwendbar? Sind synchrone Vergleiche von Löhnen und Preisen ein notwendiger oder gar hinreichender Faktor? Inwieweit sind die beiden Begriffe als historische Kategorie anzusprechen? Inwieweit muss regional differenziert werden, um aussagekräftige Ergebnisse zu erlangen? Welchen Grad an Progressivität und Intensität weist die Entwicklung oder Unterentwicklung auf? Wo liegen ihre Grenzen und Hemmschwellen? Wo sind die Peripherien? (CHARLES VERLINDEN) Ist Abhängigkeit ein Symptom oder ein Grund für Unterentwicklung? Inwieweit wird die Entwicklung(sgeschwindigkeit) durch die ökonomische Hierarchie determiniert? Ist die heutige Entwicklungsdiskrepanz als Konsequenz der Mutterland-Kolonie-Beziehung zu verstehen?

Literatur

FRANK, André Gunder: World Accumulation, 1492–1789, New York 1978; FRANK, André Gunder: ReOrient: Global Economy in the Asian Age, Berkeley/Calif. u. a. 1998; HESSE, Günter: A New Theory of Modern Economic Growth. In: Witt, U. (Hg.): Explaining Process and Change. Contributions to Evolutionary Economics, Michigan 1991; KELLENBENZ, Hermann: Art. Wirtschaftsstufen. In: HdSW 12, 1965, S. 260–269; METZ, Rainer: Trend, Zyklus und Zufall. Bestimmungsgründe und Verlaufsformen langfristiger Wachstumsschwankungen, Stuttgart 2002; ROSTOW, Walt Whitman: Stadien wirtschaftlichen Wachstums. Eine Alternative zur marxistischen Entwicklungstheorie, Göttingen 1960; SOMBART, Werner: Der moderne Kapitalismus. Historisch-systematische Darstellung des gesamteuropäischen Wirtschaftslebens von seinen Anfängen bis zur Gegenwart, 2 Bde., Leipzig 1902 (6. Aufl., 3 Bde., München u. Leipzig 1924–27; Nachdruck 3 Bde. in 6 Halbbänden, München 1987); WALTER, Rolf: Geschichte der Weltwirtschaft. Eine Einführung, Köln/Weimar/Wien 2006.

4.6. Expansionsgeschichte

Die Expansionsgeschichte setzt sich mit den globalen externen und internen räumlichen Ausgriffen und den weitreichenden geohistorischen Veränderungen auseinander. Diese müssen in ihrer gegenseitigen Bedingtheit gesehen werden. FRÉDÉRIC MAURO hat zur Exemplifizierung des Phänomens einmal das

Gas angeführt, das seinen Druck (intern) verstärkt, bis es entweicht (extern). Die externe Expansion folgt in der Regel also der internen.

So ist etwa der Ausgriff der christlichen Orden nach Osten, also die Ostkolonisation, nicht nur als Reaktion auf die mongolische Expansion zu verstehen, der es Einhalt zu gebieten galt, sondern, nach MAUROS Auffassung, auch eine Konsequenz der relativ hohen Bevölkerungsdichte im Westen. Die Ausdehnung des Islam in Afrika, dem Mittleren Osten und im Mittelmeergebiet wurde in Spanien gegen Ende des 15. Jahrhunderts und in Portugal wesentlich früher gestoppt (Reconquista). Dieser Expansion schloss sich praktisch nahtlos die überseeische an, die mit KOLUMBUS ihren Anfang nahm. Aber auch im vorkolumbianischen amerikanischen Reich gab es bereits gewaltige Expansionen; man denke etwa an die Hochkultur der Inka und ihr gigantisches Reich, das sich über mehrere tausend Kilometer erstreckte, oder an die Maya, Chibcha und Azteken. Sie erfolgten zum Teil zeitgleich mit den starken Verlagerungsbewegungen in Europa im Frühmittelalter, der Völkerwanderung und den Kreuzzügen.

Expansion und Gegen-Expansion, gewissermaßen die Dialektik oder Interdependenz der Expansion, zieht sich hinein bis in unsere Tage und gehört zu den bemerkenswertesten historischen Forschungsbereichen schlechthin. Ein immerblühender wissenschaftlicher Schwerpunkt, die Geschichte der Weltwirtschaft, hat diese globalen Phänomene zu berücksichtigen und zu analysieren. Der Forschungsbereich genießt fraglos Aktualität, denn das Erstarken der ökologischen Bewegung und die zunehmende Bedrohung der irdischen Gesamtheit durch globale Klimaveränderungen infolge abgerodeter grüner Lungen und des Ozonlochs stellen die wirtschaftliche Expansion der Industriestaaten zunehmend in Frage. Die ökonomische Expansion hat zwei Gesichter: ein schöpferisches und ein zerstörerisches, wobei zweiteres zunehmend sichtbar wird.

Literatur
KELLENBENZ, Hermann: The Rise of the European Economy. An Economic History of Continental Europe from the fifteenth to the eighteenth Century, London 1976; MAURO, Frédéric: Die europäische Expansion, Wiesbaden 1984; REINHARD, Wolfgang: Geschichte der europäischen Expansion, 4 Bde., Stuttgart 1981–1990; SCHMITT, Eberhard (Hg.): Dokumente zur Geschichte der europäischen Expansion, Bd. 4, Wirtschaft und Handel der Kolonialreiche, München 1988; WALTER, Rolf: Geschichte der Weltwirtschaft. Eine Einführung, Köln/Weimar/Wien 2006.

4.7. Geschichte der ökonomischen Konzentration

Die Entwicklung und die Formen wirtschaftlicher Konzentration prägten immer wieder die Diskussion über die wirtschaftliche Entwicklung, nicht zuletzt in KARL MARX' Kapitalismusanalyse. MARX vertrat die Auffassung, durch Kapitalakkumulation komme es zur Erweiterung des Besitzes von Produktionsmitteln in den Händen einiger weniger Kapitalisten („einfache Konzentration"). Durch Profitstreben, Zentralisation und technischen Fortschritt komme es zur Vernichtung des selbstständigen Mittelstandes, zur Konzentration der Produktionsmittel und zu Konflikten zwischen den Klassen. Aus heutiger Perspektive wird man wohl schwerlich behaupten können, der selbstständige Mittelstand sei verschwunden und die Klassenkonflikte hätten zugenommen; was die Konzentrationsthese anbelangt, ist diese wohl nicht ganz von der Hand zu weisen. In der wirtschaftshistorischen Forschung besteht jedenfalls kaum Zweifel darüber, dass insbesondere die Schwer-, Elektro- und die chemische Industrie spätestens nach 1870 eine zunehmende Konzentration erlebten; dasselbe galt später für die Banken. Für das zweite Kaiserreich und die Zeit danach können alle Formen von Kartellen nachgewiesen werden: Preis-, Kontingentierungs-, Gebiets-, Fabrikations- und Kundenkartelle ebenso wie Submissions-, Kalkulations- und Konditionenkartelle. Trotz großer Unterschiede im Grad der Konzentration in den einzelnen Ländern darf doch als nachgewiesen gelten, dass in den wichtigsten Industriestaaten nach 1870 jeweils fast alle Formen der horizontalen, vertikalen und konglomerierten Konzentration vorkamen. Sie waren teils offen sichtbar, teils verdeckt und reichten von der einfachen Gesellschafts- und Beteiligungsbildung über *Gentlemen's agreement* und *joint venture* bis hin zu Konzernen, Syndikaten, Trusts und Kartellen. Der Konzentrationsprozess ist offenbar auch konjunkturabhängig insofern, als in ökonomischen Krisenzeiten die Konzentrationsneigung zunimmt.

Im 20. Jahrhundert hat der Prozess der wirtschaftlichen Konzentration im Trend weiter zugenommen. Treibende Kräfte dabei waren Rationalisierungserfordernisse und internationaler Kosten- und Preisdruck in den 1920er und 1930er Jahren, die in einigen Branchen (Chemie, Stahl, Energie, Feinmechanik/Optik) zu fusionierten Branchengiganten führten. Beispiele sind auf Deutschland bezogen I.G. Farben, Vereinigte Stahlwerke, Zeiss-Ikon und die Lufthansa. Nach dem Zweiten Weltkrieg wurden zwar einige Kartelle, insbesondere die kriegsbedingten Konzentrationen zerschlagen und 1957 ein Gesetz gegen Wettbewerbsbeschränkungen erlassen, doch konnte dies nicht verhindern, dass die Zahl der Unternehmenszusammenschlüsse von 15 (1950) auf 635 (1980) anstieg. Weite Teile der zunehmend internationalisierten bzw. globalisierten Wirtschaft sind gegenwärtig bereits oligopolisiert (Automobil, Batterien, Kraftstoffe, Flugzeugbau, Chemie, Halbleiter, Elektronik, PC, Energie, Stahl usw.). Beim Bundeskartellamt wurden 1973–2004 insgesamt 33.234 vollzogene Zusammenschlüsse angezeigt (Deutscher Bundestag, 15. Wahlperiode, Drucksache 15/5790, S. 213).

Literatur
ARNDT, Helmut (Hg.): Die Konzentration in der Wirtschaft, 3 Bde., Berlin 1960; BLAICH, Fritz: Die Reichsmonopolgesetzgebung im Zeitalter Karls V. Ihre ordnungspolitische Problematik (= Schriften zum Vergleich von Wirtschaftsordnungen, Heft 8), Stuttgart 1967 (Bisher gründlichste, wesentlich auf zeitgenössischem Quellenmaterial beruhende Arbeit über den frühneuzeitlichen Kampf gegen Wettbewerbsbeschränkungen und Preistreiberei und über die erste wirtschaftspolitische Debatte unserer Geschichte); BLAICH, Fritz: Kartell- und Monopolpolitik im kaiserlichen Deutschland. Das Problem der Marktmacht im deutschen Reichstag zwischen 1879 und 1914, Düsseldorf 1973; FISCHER, Albert: Luftverkehr zwischen Markt und Macht (1919–1937). Lufthansa, Verkehrsflug und der Kampf ums Monopol (VSWG-Beihefte 167), Stuttgart 2003; POHL, Hans (Hg.): The Concentration Process in the Entrepreneurial Economy since the late 19th Century (= ZUG Beih. 55), Stuttgart 1988; WALTER, Rolf: Zeiss, 1905–1945, Köln/Weimar/Wien 2000.

4.8. Wirtschaftssysteme im historischen Vergleich

Wirtschaftssysteme sind durch bestimmte Merkmale gekennzeichnet, wobei die Kombination derselben und das unterschiedliche Gewicht bzw. die Dominanz einzelner Merkmale das spezifische System charakterisiert.

Eines der als wesentlich, oft dominierend, zu kennzeichnenden Merkmale stellt die Ausprägung der Wirtschaftsordnung, genauer: der Rechts- und Eigentumsordnung dar. Der Unterschied zwischen kollektiven und individualistischen Systemen ist der des jeweiligen Vorrangs von Staatsrecht oder Privatrecht. Insofern kommt ein historischer Systemvergleich an der Rechtsgeschichte nicht vorbei. Die Entscheidungs- und Motivationsstrukturen werden dadurch wesentlich geprägt. Daneben wird neuerdings die Sozialordnung – die freilich auch mit der Rechtsordnung zusammenhängt – v. a. im Zusammenhang von Vergleichen der Wirtschaftssysteme westlicher Staaten mit dem deutschen als wichtiger als bisher angenommen eingestuft.

Im Vergleich verschiedener europäischer Länder wie Schweden und Deutschland mit den USA dürfte inzwischen deutlich geworden sein, wie wesentlich eine konsequente staatliche Ordnungspolitik ist. Eine Marktwirtschaft die, wie die amerikanische, stark am Prinzip des Laissez-faire orientiert ist und die in den 1980er Jahren systematisch dereguliert wurde, zeigt eigentlich am besten, wie bedeutend ein ordnungspolitischer Rahmen ist. Die neue „Zweiklassengesellschaft" in den USA ist wesentlich das Produkt einer fehlenden Ordnungspolitik. Die Leistungsbilanz blieb nach der Deregulierung extrem defizitär; der Staatshaushalt erreichte Rekordwerte der Unterdeckung.

Die ungeheure Brisanz der Entscheidung für oder gegen ein bestimmtes Wirtschaftssystem und das damit verbundene wirtschaftspolitische Instrumentarium lässt sich am Beispiel der nachkriegsdeutschen Wirtschaftsgeschichte zeigen. Hier war es so, dass der ordnungspolitische Rahmen, d. h. insbesondere eine mutig reformierende Geld-, Währungs- und Finanzpolitik der Wirtschaft entscheidende Impulse verlieh und aus einem Währungsgerippe einen recht wohlständigen Corpus kreierte. Neben der Eigentums- und Sozialordnung hebt KROMPHARDT (mit WALTER EUCKEN) die Art der Koordination (Allokation), d. h. den Koordinationsmechanismus der Entscheidung über Produktion und Konsumtion als Systemmerkmal hervor, kritisiert aber im Übrigen die Abgrenzung nach einem dominierenden Kriterium. Es ist weniger die Dominanz eines der beiden oder überhaupt eines einzelnen Systemmerkmals, das uns Wirtschaftssysteme genügend unterscheiden lässt, als vielmehr die spezifische Kombination der Merkmale.

Eine andere Möglichkeit, die Kromphardt für die fruchtbarere bzw. überhaupt überzeugend anwendbare hält, ist die Systematisierung nach der Systemtheorie. Sie ist der Geschichtswissenschaft adäquater als man zunächst vermuten möchte, insbesondere, wenn man als Subsysteme die Entscheidungs-, Informations- und Motivationsstrukturen unterscheidet und ihre Merkmalsausprägungen quellenmäßig und empirisch zu analysieren versucht. Hier wird bald klar, dass man es mit Kategorien der historischen Bedingtheit, also kontinuierlich gewachsenen Strukturen zu tun hat, deren raumzeitliche Einordnung die Einbeziehung des historischen Ganzen zur conditio sine qua non macht. Insofern kann kein Vergleich von Wirtschaftssystemen deren jeweilige Historizität negieren.

Literatur

ABELSHAUSER, Werner: Deutsche Wirtschaftsgeschichte seit 1945, München 2004; BARKAI, Avraham: Das Wirtschaftssystem des Nationalsozialismus. Ideologie, Theorie, Politik 1933–1945, erweiterte Neuausgabe, Frankfurt/M. 1988; GERSCHENKRON, Alexander: Wirtschaftliche Rückständigkeit in historischer Perspektive. In: Geschichte und Ökonomie, hg. v. H.-U. Wehler (= Neue Wissenschaftliche Bibliothek 58, Geschichte), S.

121–139; HEUSS, Ernst: Wirtschaftssysteme und internationaler Handel, Zürich u. St. Gallen 1955; KLUMP, Rainer: Wirtschaftsgeschichte der Bundesrepublik Deutschland. Zur Kritik neuerer wirtschaftshistorischer Interpretationen aus ordnungspolitischer Sicht (= Beiträge zur Wirtschafts- und Sozialgeschichte, Bd. 29), Wiesbaden 1985; KROMPHARDT, Jürgen: Konzeptionen und Analysen des Kapitalismus. Von seiner Entstehung bis zur Gegenwart, 3. überarb. Aufl., Göttingen 1991; LEIPOLD, Helmut: Wirtschafts- und Gesellschaftssysteme im Vergleich. Grundzüge einer Theorie der Wirtschaftssysteme, 5. Aufl., Stuttgart 1988; SCHEFOLD, Bertram (Hg.): Wirtschaftssysteme im historischen Vergleich, Stuttgart 2004; STEINER, André: Von Plan zu Plan. Eine Wirtschaftsgeschichte der DDR, München 2004.

5. Inhalte

5.1. Sektorale Wirtschaftsgeschichte

Die Gliederung der Wirtschafts- und Sozialgeschichte nach einzelnen Sachgebieten entwickelte sich zum einen aus zeitbedingten Interessen heraus, zum anderen aus der Struktur des wirtschaftlichen Ganzen. Häufig verwendet der Wirtschafts- und Sozialhistoriker Strukturierungselemente der Wirtschafts- und Sozialwissenschaften, so die Gliederung nach Wirtschaftssektoren (primärer, sekundärer und tertiärer Sektor; Land- und Forstwirtschaft, Bergbau – verarbeitendes Gewerbe, Handwerk, Industrie – Dienstleistungen), nach Faktoren (Arbeit, Kapital und Boden) oder eine Kombination beider. Diese oder andere „Schubladensysteme" (WOLFGANG ZORN) sollten lediglich im Sinne einer vorweggenommenen Ordnung verstanden werden, denn zu klar liegen die zwischensektoralen Wechselbeziehungen auf der Hand. Die „black-box"-Methode findet, wie so viele wirtschaftswissenschaftlichen Ansätze, in der Komplexität der historischen Bedingtheit ihre Grenzen.

5.1.1. Primärer Sektor

Agrar-, Wald- und Forstgeschichte
Nach klassischer Einteilung hat die Agrargeschichte die Agrarverfassungsgeschichte, die Geschichte der Agrarproduktion und die Agrarsozialgeschichte zu behandeln. Im Folgenden werden diese Aspekte, wenn auch nicht streng in dieser Reihenfolge, angesprochen.

Ein frühes historisches Interesse galt der Landwirtschaft, was einerseits auf philosophische Hintergründe (Naturrecht, Aufklärung, Physiokratie etc.) zurückzuführen ist, andererseits aber auch darin begründet liegt, dass die Landwirtschaft bis weit in das 19. Jahrhundert hinein der weltweit dominante Wirtschaftssektor war, der bei historischen Erklärungen kaum übersehen werden kann, war doch die wirtschaftliche und soziale Situation der Menschen bis zum Ende des Ancien Régime in höchstem Maße abhängig vom Erntezyklus und der Agrarkonjunktur. Dem Agrarhistoriker geht es in diesem Zusammenhang um die Erforschung der Leistungen der Landwirtschaft im gesamtwirtschaftlichen Rahmen und um die Erklärung säkularer Veränderungen und kurzfristiger Schwankungen der landwirtschaftlichen Erträge. Ferner greift der Agrarhistoriker in andere Sachbereiche über, wenn er etwa die Agrarmärkte und die Handelsformen der Agrargüter untersucht oder analysiert, wie aus einzelnen Sparten der Agrarproduktion (z.B. Flachs, Vieh) Agrargewerbe (Leinwand, Leder) und über die Agrargewerbe industrielle Reviere entstehen.

Der Landwirtschaft kam in der vor- bzw. frühindustriellen Phase eine Komplementärfunktion als Begleiterin des einsetzenden gewerblich-industriellen Wachstums zu. Daraus ergeben sich zusammengefasst folgende erkenntnisleitenden Interessen- und Problemkreise:

- Inwieweit konnte der Agrarsektor die steigende Bevölkerung, insbesondere die der Städte, ausreichend mit Nahrung versorgen und insoweit dem Entrinnen aus der „malthusianischen Falle" dienen?
- Welche Bedeutung kam der Landwirtschaft als Anbieterin agrarischer Rohstoffe (pflanzlicher und tierischer Art) und von Dienstleistungen (Fuhrwesen etc.) einerseits und als Nachfragerin gewerblicher bzw. industrieller Güter zu?
- Auf welche Art und in welchem Umfang schuf der primäre Sektor Kapital, das möglicherweise der Finanzierung des industriellen *Take-off* diente?
- Inwieweit wurden gewerblich-industrielle Importe durch agrarische Exportüberschüsse finanziert?

Durch Studien über die Agrargewerbe und die Formen der Reagrarisierung ergeben sich unverzichtbare Basisdaten für die Erklärung der Frühindustrialisierung und die „Industrielle Revolution". Sozialhistorisch und soziologisch aufschlussreich sind daneben agrargeschichtliche Studien über Formen der Grund- und Gutsherrschaft, die Beziehungen der Bauern zur Herrschaftsschicht, die Lasten der Bauern und die Formen und Möglichkeiten der bäuerlichen Lebenshaltung. Die wirtschafts- und sozialhistorische Forschung macht zunehmend deutlicher, dass das ganze Spektrum gewerblicher und landwirtschaftlicher Betätigung in seinen willfährigen Kombinationen (vom landwirtschaftlichen Vollerwerber über den landwirtschaftlich nebenerwerbenden Industriearbeiter bis zum – bislang noch zu wenig beachteten – handwerklich nebenerwerbenden Landwirt) in den einzelnen deutschen Regionen höchst unterschiedliche Ausprägungen aufwies. Die Arten beruflicher Verbindung (Einzelperson als Doppelberufler, doppelberufliche Familienarbeitsgemeinschaften usw.) und die Grade räumlicher Durchdringung der Landwirtschaft mit Gewerben (z.B. Landnutzungsziffern der Handwerker, Ausgestaltung des Niederlassungsrechts in der alten Zunft- und Gewerbeverfassung usw.) weisen bemerkenswerte regional- und lokalspezifische Charakteristika auf, die weiter analysiert werden müssen. Das Erkenntnisinteresse bei den nebenberuflich ausgeübten Erwerbstätigkeiten sollte sich dabei auf folgende Aspekte richten:

- Die Landnutzung und darauf aufbauende Viehzucht (wirtschaftliche und soziale Auswirkungen: Selbstversorgung, Familienarbeitsgemeinschaften, Betätigungsmöglichkeit unterschiedlicher Familien- und Altersgruppen wie Kinder und Senioren)
- Inwieweit brachten die rechtlichen Grundbedingungen (z. B. im Rahmen der Grundherrschaft) bestimmte nebenberufliche Tätigkeiten mit sich bzw. verpflichteten zu solchen?
- Formen der Heimarbeit, eventuell mit besonderer Berücksichtigung der Weberei und Spinnerei
- Einsatz im Transportgewerbe bei Berücksichtigung saisonal unterschiedlicher Intensität (Erntezeiten usw.)
- Möglichkeiten sonstigen Nebenerwerbs (Holzarbeiten, Beerenpflücken, Obst- und Gemüsebau, Klöppelei usw.)

Bei Studien über den erwähnten Grad räumlicher Durchdringung der Landwirtschaft mit Gewerben sind die höchst unterschiedlichen Ausprägungen der regionalen Agrar- und Gewerbeverfassungen (Zulassung von Gewerben auf dem Land, Allmendnutzungsrechte, Möglichkeiten der Parzellenpacht, Erbsitten usw.) unbedingt zu berücksichtigen. In diesem Zusammenhang sei insbesondere auf die fundamentalen Untersuchungen von WILHELM ABEL und das geraffte Werk von EDITH ENNEN und WALTER JANSSEN sowie die Arbeiten von FRIEDRICH-WILHELM HENNING verwiesen. Als wichtigster Sammelband darf der von HERMANN KELLENBENZ im Auftrag der Gesellschaft für Sozial- und Wirtschaftsgeschichte herausgegebene Tagungsband über „Agrarisches Nebengewerbe und Formen der Reagrarisierung im Spätmittelalter und 19./20. Jahrhundert" angesehen werden, in dem namhafte Historiker unterschiedlicher Ausrichtung zu Wort kommen. Das wichtigste deutsche periodische Organ der Agrargeschichte ist die „Zeitschrift für Agrargeschichte und Agrarsoziologie".

Die Geschichte der Wald- und Forstwirtschaft steht in engstem Zusammenhang zu anderen Teilen der Ökonomie. Dazu gehören neben der Landwirtschaft vor allem die Geschichte des Bergbaus und der Verhüttung (Köhlerei etc.), der Ressourcen (Holzkohle, fossile Energie etc.) und der Primärenergien. Der Energieträger Kohle bzw. der Kohlebergbau und die eisenschaffende Industrie waren die beiden Teilsektoren, die in ursächlichem Zusammenhang mit der Idee standen, Schiene (bereits seit dem 16. Jahrhundert als Holzschienen im Bergbau gebräuchlich) und die Basisinnovation Dampfkraft zu einer Synthese (Dampfkraft auf Eisenschienen) in Form der Eisenbahn zu verquicken, die ihrerseits die „Verkehrsrevolution" des 19. Jahrhunderts einleitete. Wichtig erscheint auch der Hinweis auf die Lösung der Energieprobleme bestimmter Industriesparten durch Kohle, wie z.B. die der chemischen Industrie. Im besonderen galt dies bei der Produktion von Soda, Zucker, Schwefelsäure, Kaliumkarbonat (Ersatz von Pottasche) und Branntwein. Schließlich wären auch landwirtschaftliche Produktivitätsfortschritte (chemische Düngung, Schädlingsbekämpfung) und die technische Beschleunigung vieler Produktionsprozesse ohne fossile Energie nicht in dem Maße möglich gewesen. Zur Bewältigung des Holzmangels boten sich drei (zusammenhängende) Lösungsstrategien an: Erstens Maßnahmen zur Einsparung von Holz, zweitens die funktionelle Trennung von Land- und Forstwirtschaft, d.h. Konzentration auf und Rationalisierung der Forstwirtschaft und damit verbunden Erhöhung des Angebots an Holz und drittens die Substitution des Holzes durch andere Energieträger, z.B. Kohle. Inzwischen wendet sich die Wirtschaftsgeschichte auch Fragen betreffend die Endlichkeit der fossilen Energieträger und den Grenzen des Wachstums zu.

Literatur

ABEL, Wilhelm: Massenarmut und Hungerkrisen im vorindustriellen Europa. Versuch einer Synopsis, 3. Aufl., Hamburg 1986; ABEL, Wilhelm: Stufen der Ernährung, Göttingen 1981; ABEL, Wilhelm: Geschichte der deutschen Landwirtschaft vom frühen Mittelalter bis zum 19. Jahrhundert, 3. Aufl Stuttgart 1978; ABEL, Wilhelm: Agrarkrisen und Agrarkonjunktur. Eine Geschichte der Land- und Ernährungswirtschaft Mitteleuropas seit dem hohen Mittelalter, 3. Aufl., Hamburg/Berlin 1978; ACHILLES, Walter: Landwirtschaft in der Frühen Neuzeit, München 1991; ENNEN, Edith/JANSSEN, Wilhelm: Deutsche Agrargeschichte. Vom Neolithikum bis zur Schwelle des Industriezeitalters (= Wiss. Paperbacks Sozial- u. Wirtschaftsgeschichte 12), Wiesbaden 1979; HENNING, Friedrich-Wilhelm: Landwirtschaft in der Neuzeit. In: G. Schulz u.a. (Hg.), Sozial- und Wirtschaftsgeschichte (VSWG-Beihefte 169), Stuttgart 2004, S. 41–67; HENNING, Friedrich-Wilhelm: Landwirtschaft und ländliche Gesellschaft in Deutschland, Bd. 1, 800 bis 1750, Paderborn, 2. Aufl. 1985 (1. Aufl. 1979); Bd. 2, 1750–1986, 2. erg. Aufl. 1988 (1. Aufl. 1978); KELLENBENZ, Hermann (Hg.): Agrarisches Nebengewerbe und Formen der Reagrarisierung im Spätmittelalter und 19./20. Jahrhundert (= Forschungen zur Sozial- und Wirtschaftsgeschichte 21), Stuttgart 1975; KELLENBENZ, Hermann (Hg.): Wirtschaftsentwicklung und Umweltbeeinflussung (14.–20. Jahrhundert). Berichte der 9. Arbeitstagung der Gesellschaft für Sozial- und Wirtschaftsgeschichte (30.3.–1.4.1981) (= Beitr. z. Wirtschafts- u. Sozialgesch. 20), Wiesbaden 1982; RÖSENER, Werner: Landwirtschaft im Mittelalter. In: G. Schulz u.a. (Hg.), Sozial- und Wirtschaftsgeschichte (VSWG-Beihefte 169), Stuttgart 2004, S. 19–39; RÖSENER, Werner: Einführung in die Agrargeschichte, Darmstadt 1997; SIEFERLE, Rolf: Der unterirdische Wald. Energiekrise und Industrielle Revolution, München 1982; TROSSBACH, Werner/ZIMMERMANN, Clemens (Hg.): „Agrargeschichte". Positionen und Perspektiven, Stuttgart 1998.

Montangeschichte

Der Bergbau ist ein Sektor, zu dessen besonderen Merkmalen seine räumliche Immobilität (Standortgebundenheit) durch die natürlich-geologische Prägung gehört. Er fördert einerseits Rohstoffe, erfordert andererseits jedoch in großem Umfang Energie (Holz), Kapital und spezialisierte Technologien. In der unmittelbaren Umgebung treten häufig typische Waldgewerbe in Erscheinung, etwa die Köhlerei sowie Eisen- und Glashütten.

Häufig gehörte das Montanwesen zu den Wirtschaftsbereichen, denen die Fürsten ihre besondere Aufmerksamkeit schenkten und sie zum Regal erhoben. Der „Bergsegen", also der (Edel-)Metallbergbau, von dem im 15. und 16. Jahrhundert häufig die Rede war, versprach Reichtum und Macht, war aber auch mit extremen Risiken behaftet. In dieser Zeit befand sich der Silber- und Kupferbergbau in Großungarn sowie in Tirol, Sachsen, in der Slowakei und in Böhmen in einer Blütephase. Die dort liegenden Städte gewannen eine starke Anziehungskraft und Zentralität und waren häufig die Ausgangspunkte von Bergordnungen und Grundlegungen des gewerblichen Arbeitsrechts, die später in andere Wirtschaftsbereiche ausstrahlten. Dasselbe gilt für die Rechtsformen und Formen der Kapitalbeteiligung. Hier wirkte die bergrechtliche Gewerkschaft richtungweisend, deren Beteiligungskapital in sog. Kuxen verbrieft war. Sie lauteten auf keinen Nennbetrag, sondern auf die Größe des Anteils, z.B. 3/144, wobei häufig ein zusätzlicher Anteil der Kirche oder der Sozialgemeinschaft zugeschrieben war. Die Anteilseigner waren häufig Großkaufleute, die über die entsprechenden Vertriebsnetze sowie über genügend Kapital für die umfangreichen Investitionen verfügten. Im 16. Jahrhundert kam – von England ausgehend – der Steinkohlenbergbau hinzu, der für die spätere Industrielle Revolution prägend werden sollte. Im Edelmetallbergbau ergaben sich im 16. Jahrhundert fundamentale Strukturveränderungen durch die im Rahmen der Erschließung Lateinamerikas gewonnenen Bodenschätze, insbesondere Silber (Potosí, Zacatecas usw.), Gold (ab 17. Jahrhundert besonders aus Brasilien) und Quecksilber (Huancavelica, Almadén/Spanien usw.). Das Quecksilber hatte im Rahmen der Erfindung des Amalgamationsverfahrens zunehmende Bedeutung, wo es als Mittel zur Gewinnung von Silber Verwendung fand.

In der Epoche des Merkantilismus verstärkten die Landesherren allenthalben die Suche nach Bodenschätzen auf ihren Territorien bzw. bauten bereits

bestehende Montanzentren aus (Harz, Sachsen, Oberschlesien, Saarland, Westfalen, Württemberg, Braunschweig, Thüringen, Anhalt usw.) Regalien, Bergordnungen und Bergverwaltungen (Bergämter) sicherten das fiskalische Interesse des Staates, so etwa in Schlesien, wo Friedrich II. von Preußen den Stein-
kohlebergbau zum Regal erklärte und quasi monopolisierte. Damit verbunden
waren die Erwartung eines Aufschwungs der angekoppelten Hüttenindustrie
und daraus resultierende allgemeine Wachstums- und Wohlfahrtseffekte.

Im Laufe des 19. Jahrhunderts kam es zu immer mehr Privatisierungen des
Bergbaus. So hatte z.B. das preußische Berggesetz von 1865 eine private Betätigung im Montanbereich ermöglicht. Hier zeigten sich in den folgenden Jahrzehnten unerfreuliche Konzentrationserscheinungen, sodass z.B. der preußische Staat sich 1907 veranlasst sah, sein Regal im Bereich Kohle und Salze so
weit wie möglich wieder herzustellen.

Insgesamt ist die Montangeschichte als zentraler Wirtschaftsbereich anzusehen, von dem wesentliche Ausstrahlungswirkungen auf die übrigen Industrie-
bereiche ausgingen. „Moderne" Formen der Kapitalbeteiligung (Bergrechtliche
Gewerkschaft mit Kuxen), arbeitserleichternde Innovationen (Dampfpumpe
zur Entleerung der Gruben) und Fördertechniken (Schiene) sind nur einige
Neuerungen, die in den Bergwerken erstmals durchgesetzt wurden und später
in anderen Gewerbe- und Industriebereichen Nachahmung fanden. Ohne die
Produkte des Bergbaus, etwa Metalle, Kohle und Salz ist die Geschichte der
materiellen Kultur und der technischen Zivilisation nicht zu denken.

Literatur
BARTELS, Christoph: Vom frühneuzeitlichen Montangewerbe zur Bergbauindustrie. Erz-
bergbau im Oberharz 1635–1866, Bochum 1992; KELLENBENZ, Hermann (Hg.): Precious
Metals in the Age of Expansion (= Beiträge zur Wirtschaftsgeschichte Bd. 2), Stuttgart
1981; KELLENBENZ, Hermann (Hg.): Schwerpunkte der Eisengewinnung und Eisenver-
arbeitung in Europa 1500–1650 (= Kölner Kolloquien zur internationalen Sozial- und
Wirtschaftsgeschichte) Köln-Wien 1974; KELLENBENZ, Hermann (Hg.): Schwerpunkte
der Kupferproduktion und des Kupferhandels in Europa 1500–1650, Köln/Wien 1977;
KRASCHEWSKI, Hans-Joachim: Wirtschaftspolitik im deutschen Territorialstaat des 16.
Jahrhunderts: Herzog Julius von Braunschweig-Wolfenbüttel (1528–1589), Köln/Wien
1978; KROKER, Werner/WESTERMANN, Ekkehard (Bearbeiter): Montanwirtschaft Mitteleuropas vom 12. bis 17. Jahrhundert (= Der Anschnitt, Beiheft 2), 1984; LUDWIG, Karl-
Heinz/SCHMIDTCHEN, Volker: Metalle und Macht. 1000 bis 1600 (Propyläen Technikgeschichte 2) Berlin 1997; PIERENKEMPER, Toni (Hg.): Die Industrialisierung europäischer
Montanregionen im 19. Jahrhundert, Stuttgart 2002; SPRANDEL, Rolf: Das Eisengewerbe
im Mittelalter, Stuttgart 1968; WESTERMANN, Ekkehard: Das Eislebener Garkupfer und

seine Bedeutung für den europäischen Kupfermarkt 1460–1560, Köln/Wien 1971; WES-
TERMANN, Ekkehard (Hg.): Vom Bergbau- zum Industrierevier (VSWG-Beihefte 115),
Stuttgart 1995; WESTERMANN, Ekkehard (Hg.): Bergbaureviere als Verbrauchszentren im
vorindustriellen Europa. Fallstudien zu Beschaffung und Verbrauch von Lebensmitteln
sowie Roh- und Hilfsstoffen (13.–18. Jahrhundert) (VSWG-Beiheft 130), Stuttgart 1997.

5.1.2. Sekundärer Sektor

Handwerks- und Gewerbegeschichte
Die Handwerks- und Gewerbegeschichte gehört – nicht zuletzt dank der fundamentalen und umfassenden Studien von WOLFGANG ZORN, KARL HEINRICH
KAUFHOLD und ECKART SCHREMMER – zu jenen Teilbereichen der Wirtschafts-
und Sozialgeschichte, die man wohl als am besten erforscht bezeichnen darf.
Während die Begriffe Handwerk und Gewerbe zumindest bis ins 18. Jahrhundert hinein relativ klar umrissene Wirtschaftszweige bezeichnen, blieb die Definition des Industriebegriffs schwierig und umstritten. Einen neuen Impuls
erhielt diese Diskussion durch die Einführung des Terminus „Proto-Industriali-
sierung" durch MENDELS und seine Übernahme insbesondere durch KRIEDTE,
MEDICK und SCHLUMBOHM in Deutschland. Im Blickpunkt steht dabei das ländliche heimindustrielle Verlagsgewerbe (besonders das Textilgewerbe), das Geld
und Brot für diejenigen bot, die sich nicht allein von der Landwirtschaft ernäh-
ren konnten. Die heimindustrielle Produktion wird – so die Vertreter dieser
These – durch ein expandierendes Handels- und Verlagskapital an überregio-
nale Märkte gebunden; den Raum hat man sich dabei zweigeteilt in vorwiegend agrarische und vorwiegend gewerblich strukturierte Regionen vorzustellen. An diesem Konzept ist von einschlägiger Seite (SCHREMMER u.a.) kritisiert
worden, dass es die gewerbliche Seite überbetone bzw. die der Gewerberegion
komplementäre Agrarregion zu sehr außer Acht lasse, was im Hinblick auf die
bis ins 19. Jahrhundert hinein vorhandene Dominanz der Agrarwirtschaft und
des Landhandels in den überwiegenden Teilen Deutschlands geradezu irreführ-
rend sein kann. Dem Einwand folgten die Vertreter des Konzepts mit dem
Hinweis auf eine zunehmende Kommerzialisierung der Landwirtschaft, die
durch eine verstärkte Nachfrage aus heimgewerblich geprägten oder noch weiter entwickelten Nachbarregionen angeregt und intensiviert wurde.

Im Unterschied zu den Genannten entwickelte HANNA SCHISSLER ihr bereits
erwähntes Transformationskonzept, in dem sie (was u.a. aus Gründen der
agrarstrukturellen Verfassung des 18. Jh. wesentlich einleuchtender ist) von
der agrarischen Produktionssphäre ausgehend den Prozess des Übergangs von
der „feudalen" zur „kapitalistischen" Agrarwirtschaft und -gesellschaft be-

leuchtet (was immer mit diesen Begriffen gemeint sein mag), wobei sie die umfangreicher werdenden Marktbeziehungen als Hauptmerkmal der Kommerzialisierung der Landwirtschaft ansieht und damit als Merkmal der Auflösung des Subsistenzcharakters der Agrarwirtschaft. Die Ausrichtung des Agrarexports in den betreffenden Exportregionen habe die Ansiedlung nennenswerter Hausindustrien und Heimgewerbe verhindert. Mithin habe der Export die Preise in die Höhe getrieben und damit den Überschuss-Bauern vom Subsistenz-Bauern einkommensmäßig und sozial differenziert. SCHISSLER bezieht ihre Studie auf Preußen und damit auf einen politisch und räumlich relativ einheitlichen, wenig zersplitterten Raum, dessen Untersuchung auch kaum – und hierin ist eine wesentliche Erleichterung der Forschung zu sehen – metrologische Schwierigkeiten bietet. Es gab jedoch auch Wirtschaftsräume in Deutschland, wie z. B. den Südwesten, deren Charakteristikum die territoriale Zersplittertheit war und die dadurch eine starke politische und wirtschaftliche Heterogenität aufwiesen. Flurverfassung, Anerbenrecht und Realteilung schufen in typischer Weise Räume unterschiedlichster Größe und Struktur, die nebeneinander existierten und miteinander in vielfacher Weise verflochten waren. Im Vergleich zu Preußen scheint der Südwesten mithin vielseitiger gewerbestrukturiert gewesen zu sein als Preußen. LUDWIG KÖHLER schrieb einmal über Württemberg: „Überblicken wir die … Gewerbe, so ergibt sich, dass die gewerbliche Tätigkeit … sich hauptsächlich mit der Fabrikation von Waren des allgemeinen Bedürfnisses befasste. Und gerade diese Einfachheit gestattete es, einige dieser Gewerbe neben dem Feldbau oder einigen Feldbau neben diesen Gewerben zu betreiben." Diese stärkere Betonung der allgemeinen, man könnte auch formulieren: landwirtschaftsnäheren Gewerbe gegenüber dem (Export-)Kunstgewerbe oder dem sich unabhängig von der landwirtschaftlichen Rohstofforientierung entwickelnden Gewerbe mag teilweise die unterschiedlichen Entwicklungen in Preußen und Südwestdeutschland erklären. Diese interregionale Unterschiedlichkeit der Entwicklungen könnte erklären, weshalb die Entwicklungsgeschwindigkeit in Südwestdeutschland langsamer vor sich ging als in Preußen und auch die Stadt-Land-Beziehungen unterschiedlich ausgeprägt waren.

Dem Protoindustrialisierungs-Modell – um auf den Ausgangspunkt zurückzukommen – ist insoweit zuzustimmen, als es die regionale vor der nationalstaatlichen Ebene betonte und ROSTOWS Theorie der wirtschaftlichen Entwicklung ihre Überbetonung nahm, sie etwas relativierte. In Rostows Konzept war den sog. „Take-off"-Industrien eine Schlüsselrolle für den Prozess der Industriellen Revolution zugemessen und in ihnen der Auslöser für eine sich selbst tragende Wirtschaftsentwicklung gesehen worden. Diesen Ansatz zumindest zu ergänzen war (implizit oder explizit) das gemeinsame Anliegen der vorgestellten Forschungsansätze. In diesen Kontext eingefügt verstand sich auch eine eigene Arbeit des Verfassers, in der versucht wurde, SCHREMMERS Ansatz der „Territorialisierung des Gewerbes" mit SCHISSLERS „Kommerzialisierung der Landwirtschaft" zu einem Konzept der „Kommerzialisierung von Landwirtschaft und Gewerbe" zu verbinden, also nicht, wie SCHISSLER und GÖTTMANN, fast ausschließlich Erkenntnisse aus dem Getreide- oder Agrarsektor zu gewinnen.

Kommerzialisieren heißt allgemein, etwas wirtschaftlichen Interessen unterzuordnen. Im wirtschaftshistorischen Zusammenhang könnte damit die Übergangsphase von der Subsistenzwirtschaft zur Marktwirtschaft aufgefasst werden, hier in des Wortes einfachstem Sinne verstanden als Markt, an den die agrarischen oder gewerblichen Überschüsse gelangen. Kommerzialisierung bedeutet insofern „Vermarktung" oder Einbringung in einen Markt, wobei es wesentlich auf die „planmäßige Erzeugung von überschüssigen Gütern für den Absatz" (K. OBERPARLEITER, Leistungen, S. 166) ankommt. „Der den Markt suchende und erschließende Kaufmann gewinnt zunehmende Bedeutung" (Ebenda, S. 175). In vielen Teilen Deutschlands vollzog sich dieser Prozess erst allmählich in der merkantilistischen Zeit, in der die bäuerlichen Überschüsse zunahmen und das Wachstum beträchtlicher Agrarmärkte bedingten. Sie schufen oft die Kapitalbasis für (agrarische) Kleingewerbe (Leder-, Leinwand-, Wollgewerbe etc.), die wiederum als Kerne späterer Industrialisierung anzusehen sind. Insofern kommt der Kommerzialisierung als „Scharnierbereich" zwischen Subsistenz und Grenzertrag für den Prozess der Marktbildung und die wirtschaftliche Entwicklung große Bedeutung zu.

Literatur

GÖTTMANN, Frank: Getreidemarkt am Bodensee. Raum – Wirtschaft – Politik – Gesellschaft (1650–1810) (= Beiträge zur südwestdeutschen Wirtschafts- und Sozialgeschichte, Bd. 3), St. Katharinen 1991; KAUFHOLD, Karl Heinrich: Gewerbe, Bergbau und Industrie in der Neuzeit. In: G. Schulz u. a. (Hg.), Sozial- und Wirtschaftsgeschichte (VSWG-Beihefte 169), Stuttgart 2004, S. 95–131; KRIEDTE, Peter/MEDICK, Hans/SCHLUMBOHM, Jürgen: Industrialisierung vor der Industrialisierung. Gewerbliche Warenproduktion auf dem Land in der Formationsperiode des Kapitalismus. Mit Beiträgen von H. Kisch und F.F. Mendels, Göttingen 1978; MENDELS, Franklin F.: Proto-industrialization: the First Phase of the Industrialization process. In: The Journal of Economic History 32, 1972, S. 241–261; OBERPARLEITER, Karl: Die Leistungen des Handels im Bilde der Wirtschaftsgeschichte, Graz/Wien/Köln 1964; RÖCK, Bernd: Bäcker, Brot und Getreide in Augsburg. Zur Geschichte des Bäckerhandwerks und zur Versorgungspolitik der Reichsstadt im

Zeitalter des Dreißigjährigen Krieges (= Abhandlungen z. Gesch. d. Stadt Augsburg 31), Sigmaringen 1987; SCHREMMER, Eckart: Überlegungen zur Bestimmung des gewerblichen und des agrarischen Elements in einer Region. In: H. Kellenbenz (Hg.), Agrarisches Nebengewerbe und Formen der Reagrarisierung im Spätmittelalter und 19./20. Jahrhundert, Stuttgart 1975, S. 1–23; WALTER, Rolf: Die Kommerzialisierung von Landwirtschaft und Gewerbe in Württemberg (1750–1850) (= Beiträge zur südwestdeutschen Wirtschafts- und Sozialgeschichte, Bd. 12), St. Katharinen 1990.

Industriegeschichte

Die Frage, wann erstmals der Begriff „Industrie" auftauchte, ist umstritten. Die Nationalökonomen des 19. Jahrhunderts, etwa ALBERT SCHÄFFLE oder WILHELM ROSCHER, sahen die „Hausindustrie" als Übergangs- bzw. Zwischenstufe zwischen Handwerk und Fabrik an. Fasst man als wesentliches Merkmal von „Industrie" hohe Arbeitsteilung und massenhafte Produktion auf, so wird wohl frühestens das spätere 18. Jahrhundert als Zeit des Durchbruchs und der flächendeckenden industriellen Erschließung einiger Regionen und Reviere anzusehen sein. Gleichwohl weisen namhafte Vertreter der Wirtschaftsgeschichte mit guter Kenntnis mittelalterlicher und frühneuzeitlicher Strukturen darauf hin, dass es in den „industriellen" Zentren etwa des Spätmittelalters in Italien und Oberdeutschland bereits hohe Arbeitsteilung und marktorientierte Massenproduktion gegeben habe und dies rechtfertige, von Industrieller Revolution zu sprechen. Wie dem auch sei. Diversifizierung, berufliche Spezialisierung und Professionalisierung sind in allen gewerblichen Bereichen zu beobachten und sind Zeichen der Industrialisierung. Hinzu kommen die gesellschaftlichen und demographischen Begleiterscheinungen.

Die wissenschaftliche „Ertragslage" im Bereich der industriehistorischen Forschung ist als gut zu bezeichnen. Kaum ein Industriezweig ist unerfasst geblieben. Ein hervorhebenswertes Beispiel aus der jüngsten Forschung ist REINER FLIKS Studie über den Automobilbau und die Motorisierung bis 1933. Die Untersuchung ist deshalb besonders wertvoll, weil sie nicht nur die Produktionsseite beleuchtet, sondern über eine vergleichende Marktstrukturanalyse („Motorisierungsmuster" USA-Europa-Deutschland) die unterschiedliche Dynamik von Räumen bzw. Marktgrößen in die Betrachtung einbezieht, mithin das wechselseitige Bedingungsverhältnis von Angebot und Nachfrage.

Auch die Luftfahrtindustrie ist inzwischen – zumindest was die Zwischenkriegszeit anbelangt – dank der umfassenden Studie von Albert Fischer weitgehend erschlossen. Ähnliches lässt sich von der Farbstoff- bzw. Chemieindustrie, der feinmechanisch-optischen Industrie, dem Maschinenbau sowie der Eisen- und Stahlindustrie behaupten.

Literatur

BOCH, Rudolf: Geschichte und Zukunft der deutschen Automobilindustrie, Stuttgart 2001; BODMER, Walter: Schweizerische Industriegeschichte. Die Entwicklung der schweizerischen Textilwirtschaft im Rahmen der übrigen Industrien und Wirtschaftszweige, Zürich 1960; BORCHARDT, Knut: Grundriss der deutschen Wirtschaftsgeschichte, Göttingen/Zürich 1978 (Geraffter Überblick über die Entwicklung der Wirtschaft in Deutschland vom Mittelalter bis in die 70er Jahre des 20. Jahrhunderts mit besonderer Berücksichtigung der Industriellen Revolution); BORCHARDT, Knut: Die Industrielle Revolution in Deutschland, München 1972; BUCHHEIM, Christoph: Industrielle Revolutionen, München 1997; FLIK, Reiner: Von Ford lernen? Automobilbau und Motorisierung in Deutschland bis 1933, Köln et. al 2001; KOMLOS, John,/ARTZROUNI, M., Ein Simulationsmodell der Industriellen Revolution. In: Vierteljahrschrift für Sozial- und Wirtschaftsgeschichte 81. Jg., 1994, S. 324–338; LANDES, David S.: Der entfesselte Prometheus. Technologischer Wandel und industrielle Entwicklung in Westeuropa von 1750 bis zur Gegenwart, Köln 1973; MÜHLFRIEDEL, Wolfgang/HELLMUTH, Edith: Zeiss 1846–1905; Köln/Weimar/Wien 1996; MÜHLFRIEDEL, Wolfgang/HELLMUTH, Edith: Carl Zeiss in Jena, 1945–1990, Köln/Weimar/Wien 2004; MURMANN, Johann Peter: Knowledge and Competitive Advantage: The Coevolution of Firms, Technology, and National Institutions, New York 2003; MURMANN, J.P., HOMBURG, E.: Comparing Evolutionary Dynamics Across Different National Settings: The Case of the Synthetic Dye Industry, 1857–1914, Journal of Evolutionary Economics, Vol. 11, 2001, S. 177–205; PLUMPE, Werner: Industrielle Beziehungen. In: Grundlagen der modernen Wirtschaftsgeschichte, Stuttgart 2004; POLLARD, Sidney: Peaceful Conquest, The Industrialization of Europe 1760–1970, Oxford 1981; PORTER, Roy/TEICH, Mikulás: Die Industrielle Revolution in England, Deutschland, Italien, Berlin 1998; WALTER, Rolf: Zeiss 1905–1945. (Carl Zeiss. Die Geschichte eines Unternehmens, Bd. 2), Köln/Weimar 2000.

5.1.3. Tertiärer und weitere Sektoren

Mit der Entstehung überregional bedeutender Gewerbe und der Ausbildung des Verkehrswesens veränderte sich die sektorale Struktur der Wirtschaft zugunsten des tertiären Sektors, wobei wir gegenwärtig dessen verhältnismäßig starkes Wachstum als Ausdruck der „Kommunikationsrevolution" erleben können. Mit dem zunehmenden Verkehrswesen erlangte der Handel zunehmende Bedeutung, bis er sich schließlich zum Welthandel ausweitete. Zu den Sachgebieten der Geschichte von Handel, Verkehr und Dienstleistungen gehören der Schiffbau, die Schifffahrt, die Erfindungen und Entdeckungen, der Landstraßenverkehr, der Kanal- und Eisenbahnbau, der Kraftwagen- und Luftverkehr, das Verkehrs- und Speditionsgewerbe, das Maklerwesen, das Versicherungs-

und Bankwesen, die Kommunikation über Messen und Börsen, das Nachrichtenwesen mit Post, Telefon, Telegraph, Zeitung, Fachpresse, Funk und Satelliten bis hin zu der weltweiten Vernetzung der Datensysteme mittels Glasfaserkabeln. Den Warenströmen des Handels folgten zunehmend Zahlungsströme und Zahlungsverkehrstechniken, die zunächst in der mittelalterlichen „Kommerziellen Revolution" (RAYMOND DE ROOVER) wesentliche Innovationen und Verfeinerungen erfuhren und denen eine entsprechende Institutionalisierung des Kreditwesens folgte.

Innerhalb dieses so skizzierten Rahmens und unter Berücksichtigung seiner historischen Entwicklung ist der Handel als wesentlicher Teil des Systems der Warenmärkte und das Bank- und Börsenwesen als integrativer Bestandteil des weiteren Bereichs der Geld- und Kapitalmärkte zu sehen. Deren zunehmende Expansion vom Spätmittelalter bis zur Gegenwart erfordert eine entsprechend stärkere Berücksichtigung internationaler Aspekte und der Forschungsergebnisse ausländischer Kollegen. Während eine allgemeine Geschichte der Banken und Börsen noch aussteht, ist dem französischen Wirtschaftshistoriker JACQUES LACOUR-GAYET eine solche für den Handel zu verdanken. Für den deutschen Bereich gilt das Umgekehrte. Während eine dreibändige deutsche Bankengeschichte inzwischen vorliegt, steht eine auf dem neuesten Forschungsstand befindliche deutsche Handelsgeschichte noch aus, wenn man von der brauchbaren Kurzfassung aus der Feder von HERMANN KELLENBENZ im Handwörterbuch der Wirtschaftswissenschaften einmal absieht.

Die Geschichte des Handels erfuhr eine gewisse Vertiefung in der Zeit des Merkantilismus und ADAM SMITH‘. Die danach entstandenen wirtschaftstheoretischen Ansätze wählten ebenfalls wesentlich den Handel als Betrachtungsgegenstand und Forschungsfeld, wobei in diesem Zusammenhang nur an DAVID RICARDO und sein Theorem der komparativen Kosten erinnert sei, das mit Beispielen aus der Handelsgeschichte arbeitet. Auch im weiteren 19. Jahrhundert gab es genug aktuellen Anlass, die Handelsgeschichte zu befragen. Während der großen Diskussion um den Zollverein hatten handelshistorische Fragestellungen Hochkonjunktur. FRIEDRICH LISTS „Nationales System der politischen Ökonomie" ist nur eines von vielen Beispielen hierfür. 1888 legte WILHELM GOETZ ein erstes zusammenfassendes, handelshistorisches Werk vor.

Der Handelsgeschichte, wenigstens soweit es um den Außenhandel geht, ist die grenzüberschreitende Betrachtungsweise immanent. Wer sie quantifizieren will, muss auf die unterschiedlichen statistischen Erhebungsmethoden der einzelnen Länder achten sowie auf die präzise begriffliche Unterscheidung von Generalhandel, Spezialhandel und Durchfuhrhandel. BODO VON BORRIES‘ Arbeit bietet hier eine wesentliche Hilfe, auch im Hinblick auf die unterschiedlichen

Vorteile der Mengen- und Wertstatistik und die Problematik der *terms of trade*. Als Grundlagenwerke zur internationalen Handelsgeschichte sind die Werke von MARTIN KUTZ und (für die Zeit seit der Industrialisierung) von WALT W. ROSTOW von Nutzen. Im Übrigen wurde auf der ersten Arbeitstagung der Gesellschaft für Sozial- und Wirtschaftsgeschichte in Mainz 1963 versucht, den deutschen und österreichischen Außen- und Binnenhandel um das Jahr 1800 zu analysieren und den Forschungsstand festzustellen. Inzwischen sind eine große Anzahl von Forschungsarbeiten zur lokalen, regionalen, nationalen und zur internationalen Handelsgeschichte erschienen, die einer Zusammenfassung harren und nach entsprechender Synthetisierung irgendwann die Niederschrift einer neuen „Geschichte des Welthandels" ermöglichen könnten. Hierzu hat FERNAND BRAUDEL bereits wesentliche Vorarbeit geleistet.

Das sektorale Konzept wird inzwischen bereits häufig um den quartären Sektor ergänzt, der z.B. die Informationstechnologie umfasst und dessen soziologische Form entsprechend mit Informationsgesellschaft umschrieben wird.

Literatur

BORRIES, Bodo von: Deutschlands Außenhandel 1836 bis 1856. Eine statistische Untersuchung zur Frühindustrialisierung, Stuttgart 1970; BORSCHEID, Peter: Mit Sicherheit leben. Die Geschichte der deutschen Lebensversicherungswirtschaft, 2 Bde., Münster 1989/1993; BRAUDEL, Fernand: Die Dynamik des Kapitalismus, Stuttgart 1986; BRAUDEL, Fernand: Sozialgeschichte des 15.–18. Jahrhunderts, Bd. 2, Der Handel, München 1986; FELDMAN, Gerald D.: Die Allianz und die deutsche Versicherungswirtschaft 1933–1945, München 2001; KELLENBENZ, Hermann: Art. Handelsgeschichte. In: HdWW 3, 1981, S. 762–784; KUTZ, Martin: Deutschlands Außenhandel von der Französischen Revolution bis zur Gründung des Zollvereins (= VSWG-Beihefte 61), Wiesbaden 1974; LIST, Friedrich: Das nationale System der politischen Ökonomie (1841), Düsseldorf 1989; OBERPARLEITER, Karl: Die Leistungen des Handels im Bilde der Wirtschaftsgeschichte, Graz/Wien/Köln 1964; PETERS, Lambert: Der Handel Nürnbergs am Anfang des Dreißigjährigen Krieges. Strukturkomponenten, Unternehmen und Unternehmer. Eine quantitative Analyse (= VSWG-Beihefte 112), Stuttgart 1994; RICARDO, David: Works and Correspondence, Bd. 1: On the Principles of Political Economy and Taxation, hg. von P. Sraffa, Cambridge 1951–1955; WALTER, Rolf: Welthandel und Kapitalismus. In: Brockhaus. Die Bibliothek. Die Weltgeschichte. Bd. 4. Wege in die Moderne (1650–1850), Mannheim 1998, S. 308–375; WALTER, Rolf: Geschichte der Weltwirtschaft. Eine Einführung, Köln/Weimar/Wien 2006; WEBER, Klaus: Deutsche Kaufleute im Atlantikhandel 1680–1830. Unternehmen und Familien in Hamburg, Cádiz und Bordeaux, München 2004.

5.2. Technik- und Innovationsgeschichte

5.2.1. Aufriss

Es gibt ernst zu nehmende theoretische Ansätze, die in den Innovationen, d.h. im technischen Fortschritt und der ingenieurwissenschaftlichen Kreativität, den entscheidenden Motor der wirtschaftlichen Entwicklung sehen. Eine der Basisstudien zu diesem Thema heißt: „Das technologische Patt – Innovationen überwinden die Depression" und stammt von GERHARD MENSCH. Er versucht darin, die Begründung und den empirischen Nachweis für seine zentrale These zu erbringen, dass Schwärme von Innovationen das konjunkturelle Tief überwinden und den nächsten langfristigen Wellenaufschwung, den nächsten „Kondratieff", einleiten. Diese Hypothese, die bislang nicht falsifiziert ist, beleuchtet wie keine andere die enge Verbindung zwischen technischer und wirtschaftlicher Entwicklung, zwischen Technik- und Wirtschaftsgeschichte.

Der Zusammenhang steckt eigentlich schon im Wort, denn Innovationen sind im Unterschied zu Inventionen nicht einfach Erfindungen, sondern Inventionen, die am Markt durchgesetzt werden. Nicht-marktfähige Erfindungen haben also mit Innovationen zunächst nichts zu tun, es sei denn, sie würden irgendwann später Marktfähigkeit erlangen.

Da die Zeit der Durchsetzung von Inventionen am Markt von Produkt zu Produkt recht unterschiedlich ist, ist auch der Innovationsbeginn oft schwer vorauszusagen oder auch ex post feststellbar. Dies mag man Darstellung 24 entnehmen.

Allgemeine Angaben über eine durchschnittliche Vorlaufzeit für Innovationen, d.h. über den Zeitraum zwischen Invention und Marktdurchsetzung, werden sich kaum machen lassen, obwohl sich im Laufe der Zeit zumindest Erfahrungswerte herausbildeten und man weiß, dass der Marktreifezyklus umso kürzer wird, je mehr der Innovationsprozess an die Gegenwart heran reicht. Es ist auch davon auszugehen, dass das erheblich verfeinerte Instrumentarium im Bereich „Marketing" eine wesentlich präzisere Prognostik über den Markteinführungszyklus gewährleistet. Dennoch: Zunächst muss es zu Erfindungen kommen, und diese erfordern ein bestimmtes „Milieu", ein geistig anregendes, aktives und kreatives Umfeld, das immer wieder in historischen Phasen in besonderer Weise als Resultat günstiger intellektuell-kulturell-politischer Konstellationen und Bildungsvoraussetzungen an nicht zufälligen Orten vorhanden gewesen sein mag. Vielleicht war die zweite neuhumanistische Phase gegen Ende des 18. und im frühen 19. Jahrhundert eine solche Rüstzeit, in der eine völlig neue Antriebsenergie, die Dampfkraft, von der Invention zur Inno-

Neuheit	Erfindung	Innovation	Jahre
Puddelofen	1783	1824	41
Kokshochofen	1713	1796	83
Lokomotive	1769	1824	55
Telegraphie	1793	1833	40
Photographie	1727	1838	111
Glühlampe	1800	1879	79
Telefon	1854	1881	27
Benzinmotor	1860	1886	26
Kunstdünger	1840	1885	45
Insulin	1889	1922	33
Penicillin	1922	1941	19
Düsenmaschine	1928	1941	13
Radar	1887	1934	47
Radio	1887	1922	35
Raketen	1903	1935	32

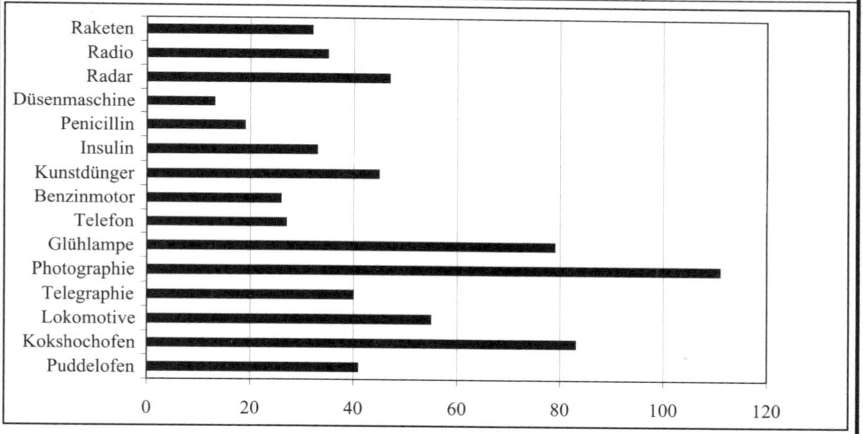

Darstellung 24 Basisinnovationen – Von der Invention zur Innovation

vation wurde und sich allmählich auf breiter Ebene durchsetzte, sowohl in der Fabrikproduktion als auch auf der Schiene. Es bedarf wohl an dieser Stelle keiner zusätzlichen Beweisführung, dass diese Basisinnovation, der viele Verbesserungsinnovationen folgten, der wirtschaftlichen Entwicklung, insbesondere der Territorialisierung des Gewerbes, zum entscheidenden Durchbruch verholfen hat und die Bestückung von Produktionszentren mit dampfbetriebenen Aggregaten einen recht zuverlässigen Indikator für deren Fortschrittlichkeit darstellte, wenigstens solange, bis die nächste Basisinnovation, sagen wir der Elektroantrieb oder der Gasmotor, neue Fakten schuf und einem neuen

„Kondratieff" zum Durchbruch verhalf, oder doch zumindest einem „Kondratieffchen".

Literatur

FRISCH, Armin J.: Unternehmensgröße und Innovation. Die schumpeterianische Diskussion und ihre Alternativen, Frankfurt/New York 1993; MENSCH, Gerhard: Das technologische Patt. Innovationen überwinden die Depression, Frankfurt 1977; KELLENBENZ, Hermann: Technik und Wirtschaft im Zeitalter der Wissenschaftlichen Revolution. In: Cipolla/Borchardt (Hg.), Europäische Wirtschaftsgeschichte, Band 2, Stuttgart/New York 1983, S. 113–169; KONDRATIEFF, Nikolai D.: Die langen Wellen der Konjunktur (= Archiv für Sozialwissenschaft und Sozialpolitik, Bd. 56) 1926, S. 573–609; MOKYR, Joel: The Gifts of Athena: Historical Origins of the Knowledge Economy, Princeton/Oxford 2002; SCHOHL, Frank: Die markttheoretische Erklärung der Konjunktur, Tübingen 1999; SPOERER, Mark/BATEN, Jörg/STREB, Jochen: Wissenschaftlicher Standort, Quellen und Potentiale der Innovationsgeschichte. In: WALTER, Rolf (Hg.): Innovationsgeschichte, Stuttgart 2007, S. 39–59; WALTER, Rolf: Zum Verhältnis von Wirtschaftsgeschichte und Evolutorischer Ökonomik. In: Kurt Dopfer (Hg.), Studien zur Evolutorischen Ökonomik (= Schriften des Vereins für Socialpolitik, N.F. 195/VII), Berlin 2003, S. 113–131.

5.2.2. Spezialaspekte: Das Erfindungs- und Patentwesen als Beispiel

Bisher ist von der Wirtschafts- und Technikgeschichte m. E. noch nicht in dem gebührenden Maße erkannt worden, wie wichtig die patentrechtliche Absicherung von Erfindungen für die allgemeine Nutzung der Invention im frühen 19. Jahrhundert oder auch schon in den vorangegangenen Jahrhunderten war. Zeitgenossen wie KARL FREIHERR DRAIS VON SAUERBRONN, ein origineller Kopf und genialer Konstrukteur, hatten sehr unter der noch vorhandenen Rechtsunsicherheit um 1820 zu leiden. Sie mussten damit rechnen, ihr geistiges Eigentum und ihre Urheberschaft sofort zu verlieren und hüteten sich, es zu früh zu offenbaren. Dies dürfte den Markteinführungsprozess nicht unerheblich behindert haben, wennselbst uns darüber – es handelt sich um ein Desiderat oder doch zumindest um ein weißfleckiges Forschungsfeld – für ein Gesamturteil die empirischen Nachweise fehlen. Es bleibt einstweilen jedoch zumindest plausibel, dass die patentrechtliche Absicherung, die in Deutschland im Jahre 1877 erfolgte, der Innovationsfähigkeit einen deutlichen Impuls gegeben haben dürfte. Nach dem ersten Patentgesetz musste das angemeldete Patent innerhalb von drei Jahren ausgeführt, d. h. die Produktion in Deutschland aufgenommen oder eine Lizenz vergeben sein. Dieser Ausführungszwang war für die Effizienz des Patentgesetzes von nicht zu unterschätzender Bedeutung. Bei

den Vorläuferverordnungen ist jedoch die jeweilige Entwicklung in den einzelnen deutschen Ländern vor der Reichsgründung 1871 zu berücksichtigen. Im
mordernen Wissensmanagement spielen Patente und Patentpublikationen eine
zunehmend wichtige Rolle.

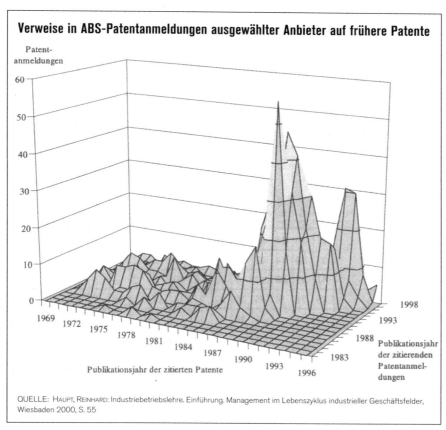

Verweise in ABS-Patentanmeldungen ausgewählter Anbieter auf frühere Patente

QUELLE: HAUPT, REINHARD: Industriebetriebslehre. Einführung. Management im Lebenszyklus industrieller Geschäftsfelder,
Wiesbaden 2000, S. 55

Darstellung 25   Patentanmeldungen

Literatur

GRUPP, Hariolf: Messung und Erklärung des Technischen Wandels. Grundzüge einer
empirischen Innovationsökonomik, Berlin et al. 1997; RAUCK, Michael: Karl Freiherr
Drais von Sauerbronn. Erfinder und Unternehmer (1785–1851) (= Beiträge zur Wirt-
schafts- und Sozialgeschichte Bd. 24), Wiesbaden 1983.

5.2.3. Epochen und Kulturkreise – Technologietransfer

Die Gleichzeitigkeit des Ungleichzeitigen in der Technologie, d.h. die gleichzeitige Existenz technisch fortgeschrittener Kulturen und solcher, die noch im Stadium der Manufaktur verharren, schafft technisch-industrielle Gefälle, die zum Ausgleich drängen. Der Technologietransfer stellt eine Möglichkeit dar, diese Disparitäten zu überwinden. Er ist ein Instrument zur räumlichen Diffusion des technischen Fortschritts.

Grundsätzlich ist der sachlich-technische vom personalen Technologietransfer zu unterscheiden.

Bedeutendste Überträger technischen Wissens waren und sind die multinational agierenden Kaufleute und Unternehmen. Dies galt für die Anwendung der Kaufmannstechniken im hohen und späten Mittelalter, die von Italien durch, international tätige Großkaufleute nach Deutschland eingeführt wurden (Doppelte Buchführung, Wechsel etc.) ebenso wie für vertikal organisierte Großkonzerne heute, wobei sich in der jüngeren Vergangenheit die Frage stellte, wie adäquat die übertragenen Technologien mit Blick auf das Entwicklungsstadium des Empfängerlandes waren. Eine erfolgreiche Adaption bzw. Imitation setzt einen gewissen Stand an Technik und Wissen voraus.

Die Entwicklung des Technologietransfers lässt sich im 19. Jahrhundert, das reich war an Basisinnovationen, besonders gut beobachten, denn die zeitverschobenen „Take-off"-Phasen geben auch über die Rezeption ausländischer Technologien im Empfängerland Auskunft. So dauerte es z.B. ca. 30 Jahre, bis die in England entwickelte und erstmals vermarktete Dampftechnik auch in den Pionierfabriken Deutschlands Einzug hielt. Im Zusammenhang mit dem Aufbau des Eisenbahnwesens auf dem europäischen Kontinent spielte der personale Technologietransfer in Form von Tausenden von Ingenieuren aus Großbritannien eine entscheidende Rolle. Hier spielten freilich auch nationale Interessen mit herein, galt es doch im Wettbewerb am sich verdichtenden Weltmarkt stärker zu partizipieren und dies ließ sich durch Importsubstitution bei gegebenen Grundvoraussetzungen am besten realisieren, sofern es auch gelang, Fachkräfte, d.h. *human capital* im Lande zu behalten.

Die kapitalintensive Fließbandarbeit im Automobilbereich, die HENRY FORD bekanntlich 1913/14 weiter entwickeln ließ („Fordismus") fand in Deutschland erstmals 1923/24, also mit einer etwa zehnjährigen Verzögerung bei Opel in Köln statt.

Der *time-lag* für die Übernahme von Produkt- oder Verfahrensinnovationen verkürzte sich zunehmend. Betrug er bei der Übernahme des Puddelverfahrens noch 40 Jahre, so waren es beim BESSEMERverfahren nur noch sechs und das THOMASverfahren wurde gar schon 1879, also im Jahr seiner Entwicklung in England, auch in Deutschland angewandt.

Die Entwicklungsdisparitäten sind entwicklungstheoretisch durchaus relevant, da die aufholenden Länder auf bereits entwickelte Technologien zurückgreifen und sich neuen Produktionsbereichen unbeschwerter und früher zuwenden können. Dies lässt sich am Verhältnis Deutschlands zu Großbritannien gut exemplifizieren. Deutschland holte England vor dem Ersten Weltkrieg in einigen Wirtschaftssparten wie z. B. Stahl durch Anwendung englischen Knowhows nicht nur ein, sondern überholte es und konzentrierte sich darüber hinaus auf die neuen Sparten Elektrotechnik und organische Chemie. Damit verbunden war die bessere Ausbildung und Forschung und die Fortschrittlichkeit auf dem Gebiet dessen, was man später *scientific management* nennen sollte.

Was den Technologietransfer zwischen sog. Entwicklungs- und Industrieländern anbelangt, z. B. das Verhältnis Afrika-Europa, kommt es zunächst darauf an, das infrastrukturelle Umfeld im weitesten Sinne aufzubereiten, um den Transfer zu einem Erfolg zu führen. Neben der Ausbildung bzw. Alphabetisierung gehören dazu Produktionsstandorte, Kapital und ein leistungsfähiges Verkehrsnetz. Im Übrigen spielt die Frage eine wesentliche Rolle, wie sich die einzelnen Regierungen bzw. Staaten dem Vorhaben öffnen. In Russland und Japan war in den Anfängen der Staat als Hauptunternehmer und Förderer der Industrialisierung aufgetreten.

Literatur

CHANDLER, Alfred Dupont, Jr.: The Visible Hand: The Managerial Revolution in American Business, Cambridge, Mass., London 1977; FLIK, Reiner: Von Ford lernen? Automobilbau und Motorisierung in Deutschland bis 1933 (= Wirtschafts- und Sozialhistorische Studien 11), Köln et al. 2001; FREMDLING, Rainer: Technologischer Wandel und internationaler Handel im 18. und 19. Jahrhundert. Die Eisenindustrie in Großbritannien, Belgien, Frankreich und Deutschland (= Schriften zur Wirtschafts- und Sozialgeschichte 35), Berlin/München 1986; FREMDLING, Rainer: Eisenbahnen und deutsches Wirtschaftswachstum 1840–1879. Ein Beitrag zur Entwicklungstheorie und zur Theorie der Infrastruktur, Dortmund 1975; FREMDLING, Rainer: Foreign Trade Patterns, Technical Change, Cost and Productivity in the West European Iron Industries, 1820–1870. In: R. Fremdling/P. K. O'Brien (eds.), Productivity in the Economies of Europe, Stuttgart 1983, S. 152–174; JEREMY, David J. (Ed.): International Technology Transfer. Europe, Japan and the USA, 1700–1914, Aldershot 1991; TROITZSCH, Ulrich/WOHLAUF, Gabriele (Hg.): Technik-Geschichte. Historische Beiträge und neuere Ansätze, Frankfurt/M. 1980; TROITZSCH, Ulrich (Hg.): Technologischer Wandel im 18. Jahrhundert (= Wolfenbütteler Forschungen, hg. v. d. Herzog August Bibliothek, Bd. 14), Wolfenbüttel 1981 (Sammlung wissenschaftlicher Vorträge zu einer ganzen Palette technikhistorisch interessanter Themen des 18. Jahrhunderts mit einem Überblick von Troitzsch zum Thema „Technik und Gesellschaft in Deutschland im 18. Jahrhundert. Forschungsstand und Forschungsdefizite" sowie einer Zusammenstellung und Kommentierung der Diskussionsergebnisse in 11 Hypothesen und Fragestellungen durch Gabriele Wohlauf); WENGENROTH, Ulrich: Unternehmensstrategien und technischer Fortschritt: Die deutsche und die britische Stahlindustrie, 1865–1895, Göttingen/Zürich 1986.

5.2.4. Inventionen und Innovationen nach Sektoren (Energie, Maschinenbau, Verkehr etc.)

Viele historische und wirtschaftliche Prozesse sind ohne die Kenntnis vom technischen Fortschritt nicht zu verstehen und/oder zu erklären. Je weiter man sich der Gegenwart nähert, desto veränderlicher und für die Erklärung der Gesamtentwicklung möglicherweise bedeutsamer wird dieser Faktor Technik. Die technikhistorische Betrachtung beginnt dort, wo der Mensch versucht, der „Natur" Herr zu werden und sich dabei zunächst primitiver, dann immer weiter verfeinerter und ergänzter Techniken bedient. Dabei hat sich das interdependente Verhältnis Technik – Natur durchaus gewandelt. Während die frühen Eingeborenenkulturen technische Errungenschaften, mit deren Hilfe sie ihre Existenz sichern konnten, als Segen betrachteten, wird heute nicht nur von Umweltschützern der Eingriff in die Natur als frevelhaft angesehen und zunehmend missbilligt. Die Erfindung der Kernspaltung in den 30er Jahren des 20. Jahrhunderts lässt sogar das in früheren Jahrhunderten kaum Denkmögliche nun vorstellbar und machbar erscheinen, nämlich die Zerstörung des ganzen Planeten und damit das Ende der menschlichen Existenz. Diese Paradoxie, dass technische Errungenschaften der Gattung Mensch einerseits zur Subsistenz verhelfen, sie andererseits ein für alle Mal vernichten können, offenbart das ganze Spektrum technikhistorischer Forschungsthemen und den interdisziplinären und universalen Charakter des Forschungsgegenstands.

Die Überlegenheit einer Zivilisation über die andere war oft technischer Art. Die vermeintliche europäische Vorherrschaft im tausendjährigen Mittelalter und ihr Ausgreifen über die Grenzen der jeweils bekannten Welt ist ohne entscheidende technische Errungenschaften schlechterdings nicht vorstell- und erklärbar. Aber ebenso galt dies für die vorausgegangenen Hochkulturen. Berühmte Denkmäler, heute noch oft als „Weltwunder" angesehen, sind sichtbarer Ausdruck hochtechnischen Know-hows in der Antike Asiens, Mittel- und Südamerikas und Europas.

Natur und Geschichte sind untrennbar verbunden oder wie HEINRICH RI-CKERT es formulierte: Die „Begriffe des Naturwissenschaftlichen und des Historischen sind … Korrelatbegriffe". Einer derjenigen, der sehr wesentlich das Verhältnis der Natur- zu den Geisteswissenschaften konkretisierte, aber auch relativierte, war WILHELM DILTHEY, indem er darauf hinwies, dass eine „Theorie, welche die gesellschaftlich-geschichtlichen Tatsachen beschreiben und analysieren will" nicht von der „Totalität der Menschennatur absehen und sich auf das Geistige einschränken" kann. „Tatsachen des Geistes sind die oberste Grenze der Tatsachen der Natur, die Tatsachen der Natur bilden die unteren Bedingungen des geistigen Lebens". Eine logisch korrekte Trennung von Geistes- und Naturwissenschaften ist daher kaum möglich. Beide sind Teile des historischen Ganzen. Technischer Fortschritt impliziert geistigen Fortschritt und umgekehrt.

Die Natur gab dem Menschen Werkzeuge und Rohstoffe an die Hand, deren Gebrauch er erlernte, erweiterte, kombinierte und bis in die Gegenwart zu optimieren versuchte. Vom Steinmesser bis zur vollautomatisierten Roboter-Produktion reicht das Spektrum der material- und gerätekundlichen Ausrichtung der Technikgeschichte. Von hier ist der Weg nicht mehr weit zur Geschichte der wirtschaftlichen Technik. Von fundamentaler Bedeutung für das Verstehen früherer Epochen sind hierbei die Kenntnisse über die Technik in der Landwirtschaft. Bestimmte Formen des Ackerbaus sowie die Ausbildung und Spezialisierung der Urformen der Arbeit wie Spinnen, Weben, Schmieden und Bauen wurden als technische Errungenschaften vom Mittelalter „geerbt" und verfeinert. Das Mittelalter fügte den Steigbügel, das Joch, den vierrädrigen Wagen, die Mühlentechnik, den Nocken, Feder, Pedal, Kurbel, Pleuelstange, Regler, wichtige nautische Instrumente, den Buchdruck und das Schießpulver hinzu, um nur einige Inventionen und Innovationen zu nennen. Besonders bedeutend waren die mittelalterlichen Fortschritte im Bereich der Handelstechnik, die Rationalisierung des Rechnungswesens und die rechenhafte Durchdringung der Wirtschaft, die meist von Italien ausgingen. Genannt seien die Einführung des Notariats, der Wechselbrief, die Doppelte Buchführung, der Gebrauch arabischer Ziffern sowie der neuen Organisations- und Rechtsformen von Gesellschaften. So war die von RAYMOND DE ROOVER so genannte „Kommerzielle Revolution" weitgehend auch eine Revolution der Handelstechnik. Schriftlichkeit und Messbarkeit mit verfeinerten Instrumentarien waren schließlich beschleunigende Entwicklungsfaktoren und Wesensbestandteile dessen, was man später als „kapitalistischen Prozess" bezeichnen sollte und worauf die zunehmende Beschleunigung der wirtschafts-, technik- und sozialhistorischen Entwicklung beruhte. Gegenwärtig fragt man sich schon nach der

Möglichkeit, von dieser Entwicklung überholt zu werden. Es zeigen sich die Grenzen der psychischen Verdaulichkeit technischer Prozesse, die mit der systematischen Arbeitsteilung begannen und über das Ford'sche Fließprinzip bis zu modernen Formen der Arbeitsteilung führten, die man – nicht zufällig englisch bezeichnet – mit *job enrichment, job enlargement* und *job rotation* in der betriebswirtschaftlichen Praxis realisiert. CHARLES CHAPLINS Film „Moderne Zeiten" führt in ironisch-überhöhter und kritischer Weise vor Augen, wie weit diese Entwicklung bereits in den 1920er Jahren fortgeschritten war und welche gesellschaftlichen Gefahren hinter technischem Fortschritt lauern.

Zu den wesentlichsten Sachgebieten der Technikgeschichte gehören die Bergbau- und Hüttentechnik, der Maschinenbau und die Verfahrenstechnik, die Schiffstechnik, die Elektro-, Nachrichten- und Informationstechnik, die Kriegs- und Wehrtechnik, architektonische und Bautechnik, der Technologietransfer, technische Normen und das Patentwesen, technische Berufe, Biographien von Technikern, Studien technischer Auswirkungen (Wirkungsanalysen), die Geschichte des technischen Bildungswesens, der technischen Entwicklung, der technischen Wissenschaft bzw. wissenschaftlichen Technik sowie die Inventions- und Innovationsforschung.

Die Zeit vom späten Frühmittelalter bis zum Ende des Ancien Régime mag aus heutiger Perspektive, d.h. gemessen an der gegenwärtigen Entwicklungsgeschwindigkeit, als Zeitraum technischer Stagnation erscheinen. Doch fallen – wie bereits angedeutet – in diesen Zeitraum wesentliche Basisinventionen, ohne die die sogenannte Industrielle Revolution kaum vorstellbar gewesen wäre.

Bereits dem Mittelalter verdankt die Bergbau- und Hüttentechnik eine Reihe wesentlicher Erfindungen. Die Metallhüttentechnik war im 15. Jahrhundert im nordalpinen Bereich am weitesten fortgeschritten. Im 16. Jahrhundert kamen wichtige Innovationen bei der mechanischen Erzaufbereitung hinzu, wozu insbesondere der in Tirol entwickelte Abdarrprozess gehört. Von besonderer Bedeutung war die Erfindung der Amalgamierung sowie deren Anwendung in vielen Teilen der Welt, u. a. in Südamerika, und die Verbesserung der Methode im Schemnitzer Revier durch IGNAZ VON BORN im ausgehenden 18. Jahrhundert. Wichtig für den Bergbau waren die Erfindung und der Einsatz des Göpels und die Möglichkeiten der Befreiung der Stollen von Wasser.

Beim Maschinenbau konzentrierte sich das technikhistorische Interesse auf die Entwicklung der Dampfmaschine, der hydraulischen Maschine, der Asynchron- und Synchronmotoren und der Kraft- und Arbeitsmaschinen. Die Geschichte des Maschinenbaus ist immer auch eine Geschichte technischer Rivalität. In der zweiten Hälfte des 19. Jahrhunderts standen z.B. im Kleingewerbe den Heißluftmaschinen von ERICSSON Gasmaschinen von LENOIR gegenüber. Die Heißluftmaschine von Lehmann konkurrierte mit der atmosphärischen Gasmaschine OTTOS, bis der 1876 gebaute Viertaktmotor den Wettstreit für sich entschied. Es braucht kaum betont zu werden, dass der technische Fortschritt auch immer eine wirtschaftliche Seite hat und so Wirtschafts- und Technikgeschichte sich gegenseitig bedingen. Besonders mag dies für die Fertigungs- und Produktionstechnik gelten, die eine höhere Produktivität, d. h. Kosteneinsparungen durch erhöhte Nutzungseffizienz zu erreichen versucht. Ob es sich dabei um einen verbesserten Edelstahl handelt, z. B. Böhlerstahl, um ein neues Verfahren der Braunkohle-Brikettierung mit Exter-Pressen, um die Herstellung ebener Flächen nach dem Dreiplattenverfahren oder um Verbesserungen in der Betriebs-, d. h. Arbeitsablauf- und Lenkungstechnik handelt – alles zielt letztlich auf erhöhte Rentabilität.

Dem Prinzip der Arbeitsteilung kommt in diesem Zusammenhang besondere Bedeutung zu. Es ist dies nicht erst ein Kennzeichen der Manufakturen und schon gar nicht eine Erfindung von ADAM SMITH. SMITH hat diesen Aspekt nur besonders betont und in ein wirtschaftstheoretisches Konzept eingebaut. Mit Blick auf die Massenproduktion (etwa von Waffen, Textilien, Ketten, Werkzeugen etc.) in den mittelalterlichen Gewerbezentren wie Nürnberg und Augsburg muss man wohl davon ausgehen, dass dieses Prinzip schon recht früh erkannt worden war. Bereits um 1530 bildete man etwa in einer Mailänder Gießerei bei der Anfertigung von Formen für kleinere Messingteile verschiedene Arbeitsgruppen. Auch die Arbeitsanalyse ist nicht etwa eine Erfindung von TAYLOR (Taylorismus) um die Wende zum 20. Jahrhundert, sondern wurde z. B. schon 1702 im friderizianisch-preußischen Exercierreglement festgehalten und angewandt: 82 Elementarbewegungen nach entsprechendem Befehl. TAYLORS Verdienst besteht darin, das Prinzip erstmals im industriellen Bereich angewandt zu haben. Von hier führte der Weg zum Ford'schen Fließprinzip, zur Automation und zur EDV-gesteuerten Robotertechnik. Während diese Verbesserungen mehr der Produktionstechnik zugute kamen, dienten die Innovationen im Bereich der Verkehrs- und Fahrzeugtechnik mehr dem Absatz- und Distributionssystem und der Verkürzung der ökonomischen Entfernungen. Hier wären beispielhaft die Entwicklung und Verbesserung der Kutsche, die effizientere Nutzung der Antriebsenergien (z. B. Kohlenstaubfeuerung auf Dampflokomotiven) und die Vervollkommnung von Fahrwerksteilen (z. B. Kardan-Gelenk, induktionsgehärtete Kurbelwelle) zu nennen. Hinzu kommen die Anlegung von künstlichen (Kanalbau) und die effektivere Nutzung natürlicher Wasserstraßen (z. B. Treidelsysteme, Kettenschifffahrt), der Eisenbahnbau mit seinen vielen Facetten sowie der Chaussee- bzw. Straßen- und Brückenbau.

Parallel hierzu versuchte man die Energietechnik den jeweiligen Erfordernissen der Zeit anzupassen, d.h. neue Energiearten zu erfinden und diese dem Anforderungsprofil optimal zuzuordnen. So fanden die Energiearten Dampf (Dampfüberhitzung, Dampfkesselfeuerung, Dampfturbinen), Gas (Gasturbinen, Beleuchtung, Feuerung), Wasser (Mühltechnik, Wasserkraftwerke), Kohle (Heizenergie, Hochofentechnik), Elektrizität (Beleuchtung, Straßenbahnen, Licht, Gerätetechnik) und Kernkraft (Stromerzeugung) recht unterschiedliche Anwendungs- bzw. Nutzungsbereiche mit zum Teil revolutionierenden technischen, wirtschaftlichen und sozialen Wirkungen, die ganze Zeitabschnitte kennzeichnen (Die große Zeit des Feuers, die hölzerne Zeit, das Atomzeitalter usw.). Bis zur Gegenwart tritt auch hier der Rivalitätsaspekt deutlich hervor. In der Zeit zwischen 1880 und 1914 stritt und diskutierte man etwa mit Vehemenz über die Frage, ob denn nun das Beleuchtungssystem mit Gas oder mit elektrischer Energie realisiert werden solle. In diesem Zusammenhang ist NATHAN ROSENBERGS These von Interesse, wonach „alte" Techniken durch die Herausforderung von „neuen" nochmals derartig verbessert würden, dass sie zu den neuen in ernst zu nehmende Konkurrenz treten. Im Übrigen sind hier nie die politischen (angestrebte Autarkie in der Energieversorgung) und Macht- bzw. Wirtschaftsinteressen einflussreicher Lobbyisten außer Acht zu lassen. Insofern ist auch die politische Geschichte teilweise von der Technik- und Wirtschaftsgeschichte nicht zu trennen, von den gesellschaftlichen und sozialen Auswirkungen neuer Gefahrenpotentiale einmal ganz zu schweigen (Stichwort: Tschernobyl).

Wenn heute von der Gesellschaft als einer postindustriellen Kommunikationsgesellschaft gesprochen wird, so ist im Besonderen der Sektor der Elektro-, Nachrichten- und Informationstechnik gemeint. Hier konzentrierte sich das technikhistorische Forschungsinteresse vorwiegend auf die Elektrizität, den Elektromagnetismus, die Starkstromtechnik, den Bleiakkumulator, das Elektronenmikroskop sowie die lichtelektrischen Wirkungen. Technikhistorische Abhandlungen existieren ferner zur Radiotelegraphie, Eisenbahntelegraphie, Funktelegraphie, zur optischen Telegraphie, zur elektrischen Nachrichtentechnik und zur Rundfunktechnik.

Bald nach der mittelalterlichen Jahrtausendwende gehörten wasserkraftbetriebene Mühlen vielerorts in Europa zum gewerbsmäßigen Alltag, wobei sie nicht nur zum Mahlen von Getreide, sondern schon seit dem 9. Jahrhundert zum Gewinnen von Bier-Maische und seit spätestens 1040 zur Hanfverarbeitung und zum Tuchwalken in Frankreich verwendet wurden. Um diese Zeit dürften in Deutschland bereits Schmiede ihre Metalle mit wasserradbetriebenen Hämmern bearbeitet haben, wie sonst wäre das Auftauchen des Ortsnamens Schmidmühlen vor 1028 zu erklären? Die Mühlentechnik leistete der weiteren Mechanisierung beträchtlichen Vorschub. Kaum ein Bereich, der sich ihrer nicht bediente: Lohmühlen seit spätestens 1135, Sägemühlen seit 1204, eine Senfmühle 1251 und eine Farbenmühle ist 1348 in Artois belegt. 1433 existierte in der Dauphiné eine wassergetriebene Drehbank. Aber nicht nur das Wasser, auch den Wind machten sich die hochmittelalterlichen Zeitgenossen bald zunutze. Die erste horizontalachsige Windmühle war 1185 in Yorkshire in Betrieb. Früher schon waren Kurbeln in Europa allgemein in Gebrauch. Das Spätmittelalter brachte dann die wichtige Erfindung der Gewichtsuhr. Erfindungen wurden nach dem Urteil von LYNN WHITE JR. vom späten 13. Jahrhundert an ein allgemeines Anliegen. Mit der allmählichen Verbreitung der Uhren wurde der Alltag messbarer, planbarer, im ökonomischen Sinne effizienter nutzbar.

Durch JOHANNES GUTENBERGS Erfindung des Buchdrucks mit beweglichen gegossenen Typen war nicht nur eine neue Möglichkeit verbesserter und breiterer (um 1500 kannte man ihn bereits in 12 Ländern) Kommunikation gegeben, sondern in der zweiten Hälfte des 15. Jahrhunderts auch eine neue Industrie entstanden. Diese Innovation sparte ebenfalls, wie fast jede andere, Arbeitskräfte ein, doch schuf sie neue Arbeitsplätze in weit größerem Umfang, die erst heute durch die Möglichkeiten des Computer-Satzes wieder teilweise eingespart, andererseits auf qualitativ höherer, anspruchsvollerer Ebene neu geschaffen werden. Von größter Bedeutung war GUTENBERGS Erfindung für die allgemeine Bildung der frühen Neuzeit, wenn man an die bemerkenswerte Zunahme der Lese- und Schreibfähigkeit und damit eine qualitative Verbesserung des *human capital* denkt oder an die politischen Wirkungen infolge der immens erleichterten Vermittelbarkeit der reformierten Religion. In diesem Zusammenhang verwundert es nicht, dass gerade die stark reformistischen und aufstrebenden Staaten Holland und England um die Wende zum 18. Jahrhundert die in Bezug auf die Lese- und Schreibfähigkeit höchstentwickelten Länder der Welt waren. Im Übrigen gibt es bereits technikhistorische Spezialarbeiten zur eisernen Buchdruckerpresse, zu den hydraulischen Erfindungen und Anwendungen im Spätmittelalter, über das römische Bronzegewinde und über die römische Doppelkolben-Druckpumpe aus Eichenholz.

Von besonderer Tragweite waren die kriegstechnischen Erfindungen. Die technische „Effizienz" der Kriegsführung bestimmte nicht selten über die Macht von Regenten aller Couleur und über das Schicksal von Millionen Menschen. Hierzu gehörten neben kleineren Erfindungen wie dem Steigbügel, der den berittenen Stoßkampf ermöglichte und eine ganze Epoche kennzeichnete, auch Folgeinnovationen wie Harnisch, Schild und Helm, die in mittelalter-

lichen metallverarbeitenden Zentren wie z. B. Nürnberg massenhaft arbeitstei-
lig hergestellt und in alle Welt (soweit sie bekannt war) exportiert wurden. Aus
der geschuppten oder ineinander verringten, auf gepolsterter Kleidung getra-
genen Rüstung des 13. Jahrhunderts wurden im 15. Jahrhundert aus Stahlblech-
platten kunstvoll gebogene und angepasste Rüstungen, denen nur noch durch
verbesserte Geschosse beizukommen war, deren Entwicklung nicht lange auf
sich warten ließ. Die zweite Hälfte des 15. Jahrhunderts kennt schon Gewehre
als gefährliche Waffen. Bereits 1320 ist im Westen die Kanone nachweisbar.
Der Bellifortis des CONRAD KYESER aus Eichstätt von 1405 ist ein besonders
markantes Beispiel zur Wehrtechnik des späten Mittelalters, und dann folgen
die Riesengeschütze desselben Jahrhunderts, die bis ins 20. Jahrhundert die
wirksamste Waffengattung bleiben sollten und durch ihren Einsatz auf Schiffen
die Machtstrukturen der frühneuzeitlichen Welt entscheidend und nachhaltig
veränderten. Das Kanonenboot wurde im 18. und 19., mit Blick auf Großbritanniens „Malvinas-Konflikt" sogar im späteren 20. Jahrhundert zum Verhand-
lungsargument, worüber HELLMUT DIWALDS Buch „Der Kampf um die Weltmeere" eine Vielzahl anschaulicher Beispiele enthält. Spezialarbeiten über bestimmte Schiffstypen, über Tragflügelboote und U-Boote, über die Schiffsfes-
tigkeit als ein Sonderfall der Festigkeitslehre und die Architektur der Nordat-
lantik-Passagierdampfer verfeinern die Anschauung von der historischen
Schiffstechnik. Auch hier ist es wichtig, die Technikgeschichte nicht isoliert
von der politischen und Wirtschafts-, insbesondere Konjunkturgeschichte zu
sehen, wenn man etwa an die Bedeutung des Schiffbaus für die „weltpoli-
tischen" und „weltwirtschaftlichen" Ambitionen des zweiten deutschen Kaiserreichs denkt.

Besonders augenfällig sind die technikhistorischen Errungenschaften im Bereich der Architektur und des Bauwesens. Kaum ein bedeutendes Bauwerk, zu
dem nicht ein technikhistorischer Spezialbeitrag vorliegt. Genannt werden sollen beispielhaft nur der Bau des Hamburger Elbtunnels, der Brenta-Kanal bei
Venedig, die überbauten Brücken von Paris, der Ponte Rialto in Venedig und
die Fleischbrücke in Nürnberg sowie die Steinbrücken des römischen Altertums.

Hohe Aktualität genoss in den letzten Jahren die Erforschung des Technologietransfers. In diesen Zusammenhang gehören Themen wie Industrie-
spionage und diesbezügliche Reisetätigkeiten sowie Fragen der technisch-
wissenschaftlichen Kooperation. Letztlich ist auch hier die politische Seite
wieder zu sehen, wenn man etwa an WOLFHARD WEBERS These denkt, wonach
die Indust-riespionage durch das aufkommende Nationalbewusstsein verstärkt
wurde.

Mit dem Fortschritt der technischen Revolution des 19. Jahrhunderts wurden auch juristische Desiderate offensichtlich, d. h. die Frage der rechtlichen Absicherung von Erfindungen, also nach Norm und Patent. Man kann deren Wichtigkeit am besten ermessen, wenn man an Einzelbeispiele aus der ersten Hälfte des 19. Jahrhunderts denkt oder an diejenigen Unternehmen, die wegen des Mangels juristischer Absicherung aus Angst vor dem Ideendiebstahl keine Weltausstellungen mehr besuchten. Wenn man sich überlegt, wieviele Erfindungen das 18. und 19. Jahrhundert mit sich brachten und andererseits sieht, dass der Wiener Patentschutzkongress erst 1873 stattfand und auch da noch vieles ungelöst blieb, hat man eine Vorstellung von der Brisanz dieser Frage.

Was die Vereinheitlichung der Normen anbelangt, hatte die Französische Revolution mit ihrem Gleichheitsgrundsatz auch hier revolutionierend gewirkt. Das einheitliche französische Maßsystem nach Kilogramm und Meter wurde in vielen Teilen Deutschlands bald, in anderen später übernommen. Es ist leicht einsichtig, was es bedeutete, dass etwa der bayerische schwere Zentner 120, der württembergische 104 bzw. 108 und der badische 100 Pfund zählte. Entsprechende Vorsicht ist dem Historiker bei der Verwendung von Statistiken des 18. und früherer Jahrhunderte geboten. 1848 kam es zu einer ersten Maß- und Gewichtsordnung für das vereinigte Deutschland. Bereits im 17. und 18. Jahrhundert hatte man immer wieder die Verlässlichkeit von Waage und Gewicht z. B. im Speditionshandel überprüft.

Wie bereits angedeutet, greifen technische Verbesserungen immer wieder stark in die soziale Entwicklung hinein, insbesondere in die Arbeitszeitgestaltung. Hier kann auf richtungsweisende Beiträge von WILHELM SCHRÖDER und GERHARD MENSCH verwiesen werden. Mensch wies nach, dass zwischen Basisinnovationen und Arbeitszeitverkürzungen ein enger Zusammenhang besteht. SCHRÖDER folgte diesem Konzept und kam zu dem Schluss, dass innovatorische Industriezweige eine Leitfunktion bei den Arbeitszeitverkürzungen haben.

Schließlich ist noch zu erwähnen, dass es über die historische Funktion der Technik eine Serie von Abhandlungen aus verschiedenen wissenschaftlichen Blickwinkeln gibt, so aus der Sicht der Technikwissenschaft, der Wirtschaftswissenschaften, der Geschichtswissenschaft, der Soziologie, der Philosophie und der Politologie.

Literatur

BELL, Daniel: Die nachindustrielle Gesellschaft, Hamburg-Reinbek 1979; DIWALD, Hellmut: Der Kampf um die Weltmeere, München 1980; MENSCH, Gerhard: Das technologische Patt. Innovationen überwinden die Depression, Frankfurt/M. 1977; RICKERT, Heinrich: Die Grenzen der naturwissenschaftlichen Begriffsbildung. Eine logische Einleitung in die historischen Wissenschaften, 5. verb. Aufl., Tübingen 1929; ROSENBERG, Nathan/BIRDZELL JR., L.E.: Industrielle Revolution und Prosperität. In: Spektrum der Wissenschaft, 1/1991, S. 108–120; SCHRÖDER, Wilhelm H.: Die Entwicklung der Arbeitszeit im sekundären Sektor in Deutschland 1871–1913. In: Technikgeschichte 47/1980, Heft 3, S. 252–302; Technikgeschichte, 43/1976, Heft 2; TREUE, Wilhelm: Wirtschafts- und Technikgeschichte Preußens, Berlin 1984; TROITZSCH, Ulrich/WEBER, Wolfhard (Hg.): Die Technik. Von den Anfängen bis zur Gegenwart, Braunschweig 1982; WALTER, Rolf (Hg.): Innovationsgeschichte, Stuttgart 2007; WHITE JR., Lynn: Die Ausbreitung der Technik 500–1500. In: C. Cipolla/K. Borchardt (Hg.): Europäische Wirtschaftsgeschichte Bd. 1, Stuttgart/New York 1983, S. 91–110.

5.3. Moderne Unternehmensgeschichte (*Business History*)

5.3.1. Theorie der Firma

Im Jahre 1927 wurde an der Graduate School of Business Administration der Harvard-Universität der erste Lehrstuhl für Business History eingerichtet. Der Gründung folgte ein Jahr später die Herausgabe einer Fachzeitschrift, des Journal of Economic and Business History. Dies war der Auftakt zur Verselbstständigung der Teildisziplin, die heute in vielen Universitäten der Welt etabliert ist.

Die moderne Unternehmensgeschichte nutzt z.B. das Theorieangebot der Theorie der Firma oder der Institutionenökonomik, behandelt das Unternehmen als Institution und hinterfragt die Ursachen und Wirkungen institutioneller Veränderungen. Dieser Konzeption entsprechend wird nun – mit RONALD H. COASE – gefragt, ob und warum die Kosten der (hierarchischen) Koordination über Firmen niedriger sind als jene über den Markt. In diesem Zusammenhang werden die Führungsstruktur (Governance) sowie die Vertragsverhältnisse (Frage des unvollständigen Vertrags) und nicht zuletzt die Principal-Agent-Problematik (Opportunismusproblem) von Unternehmen untersucht. Die Unternehmen als institutionell-korporative Einheit bilden den Motor der wirtschaftlichen Entwicklung und des Wachstums. Als ausbildende, Humankapital und „Wissen" generierende und Arbeitskraft nachfragende Institution kommt ihnen nicht zuletzt eine hohe soziale sowie gesellschaftliche Bedeutung zu. Auch aus diesem Grunde ist es angezeigt, die unternehmenshistorische Forschung zu verstärken.

Es wird heute in der Wirtschaftspraxis mehr und mehr gesehen, dass die *Corporate History* ein wesentliches Element der *Corporate Identity* und des

Goodwill schlechthin ist. *Corporate History* ist in letzter Zeit vielfach fester Bestandteil der professionellen Öffentlichkeitsarbeit von Unternehmen geworden. Dieser Bereich erlangt in der Kommunikations- und Informationsgesellschaft zunehmende Bedeutung.

Im Zusammenhang mit Diskussionen um die Internationalisierung und Globalisierung der Geschäftswelt werden zunehmend Forschungen nachgefragt, die sich mit dem Entstehen des *Big Business* bzw. der *Global Players* auseinandersetzen. Die Unternehmensgeschichte kann einen wichtigen Beitrag leisten zur Klärung der Frage, wie diese entstanden sind.

Andererseits richtet sich das Augenmerk der *Business History* neuerdings – der wirtschaftlichen Realität der *New Economy* folgend – auf kleinere Firmen. Es hat sich herausgestellt, dass die Anpassungsfähigkeit und –geschwindigkeit sowie Flexibilität der „Schnellbote" zuweilen größer ist als die mancher Großkonzerne. Schlanke und dezentralisierte Einheiten funktionieren häufig effizienter und arbeiten zu geringeren Transaktionskosten.

Unternehmensgeschichte ist ein wesentlicher Faktor der empirischen Unternehmensforschung geworden. Auch hier gilt: Keine Perspektive ohne Retrospektive, d. h. ein geschichtsloses Unternehmen ist ein gesichtsloses Unternehmen!

Die Unternehmensgeschichte hat jüngst eine erhebliche Ausdifferenzierung und von historischer wie wirtschaftswissenschaftlicher Seite manche Bereicherung erfahren. En vogue ist derzeit die „Entdeckung" und Betrachtung der *Business History* als Teil eines größeren gesellschaftlichen und kulturellen Ganzen, z. B. die neuere Unternehmensgeschichte als Kulturgeschichte, als Gesellschaftsgeschichte oder sogar als Kommunikationsgeschichte zu betrachten.

Literatur

BERGHOFF, Hartmut: Moderne Unternehmensgeschichte. Eine themen- und theorieorientierte Einführung, Paderborn 2004; BERGHOFF, Hartmut: Zwischen Kleinmarkt und Weltmarkt. Hohner und die Harmonika 1857–1961. Unternehmensgeschichte als Gesellschaftsgeschichte, Paderborn 1997; PIERENKEMPER, Toni: Unternehmensgeschichte. Eine Einführung in ihre Methoden und Ergebnisse, Stuttgart 2000; WISCHERMANN, Clemens/BORSCHEID, Peter/ELLERBROCK, Karl-Peter (Hg.): Unternehmenskommunikation im 19. und 20. Jahrhundert (= Untersuchungen zur Wirtschafts-, Sozial- und Technikgeschichte 19), Dortmund 2000.; TILLY, Richard (Hg.): Beiträge zur quantitativen vergleichenden Unternehmensgeschichte (= Historisch-Sozialwissenschaftliche Forschungen 19), Stuttgart 1985; WISCHERMANN, Clemens/NIEBERDING, Anne/STÜCKER, Britta (Hg.): Unternehmenskommunikation deutscher Mittel- und Großunternehmen. Theorie und

Praxis in historischer Perspektive (= Untersuchungen zur Wirtschafts-, Sozial- und Technikgeschichte 23), Münster 2003.

Neben der makroökonomischen Sichtweise ist in den letzten Jahren immer mehr auch die mikroökonomische Betrachtung – und damit die Unternehmensgeschichte – in den Blickpunkt der wirtschaftshistorischen Forschung gerückt. Dabei finden all jene Bereiche in der Unternehmensgeschichte Berücksichtigung, die auch in der (historischen) Realität eine Ausprägung erfahren haben. So sind einzelne Funktionen (Verwaltung, Personal, Forschung/Entwicklung, Produktion, Absatz, Finanzen) ebenso unternehmenshistorisch untersucht worden wie etwa produktspezifische oder regionale Geschäftsbereiche. Als Wegbereiter der Unternehmensforschung bzw. Unternehmenstheorie kann der bereits in anderem Zusammenhang erwähnte ERICH GUTENBERG mit seinem 1929 erschienenen Werk „Die Unternehmung als Gegenstand betriebswirtschaftlicher Theorie" angesprochen werden, das auch historische Aspekte enthält und insofern auch als unternehmenshistorische Arbeit gelten darf. Seine Strukturprinzipien fanden häufige Anwendung, nicht nur im Bereich der Betriebswirtschaftslehre. So liegt z.B. GEORG EIBERTS wirtschaftshistorischer Dissertation über die „Unternehmenspolitik Nürnberger Maschinenbauer (1835–1914)" das Gutenberg'sche Gliederungsschema zugrunde. VOLKER HENTSCHEL gibt mit seiner „Wirtschaftsgeschichte der Maschinenfabrik Esslingen AG 1848–1918" ein weiteres eindrucksvolles Beispiel, wie man unternehmenstheoretische Erkenntnisse sinnvoll in die Unternehmensgeschichte einbringt. Die Neigung der unternehmenshistorischen Forschung, einzelne Teil- oder Schlüsselbereiche (Bilanz, Organisation, Produktion, Absatz usw.) von Firmen unter einem bestimmten Erkenntnisinteresse zu untersuchen, liegt dabei, wie angedeutet, auf der Hand. Beispielhaft sei hier H. CABJOLSKIS 1927 entstandene Dissertation erwähnt mit dem Titel: „Die wirtschaftliche Entwicklung der Siemens & Halske AG. Eine Bilanzbetrachtung".

Die methodischen Vorgehensweisen sind, wie gesehen, so vielseitig wie die behandelten Gegenstandsbereiche, wobei inzwischen verstärkt komparative Methoden in Ansatz kommen und internationalistische Sichtweisen in den Vordergrund drängen. Beispielhaft seien hier die von RICHARD TILLY 1985 herausgegebenen „Beiträge zur quantitativen vergleichenden Unternehmensgeschichte" aufgeführt. Insgesamt wohl noch zu wenig erforscht ist das Verhältnis zwischen einzelnen Unternehmen und Branchen und der Politik, was nicht darüber hinwegtäuschen soll, dass schon brauchbare Studien hierzu vorliegen. Genannt sei nur die Bremer Dissertation von GERT HAUTSCH: „Der Elektrokonzern AEG-Telefunken. Untersuchungen zum Verhältnis von Wirtschaft und

Politik am Beispiel eines westdeutschen Großunternehmens". Zum Verhältnis Politik und Wirtschaft gehört sehr wesentlich die Verbandsgeschichte. Die Tatsache, dass die 14. Öffentliche Vortragsveranstaltung der Gesellschaft für Unternehmensgeschichte 1989 unter der Fragestellung „Wirtschaftsverbände. Partner der Politik oder Pressure groups?" stand, zeigt, dass hier die Zeichen der Zeit erkannt worden sind. Im Übrigen widmete sich ein Kongress dem wichtigen Thema der „Überlebenschancen von Unternehmen".

Literatur

HENTSCHEL, Volker: Wirtschaftsgeschichte der Maschinenfabrik Esslingen AG, 1846–1918 (= Industrielle Welt 22), Stuttgart 1977.

5.3.2. Institutionelle, betriebliche und funktionalistische Unternehmensgeschichte

Einmal abgesehen davon, dass der Markt als Institution angesprochen werden kann und die marktordnenden Institutionen wie z. B. Zünfte (die im Zuge der Gewerbefreiheit im Laufe des 19. Jahrhunderts abgeschafft wurden), Gilden, später Industrie- und Handelskammern, Wirtschaftsprüferkammern, Handwerkskammern und Verbände aller Art einer eigenen historischen Aufarbeitung bedürfen (was umfangreich bereits geleistet wurde), kommt der Geschichte des Unternehmens als Institution besondere Aufmerksamkeit zu. Institutionen sind Wirtschaftseinheiten. Zunächst ist hier zu unterscheiden zwischen solchen Wirtschaftseinheiten, deren Innenbeziehungen auf Tauschverhältnissen beruhen (Betriebe) und Wirtschaftseinheiten ohne Tauschbeziehungen (Haushalte). Die Unternehmung als solche stellt eine Marktinstitution dar, die als Anbieterin und Nachfragerin auftritt und deren Aktivitäten in diesem Rahmen auf Disposition, Produktion und Handel ausgerichtet sind, d. h. auf die Ausnutzung von Arbitragevorteilen. Wenn hier von der Geschichte des Unternehmens als Institution die Rede ist, dann ist das Unternehmen als marktteilnehmende Institution gemeint. Dieses dem Wettbewerb ausgesetzte Gebilde veränderte sein Gesicht im Laufe der Geschichte grundlegend. Es ist ein Abbild des Marktes und der Veränderung, Differenzierung, Verfeinerung der Marktstrukturen sowie des Unternehmensrechts bzw. der Unternehmensverfassung. Wie sah die Institution „Unternehmen" im Mittelalter aus und welches Bild ergibt sich heute? Das auffälligste Kriterium ist zunächst das sichtbare Äußere: die Größe eines Unternehmens. Der mittelalterliche Bergbau kannte wohl schon Unternehmen mit über tausend Beschäftigten, eine Größe, die für Handelsunternehmen noch unvorstellbar war, auch wenn die Mitarbeiterzahl der Großen Ravensburger Handelsgesellschaft als einem der größten Unternehmen des Mittelalters, das 1380 bis 1530 existierte, in die Hunderte gegangen sein mag. An der „Magna Societas Alemanorum", wie sie in italienischen Quellen oft genannt wurde, waren mit der Zeit nicht weniger als 121 Familien, meist aus den schwäbischen Reichsstädten, beteiligt. Auch das FUGGER'sche Unternehmen dürfte dreistellige Ziffern aufgewiesen haben. In der frühen Neuzeit waren Unternehmen wie die „Gemain-Gesellschaft des Bergbaus" in Amberg mit ihren 1025 Mann (1595/96) keine Seltenheit. Am Falkenstein bei Schwaz waren um 1550 bereits 7000 Knappen beschäftigt. Der Druckereibetrieb von ANTON KOBERGER in Nürnberg beschäftigte Anfang des 16. Jahrhunderts an seinen 25 Pressen 100 Gesellen.

Einen weiteren Indikator neben der Beschäftigtenzahl stellt das (Grund-) Kapital oder Gesellschaftsvermögen dar. Die erwähnte Große Ravensburger Gesellschaft besaß 1497 an Werten um die 165.000 Gulden. Das FUGGER'sche Hauptgut (eine Art Vermögen) belief sich 1511 auf 245.000 Gulden einschließlich Hausrat, liegender Güter, Häuser etc. Die Frankfurter Gesellschaft der JOHAN VON MEHLEM und Genossen soll im 15. Jahrhundert über 60.000 Gulden Hauptgut aufgewiesen haben, stand damit aber wohl mit Abstand an der Spitze.

Die Gesellschaftsform war im Spätmittelalter und in der frühen Neuzeit meist die des Familienunternehmens, wobei der Familiencharakter unterschiedlich betont war. Von den FUGGERN ist dessen besondere Betonung bekannt, während sich die WELSER und VÖHLIN mit den LAUGINGER in Augsburg oder die Nürnberger KOLER/KRESS mit dem Mailänder AMBROSIUS DE SARONNO zusammenschlossen und dabei familiäre Bande weniger beachteten.

Von größter Bedeutung wurde im späten Mittelalter und in der frühen Neuzeit der Verlag. Darunter versteht man eine Unternehmensorganisation, deren Produktion dezentralisiert und deren Absatz zentral organisiert war. Im Verlagssystem machte sich der Kaufmann, der Verleger, den Handwerker dienstbar. Der Verleger sorgte in der Regel unter Ausnutzung seiner weitreichenden Beziehungen für Markterschließung und Rohstoffzufuhr, finanzierte dem abhängigen Handwerker oft die technische Ausstattung (z. B. Webstühle, Werkzeuge) und sorgte für den Transport der „verlegten" Produkte von den meist im ländlichen Umfeld größerer Zentren gelegenen Meistern. Schwerpunkte des Verlagswesens lagen vor allem im Textil- und Metallbereich. Das Verlagswesen trug wesentlich zur Territorialisierung der verschiedenen Gewerbe bei und verstärkte die Arbeitsteilung zwischen Stadt und Land. Das Augsburg-Ulmer Barchent- und Leinenrevier gibt hier ein vorzügliches Beispiel. Aber auch in der Schweiz, im Rheinland sowie in den Tuchzentren Aachen, Braunschweig, Salzwedel und Görlitz sowie in der Oberlausitz spielte das Verlagswesen eine bedeutende Rolle.

Im Metallbereich war vor allem die Kapitalkraft des Verlegers gefragt, ging es dabei doch um die Investition in große technischen Einrichtungen und aufwändige Erschließungs- und Gewinnungsverfahren. Dies beförderte die Ausbildung zum Großbetrieb, wobei in Nürnberg der Verlag in der Form der Stückwerkerei ausgeprägt war. In Braunschweig gab es den Verlag in der Beckenschlägerei, und wiederum in Nürnberg arbeitete man in der Papiermacherei sowie im Buchdruck bald verlagsmäßig.

Im späteren 16. und 17. Jahrhundert erfuhr das Verlagswesen eine weite und allgemeine Verbreitung, nicht zuletzt unter dem Einfluss der entstehenden Staatswirtschaft und ehrgeiziger Landesherren, denen an arbeitsteiliger Billigproduktion sehr gelegen war. Zunehmend intensivierte sich in diesem Zusammenhang auch die Hausindustrie, die in bestimmten Regionen die Wirtschaftslandschaft sehr zu prägen begann, so etwa in kargen Agrargebieten mit beschränkten Bebauungs- und Verkehrsmöglichkeiten. Ein gutes Beispiel bietet hier der Schwarzwald, der Thüringer Wald, Frankenwald, das Erz- und Riesengebirge oder das westfälisch-hessische Bergland. Ostmitteldeutschland wurde mehr und mehr vom Textilverlag geprägt, doch auch in der Drahtwarenfabrikation, der Kleineisenwaren- und Waffenherstellung sowie etwa in der Thüringer Spielwarenherstellung oder bei niederschlesischen Glaswaren wollte man auf die Institution des Verlags nicht verzichten.

Zeitlich später als der Verlag entwickelte sich die Manufaktur, deren Blütezeit mit der Wirtschaftspolitik des merkantilistischen Staates zusammenfällt. Während der Verlag Haushalt und Betrieb vereinigte, trennte die Manufaktur Haushalt und Betrieb. Andererseits trennte der Verlag die Arbeitskräfte und die Manufaktur vereinigte sie. Der Nachteil der beim Verlag weit verstreut liegenden Produktionsstätten und die Aussicht, durch Konzentration der Produktion an einem Ort die Arbeitsteilung (Arbeitsaufteilung) zu vergrößern und damit die Kosten weiter zu senken, bewog die Verleger, Werkstätten für eine größere Zahl von Beschäftigten anzulegen (Arbeitsvereinigung). Meist war damit auch die Verwendung außermenschlicher Kraftquellen verbunden, ob es sich nun um Pferdegöpel, Wasser- oder Windmühlen handelte. Dennoch überwog die Handarbeit, was bereits der Name Manufaktur (*manus* = Hand) andeutet. Der zeitgenössische Sprachgebrauch unterschied jedoch zunächst nicht zwischen Manufaktur und der weiteren technischen Entwicklungsstufe, der Fabrik.

Mit der Institution der Fabrik oder des Fabrikbetriebs, die im ausgehenden 18. und im 19. Jahrhundert ihre entscheidende Entwicklung durchlief, beginnt eine Phase, der die Fabrik auch begrifflich ihren Stempel aufgedrückt hat: das Fabrikzeitalter. Diese Form „industriell" genannter Produktion prägte nicht nur die Wirtschaft, sondern auch weitgehend die Gesellschaft. Sie fand ihren Niederschlag vielfach in Architektur und Kunst, Literatur und später Film. Die Fabrik wurde zum Symbol des (technischen) Fortschritts, aber auch zum Angriffspunkt gesellschaftlicher Kritik. Sie schuf neue Schichten, und zwischen ihren Mauern bekam der Fabrikarbeiter unheimliche Vorstellungen von den neuen Möglichkeiten der Rationalisierung der Zeit. Knapper werdende Zeit und Arbeitszwang waren zunächst die Kennzeichen dieser neuen „kapitalistischen" Errungenschaft. Erst im 20. Jahrhundert erkannte man, dass Fabrikarbeit nach dem Akkord- oder Fließprinzip schwere Auswirkungen auf das Wohlbefinden und die Motivation der Arbeiter und nicht zuletzt auch auf die unternehmerische Kalkulation hatte und versuchte, durch Maßnahmen des *job-enrichment* (Arbeitsbereicherung), *job-enlargement* (Arbeitserweiterung) und des *job-rotation* (wechselnde Arbeiten) längst verlorenes Terrain wieder zu gewinnen. Dieser Prozess hält heute noch an.

Seit es Unternehmen als marktorientierte Institutionen gibt, übernehmen sie Grundfunktionen, die auch heute noch in Praxis und Lehre die Hauptrolle spielen: Sie besorgen die Herstellung (Produktion), Beschaffung (bzw. Lagerhaltung) und Verteilung (Distribution, Absatz) von Gütern. Jede dieser Funktionen erhielt im Laufe der Zeit spezifische Feinausprägungen, die dann auch im Fächerkanon der Universitäten entsprechende Berücksichtigung fanden. Disziplinen wie Marketing, Operations Research, Informatik und Logistik, Rechnungswesen und Controlling, Finanzwirtschaft, Prüfungs- und Steuerwesen sowie Personalmanagement, um nur die wichtigsten zu nennen, verdanken der wirtschaftlichen Abfolge Planung – Durchführung – Kontrolle und der Verfeinerung bzw. Diversifizierung unternehmerischer Funktionen ihre Entstehung. In wirtschaftshistorischer Perspektive stellt sich die Frage nach der Herausbildung dieser Funktionen und nach den unternehmensmäßigen Funktionsveränderungen.

Literatur

CHANDLER, Alfred Dupont, Jr. (with the assistance of Takashi Hikino): Scale and Scope. The Dynamics of Industrial Capitalism, Cambridge (Mass.)/London 1990 (Das jüngste und umfassendste Werk zur Geschichte des industriellen Kapitalismus, eigentlich eine Basisarbeit zur internationalen Unternehmensgeschichte; Untersucht werden die USA („Competitive Managerial Capitalism"), Großbritannien („Personal Capitalism") und Deutschland („Cooperative Managerial Capitalism"); die industrie-kapitalistische, dynamische Wirtschaftsentwicklung wird vor dem Hintergrund der organisatorischen und institutionellen Kapazitäten beleuchtet); GÖMMEL, Rainer: Probleme der deutschen Industriefinanzierung im 19. Jahrhundert (= Vorträge zur Wirtschafts- und Sozialgeschichte, Heft 12), Nürnberg 1988; HÄBERLEIN, Mark: Die Fugger. Geschichte einer Augsburger Familie (1367–1650), Stuttgart 2006; HÄBERLEIN, Mark/ BURKHARDT, Johannes (Hg.),

Die Welser. Neue Forschungen zur Geschichte und Kultur des oberdeutschen Handelshauses (= Colloquia Augustana, Bd. 16), Berlin 2002; HILDEBRANDT, Reinhard: Die „Georg Fuggerischen Erben", Kaufmännische Tätigkeit und sozialer Status 1555–1600 (= Schriften z. Wirtschafts- und Sozialgesch. 6), Berlin 1966; HOLBACH, Rudolf: Frühformen von Verlag und Großbetrieb in der gewerblichen Produktion (13.–16. Jahrhundert), Stuttgart 1994; KELLENBENZ, Hermann: Die Fugger in Spanien und Portugal bis 1560. Ein Großunternehmen des 16. Jahrhunderts (= Schriften der Philosophischen Fakultäten der Universität Augsburg, Historisch-Sozialwiss. Reihe, Bde. 33/1 (Darstellung), 33/2 (Anmerkungen), 34 (Dokumente)), München 1990; KELLENBENZ, Hermann/ WALTER, Rolf (Hg.): Oberdeutsche Kaufleute in Sevilla und Cádiz (1525–1560). Eine Edition von Notariatsakten aus den dortigen Archiven (Deutsche Handelsakten des Mittelalters und der Neuzeit Bd. XXI), Stuttgart 2001; KIESER, Alfred: Organizational, Institutional, and Societal Evolution. Medieval Craft Guilds and the Genesis of Formal Organizations. In: Administrative Science Quarterly, 34/4, 1989, S. 540–564; LINDENLAUB, Dieter: Firmengeschichte. In: HdWW 3, 1981, S. 293–302; LINDENLAUB, Dieter: Maschinenbauunternehmen in der deutschen Inflation 1919–1923. Unternehmenshistorische Untersuchungen zu einigen Inflationstheorien (= Veröff. d. Hist. Komm. zu Berlin Bd. 61), Berlin 1985; PETZINA, Dietmar (Hg.): Zur Geschichte der Unternehmensfinanzierung (=Schriften des Vereins für Socialpolitik N.F. Bd. 196), Berlin 1990 (Fünf Beiträge von sechs deutschen Wirtschaftshistorikern zur Unternehmens-Finanzgeschichte des 19. und 20. Jahrhunderts); PÖLNITZ, Götz Frhr. von: Die Fugger, 2. Aufl., Frankfurt/M. 1970 (1. Aufl. 1960); SCHNEELOCH, Norbert: Aktionäre der Westindischen Compagnie von 1674. Die Verschmelzung der alten Kapitalgebergruppen zu einer neuen Aktiengesellschaft (= Beiträge zur Wirtschaftsgeschichte, Bd. 12), Stuttgart 1982; STRIEDER, Jakob: Studien zur Geschichte kapitalistischer Organisationsformen, Monopole, Kartelle und Aktiengesellschaften im Mittelalter und zu Beginn der Neuzeit, 2. Aufl., München 1935; STRIEDER, Jakob: Zur Genesis des modernen Kapitalismus. Forschungen zur Entstehung der großen bürgerlichen Vermögen am Ausgang des Mittelalters und zu Beginn der Neuzeit zunächst in Augsburg, 2. Aufl., München 1925; WALTER, Rolf: Zeiss 1905–1945, Köln et al. 2000.

5.3.3. „Dynamischer Unternehmer"

Die Unternehmergeschichte ist im umfassenden Sinne als die Geschichte der wirtschaftsgestaltenden Personen zu verstehen. Die setzt sich mit einzelnen Unternehmer-Biographien auseinander, analysiert die Herkunft von Unternehmern, ihre Funktion und Bedeutung im Rahmen betrieblicher Prozesse, schließlich aber auch den Unternehmer im Sinne von JOSEPH ALOIS SCHUMPETER als den „dynamischen" Träger des Wirtschaftswachstums.

Darstellung 26 Joseph Schumpeter

Es wurde auch versucht, regionale Unternehmer-Spezifika herauszuarbeiten, d.h. die Unternehmerfigur vor dem Hintergrund regional ausgeprägter, gesellschaftlicher Bedingungen oder im Rahmen ihres unmittelbaren politisch-kulturellen Umfelds zu untersuchen. So kam es zu Abhandlungen über den westfälischen, schwäbischen, rheinischen Unternehmer usw. In diesem Zusammenhang sind auch umfangreiche Wirtschaftsbiographien entstanden, von denen als Beispiel jene über die rheinisch-westfälischen Unternehmer hervorgehoben sei. Nach SCHUMPETER haben sich vor allem FRITZ REDLICH und JÜRGEN KOCKA mit der Typisierung von Unternehmergestalten befasst, wobei KOCKA besonders hervorhob, dass das Kriterium „angestellt" oder „selbstständig" nicht unbedingt den Unternehmer vom Manager unterscheidet, sondern vielmehr auch angestellte Manager oft wichtige Unternehmerfunktionen wahrnehmen. Mit der Hochindustrialisierung kam es zu einer immer stärkeren Ausdifferenzierung der Unternehmerfunktion.

Im Spätmittelalter und in der frühen Neuzeit dominierte der Typ des Großkaufmanns, der nicht selten auch Montanherr und Bankier war. Beispiele hierfür finden sich in großer Zahl in Oberdeutschland, im rheinischen Raum, insbesondere in Köln. Im hansischen Raum war der Großkaufmann oft gleichzeitig Reeder.

Von der betriebswirtschaftlichen Institutionenlehre werden drei Unternehmerfunktionen hervorgehoben, die sich auch in der Unternehmergeschichte häufig beobachten lassen (nach DIETER SCHNEIDER): Erstens ist hier zu nennen die Institutionen begründende Unternehmerfunktion. Zu ihnen zählen all jene, die zur Verringerung von „Einkommensunsicherheit" beitragen. Nach der Unternehmensgründung geht es zweitens um deren Erhalt, wozu die Erzielung von Arbitragegewinnen die Voraussetzung bietet. Schließlich geht es – drittens – darum, die Unternehmung nach innen zu erhalten, d. h. unternehmerisch im obigen Sinne handelnde Wirtschaftssubjekte, die zur Verringerung von Einkommensunsicherheiten beitragen, auszubilden. Hierzu gehört insbesondere der Manager als Person, auf den Unternehmerfunktionen übertragen werden können. Dabei sollte man nicht glauben, dass die Übertragung von Unternehmerfunktionen auf „Manager" etwa eine Sache des 19. oder 20. Jahrhunderts sei. Der Begriff mag neueren Datums sein, aber „Manager" gab es auch schon im 16. Jahrhundert oder früher. Die oberitalienischen Kaufmannsbankiers, ob es nun die MEDICI, die BARDI, STROZZI waren oder die Oberdeutschen wie FUGGER, WELSER, IMHOFF oder TUCHER, sie alle bedienten sich längst Angestellter, denen sie, was auch mit Blick auf die teilweise erhebliche räumliche Entfernung von der Firmenzentrale sinnvoll erschien, unternehmerische Aufgaben übertrugen.

FRITZ REDLICH und JÜRGEN KOCKA würdigten in wertvollen Arbeiten Bedeutung und Funktion von Unternehmern im gesamtgesellschaftlichen Kontext. WOLFGANG ZORN arbeitete die Typen und Entwicklungskräfte des deutschen Unternehmertums im 19. Jahrhundert heraus. Es fehlt auch nicht an hervorhebenswerten regionalbezogenen Unternehmerstudien, wobei das Unternehmertum im Raum Rheinland und Westfalen besonders gut untersucht ist, nicht zuletzt dank der Studien von FRIEDRICH ZUNKEL, HANS J. TEUTEBERG, TONI PIERENKEMPER und HANSJOACHIM HENNING. Sie alle beziehen sich allerdings auf die Zeit vor 1914. Dies gilt auch für eine der wenigen Darstellungen, die sich mit den Unternehmern in der deutschen Politik auseinandersetzen, wobei hier jene von HANS JAEGER hervorgehoben werden soll. Das Berliner Unternehmertum der frühindustriellen Zeit war Gegenstand einer eingehenden Studie von HARTMUT KAELBLE.

Literatur

CHANDLER, Alfred Dupont Jr.: The Visible Hand: The Managerial Revolution in American Business, Cambridge, Mass., London 1977; HENNING, Hansjoachim: Soziale Verflechtungen der Unternehmer in Westfalen 1860–1914. Ein Beitrag zur Diskussion um die Stellung der Unternehmer in der Gesellschaft des deutschen Kaiserreiches. In: ZUG 23, 1978, S. 1–30; JAEGER, Hans: Unternehmer in der deutschen Politik (1890–1918), Bonn 1967; KAELBLE, Hartmut: Berliner Unternehmer während der frühen Industrialisierung. Herkunft, sozialer Status und politischer Einfluss, Berlin/New York 1972; KO-

CKA, Jürgen: Unternehmer in der deutschen Industrialisierung, Göttingen 1975; MCCLEL-LAND, David C.: Die Leistungsgesellschaft. Psychologische Analyse der Voraussetzungen wirtschaftlicher Entwicklung, Stuttgart usw. 1966; PIERENKEMPER, Toni: Die westfälischen Schwerindustriellen 1852–1913. Soziale Strukturen und unternehmerischer Erfolg, Göttingen 1979; REDLICH, Fritz: Der Unternehmer. Wirtschafts- und sozialgeschichtliche Studien, Göttingen 1964; SCHNEIDER, Dieter: Allgemeine Betriebswirtschaftslehre, 3. Aufl., München 1987, S. 1–30; SCHUMPETER, Joseph Alois: Theorie der wirtschaftlichen Entwicklung. Eine Untersuchung über Unternehmergewinn, Kapital, Kredit, Zins und den Konjunkturzyklus, 6. Aufl. (= unveränd. Nachdruck der 1934 ersch. 4. Aufl.), Berlin 1987; SPINNEN, Burkhard: Der scharfe Grat. Die Geschichte des Unternehmers Walter Lindenmaier aus Laupheim, Frankfurt/M. 2003; TEUTEBERG, Hans-Jürgen: Westfälische Textilunternehmer in der Industrialisierung. Sozialer Status und betriebliche Verhältnisse im 19. Jahrhundert, Dortmund 1980; ZORN, Wolfgang: Typen und Entwicklungskräfte deutschen Unternehmertums im 19. Jahrhundert. In: VSWG 44, 1957, S. 57–77; ZUNKEL, Friedrich: Der rheinisch-westfälische Unternehmer, 1834–1879. Ein Beitrag zur Geschichte des deutschen Bürgertums im 19. Jahrhundert, Köln 1962.

5.3.4. Gründung, Persistenz und Insolvenz. Entwicklungsgeschichte von Unternehmen

Ein Blick auf die Geschichte bedeutender dynamischer Unternehmer zeigt, seien es die Kreuzzugsunternehmer des 11. und 12. Jahrhunderts (Bernardus teotonicus; die Ziani usw.), die hansischen, italienischen oder oberdeutschen Fernhändler des Spätmittelalters (die Veckinghusen, Bardi, Strozzi, Medici, Tucher, usw.), seien es die Fugger mit ihrem „Mischkonzern" des 16. Jahrhunderts oder später die Rothschild, Hasenclever, Krupp, Siemens, Bosch, Benz, Daimler, Henkel, Zeiss bis hin zu Hewlett, Packard und Gates in jüngerer Zeit: stets war oder ist es nicht nur ökonomischer Erfolg im Sinne des Reingewinns, der sie prägte, sondern die Geschäftsidee – wenn man so will: die Vision, Offenheit und Kreativität – die ihren Gesamterfolg begründete.

Persistenz heißt Beharrung und Fortdauer. Sie kann als spezifischer Aspekt der Kontinuität aufgefasst werden. Es gibt viele Unternehmen, die eine solche Kontinuität über viele Generationen aufweisen und über Jahrzehnte oder gar Jahrhunderte existieren. Die Persistenz hat mit Faktoren zu tun, die im Rahmen der evolutorischen Ökonomik häufig thematisiert werden, etwa wenn es um die Frage nach der (intelligenten) Anpassung an sich stets wandelnde Kontexte (Bedingungen, Märkte, Preise usw.) geht.

Diese schöpferischen Unternehmer hatten in ihrer Laufbahn nicht nur und schon gar nicht von Anfang an wirtschaftlichen Erfolg aufzuweisen, sondern häufig existenzbedrohende Gratwanderungen auf dem engen Pfad zwischen Solvenz und Insolvenz hinter sich. Insofern ist die Geschichte erfolgreicher Unternehmen immer auch die Geschichte ihrer Misserfolge, wobei die Befunde aus der historischen Insolvenzforschung über das 19. und 20. Jahrhundert die Gründe für Insolvenzen identifizieren.

Die historische Insolvenzforschung lässt sich grob in drei Gruppen aufteilen:

- Darstellungen der Insolvenzen von Firmen, Familien oder Einzelpersonen
- Rechtshistorische Untersuchungen
- Strukturanalysen, z.B. ökonometrische Auswertung der Insolvenzen bestimmter Regionen oder langer Zeiträume (Längs- und Querschnittsanalysen).

Darüber hinaus sind komparative Untersuchungen und Fallstudien sowie ethisch-philosophische Ansätze sinnvoll.

In jüngerer Zeit hat die historische Insolvenzforschung neue Impulse erfahren, und zwar durch AXEL GÖSCHE (Beispiel: Siegerland, 1951–1980) und RAINER GÖMMEL. Sie konnten auf Vorstudien von GERHARD HAHN, der die Zeit von 1871 bis 1926 behandelte und von FRIEDHELM GEHRMANN, der über ein Jahrhundert analysierte (1810–1913), zurückgreifen. GÖMMEL gelang es, die von SOMBART (1927) vertretene These von der zunehmenden Unsicherheit des wirtschaftlichen Erfolges für das 19. Jahrhundert teilweise zu falsifizieren. Er kam zu dem Ergebnis, dass die relative Konkurshäufigkeit vor 1850 eher größer war als danach. Während in der Zeit von 1800 bis 1870 Konkurse im Wesentlichen auf betriebsstrukturelle Ursachen zurückzuführen waren, zeigte ein intertemporaler Vergleich mit den Ergebnissen der Jahre 1971 bis 1975, dass nun die Betriebsführung sich als kritischer Punkt herausstellte. Überraschend ist, dass sich nach GÖMMELS Insolvenz-Ursachenforschung die Anteile der inner-, zwischen- und überbetrieblichen Gründe nur unwesentlich veränderten. Waren 1800–1870 71 % aller Insolvenzen innerbetrieblich verursacht (Betriebsführung, -struktur, -leistung, Finanzierung, Beschaffung, Absatz, Verwaltung, Rechnungswesen) 11 % zwischenbetrieblich (Kreditinstitute, Abnehmer, Lieferanten, Konkurrenten) und 18 % überbetrieblich (Konjunktur, Strukturwandel, Abgaben, Kriege etc.), so ergaben sich für die 70er Jahre des 20. Jahrhunderts die Verhältniszahlen 74 : 13 : 13. GÖMMELS Studie genießt gegenüber der GÖSCHES den Vorzug, zeitübergreifend sowie regional und branchenmäßig repräsentativ zu sein.

JAGLA ist einer der wenigen, die an einem konkreten Fall, nämlich dem des Autoherstellers BORGWARD, der 1961 in Konkurs ging, mit dem Instrumentarium des betriebswirtschaftlichen Controlling untersuchten. Demzufolge fehlte der Borgward-Gruppe nicht nur eine ausreichende Eigenkapitalbasis, sondern die Modellpolitik war zu wenig marktorientiert bzw. eine zügige Anpassung an das Käuferverhalten blieb aus. Die daraus resultierende geringe Kapazitätsauslastung bei zu hohen Kosten (Stückkosten, Lagerbestand, Kapitalbindungskosten, teure Lieferantenkredite etc.) führten zu sprunghaft ansteigenden Verbindlichkeiten und einem deutlichen Rückgang der liquiden Mittel, sodass der Konkurs nicht mehr abzuwenden war.

Literatur

BERGHOFF, Hartmut: Zwischen Kleinstadt und Weltmarkt. Hohner und die Harmonika 1857–1961. Unternehmensgeschichte als Gesellschaftsgeschichte, Paderborn u.a. 1997; FISCHER, Albert: Aufstieg und Fall zwischen Wirtschaft und Politik. Die Landesbank der Rheinprovinz in der Zwischenkriegszeit (Wirtschafts- und Sozialhistorische Studien, Bd. 6, Köln/Weimar 1997; GEHRMANN, Friedhelm: Konkurse im Industrialisierungsprozess Deutschlands 1810–1913, Diss. Münster 1970; GÖMMEL, Rainer: Überlebenschancen von Unternehmensgründungen 1800–1870. In: H. Pohl (Hg.) Überlebenschancen von Unternehmensgründungen (ZUG Beih. 63), Stuttgart 1991, S. 17–28; GÖSCHE, Axel: Insolvenzen und wirtschaftlicher Wandel. Eine wirtschaftsgeschichtliche Analyse der Konkurse und Vergleiche im Siegerland 1951–1980 (= ZUG, Beih. 40), Stuttgart 1985; HÄBERLEIN, Mark: Brüder, Freunde und Betrüger. Soziale Beziehungen, Normen und Konflikte in der Augsburger Kaufmannschaft um die Mitte des 16. Jahrhunderts (Colloquia Augustana, Bd. 9), Berlin 1998; HAHN, Gerhard: Ursachen von Unternehmensmisserfolgen. Ergebnisse von Untersuchungen besonders im rheinischen Industriebezirk Köln 1956; HOPPIT, Julian: Risk and failure in English business 1700–1800, Cambridge 1987; JAGLA, Mark: Die Borgward-Krise von 1961 – Ein vermeidbarer Konkurs? Diss. Berlin 1994; JOBERT, Philippe/MOSS, Michael (Hg.): The Birth and Death of Companies. A Historical Perspective, Carnforth Lancs 1990; KILPI, Jukka: The Ethics of Bankruptcy (Personal Ethics), London 1998; STIEFEL, Dieter: Finanzdiplomatie und Weltwirtschaftskrise. Die Krise der Credit-Anstalt für Handel und Gewerbe 1931 (Schriftenreihe des IBF, Bd. 12), Frankfurt/Main 1989.

5.4. Geld- und Bankengeschichte

Die frühe Geschichte der Banken hängt eng mit der Handelsgeschichte zusammen, wobei die Wurzeln weit in das Altertum zurückreichen, in dem es bereits die Unterscheidung des *depositum regulare* vom *depositum irregulare* gab. Bei ersterem wurde genau derselbe (Wert-)Gegenstand zurückgereicht, der deponiert wurde, während bei zweiterem lediglich ein gleicher Wert zurückzugeben war, der nicht identisch mit dem hingegebenen zu sein brauchte. Dies eröffnete bei Gütern, die beliebig teilbar sein mussten, die Möglichkeit, aus dem Passivgeschäft das Aktivgeschäft zu entwickeln, indem man einen bestimmten Teil der Depositen verlieh, d.h. Kredit gewährte. Aus dieser Grundform des Bankgeschäfts entwickelten sich später eine Vielzahl spezialisierter Formen.

Die Völkerwanderungszeit brachte dem Handel Impulse und erforderte Tauschmittel, meist Münzen. Hinzu kamen die frühmittelalterlichen Münzprägestätten der geistlichen und weltlichen Fürsten, sodass „Experten" notwendig wurden, die bei der immensen Münzvielfalt den Überblick bewahrten und den Austausch gewährleisteten. Sie tauchten bald als Berater für die Beschaffung und Diffusion des Münzmetalls auf und waren in höfischen und bischöflichen Finanzkreisen unentbehrliche Helfer. Man traf sie auch als Wechsler, sog. campsores, auf Zentralmärkten an, wo sie in der letzten Messewoche den Zahlungsverkehr abwickelten und bald ihr Geschäft um den Handel mit Wechselbriefen erweiterten.

Die Geldleihe war weitgehend eine jüdische Domäne. Für Juden galt ja das kirchliche Zinsverbot nicht, das für die christliche Geldleihe ein Hemmnis darstellte. Noch im frühen Mittelalter hatte für die Juden der reine Warenhandel im Vordergrund gestanden, doch langsam fand sich auch die Geldleihe bei ihnen ein. Juden traten z.B. als Geldleiher für den Handel auf der Rheinstrecke zwischen Köln und Worms hervor, streckten gegen Gewinnbeteiligung Geld für Handelsreisen vor und liehen ferner an Fürsten, Adel und Geistlichkeit Gelder gegen einen festen Zins. Freilich gab es immer auch christliche Kaufleute und Bankiers, die sich über das kanonische Zinsverbot hinwegsetzten. Zu diesen gehörten die Lombarden (meist aus Asti und Piacenza) und die Kawertschen (Leute aus Cahor, einem Zentrum des französischen Geldverkehrs).

Waren zunächst Wechsler und Bankiers gewöhnlich als Einzelpersonen tätig gewesen, traten zunehmend Bankhäuser in Erscheinung, die vielfach Familiengesellschaften und in anderen Städten Zweigniederlassungen gründeten. Schon die Einzelbankiers hatten häufig mit Geschäftsfreunden in anderen Städten Verbindungen geknüpft und so ein interlokales Zahlungsverkehrsnetz aufgebaut. Während das Depotgeschäft die Basis des Zahlungsverkehrs am Ort bildete, wurde das Wechselgeschäft, an dessen Entwicklung die Lombarden maßgeblich beteiligt waren, für den interlokalen Zahlungsverkehr von großer Bedeutung. Der Wechsel, das *cambium per litteras*, war anfänglich bloßes Zahlungsmittel und bot dem reisenden Kaufmann den Vorteil bequemer Zahlung, ohne Säcke mit Bargeld mitführen zu müssen. Dieses zahlte er am Ausgangsort ein, erhielt dafür einen Wechselbrief, den er am Zielort wieder einlöste. Bald wurde der Wechsel auch zum Kreditinstrument und erhielt im Laufe des 14. Jahrhunderts einen ersten rechtlichen Rahmen. Aber nicht nur Sicherheitsinteressen und der Bequemlichkeit des Zahlungsverkehrs verdankte der Wechsel sein Entstehen, sondern er erleichterte auch den leichteren Umgang mit der beträchtlichen Unterschiedlichkeit der Währungen.

Im 13. Jahrhundert, das RAYMOND DE ROOVER das Jahrhundert der „Kommerziellen Revolution" nannte, nahm das Abendland die Goldprägung wieder auf. Genua prägte den Golddenar und Florenz ab 1252 seinen berühmten Florin. Frankreich folgte 1266 mit ersten Goldtalern und Venedig prägte ab 1284 seine Dukaten. Im folgenden Jahrhundert kamen bedeutende Ausprägungen in Flandern, Kastilien und Böhmen dazu. Die Währungen waren starken Schwankungen unterworfen, was seinen Grund in den verschiedenen Edelmetallen (Gold und Silber), in veränderlichen Angebots- und Nachfrageverhältnissen, in politischen Entscheidungen und schließlich in saisonbedingten Oszillationen haben konnte. Für den einzelnen Kaufmann und Bankier war es so schwierig, Risiken und Profite abzuschätzen. So benutzte er den Wechsel nicht nur zur Bezahlung von Waren und zur Überweisung von Geld, sondern auch als Kreditquelle und Arbitrage-Wertpapier, mit dem er die Kursdifferenzen an verschiedenen Orten vorteilhaft ausnutzen konnte. Der mittelalterliche Kaufmann kannte jedoch weder die Indossierung noch die Diskontierung. Dies geschah, wenn man den Forschungen von FEDERIGO MELIS folgt, erstmals in der ersten Hälfte des 16. Jahrhunderts.

Die ersten in Genua gebräuchlichen Wechsel entstanden im 12. Jh. aus den *instrumenti ex causa cambii* und beinhalteten ein Zahlungsversprechen. Das bedeutet, der Solawechsel („Ich zahle…") existierte vor der Tratte, also dem gezogenen, noch nicht akzeptierten Wechsel („Zahlen Sie…"). Der Solawechsel nannte die begünstigte Person, den Zeitpunkt sowie den Ort der Zahlung und war einlösbar in der dort geltenden Währung. War der Aussteller zum Zeitpunkt der Fälligkeit nicht am Zahlungsort, musste er jemanden mit der Einlösung beauftragen. Der Solawechsel war also ein unbedingtes Zahlungsversprechen, die Tratte eine Zahlungsanweisung. Aus diesem Grunde übergab der Aussteller dem Wechselnehmer zusammen mit dem Solawechsel eine (teilweise notarielle) Anweisung mit der Bezeichnung der Wechselnehmer, Assignaten und den Repräsentanten. Dabei handelte es sich nicht eigentlich um ein Zahlungsverkehrsinstrument, sondern um ein briefähnliches Dokument mit Bezug zur Wechselurkunde, das aber keinen Rechtsanspruch begründete. Aus dieser Anweisung ging dann aber Mitte des 13. Jahrhunderts die Tratte hervor, die sich dann im Laufe des Spätmittelalters im internationalen Zahlungsverkehr durchzusetzen begann.

Am besten und frühesten beherrschten die Italiener das Wechselgeschäft. Sie hatten bereits im 13. Jahrhundert auf den „Jahrmärkten" in der Champagne Wechselbriefe in Gebrauch, „in deren Gefolge in Flandern die Jahrmarktsbriefe entstanden, die sich von den Wechseln dadurch unterschieden, dass die Zahlung nicht unbedingt in Geld ausbedungen wurde." (A. E. VERHULST, Niederlande, S. 288) Es waren vorwiegend Genuesen, Sienesen und Bankleute aus Piacenza, die auf den Champagner Messen (Lyon, Chambéry, Troyes und Besançon) die Wechsel- und Geldgeschäfte besorgten. Von da gelangte der Wechsel wohl ins Rheinland, wo er in Köln – wenn man BRUNO KUSKE folgen will – bereits im Hochmittelalter auftauchte. Im 13. Jahrhundert sind Wechselgeschäfte in Frankfurt, am Niederrhein, in Lübeck und in anderen hansischen Orten nachgewiesen. Im Süden Deutschlands drang der Wechsel von Bozen her kommend nach Oberdeutschland und Frankfurt vor. Bildeten Wechselbriefe und andere Kreditinstrumente schon im 14. und 15. Jahrhundert gewisse Bestandteile des Geldumlaufs, so ist doch zu bezweifeln, dass sie geldmengenmäßig schon kursbildend wirkten. Eine vollwertige Ergänzung zum Münzgeld konnte erst bei freier Übertragbarkeit gegeben sein und diese kann frühestens für das 16. Jahrhundert sicher behauptet werden, auch wenn die Anfänge ins 15. Jahrhundert zurückreichten.

Zum Wechsler-Bankier traten bald die ersten öffentlichen Banken, beginnend in Italien (Genua) mit der Casa di San Giorgio und ihren Nachahmungen in Amsterdam, Hamburg und Nürnberg. Diese Girobanken vereinfachten den Zahlungsverkehr, indem sie Barzahlungen durch Kompensation ausglichen.

Außerdem verband man die Einrichtung der Girobank – so etwa bei der der Hamburger Bank von 1619 – mit der Einführung einer festen Währung oder einer Verrechnungseinheit, in diesem Fall der Mark Banco. Sie entstand auf Silberbasis, wurde aber nicht ausgemünzt. Interessant ist auch der Zeitpunkt, in dem die deutschen Girobanken entstanden: 1619 und 1621 (Banco publico). Es war die Inflationszeit der sog. Kipper und Wipper, in der „gute" Münzen beschnitten und „erleichtert" wurden und allgemein ein großes Bedürfnis nach einer festen Währung vorhanden war.

Bei aller Spezialisierung wurde das Gros der Bankgeschäfte noch von Kaufleuten abgewickelt, die es aber zunehmend verstanden, die beiden Sparten zu trennen. Dies zeichnete sich bei den oberitalienischen Bankiers des Spätmittelalters und der Renaissance ebenso ab wie bei den oberdeutschen Kaufleuten, unter denen die Entwicklung am deutlichsten bei den Fuggern zutage trat, die bald zu den bedeutendsten Bankiers Europas emporwuchsen. Zu ihrem Geschäftsfeld gehörte der einfache Waren- und Lieferantenkredit ebenso wie die internationale Arbitrage- und Wechseltätigkeit, der Edelmetallhandel sowie das Anleihegeschäft mit Staaten, gekrönten Häuptern, Städten und Individuen.

Das Zeitalter des Merkantilismus darf dann als Blütephase der sog. *merchant-banker* angesprochen werden, wobei das Wort den engen Zusammenhang zwischen Kaufmanns- und Bankiergewerbe andeutet. Sie waren meist die Exponenten privilegierter staatlicher Monopolgesellschaften, die den gesamten Geschäftsverkehr einschließlich des Zahlungsverkehrs mit bestimmten Ländern bzw. Märkten abwickelten.

Mit der Durchsetzung des Wechselverkehrs, insbesondere der Erleichterung von dessen Übertragbarkeit durch das Indossament sowie bestimmten Formen der Zession, also der Übertragung von Forderungen, wurde das Bankwesen weiter diversifiziert. Neben den Wechselbanken entstanden im 18. Jahrhundert im Zuge des erleichterten Geschäfts mit festverzinslichen Wertpapieren Konsortien zur Bedienung größerer Kreditnachfrage, vornehmlich von Seiten der aufstrebenden Nationalstaaten. In diesem Zusammenhang bildeten sich die Börsen heraus, die von der weiteren Fungibilisierung der Wertpapiere erheblich profitierten, wobei hier die größte Entwicklungsdynamik und innovative Kraft im Finanzbereich von Amsterdam ausging.

Die vor- und frühindustrielle Zeit, bevor ein vielschichtiges Bankensystem etabliert war, lebte noch stark von individuellen Kreditbeziehungen in personenbezogenen Netzwerken. Neben dem permanent wichtigen Familienkredit übernahmen Gewerbetreibende unterschiedlichster Couleur Kreditfunktionen auf der Basis meist langbewährter und gefestigter, traditioneller Vertrauensbeziehungen. Vor der flächendeckenden Institutionalisierung des Bankwesens gehörten zu den Kreditgebern so unterschiedliche Genres wie Juweliere, Hoflieferanten, Hoffaktoren, Hofagenten, Hofprovediteure, Hofjuden, Getreide- und Kolonialwarenhändler, Spediteure, Verleger, Apotheker, Münzentrepreneure, Heereslieferanten und Fabrikanten, um nur einige zu nennen. Es war etwas Gewöhnliches, dass der Grossist dem Detaillisten einen Kredit (Kundenkredit) einräumte. Zuweilen waren Wechsel- und Lombardgeschäft kombiniert, besonders bei den jüdischen Kredithändlern. Wenn sie die mitgebrachten

Waren nicht so schnell verkaufen konnten, bedienten sie sich der Lombardierung, d. h. sie verpfändeten inzwischen einen Teil ihrer Ware. Am häufigsten waren die erwähnten Mischformen des vertrauensbasierten Kreditgeschäfts wohl in Seestädten wie z. B. Hamburg, wo sie sich auf eine alte Tradition stützten. Hier kannte man die Auslandsmärkte am besten, verfügte über ein wertvolles Netz persönlicher Beziehungen, deren Belastbarkeit teils über Jahrhunderte erprobt war und nicht zuletzt über gut funktionierende Nachrichtenquellen. All dies soll aber nicht darüber hinwegtäuschen, dass Gewerbe und Handel im Allgemeinen mit Eigenkapital auszukommen versuchten. Es gab in weiten Kreisen der Gewerbe bis ins 20. Jahrhundert hinein ethische, moralische, ja konfessionelle Hemmnisse bei der Kreditaufnahme. Dies mag auf Regionen, die beispielsweise pietistisch, protestantisch oder mennonitisch geprägt waren, besonders zugetroffen haben.

Das 19. Jahrhundert brachte mit der breiten Durchsetzung des Handels mit Beteiligungspapieren, insbesondere Aktien, einen neuen Banktyp hervor, der im französischen Bereich sein Vorbild hatte: der *crédit mobilier*. Die Hauptaufgabe dieses Banktyps war die Industriefinanzierung, die im Zusammenhang mit den enormen Infrastrukturleistungen, welche die sog. Verkehrsrevolution mit sich brachte, zunehmend wichtiger wurde. Die Erfindung des Telegraphen und der Druck erster Börsenzeitungen für die breite Masse interessierter Kapitalanleger in den 1850er Jahren waren Multiplikatoren und Katalysatoren für das Wachstum und die Effizienz des Bank- und Börsenwesens in dieser Zeit.

Gegen Ende des 19. Jahrhunderts waren eine Reihe meist privater Banken tätig, deren umfassendes Aktionsfeld bald mit dem Begriff „Universalbank" umschrieben werden sollte. Die Banken waren nun nicht mehr nur in den Großstädten präsent, sondern es fand eine „Territorialisierung" in Form des Aufbaus eines engmaschigen Filialnetzes statt und im Kaiserreich ein Konzentrationsprozess, der im Grunde bis heute anhält. Relativ eng gestalteten sich in Deutschland die Verflechtungsbeziehungen zwischen Banken und Industrie, was sich anhand der gegenseitig gehaltenen Aufsichtsratsposten leicht nachweisen lässt.

Eine Möglichkeit, Bankengeschichte zu schreiben, ist die, sie als Unternehmensgeschichte aufzufassen, wie dies am Beispiel des jüdischen Hauses SAL. OPPENHEIM JR. & CIE., eines zwei Jahrhunderte hindurch bedeutenden Bankunternehmens, geschah. Die Autoren nahmen dieses nicht nur ökonomisch, sondern auch politisch bedeutende Unternehmen quasi als Brennspiegel der wirtschaftlichen, familiären und politischen Geschichte, so dass das Werk nicht nur einfach eine unternehmenshistorische Monographie darstellt, sondern als ein Steinchen im Mosaik der europäischen Kulturgeschichte zu verstehen ist.

Weitere Forschungen bezogen sich z. B. auf die Frage, inwieweit der Bankensektor Industrialisierung schuf oder umgekehrt die Institutionalisierung von Banken eine Reaktion auf die wachsende Kreditnachfrage der Frühindustrialisierung darstellte. Ein enger Zusammenhang zwischen Finanz- und Industriestruktur ist zumindest plausibel. Doch benötigte jedes Land oder jede Wirtschaftsregion andere Formen von Bank- und Finanzdienstleistungen. Jedes regionale Anforderungsmuster zieht ein spezifisches Eignungsmuster nach sich. Hier ist vor allem der Zeitfaktor zu berücksichtigen. Es ist wenig sinnvoll, das Bankwesen Englands mit dem Italiens im späten 18. oder frühen 19. Jahrhundert zu vergleichen, da England zu dieser Zeit weltweit am stärksten entwickelt war, wohingegen Italien seine „Industrielle Revolution" bald ein Jahrhundert später erlebte. Die Anforderungen an den Bankenbereich waren aufgrund der unterschiedlichen Entwicklungsgrade so unterschiedlich, dass ein Vergleich des Bankwesens in England im späten 18. mit dem Italiens im späten 19. Jahrhundert womöglich aussagekräftiger wäre. Ganz anders verlief die Entwicklung in Preußen mit seinem *mixed banking*, der besonderen Rolle des Staates beim Aufbau des Kreditwesens und der engen Verbindung zwischen Banken und Industrie.

Von ganz erheblicher – vor allem auch wirtschaftspolitischer – Bedeutung wurde schließlich die Rolle der Zentralbanken. Das Forschungsinteresse richtet sich dabei auf Fragen des Grades der Unabhängigkeit derselben von der jeweiligen Regierung, denn die Wirtschaftsgeschichte ist reich an Beispielen über Zugriffe des Staates auf die Autonomie der Zentralbanken und die fiskalische Instrumentalisierung derselben. Darüber liegt seit geraumer Zeit eine internationale Zusammenschau vor.

Literatur

BANKHISTORISCHES ARCHIV, Stuttgart (erscheint in loser Folge und enthält meist drei bis fünf Aufsätze); BORN, Karl Erich: Geld und Banken im 19. und 20. Jahrhundert, Stuttgart 1977; DEUTSCHE BANKENGESCHICHTE, 3 Bde., Bd. 1: Von den Anfängen bis zum Ende des Alten Reiches (1806); Bd. 2: Von 1806–1914, beide Frankfurt/M. 1982; Bd. 3: Vom Ersten Weltkrieg bis zur Gegenwart, Frankfurt/M. 1983; DEUTSCHE BUNDESBANK (Hg.): Währung und Wirtschaft in Deutschland 1876–1975, Frankfurt/M. 1976; FISCHER, Albert: Die Landesbank der Rheinprovinz. Aufstieg und Fall zwischen Wirtschaft und Politik (= Wirtschafts- und Sozialhistorische Studien, Bd. 6), Köln/Weimar 1997; JAMES, Harold: The Reichsbank and Public Finance in Germany 1924–1933. A Study of the Politics of Economics during the Great Depression (= Schriftenreihe des Instituts für bankhistorische Forschung e.V., Bd. 5), Frankfurt/M. 1985; LE GOFF, Jacques: Kaufleute und Bankiers im Mittelalter, Frankfurt/M. 1989; MUNRO, John: Die Anfänge der Übertragbarkeit: Einige Kreditinnovationen im englisch-flämischen Handel des Spätmittelalters (1360–1540). In: North, Michael (Hg.): Kredit im spätmittelalterlichen und frühneuzeitlichen Europa, Köln/Wien 1991, S. 39–69; NORTH, Michael: Das Geld und seine Geschichte. Vom Mittelalter bis zur Gegenwart, München 1994; NORTH, Michael: Geldumlauf und Wirtschaftskonjunktur im südlichen Ostseeraum an der Wende zur Neuzeit (1440–1570) (= Kieler historische Studien, Bd. 35), Sigmaringen 1990; NORTH, Michael (Hg.): Geldumlauf, Währungssysteme und Zahlungsverkehr in Nordwesteuropa 1300–1800. Beiträge zur Geldgeschichte der späten Hansezeit, Köln/Wien 1989; SPRENGER, Bernd: Das Geld der Deutschen. Geldgeschichte Deutschlands von den Anfängen bis zur Gegenwart, 3. Aufl., Paderborn 2002 (Guter Überblick über die gesamte deutsche Geldgeschichte mit 42 Tabellen, 7 Abbildungen und 16 Bildtafeln); SPUFFORD, Peter: Handbook of Medieval Exchange, London 1986; SPUFFORD, Peter: Money and its Use in Medieval Europe, Cambridge usw. 1991; STÜRMER, Michael/TEICHMANN, Gabriele/TREUE, Wilhelm: Wägen und Wagen. Sal. Oppenheim jr. & Cie. Geschichte einer Bank und einer Familie, München 1989; TONIOLO, Gianni (ed.): Central Bank's Independence in Historical Perspective, Berlin/New York 1988; VILAR, Pierre: Gold und Geld in der Geschichte. Vom Ausgang des Mittelalters bis zur Gegenwart, München 1984.

5.5. Geschichte der Messen und Börsen

Begrifflich kommt das Wort Messe – und da hat es bekanntlich auch heute noch seinen Platz – aus dem klerikalen Bereich: Messe, also Gottesdienst. Der mittelalterliche Mensch ging regelmäßiger zum Gottesdienst als der sich oft zum Atheismus bekennende moderne Mensch. Dabei verband man den Kirchenbesuch mit anschließenden Sonntagseinkäufen auf dem Markt, der auf dem Kirch- oder Marktplatz stattfand. So fand der Begriff Messe auch bald für Veranstaltungen Verwendung, die dem Warenaustausch dienten und sich seit dem frühen Mittelalter entwickelten. Die wichtigsten entstanden im 11. und 12. Jahrhundert an Orten mit bedeutenden Straßen oder Wegen und fanden dort regelmäßig, also in zuverlässigen, geplanten zeitlichen Abständen statt. Diesen Messeorten wurden von der (Stadt)Herrschaft Messeprivilegien verliehen, die für den Waren- und Zahlungsverkehr eine rechtliche Absicherung und Erleichterung bedeuteten.

Man geht davon aus, dass die früheste dieser Messen jene in St. Denis im Norden von Paris war, deren Existenz etwa für die Zeit um 629 belegt ist. Frankreich blieb dann auch über Jahrhunderte für das Messewesen von allergrößter Bedeutung, insbesondere das der Champagne, das sich im 12., 13. und 14. Jahrhundert unter dem Schutz der Grafen VON BLOIS-CHAMPAGNE zum Dreh- und

Angelpunkt des internationalen Handels und Zahlungsverkehrs entwickeln sollte. Im späten Früh- und im Hochmittelalter bildete sich in der Champagne ein Turnus von sechs Messen heraus, die zeitlich aufeinander abgestimmt waren, sodass man von einem Messezyklus sprechen könnte. Die Städte waren Troyes, Bar-sur-Aube, Lagny-sur-Marne und Provins. Hier tauschten Kaufleute aller europäischen Länder ihre Güter, es trafen levantinische Orienthändler mit niederländischen Tuchhändlern zusammen, wurden Tuche aus Brabant und Flandern mit Leinen, Metallwaren, Rauchwaren und anderen Rohstoffen des Nordens und Nordostens getauscht und bezahlt. Dort wurden Wechsel aus- und auf die nächste Messe zahlbar gestellt („Messwechsel") und die beteiligten Messeorte avancierten zu Zentren des internationalen Geld-, Kredit- und Zahlungsverkehrs.

Im Laufe der Jahrhunderte veränderte sich das Messegefüge, kam es zu Verlagerungen, Neugründungen und zum Niedergang mancher Messen. So büßten die Champagnermessen nach und nach an Bedeutung ein, nachdem die Champagne ihren unabhängigen Status als Grafschaft verlor und an Frankreich kam, das einen ziemlich zentralistischen Kurs einschlug und Paris als absolutes Zentrum favorisierte. Neben den Champagnermessen erstarkten die Messeorte der Niederlande, so zunächst Brügge, Ypern und Gent, später Antwerpen (Pfingsten und St. Bavo), Bergen-op-Zoom (Ostern und St. Martin) sowie Deventer in Friesland (St. Johann, St. Jakob, St. Egidius, St. Martin), Châlons-sur-Saône, Genf und schließlich Paris (Lendit) danach im Lauf des 15. Jahrhunderts Lyon.

Im Heiligen Römischen Reich Deutscher Nation entwickelten sich die bedeutenden Handelsstädte Köln, Frankfurt und Leipzig nicht zufällig auch zu bedeutenden Messestädten. Dort waren zunächst Jahrmärkte von begrenzter Bedeutung vorhanden, so z.B. in Köln, wo um Gottestracht in der zweiten Woche nach Ostern ein großer Markt stattfand. Die Privilegien für die Herbstmesse in Frankfurt gehen auf das Jahr 1240 und jene von Leipzig auf das Jahr 1268 zurück. Das Privileg für eine zweite Messe erhielt Frankfurt 1330 von Kaiser LUDWIG DEM BAYERN verliehen; diese zweite Messe fiel in die Fastenzeit. Auch die Frankfurter Messe muss, wie bereits angedeutet, in einem gesamträumlichen, internationalen Zusammenhang mit der Verlagerung der Handelsrouten und dem Niedergang der Champagnermessen gesehen werden, dem Frankfurt starke Impulse verdankt. Zusammen mit den Messen in Friedberg (nach Walpurgis und nach Michaelis) bildeten sie ein kleines Messesystem, den Zyklus der Wetterauer Messen.

Im 14. und 15. Jahrhundert kristallisierte sich dann auch in Süddeutschland bzw. Oberdeutschland ein System von Messeplätzen heraus, das zeitlich aufeinander abgestimmt war. Elemente dieses Systems waren neben Frankfurt/ Main die Pfingstmesse in Worms, die Messe an Johann Baptista in Straßburg, die Nördlinger Fronleichnamsmesse, die Messe in Zurzach an Verena, die Linzer Messe, die acht Tage nach Ostern und Bartholomä abgehalten wurde und schließlich Bozen, die viermal jährlich (zu Mittfasten, Fronleichnam, Bartholomä und Andreae) stattfand und das „Scharnier" zwischen deutschen und italienischen Märkten darstellte. Die Bozener Messen waren noch im 18. Jahrhundert von größter Bedeutung, nachdem sie in der zweiten Hälfte des 17. Jahrhunderts bereits ihren Höhepunkt hatten.

Auch im östlichen Raum bildete sich ein Messezyklus aus, an dem die Naumburger Peter-Paulsmesse und die drei Leipziger Messen (seit 1507 Michaelis, Neujahr und Ostern) beteiligt waren. Die Leipziger Messe war wichtige Vermittlerin zwischen Produktion und Absatz, d.h. zwischen Bergbau-Unternehmern und Metallhändlern.

Inzwischen war aber die Zeit der großen internationalen Wechselmessen angebrochen, deren Zentralorte sich wesentlich auf die Niederlande, Frankreich, Spanien und in Deutschland allein auf Frankfurt/Main konzentrierten. In den Niederlanden ging die Entwicklung von Antwerpen und Bergen-op-Zoom aus, in Frankreich von Lyon und im kastilischen Spanien wurden Medina del Campo, Medina de Rioseco und Villalón von größter Bedeutung. Dies waren die Orte, an denen die internationale Handels- und Finanzwelt Faktoreien und Faktoren unterhielt, die von dort aus die Waren- und Kapitalströme auf Anweisung der Stammhäuser organisierten. Dies gilt im Besonderen für die oberdeutschen Handelshäuser, die sehr stark in das internationale Finanzgeschäft eingeschaltet waren und Regierungen und Höfe mit umfangreichen Krediten zur Seite standen. Besonders wirkte sich freilich auch die Tatsache aus, dass der Habsburger KARL V. nicht nur Kaiser des Heiligen Römischen Reichs Deutscher Nation war, sondern auch Herr der Niederlande und König von Spanien, also Oberherr der bedeutendsten Messeplätze der Zeit und Oberempfänger der Schätze aus der Neuen Welt, die es ihm (wenigstens eine Zeit lang) ermöglichten, seine Kredite von Oberdeutschen und Italienern sowie seine Importe aus Asien und der Levante mit den Edelmetallen aus Potosí und anderen süd- bzw. mittelamerikanischen Bergbauzentren zu finanzieren. Freilich fehlte es auch nicht an Versuchen seinerseits, die in Frankreich und damit außerhalb seiner Machtsphäre liegende Messe von Lyon in der Weise zu beschränken, dass er Genuesen und (oft protestantischen) Oberdeutschen verbot, die Messe zu besuchen und damit die Möglichkeiten der französischen Krone zu schmälern, sich über Lyon zu refinanzieren. Jedoch gab es immer Kaufleute, die ihre vermittlerische Tätigkeit im Frankreichgeschäft weiterbetrieben, unter ihnen auch

Deutsche wie z. B. den Nürnberger HANS KLEBERGER oder die Straßburger MIN-
CKEL und OBRECHT. Des Kaisers Versuch, durch die Einrichtung einer Wechselmesse in Besançon in der Freigrafschaft Burgund, die in seiner Machtsphäre
lag, das Wirkungsfeld der Messe von Lyon zu beschränken, scheiterte jedoch.
Die Wechselmesse erlangte erst Bedeutung, als sie nach Piacenza verlegt wurde
und dort von den bedeutendsten genuesischen Vertretern der *Haute Finance*
besucht wurden, weshalb man auch von den Genueser Messen sprach, obwohl
sie in Piacenza abgehalten wurden.

Ein weiterer, überregional bedeutender Messeplatz, der auch Geldmarkt
war, befand sich im Norden Deutschlands, nämlich in Kiel mit dem sog. „Umschlag", wo die holsteinische Ritterschaft für ein entsprechendes Geldangebot
sorgte. In diesem Zusammenhang ist daran zu erinnern, dass Ende des 15.
Jahrhunderts die Herzogtümer Schleswig und Holstein unter CHRISTIAN I. VON
OLDENBURG mit Dänemark und Norwegen zum „Gesamtstaat" vereinigt wurden. Der „Kieler Umschlag" blieb bis ins 17. Jahrhundert hinein als Geldmarkt
von großer Bedeutung und war in dieser Zeit wesentlich wichtiger als Hamburg.

Im 17. Jahrhundert ist auch im Osten eine deutliche Belebung des Messever-
kehrs festzustellen, der sich nun über Leipzig hinaus auf Breslau (Elisabeth-
markt), Danzig (Dominiksmarkt), Frankfurt/Oder (1649) und Braunschweig
(1681, August) auszudehnen begann. Versuche FRIEDRICHS DES GROSSEN, Frank-
furt/Oder und später Breslau auf Kosten Leipzigs zu favorisieren, waren nicht
von einschneidender Wirkung, zu wichtig war der Platz im späten 17. und vor
allem im 18. Jahrhundert für die Kaufleute aus Ost- und Südosteuropa.

Die Börse ist eine zeitlich und örtlich genau bestimmte Marktveranstaltung
vertretbarer Güter. Dieser regelmäßig stattfindende Punktmarkt ist durch staatliche oder berufsständische Vorschriften geregelt. Sie benennen die Zulassungs-
voraussetzungen für Personen, Objekte und die Marktüberwachung. Börsenge-
genstand sind ausschließlich fungible Güter, die nach Maß, Zahl oder Gewicht
gehandelt werden können. Die Vertretbarkeit (Fungibilität) ist die Voraussetzung für den Handel ohne Besichtigung, d. h. für den Tausch abwesender Güter. Die Börse ist damit ein Markt hohen Abstraktionsgrades. So ist sie von allen anderen Marktveranstaltungen unterscheidbar. Die Börse übernimmt mehrere Funktionen, z. B. die der Marktbildung, gesteigerten Zirkulation und Finanzierung. Neben den angesprochenen Effektenbörsen gibt es Warenbörsen,
die hier nicht weiter betrachtet werden.

Der Ursprung des Begriffs „Börse" ist nicht eindeutig geklärt. Denkbar ist
der spätlateinische Ausdruck *bursa*, „Ledersack", und/oder der niederländische

Familienname Beurse (dieser möglicherweise von niederländisch beurs: „Geldbeutel"). Jedenfalls trafen sich im 14. Jahrhundert regelmäßig Kaufleute zu Geschäftszwecken vor dem Haus der Brügger Kaufmannsfamilie van der Beurse.

Zwar gab es bereits im ausgehenden Mittelalter börsenähnliche Zentralmärkte für Waren, Wechsel, Sorten, fungible Zinspapiere (Vorläufer der später üblichen Anleihen), Kuxe usw., doch wird man nur eingeschränkt von „Börse" sprechen können, da konkrete Nachweise dafür fehlen, dass die Marktveranstaltungen regelmäßig zu einem bestimmten Zeitpunkt unter genau definierten Regeln an präzisierten Orten stattfanden. Außerdem wird man die Fungibilität der genannten Börsengegenstände noch als eingeschränkt ansehen müssen, sei es, dass ihre Übertragung des Indossaments bedurfte, was beim Wechsel als geborenem Orderpapier der Fall ist, oder es handelt sich um Namenspapiere, deren Transferierung nur durch Zession möglich ist.

In der frühen Neuzeit wurden Zinspapiere immer häufiger gehandelt. Die Obligationen, Kammerbriefe oder die im Ostseeraum so genannten „Handschryften", kamen zunehmend an professionell organisierte Kapitalmärkte, insbesondere an die Börsen in West- und Mitteleuropa. In Brügge war 1409 die erste Börse Europas gegründet worden, der Antwerpen 1460 und Lyon 1462 folgten.

In London wurde 1554 mit der Royal Exchange (die London Stock Exchange errichtete man erst 1773) wiederum ein erstrangiger Börsenplatz eingerichtet, der er bis heute geblieben ist. Der Aktienhandel spielte dort seit dem beginnenden 18. Jahrhundert eine große Rolle, wenn auch noch außerbörslich in den Seitengängen der Waren- und Fondsbörse. In Frankreich sind von den ersten gesetzlich organisierten Börsen jene von Lyon und Toulouse (1546) sowie Rouen (1566) zu nennen. Die Pariser Börse fand 1724 gesetzliche Anerkennung. 1753 folgte die Wiener Börse und mit der New York Stock Exchange 1792 erhielt das internationale Börsenwesen einen weiteren erstrangigen Platz. Im Zuge der weltwirtschaftlichen Verflechtung in der zweiten Hälfte des 19. Jahrhunderts kamen in den industrialisierten Ländern allenthalben Kapitalmärkte zweiten und dritten Grades hinzu. So wurde der Aktienhandel zunehmend institutionalisiert und die Voraussetzungen zur börsenrechtlichen Ausgestaltung geschaffen. Dazu gehörten die Normativbestimmungen für Händler und Makler ebenso wie Vorschriften und Edikte sowie Börsenverfassungen.

In Deutschland war es im 16. Jahrhundert zur ersten Gründung börsenmäßiger Marktveranstaltungen gekommen. Schwerpunkte lagen in Oberdeutschland, besonders in Augsburg und Nürnberg (1540) und später in Hamburg (1558), Köln (1566) und Danzig (1593). Im 17. Jahrhundert folgten Lübeck

(1605), Königsberg (1613), Bremen (1614), Frankfurt am Main (1615) und Leipzig (1635). Im frühen 18. Jahrhundert (1716) kam die Berliner Börse hinzu.

Darstellung 27 Amsterdamer Börse

1530 war in Amsterdam die erste Effektenbörse im engeren Sinne entstanden. Dort handelte man erstmals festverzinsliche Wertpapiere, die sog. „Rentmeisterbriefe", aber auch andere Anleihen bzw. Obligationen. Mit der Gründung der Niederländisch-Ostindischen Kompanie als Kapitalgesellschaft 1602 wurden deren Aktien an der Amsterdamer Börse emittiert. Später kamen die Aktien der Westindischen Kompanie hinzu sowie Staatsanleihen und britische Effekten. Durch das Geschäft in Dividendenpapieren wurde Amsterdam zum führenden Börsenort für Beteiligungskapital der damaligen Welt. Auf diese Zeit dürfte auch der Begriff *joint stock* für Aktienkapital zurückgehen. Freilich war Amsterdam nicht der Ursprungsort des Beteiligungskapitals, denn bereits im Mittelalter arbeiteten die „Monti" mit einem solchen. Diese Arten vertretbarer Wertpapiere bilden heute den Schwerpunkt an den meisten Börsen. Hinzu kamen Genussscheine, Optionsscheine und spezielle Arten von Anleihen.

Das Amsterdamer Börsengeschäft hatte 1688 durch JOSEPH DE LA VEGA eine anschauliche, aber auch sehr kritische Schilderung erfahren. Er hielt den Aktienhandel für einen „Auszug aller Betrügereien, ein Schatzgräber von nützlichen Dingen und doch ein Herd des Unheils". Er typisierte die Akteure, insbesondere die Käufer (Kapitalisten, Kaufleute, Spieler) und gab Tipps. Man solle sich z.B. mit Aktien nicht „verheiraten", d.h. Gewinne ohne Zögern realisieren und über die weiteren Gewinnmöglichkeiten durch Kursanstieg keine Reue empfinden.

Zwischen 1650 und 1750 waren es vor allem holländische Financiers vom Kapitalmarkt Amsterdam, über die der internationale Kapitaltransfer lief, bevor London im späteren 18. und im 19. Jahrhundert diese Rolle als internationale Gläubigerstadt übernahm. Am Beispiel Amsterdam und London lässt sich gut die allmähliche Verlagerung internationalen Finanzkapitals und die Schwächung (Amsterdam) und sukzessive Stärkung (London) der Zentralität eines Finanzplatzes im globalen Maßstab erkennen. Im späten 17. Jahrhundert hatten sich immer mehr niederländische „Kapitalisten" entschieden, ihre überschüssige Liquidität in englische Staatspapiere zu investieren, mit denen ab den 1720er Jahren ein lebhaftes Geschäft in Amsterdam getrieben wurde. Andere Fürsten und Staaten (Österreich, deutsche Staaten, Schweden, Dänemark, Russland, Spanien, Vereinigte Staaten von Amerika) folgten in der Aufnahme von Anleihekapital in Amsterdam. Die Niederlande waren lange der Kreditvermittler der Welt und folgerichtig ist das Ende Amsterdams als führender Finanzplatz Europas verbunden mit der zunehmenden Zahlungsunfähigkeit von Fürsten und Staaten im Zuge des europäischen Umbruchs und der (napoleonischen) Kriege in der „Sattelzeit". Die Londoner Börse profitierte stark vom Zuzug holländischer Kapitalisten und gleichzeitig vom realwirtschaftlichen Wachstum seiner dynamischen Industrialisierung und Internationalisierung.

Außerordentlicher Kapitalbedarf, der über die Börsen der Frühen Neuzeit organisiert wurde, ergab sich vor allem aus der frühmodernen Staatsbildung, Kriegsfinanzierung, den Kolonialbestrebungen der europäischen Mächte sowie den damit meist zusammenhängenden Handelskompanien und Chartergesellschaften. Hinzu kamen der Straßen-, Wege-, Brücken- sowie der Kanalbau. Darüberhinaus bedurften im Übergang zu den Industriellen Revolutionen zahlreiche Protoindustrien umfangreichen Gründungs- und Investitionskapitals, das zunehmend leicht an einer immer größeren Zahl von Börsen aufgenommen werden konnte.

Wie blühend das Geschäft mit Aktien außerhalb und innerhalb des Börsenparketts war, belegen nicht zuletzt spekulative Ausuferungen mit diesen Beteiligungspapieren. So gab es in den Zentren des internationalen Kapitalgeschäfts immer wieder euphorische Phasen. In England brachte sie nach der Glorious Revolution in den 1690er Jahren zahlreiche Aktiengesellschaften hervor. Einige der dort gehandelten Werte entwickelten sich zu einer Art *blue chips*, wie z.B.

jene der Bank of England oder der Kolonialhandelsgesellschaften. Hinzu kamen die Aktien kleinerer *joint stock companies*, um das Jahr 1700 herum immerhin über 100 an der Zahl. Nach dem Abschluss des Spanischen Erbfolgekrieges war es ähnlich. 1711 war in England die Südseekompanie mit dem förmlichen Recht des Alleinhandels mit dem spanischen Weltreich konzessioniert worden. Im Grunde benötigte die Regierung nur Geld in Form von Beteiligungskapital an der Südseegesellschaft für die Kriegsführung und als 1720 das englische Parlament den *Bubble Act* verabschiedete, d.h. die Bildung von Aktiengesellschaften an die Erlaubnis des Parlaments band, platzte das Spekulationsfieber, sodass der *South Sea Bubble* den frühneuzeitlichen Kapitalmarkt erheblich erschütterte. Der *Bubble Act* wurde erst 1825 wieder aufgehoben.

Allgemein bekannt ist auch der Schwindel mit den Papieren der 1717 in Frankreich gegründeten Law'schen Mississippigesellschaft. John Law, ein schottischer Finanzabenteurer hatte den Herzog von Orleans zur Konzession einer Bank und einer Handelsgesellschaft überredet, um mit deren Hilfe die französischen Besitzungen in Nordamerika auszubeuten. Diese Gesellschaft brachte immerhin die ersten Inhaberaktien heraus und legte damit den Grundstein für eine der wesentlichen Erleichterungen im Kapitalverkehr bzw. die weitere Internationalisierung des Wertpapierhandels. Doch die internationale Durchsetzung der Inhaberaktien in breitem Maßstab trat erst allmählich ein, an vielen Börsenorten erst im 19. Jahrhundert In Frankfurt am Main wurden beispielsweise erst im Jahr 1820 Aktien gehandelt, nämlich die der österreichischen Nationalbank und danach jene der Bayerischen Hypotheken- und Wechselbank München. Einen heftigen Schwung in den Kapitalmarkt für Beteiligungspapiere brachten allenthalben Infrastruktur- bzw. Eisenbahnprojekte. Eisenbahnaktien wurden in Frankfurt erstmals 1837 gehandelt, und zwar die der von Bethmann mitfinanzierten Taunusbahn. Durch die Revolution des *railroading* (Schumpeter) wurde eine enorme Kapitalnachfrage entfaltet. In den 1840er Jahren kam es zu einer starken Gründungseuphorie, die zuweilen auch als „Eisenbahnfieber" bezeichnet wurde. Dies wird auch darin deutlich, dass in der Zeit von 1840 bis 1844 die Zahl der an der Berliner Börse gehandelten Eisenbahnaktien von zwei auf 29 anstieg. In Verbindung damit traten häufig hochspekulative Zeit- und Prämiengeschäfte auf, gegen die man mit Verordnungen vorging und nur noch Zug-um-Zug-Geschäfte zuließ, d.h. die Spekulation austrocknete.

Jedenfalls setzte sich die Börse in aller Breite im 19. Jahrhundert durch, d.h. als eine Institution, die zur wesentlichen Kapitalgeberin der Wirtschaft wurde und den nachfragenden Kapitalnehmern, meist der Industrie, aus Tausenden von kleinen Kanälen Geldkapital zuführte. Die Börse wurde zur zentralen Ausgleichsstelle für die wechselnden Bedürfnisse des regionalen, nationalen und internationalen Kapitals. Immer intensiver wurde auch das Zusammenwirken von Banken und Börsen. Dies spielte für die Mobilisierung und Transformation von Aktienkapital eine zunehmend wichtige Rolle und hing zusammen mit dem erwähnten Prozess der Durchsetzung der Inhaberaktie im 18. Jahrhundert und der damit verbundenen Erleichterung der Übertragbarkeit durch Verzicht auf Zession bzw. der allgemein stattfindenden Versachlichung und Mobilisierung von Forderungsrechten.

Es handelte sich bei den meisten frühen Börsen noch um Wechselbörsen, die dann im 19. Jahrhundert die Mobilisierung fungibler Inhaberpapiere auf breiterer Basis besorgten. Werner SOMBART sprach in diesem Zusammenhang von der „Demokratisierung des öffentlichen Kredits" und umschrieb damit die wachsende Zahl von Kapitalmarkt-Gläubigern aus allen Vermögenslagen. Unterstützt wurde diese Entwicklung wesentlich durch neue Kommunikationsmittel, etwa die Börsenzeitungen und den Telegraphen.

Die beiden wichtigsten deutschen Börsen waren im 19. Jahrhundert Frankfurt und Berlin, wobei mit der Reichsgründung 1871 Berlin eine neue Zentralität gewann und Frankfurt/Main überflügelte. Frankfurts Zentralität war ein Resultat seiner überragenden Handels- und Messefunktion und der engen Beziehungen zur Wiener Börse, wobei jüdische Finanzkreise eine wichtige Rolle spielten. Berlin profitierte hingegen weniger von der Handelstradition als vielmehr von der Kapital nachfragenden Großindustrie. Freilich kam dem organisierten Kapitalmarkt auch die Zentralität der neuen Reichshauptstadt zugute. Während in Frankfurt stärker das Anleihegeschäft gepflegt wurde, stand in Berlin das Aktiengeschäft im Vordergrund. Die 1870 erfolgte Aufhebung der Konzessionspflicht für Aktiengesellschaften in Deutschland erleichterte einerseits den Zugang zum Aktienmarkt erheblich, führte andererseits aber zu spekulativen Überhöhungen und einem beispiellosen Gründungsschwindel, dem man in der Folge mit Regulierungen begegnete. Im Zuge der Internationalisierung und weltweiten Integration der Kapitalmärkte gegen Ende des 19. Jahrhunderts wurden Frankfurt und Berlin wichtige Knotenpunkte eines globalen Netzwerks, wozu die technischen Innovationen (Telegraphie, Telefonie, Börsenzeitungen, Übersee-Unterwasserkabel etc.) wesentlich beitrugen. Jedenfalls lässt sich beobachten, dass die Dynamik der Industrialisierung und infrastrukturellen bzw. logistischen Erschließung der wachstumsstärksten Regionen der Welt und die organisierten Kapitalmärkte mit ihren Zentralorten, den Börsen, sich, wechselseitig bedingt, im Trend stark steigend entwickelten.

Literatur

BAEHRING, Bernd: Börsen-Zeiten. Frankfurt in vier Jahrhunderten zwischen Antwerpen, Wien, New York und Berlin, hg. v. Vorst. d. Frankf. Wertpapierbörse, Frankfurt/M. 1985; DEUTSCHE BÖRSENGESCHICHTE, hg. im Auftrag d. Wiss. Beirats d. Inst. f. bankhistorische Forschung v. H. Pohl, Frankfurt/M. 1992; R. Ehrenberg: Börsenwesen, in: Handwörterbuch der Staatswiss., Bd. 3, 3. Aufl., Jena 1909, S. 168–198; W. Engels: Börsen und Börsengeschäfte, in: HdWW 2, Stuttgart 1980, S. 56–69; NORTH, Michael (Hg.): Von Aktie bis Zoll. Ein hist. Lex. d. Geldes, München 1995; M. NORTH, Michael: Das Geld und seine Geschichte, München 1994; VOLCKART, Oliver/WOLF, Nikolaus: Estimating Financial Integration in the Middle Ages: What can we learn from a TAR-model? In: Journal of Economic History 66, 1, 2006, S. 122–139; WALTER, Rolf: Märkte, Börsen, Messen, Ausstellungen und Konferenzen im 19. und 20. Jahrhundert. In: H. Pohl (Hg.), Kommunikation, S. 379–440; VAN DER WEE, Herman: Konjunktur und Welthandel in den Südlichen Niederlanden (1538–44). In: Wirtschaftskräfte und Wirtschaftswege II: Wirtschaftskräfte in der europäischen Expansion, Festschrift für H. Kellenbenz, Stuttgart 1978, S. 133–144.

5.6. Sozialgeschichte

5.6.1. Aufriss

Die Sozialgeschichtsschreibung erhielt einen wesentlichen Impuls im 19. Jahrhundert, als die materielle und seelische Not des entwurzelten Großstadtproletariats neue „Soziale Fragen" aufwarf, die Gesellschaft und Politik einer erheblichen Belastungs- und Bewährungsprobe aussetzten. Sie endeten in Unruhen, die sich zunächst gegen die Maschinen (Maschinenstürmer in England 1811), dann aber verstärkt gegen die Unternehmer (Weberaufstand in Schlesien 1844) richteten. Sie führten aber auch zu Gesetzgebungsmaßnahmen; so wurde z.B. 1839 das erste Arbeiterschutzgesetz in Preußen erlassen. Später reagierte OTTO V. BISMARCK auf den politischen Druck, der von den „Kathedersozialisten" ausging und leitete die bis dahin umfassendste Sozialversicherungsgesetzgebung ein mit Pflichtversicherungen gegen Krankheit (1883), Unfall (1884) und für Alter und Invalidität (1889), wobei die Mittel von Arbeitern, Unternehmern und dem Staat gemeinsam aufgebracht wurden. Gegen Ende des Jahrhunderts nahm sich die „Jüngere Historische Schule" um GUSTAV VON SCHMOLLER der „Sozialen Frage" und den sozialen Ideen und Bewegungen an und versuchte darüber hinaus, das Problem umfassend zu dokumentieren und zu quantifizieren (Lebens- und Arbeitsbedingungen, Löhne, Berufsstruktur usw.). Dieses Material bot eine wesentliche Basis für spätere sozialhistorische Studien. Versuche, z.B. von KARL

LAMPRECHT, Kulturgeschichte als Sozialgeschichte aufzufassen und zu etablieren, waren davor schon gescheitert. Auch wenn bereits die „Kathedersozialisten" und andere Gruppierungen die politische Dimension der „Sozialen Frage" längst erkannt und thematisiert hatten, erfolgte doch erst viel später ein wissenschaftlich-konsequenter Versuch, die deutsche Sozialpolitik vor dem Ersten Weltkrieg im gesamtpolitischen Kontext darzustellen, wobei sie sich als wesentlichster Teil der Innenpolitik herausstellte, wenn man der Untersuchung von PETER RASSOW 1949 folgen darf. Weitere sozialhistorische Studien wandten sich vor allem den sozialen Gruppierungen in den Unterschichten (WERNER CONZE) und den Oberschichten (z. B. Elitekreisläufen) zu, wobei man heute sagen kann, dass nahezu alle wesentlichen Gruppierungen und Schichten einer intensiven und systematischen sozialhistorischen Untersuchung zugeführt wurden. Dabei bedient man sich in zunehmendem Maße der Methoden der empirischen Sozialwissenschaft unter Einsatz von EDV. Freilich steht auch wiederholt der Standort der Sozialgeschichte innerhalb des Wissenschaftssystems und der Geschichtswissenschaften zur Debatte, wobei einmal Geschichte als „historische Sozialwissenschaft", ein andermal die allgemeine Geschichte als Sozialgeschichte und neuerdings wieder die Sozialgeschichte als „Gesellschaftsgeschichte" aufgefasst wird (KOCKA 1977, WEHLER 1987). WEHLER fasst sie als „Versuch einer Synthese" auf oder, KUHN folgend, als „Paradigma", d. h. als „exemplarische Problemlösung ..., die das Wissen in bestimmten Bereichen um einige Schwerpunkte herum einleuchtend organisiert und die für erklärungswürdig gehaltenen Probleme hinreichend erklärt, bis neue Fragen und Kenntnisse eine Krise des etablierten Paradigmas auslösen, die schließlich dazu führt, dass es durch ein anderes Paradigma ersetzt wird." (Gesellschaftsgeschichte 1, S. 28).

Eine andere grundsätzliche Frage ist die nach der Trennbarkeit von Wirtschafts- und Sozialgeschichte. Zu dieser „Metaphysik des Bindestrichs" ist an anderer Stelle Position bezogen worden.

Literatur

CONZE, Werner/ENGELHARDT, Ulrich (Hg.): Arbeiter im Industrialisierungsprozess. Herkunft, Lage und Verhalten, Stuttgart 1979; KOCKA, Jürgen: Sozialgeschichte in Deutschland seit 1945. Aufstieg – Krise – Perspektiven (Gesprächskreis Geschichte der Friedrich-Ebert-Stiftung 47), Bonn 2002; KOCKA, Jürgen (Hg.): Sozialgeschichte im internationalen Überblick. Ergebnisse und Tendenzen der Forschung, Darmstadt 1989; KOCKA, Jürgen (Hg.): Arbeiter und Bürger im 19. Jahrhundert. Varianten ihres Verhältnisses im europäischen Vergleich (= Schriften d. Hist. Kollegs 7), München 1986; KOCKA, Jürgen: Sozialgeschichte. Begriff – Entwicklung – Probleme, 1977; KOCKA, Jürgen: Sozialgeschichte – Strukturgeschichte – Gesellschaftsgeschichte. In: Archiv für Sozial-

geschichte 15, Hannover 1975, S. 1–42; MOMMSEN, Hans/SCHULZE, Winfried (Hg.):
Vom Elend zur Handarbeit. Probleme historischer Unterschichtenforschung, Stuttgart
1981; PÖLS, Werner (Hg.): Deutsche Sozialgeschichte. Dokumente und Skizzen, Bd. 1,
1815–1870, München 1973; POHL, Hans (Hg.): Forschungen zur Lage der Arbeiter im
Industrialisierungsprozess, Stuttgart 1978; RITTER, G.A./KOCKA, Jürgen (Hg.): Deutsche
Sozialgeschichte. Dokumente und Skizzen, Bd. 2, 1870–1914, München 1974; RÜRUP,
Reinhard (Hg.): Historische Sozialwissenschaft. Beiträge zur Einführung in die For-
schungspraxis, Göttingen 1977; SCHMOLLER, Gustav von: Grundriss der Allgemeinen
Volkswirtschaftslehre, Erster Teil, Leipzig 1900 (Dort insbesondere: S. 391–411); WAL-
TER, Rolf: Die Metaphysik des Bindestrichs. Was hält die Wirtschafts- und Sozialge-
schichte zusammen? In: G. Schulz u.a. (Hg.), Sozial- und Wirtschaftsgeschichte. Ar-
beitsgebiete – Probleme – Perspektiven. 100 Jahre VSWG (VSWG-Beih. 169), Stuttgart
2004, S. 429–446. WEHLER, Hans-Ulrich: Modernisierungstheorie und Geschichte,
Göttingen 1975; WEHLER, Hans-Ulrich: Deutsche Gesellschaftsgeschichte, Bd. 1: Vom
Feudalismus des Alten Reiches bis zur Defensiven Modernisierung der Reformära
1700–1815, 2. Aufl., München 1989.

5.6.2. Vorständische Agrargesellschaft (ca. 600–ca. 1050)

Möchte man die heutigen Sozial- und Schichtenstrukturen in ihren grundsätzlichen Wesenszügen verstehen, erscheint ein Blick auf ihre Entstehungsbedin-
gungen im Frühmittelalter besonders aufschlussreich.

Im 7. Jahrhundert existierten in Mitteleuropa zwei Ordnungssysteme unterschiedlicher Provenienz, nämlich die Sozialordnung der Germania libera und
die der römischen Grenzprovinzen, die eine unterschiedliche Schichtung aufwiesen und das grundsätzliche Rekrutierungsfeld für spätere Gesellschaftsklas-
sen darstellten. In der Germania libera gab es eine Oberschicht Adeliger adels-
ähnlicher Prägung, bestehend aus Militärführern und Dorfhäuptern. Darunter
folgte eine Gruppe von waffentragenden Freien, die politisch vollberechtigt
waren im Gegensatz zu den Halb- und Unfreien, die Schollenbindung aufwiesen und unter grundherrschaftlicher Schutzherrschaft standen. Ihnen folgte die
Schicht der Unfreien, die zwar keine persönlichen Rechte besaßen, aber teilweise, sofern ihnen das Wirtschaften erlaubt war, vermögensfähig war, was sie
wiederum von der untersten Schicht, den Knechten, unterschied.

In den römischen Grenzprovinzen war die Oberschicht anders zusammen-
gesetzt. Ihr gehörten im Wesentlichen die reichen Gutsbesitzer, die obersten
Verwaltungsträger und die Kirchenobersten an. Darunter bildete sich eine
Adelsschicht, die sich aus dem frühfränkischen Stammesadel, dem aus der Un-
freiheit und im Gefolge des Königs hervorgegangenen Dienstadel und dem

Provinzadel zusammensetzte und als fränkischer Reichsadel zum Adel zwischen König und Volk zusammenschmolz. Die weitere Schicht der ehemals freien Bauern und Pächter wurde durch den Druck hoher Steuern und steigender Preise in der spätrömischen Zeit zunehmend ökonomisch abhängig von den Grundherrn und damit auch weniger mobil. Diese Schicht der „unfreien Freien" (KARL BOSL) unterschied sich von der der *colonii* dadurch, dass letztere zwar ökonomisch unabhängig blieben, ihre Vollbürgerrechte allerdings aufgaben. Somit waren die Kolonen eine Art „freier Unfreier". An diesen Schichtenstrukturen veränderte sich auch mit dem Einfall der Franken in die römischen Grenzprovinzen wenig. Auch die generelle Zweiteilung in Herrschende und Abhängige mit jeweils spezifischer Komposition änderte sich nicht. Auch war im Frankenreich durchaus ein gesellschaftlicher Aufstieg möglich, insbesondere für Angehörige des Dienstadels oder der Kirche, die ja „Träger der Reichsideologie, der geistlichen und säkularen Bildung und … Inhaber des Kommunikationsmonopols der Schriftlichkeit" war (H. HENNING, Sozialgeschichte, S. 673). Selbst die Unfreien konnten, insoweit sie vermögensfähig waren, zumindest ökonomisch aufsteigen, so dass auch hier eine gewisse soziale Mobilität sichtbar wird. Diese war in der Zeit der Ständegesellschaft nicht mehr gegeben, was die periodische Scheidung der beiden Epochen rechtfertigt.

Die Besetzung der weströmischen Reichsgebiete durch die Germanenstämme im Zuge der Völkerwanderung brachte eine Angleichung der Sozial- und Besitzformen in der germanischen Gefolgschaft mit sich. Das Lehenswesen des Frankenreiches, oft auch als Feudalsystem bezeichnet, hat hier seine Ursprünge. Dabei wiesen die Rechtsbeziehungen zwischen Feudalherren und Hintersassen vier wesentliche Ausprägungen auf (nach F.-W. HENNING, Vorindustrielles Deutschland, S. 30f.):

Die Ausprägungen der Rechtsbeziehungen Feudalherr-Hintersasse:
- Grundherrschaft: Überlassung von Bodennutzung.
- Leibherrschaft: persönliche Abhängigkeit. Leibeigenschaft. Schutzherrschaft.
- Gerichtsherrschaft: Überlassung der Rechtsstellung durch den Landesherren (König) an den Feudalherrn.
- Übertragung landesherrlicher Rechte (eigenständiger Verwaltungsaufgaben) an die Feudalherren. Abhängiger als mittelbarer, d. h. mediater Untertan des Landesherrn.

TELEGRAMM

Die Grundherrschaft, deren Organisationsform sich in der „Villikation" manifestierte, war Produktionseinheit und Herrschaftsverband zugleich. Um sie aufrechtzuerhalten, war eine gewisse Arbeits- und Ämterteilung notwendig. Deren Wahrnehmung im administrativen, militärischen, juristischen oder kirchlichen Bereich war dabei nicht immer Arbeits-, sondern oft nur Funktionsübernahme. Die Grafen, die als königliche Beamte eingesetzt waren, übernahmen derlei Aufgaben und erhielten dafür Lehen und Anteile aus den Gerichtsgefällen (Strafgeldern). Je länger, desto mehr verfolgten sie ihre eigenen Interessen vor denen des Königs, bildeten Eigengut aus Amtsgut, und daraus entstand durch gewohnheitsrechtliche Praxis bald die Erblichkeit. Etwas Ähnliches hatte sich mit der Entwicklung des Lehnswesens durchgesetzt, da die Gefolgsleute oft mit grundherrlichen Rechten aus dem Königs- oder Kirchengut abgegolten wurden, das sie ihrerseits weiterverliehen und sich solcherart Untervasallen und mit der Herrschaft über diese eine erhebliche Zwischenmachtposition schufen. Solcherart verfestigte sich die ständische Gliederung in der Trias Adel, Geistlichkeit und Bauernstand. Letzterer war aus dem Prozess der „Vergrundholdung" (FRIEDRICH LÜTGE) hervorgegangen, d.h. die große Gruppe von Freien und Unfreien bzw. Halbfreien, die den Landesausbau wesentlich trug, hatte sich unter Wahrung ihrer ökonomischen Selbstständigkeit auf der Bauernstelle in grundherrschaftliche Abhängigkeit gebracht, war also dem Grundherrn hörig.

Literatur

HENNING, Hansjoachim: Sozialgeschichte. In: HdWW 6, 1988, S. 661–689; HENNING, Friedrich-Wilhelm: Das vorindustrielle Deutschland 800 bis 1800, 4. Aufl. 1985; KELLENBENZ, Hermann: Deutsche Wirtschaftsgeschichte, Bd. 1, München 1976.

5.6.3. Ständegesellschaft (ca. 1050–ca. 1800)

Die administrative und wirtschaftliche Form der Ständegesellschaft war geprägt durch das Lehenssystem. Als Lehen verliehen wurde nun nicht mehr das Land als solches als Entgelt für staatliche Pflichten, sondern das Amt, das den Charakter nutzbaren Vermögens hatte. Während die Hintersassen den Zehnten und andere Gefälle an den Adel abführten, war dieser als „Wehrstand" verpflichtet, seine Untertanen im Kriegsfall zu verteidigen und ihnen polizeilichen und gerichtlichen Schutz zu gewähren. Die Lehen wurden mehr und mehr widerruflich und erblich und konnten von dem Beliehenen weiterverliehen werden (sog. Afterlehen). Seit dem 11. Jahrhundert wurden auch die im Hause der Herrschaft erzogenen Unfreien mit Ämtern ausgestattet: die Ministerialen. Sie hatten zwar unbeschränkte Gehorsamspflicht, doch weichte auch diese Ordnung langsam auf. Diese neue soziale Gruppe hatte ihr Entstehen nicht zuletzt der Tatsache zu verdanken, dass die Grundherren, ob es nun der König, die Kirche oder der Adel war, gar nicht genug Arbeitskräfte haben konnten, um ihre Rechte auszuschöpfen. Nicht selten wurden die Ministerialen sogar zu Herren- oder Waffendiensten herangezogen, womit sie frei wurden (Freiherr; süddeutsch: Baron).

Der andere Stand, die Geistlichkeit, versuchte, sich allmählich, verstärkt nach dem Investiturstreit (der mit dem Wormser Konkordat 1122 endet), vom Lehenssystem zu befreien. Während die Sachsenkaiser die Seelsorge noch als Amt vergaben, versuchten die Kluniazenser, die Kirche aus der Verweltlichung zu lösen. Die Geistlichkeit sollte nicht mehr länger in untertäniger oder familiärer Abhängigkeit stehen. Kein Laie sollte ein geistliches Amt mehr vergeben dürfen, keines sollte mehr mit Geld erkauft werden können, und kein geweihter Priester sollte mehr den Bund der Ehe eingehen. Die kluniazensischen Forderungen wurden von Papst GREGOR VII. und dessen Nachfolger durchgesetzt. Die Kirche trat entgegen der ursprünglichen Absicht ihrer Reformer zunehmend als staatsähnliche Einheit in Erscheinung und schuf sich zudem ein eigenes (das kanonische) Recht. Dieses verbot z. B. das Ausleihen von Geld gegen Zins als Wucher, ließ aber die Einlage von Geld in Handelsgeschäften zu, wenn der Gläubiger neben einer Gewinnbeteiligung auch das Verlust-Risiko mittrug.

Der Bauernstand war fast durchweg in Hörigkeit herabgesunken. Er hatte an den Gutsherrn Fronden und Zehnten zu leisten und genoss dafür dessen Schutz und Unterstützung. In der Regel waren die Bauern nur Pächter der Güter, die Eigentum des Grundherrn waren. Eine Erweiterungsmöglichkeit ergab sich für die Bauern durch Rodung, die teils dorfweise oder durch die Marktgenossenschaft geschah. Ortsnamen, die auf -rode, -ried, -reuth oder räth enden, deuten heute noch auf diese Rodungsphase hin. Die Bewirtschaftungsplanung wurde oft dorfweise auf dem Märkerding, der Versammlung der Bauern unter der Dorflinde, vorgenommen. Der Leiter dieser Versammlung hieß bei den Freien Schultheiß, bei den unfreien Bauern Meier. Letzterer leitete auch den Fronhof, dem die Dienste zu leisten und die Zehnten abzuführen waren. Die Bauern hatten darüber hinaus in den „Fehden", den Privatkriegen der Grundherrn, schwer zu leiden, da diese das Recht beinhalteten, die Bauern des Gegners ihres Besitztums zu berauben und ihr Land dem Erdboden gleichzumachen. Auch wenn die Prediger von Cluny den „Gottesfrieden" und Kaiser HEINRICH III. den allgemeinen Landfrieden ausriefen: das Fehderecht wurde dennoch nicht abgeschafft und blieb eine schwere

Belastung des Bauernstandes. Andererseits brachten das 12. und 13. Jahrhundert eine gewisse agrarkonjunkturelle Stabilisierung, so dass sich die Bauern als Schöpfer dieser Erträge sozial und rechtlich stabilisieren konnten, teilweise sogar die Erblichkeit und damit Verfügungsrecht über Agrarland erreichten.

Die Bauern waren sich ihrer Bedeutung als Träger (zumal in ihrer häufig entstandenen genossenschaftlichen Einheit) einer relativ stabilen Agrarkonjunktur durchaus bewusst und demonstrierten dieses Selbstbewusstsein in zahlreichen Bauernaufständen des Hochmittelalters. Hinzu kam jedoch als sehr förderliches Moment die mit dem 11. Jahrhundert sich verstärkende Marktbildung, die dem Bauern mehr Möglichkeiten zur Erlangung ökonomischer Eigenständigkeit eröffnete. Daneben ist als weiterer wesentlicher Aspekt zu sehen, dass sich der Produktionsfaktor Arbeit mit zunehmender Abwanderung nach Osten („Ostkolonisation") verknappte und die Bauernschicht insgesamt aufwertete.

Das Spätmittelalter und die Frühe Neuzeit behielten die beschriebene Grundstruktur der Ständegesellschaft generell bei. Allerdings fand eine bemerkenswerte Ausdifferenzierung und Mobilisierung statt. Weitere soziale Gruppen kamen hinzu, oft als Ausdruck neuer, berufsorientierter Differenzierung. Dies deutet jedoch bereits auf den Übergang zu einem anderen Gesellschaftstyp hin, der sich mehr oder weniger revolutionär im ausgehenden 18. Jahrhundert ankündigte und die alten Rechtsbeziehungen auflöste.

Literatur
ABEL, Wilhelm: Massenarmut und Hungerkrisen im vorindustriellen Europa, Hamburg 1974; BLOCH, Marc: Die Feudalgesellschaft, Berlin 1982; DÜLMEN, Richard van: Die Entstehung des frühneuzeitlichen Europa 1550–1648, Frankfurt 2000; FRANZ, Günther: Der Dreißigjährige Krieg und das deutsche Volk, Stuttgart 1961; FRANZ, Günther: Geschichte des deutschen Bauernstandes vom frühen Mittelalter bis zum 19. Jahrhundert, Stuttgart 1970; IM HOF, Ulrich: Das gesellige Jahrhundert, München 1982.

5.6.4. Industrielle Leistungsgesellschaft

Der Übergang vom gemächlichen Ancien Régime in die Umbruchsphase um die Wende zum 19. Jahrhundert mit territorialer Flurbereinigung, politischer Unruhe und militärischen Auseinandersetzungen und den anschließenden Liberalisierungsmaßnahmen in Landwirtschaft und Gewerbe offenbarte eine zusehends veränderte Sicht der Maßstäbe und Einschätzungen gesellschaftlichen und wirtschaftlichen Handelns. Den geistigen Nährboden hierfür bot die Aufklärung, das rechtliche Fundament die Reform der Verfassungen, die technische Grundlage eine Reihe von Basisinnovationen, die philosophische Betonung des Rationalismus die fortschrittsbejahende Einstellung. Wirtschaftlich erhöhte der theoretische und praktische Durchbruch des Gedankens der Arbeitsteilung die Effizienz des ökonomischen Körpers und die bessere Abstimmung zwischen Wirtschaft und Wissenschaft sowie die Höherbewertung leistungsbetonten Tuns durch die Gesellschaft. Die willfährige Kombination dieser und einer Reihe anderer Bedingungskonstellationen bereitete den Weg in Richtung industrielle Leistungsgesellschaft. Nicht zu unterschätzen ist in diesem Zusammenhang eine weitere Phase des Neuhumanismus, der der Institutionalisierung beruflicher Ausbildungsgänge einen wesentlichen Impuls verlieh und der den Unternehmern der Frühindustrialisierung Vision und Mission gegeben haben dürfte.

Diese günstigen Voraussetzungen zweckrationalen und „innerlich" engagierten Tuns bedurften zu ihrer Entfaltung kräftiger Motive. Noch war die Zeit nicht gekommen, wo man von agrarischen Krisen, d.h. Missernten, ganz unabhängig war, so dass in der Vorsorge und in der Sicherstellung von „Notgroschen" bzw. in der Lagerhaltung ein wesentliches Leistungsmotiv zu sehen war. Darüber hinaus hatte sich aber im SMITH'schen Gefolge die Marktwirtschaft mehr und mehr herausgebildet und das arbeitsteilige Prinzip im produktiv-frühindustriellen Bereich neue Möglichkeiten der Gewinnrealisierung eröffnet, so dass neben dem Handel nun verstärkt Profitchancen auf diesem Gebiet gesucht und bemerkenswerte Unternehmerpersönlichkeiten hervorgebracht wurden. Deren wirtschaftliches Schaffen war dennoch meist nicht nur ökonomisch motiviert, sondern auf die Realisierung als bedeutend erachteter Tugenden gerichtet, sei es die Selbstständigkeit, kreativer Gestaltungswille, religiöse Überzeugung und asketische Arbeitsauffassung oder schlicht die Lust, Macht und Einfluss zu erlangen.

Man wird festhalten dürfen, dass das frühe 19. Jahrhundert sowohl im Hinblick auf die geistig-sozialpsychologischen als auch auf die materiellen Bedingungen und insbesondere vor dem Hintergrund wachsenden Erkennens der Vorteilhaftigkeit „realer", d.h. berufsbezogen praktischer Bildung neben der humanistischen einen außerordentlich fruchtbaren Nährboden für die Inwertsetzung unternehmerischer Leistung darstellte, der im Laufe des Jahrhunderts der Gesellschaft immer deutlicher ihr Gepräge gab. Die Neubewertung von „Wohlstand" und „Armut", „Gewerbefleiß" und „Müßiggang", die Aufwertung des anfänglich mit wenig Prestige beurteilten gewerblichen Unternehmertums, die Entstehung leistungsorientierter, breiter, bürgerlicher Mittelschichten und die erhöhte Ordnung, Zuverlässigkeit und Effizienz im Informations- und Kommunikationswesen trugen mit zur Formation der industriellen Leistungsgesellschaft bei.

TELEGRAMME

BAUERNBEFREIUNG:

Definition: Befreiung der bäuerlichen Bevölkerung vom Feudalsystem. Durchführung: Aufhebung persönlicher Bindungen sowie der ständischen Patrimonialgerichtsbarkeit und der Polizeigewalt. Dienst- und Naturalleistungen werden durch Geldleistungen ersetzt. Bauern erhalten Eigentum an Immobilien und Inventar gegen Ablösungsleistungen. Gemeinschaftlich genutzte Flächen (Gemeinheiten, Allmenden etc.) werden aufgelöst und Gemengelagen beseitigt.
Wirkungen: Erweiterung der agrarischen Anbauflächen. Strukturveränderungen im Sozialbereich. Erhöhung der Bodenproduktivität durch „Individualisierung" der Landwirtschaft.

GEWERBEFREIHEIT:

Vorspiel: 1731 Reichsschluss (Reichszunftordnung): Zulassung zum Gewerbe erleichtert; Schutz vor Diskriminierungen außerhalb der Zünfte („Schelten" und „Verrufen"). Kameralistische Forderung nach Verringerung der Zunftmacht; JOHANN H. G. VON JUSTI: „Die Innungen und Zünfte sind der Geschicklichkeit und dem Nahrungsstande mehr hinderlich als förderlich".
Definition: (1) Jedermann kann (2) in jedem Umfang (3) jeden Produktionszweig (4) mit jeder Produktionstechnik eröffnen und betreiben.
Durchführung: „Oktoberedikt" 1807 und Gewerbesteueredikt vom 28.10.1810: Gewerbeausübung nur noch an Erwerb eines „Gewerbescheines" gebunden. Generelle Einführung der Gewerbefreiheit mit der allgemeinen preußischen Gewerbeordnung vom 17.1.1845. Aufhebung der Beschränkungen in der Herkunft (Stand), der Vorbildung, des Zunftvotums, der Produktion und der Kapazität.
Folgen: Überbesetzung der Meisterstellen und Krise des städtischen Handwerks. Zunahme der Frauen- und Kinderarbeit (speziell bei Handwerkerfamilien). Volle Konkurrenzwirtschaft. Übergang zu neuen Produktionstechniken (Industrialisierung). Erhöhung der Produktivität.

INDUSTRIELLE REVOLUTION:

■ Revolutionsbegriff wird heute verwendet, um eine als Einheit gesehene historische Erscheinung zu kennzeichnen. 1., 2. und 3. Industrielle Revolution.

■ Schlüsselbegriffe: *Leading-sector, take-off, laisser-faire, enclosures,* Vor- und Nachkopplungseffekt, Selbstausbeutung, Soziale Frage.

INDUSTRIALISIERUNG:
Determinanten des Industrialisierungsprozesses:
- Neuerungen in der Landwirtschaft: Anbaumethoden, Einhegungen, „Veredelung", Stallfütterung.
- Wirtschaftswachstum: Kapitalaufbringung, technischer Fortschritt, Nachfragewirkungen, Einfluss des Staates.

Schwerpunkte der Industrialisierung:
- Transportwesen: Chausseen, Kanäle, Straßen, Eisenbahn.
- *Leading sectors* (s. o.), z. B. Eisenindustrie, Textilindustrie.

Auswirkungen:
- Industrielle Krisen: Überproduktion, Liquidität, Konjunktur.
- Situation der Unternehmer: Konkurrenzdruck, Patentrecht.
- Lage der Arbeiter: Fabriksystem und –gesetzgebung, Lebensstandard, gewerkschaftliche Formation, Rationalisierung der Zeit, Fließprinzip.

Literatur

HESSE, Günter: Die frühe Phase der Industrialisierung in der Theorie der langfristigen wirtschaftlichen Entwicklung. In: PIERENKEMPER, T. (Hg.), Landwirtschaft und industrielle Entwicklung. Stuttgart 1989, S. 139–171; MCCLELLAND, David C.: Die Leistungsgesellschaft. Psychologische Analyse der Voraussetzungen wirtschaftlicher Entwicklung, Stuttgart usw. 1966; NIPPERDEY, Thomas: Deutsche Geschichte 1800–1866. Bürgerwelt und starker Staat, München 1983; WEBER, Max: Die protestantische Ethik und der Geist des Kapitalismus. In: Ders., Gesammelte Aufsätze zur Religionssoziologie, Bd. 1, 2. Aufl., Tübingen 1947; WEBER, Max: Wirtschaft und Gesellschaft, 5. revidierte Aufl., hg. v. Johannes Winckelmann, Studienausgabe Tübingen 1976; WEHLER, Hans-Ulrich: Deutsche Gesellschaftsgeschichte, Bd. 1: Vom Feudalismus des Alten Reiches bis zur defensiven Modernisierung der Reformära 1700–1815, München 1987; Bd. 2: Von der Reformära bis zur industriellen und politischen ‚deutschen Doppelrevolution' 1815–1845/49, München 1987.

5.6.5. Postindustrielle Kommunikations- und Wissensgesellschaft

Mit der flächenhaften Diffusion und dem Einsatz von Basisinnovationen im Nachrichten-, Informations- und Kommunikationsbereich (Telegraph, Telefon, (Rund-)Funk, Telekommunikation etc.) erfuhren die Formen individueller und kollektiver Kommunikation eine wesentliche Veränderung. Die 30er Jahre des 20. Jahrhunderts führten der erstaunten Öffentlichkeit in Deutschland und anderswo vor Augen, wie weitgehend die Instrumentalisierung der Massenkommunikation bereits gediehen war. Starkult, Rationalisierung der (Sende-)Zeit und die Ausrichtung von Staat, Wirtschaft und Gesellschaft auf die neuen akustischen und optischen Medien sowie damit einhergehend die verstärkte Einflussmöglichkeit über mediale, propagandistische Instrumente schufen neue Ausprägungen sozialer und interpersonaler Kommunikation, die letztlich den Zuschnitt der Gesamtgesellschaft so deutlich dominierten, dass von Kommunikationsgesellschaft gesprochen wurde. Sie ist geprägt durch völlig neue Möglichkeiten gesellschaftlicher Interaktion, aber auch überschattet von gefährlichen Abhängigkeiten vom „Medium", etwa der „Fernsehsucht". Die Medieneffekte entstehen dabei natürlich nicht nur über den Kommunikator, den Sender bzw. den Botschaftsüberbringer, sondern werden auch geprägt durch die Rezipientenaktivität, d.h. neben der Botschaft sind es die Erwartungen und Bedürfnisse der Empfänger, die den Effekt bedingen.

In jüngerer Zeit sind weitere Begriffe zur Charakterisierung der Gegenwartsgesellschaft kreiert worden. So spricht der Soziologe Ulrich Beck inzwischen von der „Weltrisikogesellschaft" in Ergänzung des ebenfalls von ihm vor zwanzig Jahren entworfenen Terminus „Risikogesellschaft".

Literatur
BECK, Ulrich: Weltrisikogesellschaft. Auf der Suche nach der verlorenen Sicherheit, Frankfurt a.M. 2007; BELL, Daniel: Die nachindustrielle Gesellschaft, Hamburg 1979; FRIED, Johannes: Die Aktualität des Mittelalters. Gegen die Überheblichkeit unserer Wissensgesellschaft, Stuttgart 2002; KAASE, Max/SCHULZ, Winfried (Hg.): Massenkommunikation. Theorien, Methoden, Befunde (= Kölner Zeitschrift für Soziologie und Sozialpsychologie Sonderheft 30/1989), Opladen 1989; STEHR, Nico: Wissen und Wirtschaften – Die gesellschaftlichen Grundlagen der modernen Ökonomie, Frankfurt a.M. 2001.

5.6.6. Eigenart und Charakter der Sozialgeschichte

Es kann heute kaum mehr Zweifel darüber geben, dass sich die Sozialgeschichte zu einer eigenständigen Disziplin entwickelt hat. Der günstige Nährboden, der sie heute trägt, war nicht immer vorhanden. Im 19. Jahrhundert waren es Idealismus und Historismus, die mit ihrer einseitigen Betonung der politischen Geschichte und Polemik gegen den „Soziologismus" einer eigenständigen Sozialgeschichte keine Entwicklungsmöglichkeit ließen. Gleichwohl geht die Sozialgeschichte auf diese Anti-Haltung RANKES, DROYSENS und TREITSCHKES zurück, insofern man sie als Antithese zum Historismus auffasst. Dieser neue Weg manifestierte sich auch bald in einem eigenen Organ, nämlich der 1893 geschaffenen „Zeitschrift für Social- und Wirtschaftsgeschichte", aus der 1903 die

„Vierteljahrschrift für Sozial- und Wirtschaftsgeschichte" (VSWG) hervorging. Bisweilen drohte jedoch die Sozialgeschichte zu stark in der Wirtschaftsgeschichte auf- bzw. unterzugehen und in begrifflicher Verstümmelung zu verschwinden („Sozialökonomik"). Nach dem Zweiten Weltkrieg regte sich jedoch verstärktes Interesse an sozialhistorischer Materie, und so darf konstatiert werden, dass eintrat, was A.J.C. RÜTER 1950 forderte, nämlich die „Emanzipation" der Sozialgeschichte. Sie war nun nicht mehr nur – wie bei OTTO BRUNNER noch 1956 – eine „Betrachtungsweise", sondern, um mit CLEMENS BAUER zu sprechen, eine eigene Disziplin bezüglich Objekt, Aufgaben und Methodik.

Nachdem HANS PROESLER 1955, HERMANN KELLENBENZ im Jahre 1961 und ERICH GRUNER 1963 den Standort bestimmt und die Aufgaben der Sozialgeschichte bzw. der Sozialwissenschaften formuliert hatten, definierte THOMAS NIPPERDEY 1968 die Problemfelder und Grenzen von Kulturgeschichte, Sozialgeschichte und historischer Anthropologie. Ein Jahr später veröffentlichte GERHARD OESTREICH einen Beitrag zum Thema „Die Fachhistorie und die Anfänge der sozialgeschichtlichen Forschung in Deutschland" und beleuchtete damit die historische Richtung, während PETER CHRISTIAN LUDZ 1972 eine Sammlung von Beiträgen herausgab („Soziologie und Sozialgeschichte. Aspekte und Probleme"), in denen die Zusammenhänge und Gemeinsamkeiten mit der soziologischen Richtung aufgezeigt wurden. Einen weiteren Akzent setzte 1974 AUGUST NITSCHKE mit der Formulierung der „Ziele und Methoden historischer Verhaltensforschung", wobei hier mit DAVID MCCLELLANDS „Leistungsgesellschaft" (Die wirtschaftliche Entwicklung aus der Sicht der Verhaltensforscher) bereits eine wertvolle, wenn auch nicht unumstrittene weil etwas einseitige, Basisarbeit existiert.

Weitere „programmatische" Problemaufrisse stammen von WERNER CONZE und HANS MOMMSEN.

1981 äußerte sich ein namhafter Vertreter der deutschen Sozialgeschichte, HANSJOACHIM HENNING, zu deren Aufgabenstellung wie folgt: „Sie untersucht die Kontinuität oder den prozesshaften Wandel der gesellschaftlichen Gliederung durch die Beobachtung der vielfältigen Verflechtungen der Menschen mit ihrer organisierten und nicht-organisierten sozialen Umwelt. Sie erforscht die daraus entstehenden Grundformen wie Familie und Sippe mit ihren – nicht selten zu Institutionen verfestigten – Gebräuchen und Sekundärformen wie Bünde, Gilden, Vereine, Parteien etc. Sie sucht die in den Verhaltensweisen verborgenen Wertskalen sowie die Selbst- und Fremdbewertung der sozialen Positionen samt ihren Konsequenzen für die Gesellschaftsordnung zu eruieren. Untersuchungsobjekte sind auch die qualitativen Gliederungen der Gesellschaft wie Gruppen, Stände, Schichten und Klassen. Darüber hinaus sind alle gesellschaftlichen Partikel auf ihren Zusammenhang untereinander und auf die in, für und gegen sie wirkenden Kräfte, Normen und Bewußtseinslagen zu befragen, die ihr Entstehen, Erhalt, Verändern und Zurücktreten verursachen oder nur tangieren. Sozialgeschichte kann als spezielle Disziplin im Rahmen der Geschichtswissenschaft betrieben werden, die in ihrer Aufgabenstellung sozialwissenschaftliche Theorieansätze berücksichtigt, sich von den in ihnen verborgenen Mechanismen jedoch soweit freihält, daß sie gesellschaftliche Situationen so real schildern und in ihren Bedingtheiten erklären kann, wie es die Überlieferung aus allen Lebensbereichen gestattet." (Sozialgeschichte, S. 665)

Zur Einarbeitung in und Vertiefung der sozialhistorischen Sachbereiche Gesellschaft, Kultur, Religion, Staat und Wirtschaft empfiehlt sich ein Blick in die umfassenden Werke MAX WEBERS, WERNER SOMBARTS und ALFRED MÜLLER-ARMACKS. Wer sich in die theoretisch-ideologischen Problemfelder der Sozial- und Wirtschaftswissenschaft einarbeiten will, sei auf THILO SARRAZINS „Ökonomie und Logik der historischen Erklärung" verwiesen. Wen auch die kritische Seite sozialwissenschaftlichen Schaffens interessiert, dem sei STANISLAV ANDRESKIS „Hexenmeister der Sozialwissenschaften" empfohlen. Die einschlägigen Methoden der Wirtschafts- und Sozialwissenschaften wurden von KROMPHARDT/ CLEVER/KLIPPERT in Form einer wissenschaftskritischen Einführung vorgelegt. Die dem amerikanischen Pragmatismus entstammenden Techniken der „Kodifizierung" und die Betonung logischer Zusammenhänge sowie die Forderung nach empirischen Befunden haben in Deutschland im Frankfurter Institut für Sozialforschung eine entsprechende Institutionalisierung erfahren. Die in den Sozialwissenschaften gepflegte Repräsentativbefragung und das Interview haben mit der *Oral History* auch Eingang in die (zeit-) historischen Wissenschaften gefunden. Der angehende Sozialhistoriker soll aber nicht nur mit den statistischen Methoden vertraut sein, sondern darüber hinaus andere Methoden beherrschen lernen. Dazu gehören Interpretationsmethoden von Quellentexten, Sekundärliteratur, Bildern, Geschichtskarten und Diagrammen. Er sollte das Erkennen und kritische Prüfen lernen und in der Lage sein, daraus generelle Aussagen oder Hypothesen abzuleiten und operational zu formulieren. Besonders hilfreich sind oft komparative, vergleichende Ansätze, wobei der intertemporale Vergleich sich dem Historiker besonders anbietet und hier der Frage der „Vergleichbarkeit" zunächst kritische Aufmerksamkeit zu schenken ist. Weitere Aspekte, die in diesem Zusammenhang überlegt werden sollten, sind: Fragen der Geschichtlichkeit, also der Anfänge (z.B. „Stunde Null" nach dem Dreißigjährigen Krieg oder nach dem Zweiten Weltkrieg), der Entwicklungen und Wandlungen, der Kontinuitäten und Diskontinuitäten. Weitere Überlegungen sollten sich beziehen auf Fragen der Multi- oder Monokausalität, gegenseitige Bedingungsverhältnisse (Interdependenz), Multiperspektivität, Realisierbarkeit oder Unbeeinflussbarkeit, Rationalität und Irrationalität, Intentionen und gewollte oder ungewollte Wirkungen usw.

Literatur

GRUNER, Erich: Vom Standort und den Aufgaben der Sozialgeschichte. In: VSWG 50, 1963, S. 145–163; HENNING, Hansjoachim: Art. Sozialgeschichte. In: HDWW 6, S. 661–689; KELLENBENZ, Hermann: Probleme einer deutschen Sozialgeschichte der neueren Zeit, Nürnberg 1961; LUDZ, Peter Christian (Hg.): Soziologie und Sozialgeschichte. Aspekte und Probleme (=Zeitschrift für Soziologie und Sozialpsychologie, Sonderheft 16), 1972; NIETHAMMER, Lutz (unter Mitarbeit von W. TRAPP) (Hg.): Lebenserfahrung und kollektives Gedächtnis. Die Praxis der ‚Oral History' (1980), Frankfurt/M. 1985; OESTREICH, Gerhard: Die Fachhistorie und die Anfänge der sozialgeschichtlichen Forschung in Deutschland. In: HZ 208, 1969, S. 320–363; PROESLER, Hans: Sozialgeschichte. In: HdSW 9, 1956; SCHULZ, Günther: Sozialgeschichte. In: G. Schulz u.a. (Hg.), Sozial- und Wirtschaftsgeschichte. Arbeitsgebiete – Probleme – Perspektiven. 100 Jahre VSWG (VSWG-Beih. 169), Stuttgart 2004, S. 283–303; WEHLER, Hans-Ulrich (Hg.): Moderne deutsche Sozialgeschichte, Köln 1973.

5.6.7. Sozialhistorische Forschung: Ein weites Feld …

Zu jedem der angeführten Teilbereiche der Sozialgeschichte liegt inzwischen neueres Schrifttum vor, wobei in den letzten Jahren ein thematischer Trend in Richtung Geschichte der Demographie und des Alters ging und darüber hinaus Frauenfragen besondere Berücksichtigung fanden. Im Übrigen gibt es kaum mehr ein Thema, das nicht von der (meist jüngeren) Sozialgeschichte als solches erkannt worden wäre. Dabei fehlt es nicht an populärwissenschaftlichen Darstellungen und auch nicht an Versuchen zu größeren allgemeinen Entwürfen, wie sie etwa aus der französischen Schule der „Annales" seit Jahrzehnten bekannt sind. In Deutschland erschienen in jüngerer Zeit die vier Bände von H.-U. WEHLERS „Gesellschaftsgeschichte" des 18. bis 20. Jahrhunderts, wobei hier der Versuch unternommen wurde, wirtschaftliche und soziale Entwicklungen als integrative Bestandteile des gesellschaftlichen Ganzen zu interpretieren. In den USA ist der Begriff Gesellschaftsgeschichte schon länger gebräuchlich. ERIC HOBSBAWM zeigte bereits 1971 den Weg "From Social History to the History of Society".

ARTHUR E. IMHOF konnte eindrücklich zeigen, welche enorme Aussagekraft die Gewinnung und richtige Anwendung demographischer Daten für die soziale und wirtschaftliche Entwicklung in der Geschichte haben kann. In den 1980er Jahren erfuhr mehr und mehr die Verbindung von Sozial- und Kulturgeschichte Beachtung, wobei vor allem die Untersuchungen HANS J. TEUTEBERGS, PETER BORSCHEIDS und CLEMENS WISCHERMANNS über die Alltags-, Wohn- und Esskultur sowie Nahrungsgewohnheiten – auch methodisch – sozialhistorisches Neuland erschlossen. Dasselbe gilt für die von LUTZ NIETHAMMER angeregten oder durchgeführten Untersuchungen zum Wohnalltag sowie zur *Oral History*. Einen relativ breiten Leserkreis fanden WOLFGANG SCHIVELBUSCHS Darstellungen, etwa die „Geschichte einer Eisenbahnreise", die Kulturgeschichte des Lichts oder seine Betrachtung über „das Paradies, der Geschmack und die Vernunft", das auf originelle Weise die Erschließung des europäischen Markts mit Kolonialprodukten wie Kaffee, Kakao, Tabak und Tee einbindet in den jeweiligen alltags-, sozial- und geisteshistorischen Hintergrund. Seine Bücher gehen neue Wege in der Darstellung der materiellen Kultur, auch wenn sie zuweilen gewisse Überinterpretationen enthalten und populärwissenschaftlichen Charakter tragen.

Literatur

HOBSBAWM, Eric J.: From Social History to the History of Society. In: Daedalus 1971, S. 20–45; NIETHAMMER, Lutz (Hg.): Wohnen im Wandel. Beiträge zur Geschichte des Alltags in der bürgerlichen Gesellschaft, Wuppertal 1979; PEYER, Hans Conrad (Hg.): Gastfreundschaft, Taverne und Gasthaus im Mittelalter, München/Wien 1983; SCHIVELBUSCH, Wolfgang: Das Paradies, der Geschmack und die Vernunft. Eine Geschichte der Genussmittel, Frankfurt/M., Berlin, Wien 1983; SCHIVELBUSCH, Wolfgang: Lichtblicke. Zur Geschichte der künstlichen Helligkeit im 19. Jahrhundert, Frankfurt a. M. 1986; TEUTEBERG, Hans-Jürgen (Hg.): Durchbruch zum modernen Massenkonsum, Münster 1987; TEUTEBERG, Hans-Jürgen (Hg.): Homo habitans. Zur Sozialgeschichte des ländlichen und städtischen Wohnens in der Neuzeit, Münster 1985; TEUTEBERG, Hans-Jürgen/WISCHERMANN, Clemens: Wohnalltag in Deutschland 1850–1914, Münster 1985.

Sozialhistorische Familienforschung

Die historische Familienforschung ist als Teildisziplin der Sozialgeschichte interdisziplinär angelegt und untersucht die vielschichtigen Prozesse des Wandels der Familien, deren Funktionen und Formen, im Kontext der gesellschaftlichen Strukturveränderungen.

Die sozialhistorische Familienforschung gehört zum Kernbereich der historischen Sozialwissenschaften schlechthin. Die Familie bildet in aller Regel den wichtigsten Sozialisationskontext des Menschen und prägt Einstellungen, Wissen und Fähigkeiten. Fragen der Kontinuität in der Firmengeschichte oder Aspekte der gesellschaftlichen Stabilität sind häufig eng mit familialen Fragen verbunden. Clans, Verwandtschaften (auch mit der negativen Assoziation des Nepotismus, d. h. des Klüngels, der Vetternwirtschaft o. ä.) und Familienunternehmen sind wesentliche und prägende Elemente der Wirtschaft und Gesellschaft und begründen daher eine besondere Aufmerksamkeit der Wirtschafts- und Sozialgeschichte für diesen Themenbereich.

Literatur

BORSCHEID, Peter/TEUTEBERG, Hans Jürgen (Hg.): Ehe, Liebe, Tod. Zum Wandel der Familie, der Geschlechts- und Generationsbeziehungen in der Neuzeit, Münster 1983; BULST, Neithard/GOY, Joseph/HOOCK, Jochen (Hg.): Familie zwischen Tradition und Moderne, Göttingen 1981; BURGUIÈRE, André/KLAPISCH-ZUBER, Christiane u. a.: Geschichte der Familie, 4 Bde., Frankfurt/M./New York/Paris 1996–1998; CONZE, Werner (Hg.): Sozialgeschichte der Familie in der Neuzeit Europas (Industrielle Welt 21), Stuttgart 1976; MITTERAUER, Michael/SIEDER, Reinhard (Hg.): Historische Familienforschung, Frankfurt 1982; MITTERAUER, Michael/SIEDER, Reinhard (Hg.): Vom Patriarchat zur Partnerschaft, 3. Aufl., München 1984.

Frauen- und Geschlechtergeschichte

Gender studies und insonderheit die Frauengeschichte werden heute geradezu selbstverständlich als eigene Disziplinen innerhalb der Sozial- und Gesellschaftsgeschichte aufgefasst. Ausgehend von der Neuen Frauenbewegung in den USA in den 60er Jahren des 20. Jahrhunderts kam es zu einer raschen Internationalisierung dieser Forschungsrichtung. Das Spektrum reicht von der familiären, gesellschaftlichen und rechtlichen Stellung der Geschlechter bis hin zu Verteilungs-, Macht- und hierarchischen Strukturen. Dabei sind Aspekte der Gleichberechtigungsfrage erstaunlich aktuell, denkt man etwa daran, dass Frauen in der Schweiz bis vor wenigen Jahren kein aktives Wahlrecht besaßen. Der Gesellschaftsvertrag muss quasi die Emanzipationsfrage berücksichtigen und neu ausgehandelt werden. Welche Konsequenzen dieser *cultural turn* haben wird, ist noch offen. Jedoch tragen Studien über die Geschichte des Feminismus, die kritische Aufarbeitung der Kultur- und Sittengeschichte von Ehe, Haushalt, Familie und patriarchalische Dominanz wesentlich dazu bei, die Frau historisch und gesellschaftlich neu zu verorten.

Von besonderem Interesse für die Unternehmens-Sozialgeschichte sind Forschungen über Frauen als Unternehmerinnen bzw. Managerinnen. Im Zusammenwirken von Betriebswirtschaftslehre und Betriebspsychologie kam es z. B. zu Befunden über geschlechtsspezifische Eignungen mit dem Ergebnis, dass Frauen komplexe Aufgaben der Mitarbeiterführung oder Anforderungen, die kommunikative Vermittlungskompetenz voraussetzen, besonders kompetent lösen. Frauengeschichte braucht also nicht Symbolgeschichte zu sein, sondern sollte sich, wenn sie ernst genommen werden will, daran machen, die positiv feststellbaren komparativen Vorteile der Frau in verschiedenen Bereichen herauszuarbeiten.

Ein Hemmschuh in der praktischen Arbeit von Historikern liegt häufig jedoch darin, dass die Belange der Frau in früherer Zeit schlicht nicht ernst genommen und deshalb vielfach nicht dokumentiert und archiviert wurden.

Literatur

BEIER, Rosmarie: Frauenarbeit und Frauenalltag im Deutschen Kaiserreich. Heimarbeiterinnen in der Berliner Bekleidungsindustrie 1880–1914, Frankfurt/M. 1983; BRAUN, Christina von/STEPHAN, Inge (Hg.): Gender-Studien. Eine Einführung, Stuttgart/Weimar 2000; BUSSEMER, Herrad-Ulrike: Frauenemanzipation und Bildungsbürgertum. Sozialgeschichte der Frauenbewegung in der Reichsgründungszeit, Weinheim 1985; BUSSMANN, Hadumod/HOF, Renate (Hg.): Genus. Zur Geschlechterdifferenz in den Kulturwissenschaften, Stuttgart 1995; ENNEN, Edith: Frauen im Mittelalter, 5. Aufl., München 1994; EVANS, Richard J.: The Feminist Movement in Germany 1894–1933, London 1976; FREVERT, Ute: Frauen-Geschichte zwischen bürgerlicher Verbesserung und Neuer Weiblichkeit, Frankfurt/M. 1986; GERHARD, Ute: Verhältnisse und Verhinderungen. Frauenarbeit, Familie und Rechte der Frauen im 19. Jahrhundert, Frankfurt/M. 1978; OFFEN, Karen/PIERSON, Ruth Roach/RENDALL, Jane (Hg.): Writing Women's History. International Perspectives, Bloomington/Indianapolis 1991; WEHLER, Hans-Ulrich (Hg.): Frauen in der Geschichte des 19. und 20. Jahrhunderts (= Geschichte und Gesellschaft Bd. 7), Göttingen 1981; WINKLER, Dörte: Frauenarbeit im ‚Dritten Reich‘, Hamburg 1977; WUNDER, Heide: Frauen- und Geschlechtergeschichte, in: G. Schulz u. a. (Hg.), Sozial- und Wirtschaftsgeschichte. Arbeitsgebiete – Probleme – Perspektiven (VSWG-Beihefte 169), Stuttgart 2004, S. 305–324.

Formale Bildung, Fachbildung, Humankapital, Sozialkapital

Der Bildungsbereich gehört dank der Studien PETER LUNDGREENS (Deutsche Schule), RAINER BÖLLINGS (deutsche Lehrer), DETLEV K. MÜLLERS (Strukturwandel des Schulwesens) und dem wertvollen, von KONRAD H. JARAUSCH herausgegebenen, internationalen Sammelband schon lange nicht mehr zu den Desideraten deutscher Sozialgeschichte. In diesem Zusammenhang ist auch die Studie von ROLF ENGELSING über das Analphabetentum und die Lesekultur im Übergang zur industriellen Gesellschaft von Interesse.

Der kognitive Faktor findet heute mehr und mehr Beachtung im Zusammenhang mit der Inventions- und Innovationsforschung. Man bringt die Zukunftsfähigkeit einer Gesellschaft in Zusammenhang mit ihrem Bildungsniveau, denn die Entwicklung oder Adaptierung von Hochtechnologie setzt ein hohes Maß an formalem Wissen, Erfahrungswissen und Anwendungs- bzw. Umsetzungswissen voraus. Deshalb wird neuerdings auch die Geschichte nach Korrelationen zwischen Bildungsniveau bzw. der Qualität des Humankapitals und wirtschaftlicher Entwicklung befragt.

Literatur

BÖLLING, Rainer: Sozialgeschichte der deutschen Lehrer. Ein Überblick von 1800 bis zur Gegenwart, Göttingen 1983; BÖLLING, Rainer: Schule, Staat und Gesellschaft in Deutschland. Neuere Literatur zur Sozialgeschichte der Bildung im 19. und 20. Jahrhundert. In: Archiv für Sozialgeschichte 23, 1983, S. 670–687; ENGELSING, Rolf: Analphabetentum und Lektüre: Zur Sozialgeschichte des Lesens in Deutschland zwischen feudaler und industrieller Gesellschaft, Stuttgart 1973; JARAUSCH, Konrad H. (Hg.): The Transformation of Higher Learning 1860–1930. Expansion, Diversification, Social Opening and Professionalization in England, Germany, Russia and the United States, Stuttgart 1983; LUNDGREEN, Peter: Sozialgeschichte der deutschen Schule im Überblick, 2 Teile, Göttingen 1980/81; LUNDGREEN, Peter: Schule, Universität und sozialer Wandel. Neue Literatur zur Sozialgeschichte der Bildung. In: Archiv für Sozialgeschichte 17, 1977, S. 517–537; MÜLLER, Detlev K.: Sozialstruktur und Schulsystem. Aspekte zum Strukturwandel des Schulwesens im 19. Jahrhundert, Göttingen 1981; ROTBERG, Robert I. (Ed.): Patterns of Social Capital. Stability and Change in Historical Perspective, Cambridge 2001.

Sozialgeschichte von Minderheiten und Eliten

Eine der am besten erforschten Minderheiten ist das Judentum. Von der großen Zahl hervorzuhebender Studien zu dessen sozial- und gesellschaftshistorischer Bedeutung gehören die Arbeiten WERNER E. MOSSES zum jüdischen Unternehmertum und den jüdischen Eliten. MONIKA RICHARZ untersuchte die Lebensformen des jüdischen Bürgertums anhand von Selbstzeugnissen und betrieb Studien zu den Domänen jüdischen Handels, etwa dem Viehhandel. Eine umfassende Sammlung von Beiträgen zum jüdischen Unternehmertum in Deutschland im 19. und 20. Jahrhundert wurde von MOSSE und POHL herausgegeben. MOSSE und ARNOLD PAUCKER gaben einen Sammelband heraus, der die Rolle der Juden im Kaiserreich beleuchtete. JACOB TOURY und REINHARD RÜRUP befassten sich mit der politischen und sozialen Geschichte der Juden in Deutschland im späteren 19. Jahrhundert.

Die historische Elitenforschung untersucht beispielsweise Formen der horizontalen und vertikalen Integration von Eliten. Ferner sind deren Rekrutierung sowie Sozialstruktur Gegenstand historischer Untersuchungen. Schließlich geht es um Fragen der Bedeutung sowie des Einflussbereichs der Eliten und deren Interaktion bzw. Kommunikation untereinander und mit anderen Teilen der Gesellschaft. Hier wird die Frage der Offenheit und Geschlossenheit von Eliten tangiert. Häufig hinterfragt sind die Positionen, die Eliten in der Gesellschaft einnehmen. Zu denken ist an Machteliten, Werteliten, Bildungseliten, Leistungseliten oder Reputationseliten. Im Zusammenhang der Wirtschafts- und Sozialgeschichte spielen die Untersuchungen zu den Wirtschafts- bzw. Unternehmereliten und deren Vernetzung eine wichtige Rolle.

Literatur

FISCHER, Albert: Hjalmar Schacht und Deutschlands „Judenfrage" (= Wirtschafts- und Sozialhistorische Studien, Bd. 2), Köln/Weimar 1995; MOSSE, Werner E.: Jews in the German Economy. The German-Jewish Economic Élite 1820–1935, Oxford 1987; MOSSE, Werner E./PAUCKER, Arnold (Hg.): Juden im wilhelminischen Deutschland 1890–1914, Tübingen 1976; MOSSE, Werner E./POHL, Hans (Hg.): Jüdische Unternehmer in Deutschland im 19. und 20. Jahrhundert (= ZUG-Beiheft 64), Stuttgart 1992; RICHARZ, Monika (Hg.): Jüdisches Leben in Deutschland. Selbstzeugnisse zur Sozialgeschichte, 3 Bde., Stuttgart 1976–1982; RÜRUP, Reinhard: Emanzipation und Antisemitismus. Studien zur ,Judenfrage' der bürgerlichen Gesellschaft, Göttingen 1975; TOURY, Jacob: Soziale und politische Geschichte der Juden in Deutschland 1847–1871. Zwischen Revolution, Reaktion und Emanzipation, Düsseldorf 1977.

Geschichte der Arbeiter und Arbeiterbewegung

Die Sozialgeschichte der Arbeiterbewegung darf inzwischen als umfassend strukturiert, dokumentiert und quellenmäßig tief erschlossen gelten. Dies trifft auch bereits für die der Arbeiter zu, die 1986 eine umfassende Bestandsaufnahme erfuhr und die internationale Forschung auf diesem Gebiet zusammenfasste. Dasselbe gilt für die historische Aufarbeitung des Verhältnisses zwischen Bürger und Arbeiter, wozu ebenfalls bereits ein historisch vergleichender Sammelband vorliegt. Dem Thema der „Klassen" nahm sich HANS-ULRICH WEHLER in besonderer Weise an.

Sehr zahlreich geworden sind Studien über die Sozialgeschichte der Arbeit sowie die Organisation und Internationalisierung der Arbeiterschaft. Hier seien nur die Studien JÜRGEN KOCKAS zur Klassenbildung sowie seine Arbeiten zur europäischen Arbeiterbewegung erwähnt. Grundlegend sind in diesem Zusammenhang auch die Studien, die von KLAUS TENFELDE herausgegeben wurden. Wichtige Beiträge zur Herkunft, Lage und zum Verhalten der Arbeiter im Industrialisierungsprozess wurden von WERNER CONZE und ULRICH ENGELHARDT herausgegeben. Weitere vertiefende Spezialarbeiten verfassten HEILWEG SCHO-

MERUS (Arbeiter der Maschinenfabrik Esslingen), PETER BORSCHEID (Textilarbeiter in Württemberg), MICHAEL GRÜTTNER (Hafenarbeiter) und LAWRENCE SCHOFER (Arbeiterschaft in Oberschlesien)

Literatur

BORSCHEID, Peter: Textilarbeiterschaft in der Industrialisierung. Soziale Lage und Mobilität in Württemberg (19. Jahrhundert), Stuttgart 1978; CONZE, Werner/ENGELHARDT, Ulrich (Hg.): Arbeiter im Industrialisierungsprozess. Herkunft, Lage und Verhalten, Stuttgart 1979; GRÜTTNER, Michael: Arbeitswelt an der Wasserkante. Sozialgeschichte der Hamburger Hafenarbeiter 1886–1914, Göttingen 1984; KOCKA, Jürgen: Lohnarbeit und Klassenbildung. Arbeiter und Arbeiterbewegung in Deutschland 1800–1875, Berlin/Bonn 1983; KOCKA, Jürgen: Traditionsbindung und Klassenbildung. Zum sozialhistorischen Ort der frühen deutschen Arbeiterbewegung, München 1986; SCHOFER, Lawrence: Die Formierung einer modernen Arbeiterschaft. Oberschlesien 1865–1914, Dortmund 1983; SCHOMERUS, Heilweg: Die Arbeiter der Maschinenfabrik Esslingen. Forschungen zur Lage der Arbeiterschaft im 19. Jahrhundert, Stuttgart 1977; TENFELDE, Klaus (Hg.): Arbeiter und Arbeiterbewegung im Vergleich (= Historische Zeitschrift, Sonderheft 15), München 1986; WEHLER, Hans-Ulrich (Hg.): Klassen in der europäischen Sozialgeschichte, Göttingen 1979.

Geschichte der Angestellten

Im Rahmen einiger Unternehmensstudien wurde sowohl die Arbeiter- als auch die Angestelltenschaft einer sozialhistorischen Untersuchung unterzogen. Hervorhebenswert sind in diesem Zusammenhang die Studien von GÜNTHER SCHULZ über Felten & Guilleaume sowie von HERMANN-JOSEF RUPIEPER über die MAN. Die kompakteste Darstellung der Angestellten-Geschichte des 19. und 20. Jahrhunderts stammt ebenfalls von SCHULZ.

Der Gruppe der Angestellten widmete JÜRGEN KOCKA eine Reihe von Studien. Hierzu existiert auch ein europäisch-vergleichendes Sammelwerk. Die Angestellten und ihr sozialer Status in der Weimarer Republik und NS-Zeit war Gegenstand einer Darstellung von MICHAEL PRINZ. Die kaufmännischen Angestellten waren Untersuchungsgegenstand von ROLF ENGELSING. Inzwischen wurde auch die Sozialgeschichte der technischen Angestellten aufgearbeitet, und zwar von HELMUTH TRISCHLER.

Literatur

KOCKA, Jürgen: Die Angestellten in der deutschen Geschichte, 1850–1980. Vom Privatbeamten zum angestellten Arbeitnehmer, Göttingen 1981; KOCKA, Jürgen (Hg.): Angestellte im europäischen Vergleich. Die Herausbildung angestellter Mittelschichten seit dem späten 19. Jahrhundert (= Geschichte und Gesellschaft, Sonderheft 7), Göttingen 1981; PRINZ, Michael: Vom neuen Mittelstand zum Volksgenossen. Die Entwicklung des sozialen Status der Angestellten von der Weimarer Republik bis zum Ende der NS-Zeit, München 1986; RUPIEPER, Hermann-Josef: Arbeiter und Angestellte im Zeitalter der Industrialisierung. Eine sozialgeschichtliche Studie am Beispiel der Maschinenfabrik Augsburg-Nürnberg (MAN) 1837–1914, Frankfurt/M./New York 1982; SCHULZ, Günther: Die Arbeiter und Angestellten bei Felten & Guilleaume. Sozialgeschichtliche Untersuchung eines Kölner Industrieunternehmens im 19. und beginnenden 20. Jahrhundert, Wiesbaden 1979; SCHULZ, Günther: Die Angestellten seit dem 19. Jahrhundert, München 2000; TRISCHLER, Helmuth: Steiger im deutschen Bergbau. Zur Sozialgeschichte der technischen Angestellten 1815–1945, München 1988.

Bürgertumsforschung

Die Bürgertumsforschung erfreut sich seit gut drei Jahrzehnten starken wissenschaftlichen Zuspruchs im deutschen wie im europäischen Maßstab. Eine Reihe von Sonderforschungsbereichen haben sich des Themas und damit verwandter Inhalte (z.B. dem Vereinswesen) angenommen. Auch die wesentlichen Ausprägungen der „Bürgerlichkeit" etwa in der Form des Bildungsbürgertums, Wirtschaftsbürgertums usw. sind inzwischen gut untersucht. Wesentliche Erträge der jüngeren sozial- und kulturhistorischen Bürgertumsforschung gab PETER LUNDGREEN in einem richtungsweisenden Sammelband heraus.

Wertvolle frühe Arbeiten über das Bürgertum bzw. den „Bourgeois" verdankt die Sozialgeschichte bekanntlich bereits WERNER SOMBART und MAX WEBER. Während sich dem Kleinbürgertum vor allem HEINZ-GERHARD HAUPT widmete, findet das Großbürgertum in jüngster Zeit wieder verstärkte Aufmerksamkeit in der historischen Forschung. Eine wesentlich präzisere Ortung der bürgerlichen Schicht und die Abschätzung der Möglichkeiten ihres Aufstiegs ist durch Studien von HARTMUT KAELBLE (Soziale Mobilität), MICHAEL GUGEL (Bürgerliche Herrschaft), GERT KOLLMER (Schwäbische Reichsritterschaft) und HANSJOACHIM HENNING (Westdeutsches Bürgertum) möglich. Vermeintlichen Randfiguren des gesellschaftlichen Daseins widmeten verschiedene Historiker ihre Aufmerksamkeit, so HERMANN KELLENBENZ (Kammerdiener) und HEINZ SPROLL (Häusliche Dienstboten und Hausangestellte in Baden).

Von besonderem Interesse im Kontext der Wirtschafts- und Sozialgeschichte ist die Erforschung des Wirtschaftsbürgertums. Dazu zählen Industrielle, Bankiers und Großkaufleute, also Kräfte, die das wirtschaftliche Wachstum generieren und beschleunigen und somit den wirtschaftlichen Wandel herbeiführen. CHRISTOF BIGGELEBENS Studie bietet hier ein gutes Beispiel. In einigen Wirtschaftsregionen und Gewerberevieren wie im rheinisch-westfälischen Verdichtungsraum, im südwestdeutschen Rhein-Neckar-Raum sowie in Großstädten wie Berlin, Frankfurt und Hamburg spielte das gehobene Wirtschaftsbürgertum eine starke, um nicht zu sagen dominante Rolle. Es gab der industriellen und kommerziellen Moderne ihr Gepräge und kam dem Bildungsbürgertum im Laufe des 19. Jahrhunderts zunehmend näher.

Literatur

BIGGELEBEN, Christof: Das „Bollwerk des Bürgertums". Die Berliner Kaufmannschaft 1870–1920, Schriftenreihe zur Zeitschrift für Unternehmensgeschichte Band 17, München 2006; CONZE, Werner/KOCKA, Jürgen (Hg.): Bildungsbürgertum im 19. Jahrhundert, Teil I: Bildungssystem und Professionalisierung im internationalen Vergleich, Stuttgart 1985; ENGELHARDT, Ulrich: ‚Bildungsbürgertum'. Begriffs- und Dogmengeschichte eines Etiketts, Stuttgart 1986; Hans-Werner HAHN/Dieter HEIN (Hg.), Bürgerliche Werte um 1800. Entwurf – Vermittlung – Rezeption, Köln/Weimar/Wien 2005; HAUPT, Heinz-Gerhard (Hg.): ‚Bourgeois und Volk zugleich?' Zur Geschichte des Kleinbürgertums im 19. und 20. Jahrhundert, Frankfurt/M. 1978; HAUPT, Heinz-Gerhard: Kleinhändler und Arbeiter in Bremen zwischen 1890 und 1914. In: Archiv für Sozialgeschichte 22, 1982, S. 95–132; HERMANN, Ulrich (Hg.): Die Bildung des Bürgers. Die Formierung der bürgerlichen Gesellschaft und die Gebildeten im 18. Jahrhundert, Weinheim/Basel 1982; KAELBLE, Hartmut: Historische Mobilitätsforschung (= Erträge der Forschung 85), Darmstadt 1978; KELLENBENZ, Hermann: Der Kammerdiener, ein Typus der höfischen Gesellschaft. Seine Rolle als Unternehmer. In: Wirtschaftliche Leistung und gesellschaftlicher Wandel. Kleine Schriften III (= VSWG-Beihefte 94), Stuttgart 1991, S. 1063–1094; LUNDGREEN, Peter (Hg.): Sozial- und Kulturgeschichte des Bürgertums: eine Bilanz des Bielefelder Sonderforschungsbereiches (1986–1997), Göttingen 2000; VIERHAUS, Rudolf (Hg.): Bürger und Bürgerlichkeit im Zeitalter der Aufklärung, Heidelberg 1981; WEHLER, Hans-Ulrich: Deutsche Gesellschaftsgeschichte, Bd. 1: Vom Feudalismus des Alten Reiches bis zur defensiven Modernisierung der Reformära 1700–1815, München 1987; Bd. 2: Von der Reformära bis zur industriellen und politischen „deutschen Doppelrevolution", 1815–1845/49, 2. Aufl. München 1989; Bd. 3: Von der „Deutschen Doppelrevolution" bis zum Beginn des Ersten Weltkrieges 1849–1914, München 1995; Bd. 4: Vom Beginn des Ersten Weltkrieges bis zur Gründung der beiden deutschen Staaten 1914–1949, München 2003; WEIS, Eberhard: Der Durchbruch des Bürgertums 1776–1847 (= Propyläen Geschichte Europas 4), Berlin 1978.

6. Konzeptionen

6.1. „Offene" Strukturgeschichte

> *„Schon die Idee eines abgeschlossenen Ganzen der Geschichte ist*
> *eine erkenntnistheoretische Absurdität."*
> (H. LÜTHY: Mathematisierung. In: H.-U. Wehler,
> Ökonomie, S. 230)

Im Jahre 1929 wurde in Frankreich die Zeitschrift „Annales d'histoire économique et sociale" (kurz: Annales) gegründet, die im Wesentlichen das Werk
einer jungen und innovativen französischen Historikergruppe war. Den Kern
dieser „Gruppe" bildeten die Historiker LUCIEN FEBVRE, MARC BLOCH, FERNAND
BRAUDEL, GEORGES DUBY, JACQUES LE GOFF und EMMANUEL LE ROY LADURIE. Zum
weiteren Kreise gehör(t)en ERNEST LABROUSSE, PIERRE VILAR, MAURICE AGULHON
und MICHEL VOVELLE. Eher am Rand zu verorten sind ROLAND MOUSNIER und
MICHEL FOUCAULT. Die von der ersten Generation, vor allem dem Frühneuzeit-
ler FEBVRE und dem Mediävisten BLOCH entwickelte Zeitschrift und die sie prägende Gruppe steht für eine neue Art der Geschichtsschreibung, die struktu-
rell-analytisch, auf das menschliche Handeln bezogen und interdisziplinär angelegt ist. Damit verbunden sind eigene Sprachregelungen, die inzwischen
auch in die Geschichtsschreibung anderer Länder Eingang gefunden hat. Zu
diesen Schlüsselbegriffen gehören etwa: *civilisation, structure, longue durée und
histoire totale*. Die *histoire totale* ist eine historische Sichtweise, die versucht, die
säkularen, übergeordneten, gesamtheitlichen Komponenten der Geschichts-
entwicklung zu betonen bzw. herauszuarbeiten. Dazu gehören globale Veränderungen, z.B. klimatische und demographische etc., die oft ihren Niederschlag
in den sog. „Langen Wellen" finden, d.h. den über Jahrzehnte oder Jahrhunderte reichenden konjunkturellen Ausschlägen wirtschaftlicher Entwicklung.
Diese ganzheitliche Sicht der Geschichte wurde im Wesentlichen in Frankreich
vorangetrieben und ist verbunden mit einigen Namen aus der Annales-Grup-
pe, insbesondere mit dem FERNAND BRAUDELS, der in universalistischer Weise
versuchte, eine Art integrierte Geschichte aus *histoire de l'homme, histoire quantitative, histoire structurale* und – mit PIERRE CHAUNU – *science sociale* zu begreifen.

Bei aller Attraktivität und Anerkennung der „großen" Sicht BRAUDELS, der ja
mit historischem Material meisterhaft zu jonglieren und Sozial-, Wirtschafts-,
Handels-, Mentalitäts- und Kunstgeschichte souverän zu einer umfassenden
Kulturgeschichte zu amalgamieren verstand: Es bleibt die Frage, ob hier nicht
Geschichte unzulässig „verkürzt" wird, ob die Sprünge über Jahrhunderte und
Kontinente hinweg, die seine „Sozialgeschichte des 15.–18. Jahrhunderts" aus-
zeichnen, nicht zu groß sind, um den strengen Anforderungen an methodisch
einwandfreie Komparatistik noch zu genügen. Gleichwohl: Geschichte, immer
wieder befragt, eröffnet neue Perspektiven!

Eine gewisse Affinität zur evolutorischen Forschung findet man auch in
der französischen Strukturgeschichte, die zuweilen als *histoire nouvelle* bezeichnet wird. Dieses „nouvelle" könnte auch für „interdisziplinär" stehen,
denn Historiker wie BRAUDEL und andere Annales-Wissenschaftler haben
mit typischen Konstrukten der evolutorischen Ökonomik gearbeitet.

Die *histoire nouvelle* steht u. a. für die historische Verhaltensforschung. Sie
untersucht Verhalten, Bewegungen und Affekte als entscheidende anthropologische Kategorie in der Geschichte. Themen der historischen Anthropologie
sind z. B. „Neid", „Neugier", Aggressivität, Angst u. ä. Der Mentalitätsgeschichte
geht es auch um prosopographische Aufschlüsse („kollektive Biografie") oder
überhaupt um „kollektive Einstellungen". Die Alltagsgeschichte untersucht
massenhafte Vorgänge. Sie gehört – wie auch die anderen erwähnten Bereiche
– zur sog. Mikrogeschichte. Psychohistorie – dies sei beiläufig bemerkt – begegnet jedoch oft Quellenproblemen. So fehlen z. B. für das Mittelalter häufig
Selbstaussagen als „sichere" Quellen.

Auch in der französischen Wirtschaftsgeschichte findet man z. B. ein wich-
tiges Merkmal des evolutorischen Paradigmas, nämlich die mehrmals erwähnte
Ko-Evolution von Natur und Kultur. LUCIEN FEBVRE und BRAUDEL (angeregt
durch VIDAL DE LA BLACHE und den deutschen Geographen RATZEL, einen Pio-
nier der Humangeographie bzw. Anthropogeographie) beschäftigten sich vor
allem mit naturräumlichen Strukturen in ihrer kultur- und mentalitätsprä-
genden Wirkung auf den Menschen. Sie werden meisterhaft dargestellt, z. B. in
BRAUDELS Werk über das Mittelmeer, das man als historisches Grundlagenwerk
über die biologisch-kulturelle Ko-Evolution bezeichnen könnte. Er beginnt in
dem dreigeteilten Werk mit dem Milieu, also der unveränderlichen Natur als
Basis allen Lebens, kommt dann auf die Institutionen als menschengeschaf-
fene, aber vergängliche Zustände und schließlich im dritten Teil auf die Ereignisse, die Politik und die Menschen zu sprechen, also auf die kurze Dauer. Davon abgeleitet sind BRAUDELS Zeitplafonds.

BRAUDEL, der sich einmal als Pluralisten bezeichnet hat, hätte damit auch meinen können, er sei ein Historiker, der sich mit komplexen Phänomenen auseinandersetzt. Die französischen Historiker haben sich mit vielen Kulturen beschäftigt, „Mitläufer" unter den Altertumswissenschaftlern gehabt und sich mit der Dimension Zeit auseinandergesetzt. Ihr historisches Hauptinteresse galt dem Mittelalter und der frühen Neuzeit. So hat MARC BLOCH die historische Psychologie 1924 mit einem Beitrag über Religionspsychologie (Les rois thaumaturges) in die Diskussion gebracht und in späteren Aufsätzen die Reaktionen auf den Technikwandel als kollektivpsychologisches Phänomen gedeutet. Außer BLOCH war es FEBVRE, der spätestens 1938 von einer historischen Psychologie sprach und seine Rabelais-Studie von 1942 als Beitrag dazu verstand. Später ist an die Stelle dieses Begriffs dann der der „Mentalitätengeschichte" getreten, die wiederum in Frankreich prominent vertreten war. Der Begriff *mentalité* wurde aber auch schon in den 1920er Jahren verwendet, nicht zuletzt durch LÉVY-BRUHLS Werk „La mentalité primitive". Auch EMILE DURKHEIM und MARCEL MAUSS verwandten den Begriff häufig. GEORGES LEFEBVRE brachte den Begriff *histoire des mentalités collectives* auf. Wie sehr die Berücksichtigung des Psychologischen im Historischen üblich geworden war, zeigte ROBERT MANDROU, der seiner Einführung in das moderne Frankreich von 1961 den Untertitel „ein psychologiehistorischer Essay" gab.

Von der *psychologie historique* war es nicht weit zu unserem weiteren evolutorischen Schlüsselbegriff der „Imagination". GEORGES DUBY verwendete 1978 und CORBIN 1982 den Begriff *histoire de l'imaginaire*, der mit dem älteren Begriff der *histoire des représentations collectives* verwandt war, aber wohl auch neomarxistisch konnotiert war, indem ALTHUSSER die Definition von Ideologie als „ein imaginäres Verhältnis zu den wirklichen Existenzbedingungen" prägte.

Literatur

BRAUDEL, Fernand: Das Mittelmeer und die mediterrane Welt in der Epoche Philipps II., 3 Bde., Frankfurt/Main 1990 (Übersetzung nach der vierten, durchgesehenen und berichtigten Aufl. 1979; das „klassische" Werk des großen französischen Historikers in deutscher Erstausgabe. Ebenso wie die „Sozialgeschichte" (s.o.) als Trilogie angelegt [Raum, Gesellschaft, Individuum]); BRAUDEL, Fernand: Sozialgeschichte des 15.–18. Jahrhunderts, 3 Bde., München 1990; BRAUDEL, Fernand: Die Dynamik des Kapitalismus, Stuttgart 1986; BURKE, Peter: Offene Geschichte. Die Schule der Annales, Berlin 1991; DUBY, Georges: Europa im Mittelalter, Stuttgart 1986; FEBVRE, Lucien: Das Gewissen des Historikers,. hg. u. aus dem Franz. übers. v. Ulrich Raulff, Berlin 1988 (1. franz. Ausg. Paris 1953) (Sehr anregende, originelle und repräsentative Auswahl aus Essays, Reden und Artikeln des bedeutenden französischen Historikers und Mitbegründers der

„Annales". Enthält auch eine Auswahlbibliographie und eine Kurzbiographie des „streitbaren Prälaten" Febvre); GROH, Dieter: Strukturgeschichte als „totale" Geschichte? In: VSWG 58/3, 1971, S. 289–322; GURJEWITSCH, Aaron J.: Das Weltbild des mittelalterlichen Menschen, 4. Aufl., München 1989; LE GOFF, Jacques: Kultur des europäischen Mittelalters, Zürich 1970; RAPHAEL, Lutz: Die Erben von Bloch und Febvre. Annales-Geschichtsschreibung und nouvelle histoire in Frankreich 1945–1980, Stuttgart 1994; WEHLER, Hans-Ulrich (Hg.): Geschichte und Ökonomie, Köln 1973; WÜSTEMEYER, Manfred: Die Annales. Grundsätze und Methoden ihrer „neuen Geschichtswissenschaft". In: VSWG 54/1, 1967, 1–45.

6.2. *New Economic History*, Kliometrik und kontrafaktische Analyse

Im Zusammenhang mit der Statistik ist auf eine Ende der 50er Jahre neu entstandene Richtung in der Wirtschaftsgeschichte hinzuweisen, die vorwiegend quantitative Methoden (Statistik und angewandte Mathematik) benutzt und stark mit wirtschaftstheoretischen, hypothetisch-deduktiven Modellen arbeitet. Diese in den USA entstandene *New Economic History* – auch als ökonometrische Geschichte oder Kliometrik bezeichnet – verhalf der Wirtschaftsgeschichte inzwischen zu zahlreichen bedeutenden Ergebnissen, z.B. der Neuinterpretation des Zusammenhangs der Sklaverei mit der wirtschaftlichen Entwicklung der Südstaaten vor dem Sezessionskrieg.

Als typische Vertreter gelten hier u.a. A.H. CONRAD und J.R. MEYER (Yale University, New Haven), die die Hypothese untersuchten, die Sklaverei sei am Vorabend des Bürgerkrieges im Süden der USA unrentabel gewesen. Die meisten Geschichtsbücher gingen bis dahin davon aus, dass der Vor-Kriegs-Süden als wirtschaftlich rückständige agrarische Region unter dem Joch des Plantagensystems stagnierte. CONRAD und MEYER führten den Beweis, dass selbst Farmer aus den armen Gebieten in der Lage waren, für ihre Betriebe ebenso hohe Renditen wie bei anderer wirtschaftlicher Betätigung zu erzielen. RICHARD EASTERLINS Untersuchungen über die regionale Einkommensverteilung ergaben, dass das Pro-Kopf-Einkommen im Vor-Kriegs-Süden ebenso schnell gestiegen war wie in den übrigen Teilen des Landes, nämlich um 1,5 v.H. jährlich. Ein weiteres hervorragendes Beispiel stellt hier die Studie von DOUGLASS C. NORTH über die Frachtpreise und die Veränderung der Produktivität im Ozeanschiffsverkehr dar. Die kliometrische Forschung arbeitet mit für sie charakteristischen Vergleichen (z.B. Wachstumsvergleichen) zwischen tatsächlich eingetretenen Realitäten und fragt sich, was bei deren Nichteintreten (z.B. Eisenbahnbau in Amerika) erfolgt wäre.

Darstellung 28   Robert W. Fogel (links) und Douglass C. North

Den Hauptverfechtern der *New Economic History*, ROBERT W. FOGEL und STANLEY E. ENGERMANN, hielt FRITZ REDLICH kritisch die Ansicht entgegen, die hypothetisch-deduktiven Modelle könnten kaum überprüft oder verifiziert werden und es sei nicht Geschichte, sondern nur „Quasi-Geschichte" (wie es schon vorher sein Freund ARTHUR JOHNSEN bezeichnete), nur Fragen nach dem Muster „Was-wäre-geschehen-wenn" nachzugehen. Diesbezügliche Fragestellungen könnten z. B. sein: Was wäre geschehen, wenn die Eisenbahn in den USA 20 Jahre später oder womöglich gar nicht gebaut worden wäre? Oder: Was wäre geschehen, wenn in Deutschland 1834 kein Zollverein gegründet worden wäre? - Indes wird auch von den schärfsten Kritikern nicht übersehen, dass die *New Economic History* der wirtschaftsgeschichtlichen Forschung einen positiven und dauernden Beitrag, vor allem aber wesentliche Impulse und Ideen, geliefert hat.

Literatur

BATEN, Jörg: Die Zukunft der kliometrischen Wirtschaftsgeschichte im deutschsprachigen Raum, in: G. Schulz u. a. (Hg.), Sozial- und Wirtschaftsgeschichte (VSWG-Beihefte 169), Stuttgart 2004, S. 639–654; FOGEL, Robert W.: Die neue Wirtschaftsgeschichte. Forschungsergebnisse und Methoden (Kölner Vorträge zur Sozial- und Wirtschaftsgeschichte, Heft 8) Köln 1970; NORTH, Douglass C.: A New Economic History for Europe? In: H. Giersch u. H. Sauermann (Hg.), Quantitative Aspekte der Wirtschaftsgeschichte, W.G. Hoffmann z. 65. Geb., Tübingen 1968, S. 139–147; NORTH, Douglass C./ THOMAS, Robert Paul: The Rise of the Western World. A New Economic History, Cambridge 1973 (Reprint 1976); PLATT, D.C.M.: Mickey Mouse Numbers in World History. The Short View, London 1989; REDLICH, Fritz: „New" and Traditional Approaches to Economic History and their Interdependece. In: Journal of Economic History, XXV, 1965, S. 480–495.

6.3. Institutionen und *Property Rights*

Im Zusammenhang mit der *New Economic History* wurde zu Anfang der 70er Jahre ein Paradigma oder ein Ansatz in die Diskussion eingebracht, der den institutionellen Wandel als erklärende Variable für wirtschaftliche Entwicklung hervorhob (Institutionalismus). Es geht dabei um die Schaffung von Rahmenbedingungen, die (sozial-)produktives Handeln lohnenswert erscheinen lassen, in diesem Fall die Einführung und Erhaltung eines funktionierenden Rechts- und Ordnungssystems, das Besitz- und Eigentumsrechte, oder besser: Verfügungsrechte, garantiert. In Deutschland wurde die Diskussion von KNUT BORCHARDT erstmals aufgenommen, der sich 1977 sogar fragte, ob in diesem „Property Rights-Ansatz" möglicherweise ein „Zeichen für eine systematische Neuorientierung des Faches" Wirtschaftsgeschichte zu sehen sei. BORCHARDT umschrieb den Property Rights-Ansatz mit folgenden drei Aufgaben: „1. Er sucht (geschichtliche) Property Rights und ihren Zusammenhang zu identifizieren. 2. Er sucht zu erklären, wie es zum Wandel von Property Rights kam. 3. Er sucht die gesellschaftlichen Konsequenzen der bestehenden Verfügungsrechte und ihres Wandels zu ermitteln." (K. BORCHARDT, Property, S. 143) 1993 nahm CLEMENS WISCHERMANN das Thema auf und vertiefte es.

Im Grunde genommen ist der „Property Rights-Ansatz" als wesentliches Element der strukturgeschichtlichen Forschung im Sinne der BRAUDELschen *longue durée* zu verstehen. Als Kernbestandteil der historischen Struktur kann man die oben beschriebene „Ordnung" annehmen. Sie bildet den Rahmen für eine Vielzahl von „Motivationsketten und Motivationshorizonten" (ERNST PITZ), gewissermaßen das Raster für „Aktion und Reaktion" im lebenserfüllten historischen Alltag. Ein Bauer, der ein Feld bestellt, das sein Eigentum ist, tut dies mit einer anderen Motivation als einer, dessen Acker sich in Kollektiveigentum befindet.

Literatur

BORCHARDT, Knut: Der ‚Property-Rights-Ansatz' in der Wirtschaftsgeschichte. Zeichen einer systematischen Neuorientierung des Faches? In: Geschichte und Gesellschaft, Sonderheft 3, Göttingen 1977, S. 140–156; WISCHERMANN, Clemens: Der Property-Rights-Ansatz und die „neue" Wirtschaftsgeschichte. In: GG 19, 1993, S- 239–258.

6.4. Evolutorische Wirtschaftsgeschichte

In Anlehnung an das evolutionäre Paradigma des Entwicklungsverlaufs nach Variation und Selektion versucht auch die Wirtschaftsgeschichte diesen Gedanken aufzugreifen. Schließlich ist nicht von der Hand zu weisen, dass sich langfristige wirtschaftliche Phänomene, etwa Marktbildungsprozesse, in struktureller Analogie zur „Natur", d. h. eben im Sinne von Variation/Selektion, vollziehen.

Evolutorische Prozesse sind wechselseitiger Natur, symbiotisch und mutualistisch. Sie sind entweder für die andere Seite schadlos (kommensuralistisch) oder schädlich (parasitär). Sie setzt an bei der Produktion in der belebten Natur, die zwei generische Inputs stiftet, nämlich Materie und freie Energie („genetisches Wissen", DNS-, RNS-Stränge). Durch Rekombination derselben kommt es zur Erzeugung genetischer Neuigkeit.

Der Gebrauch exo-somatischer Werkzeuge stellt einen Quantensprung in der Produktionstechnologie der Natur dar und begründet historische Fundamentalzäsuren. Über die allmähliche Herausbildung eines rationalen Ziel-Mittel-Verständnisses werden anthropogene Produktionsformen geschaffen, die die kulturelle Evolution begründen und fortentwickeln.

Zu Materie, freier Energie sowie genetischem Wissen kommt im Laufe der Menschheitsgeschichte technologisches Wissen als von diesem selbst erzeugten, und daher selbst evolvierendem Input. Technologisches Wissen ist kultureller Natur.

In jüngerer Zeit waren Bestrebungen in der Volkswirtschaftslehre zu beobachten, die historische Dimension in die global angelegten entwicklungstheoretischen Betrachtungen einzubeziehen. JOSEPH SCHUMPETERS „Theorie der wirtschaftlichen Entwicklung" bietet hierzu die besten Voraussetzungen. Die „neue" Entwicklungstheorie, die vor allem von GÜNTER HESSE erweitert und neuformuliert wird, berücksichtigt auch globale ökologische, klimatische, ethnische und sonstige universale Bedingungskonstellationen, welche die wirtschaftliche Entwicklung wesentlich beeinflussen. Seine neuesten Ansätze und Erkenntnisse zum Thema „Modernes Wirtschaftswachstum als Teil langfristiger sozio-ökonomischer Entwicklung" lassen sich folgendermaßen zusammenfassen: In einem evolutorischen Ansatz, der sich grundsätzlich von der neoklassischen Wachstumstheorie und der herkömmlichen ökonomischen Institutionentheorie unterscheidet, wird die sehr langfristige sozio-ökonomische Entwicklung als ungeplantes Resultat der innovativen Anpassung der Menschen an einige elementare unveränderliche Einschränkungen (invariante Restriktionen) erklärt.

Nach der Einführung einer ubiquitären, d.h. überall verbreiteten, aber auf Informationsschöpfung beschränkten Kreativität des Menschen werden zunächst Sachkapitalbildung und Bevölkerungswachstum (Investitionstheorie des generativen Verhaltens) als innovative Anpassungen interpretiert. Ein Folgeproblem dieses generativen Verhaltens ist die steigende Zahl der jeweils lebenden Menschen. In Verbindung mit der absolut begrenzten Oberfläche der Erde führt das dazu, dass nach einer Phase, in der die ökonomische Bevölkerungsdichte (Personen pro genutzte Erdoberfläche) wegen der noch gegebenen Möglichkeit der Zunahme der schlichten Anzahl der von Menschengruppen genutzten Territorien nicht steigen musste (Ausbreitung der Menschen über die Erde), eine Phase zunehmender Intensivierung der Landnutzung (steigende ökonomische Bevölkerungsdichte) folgen muss.

In diesen beiden Phasen unterscheidet sich die Art der innovativen Anpassung an das verallgemeinerte Gesetz der Produktion organischer Substanzen („Bei der Steigerung des Anteils des vom Menschen genutzten Sonnenenergiestromes pro Flächeneinheit steigt der Energieaufwand stärker als der Energieertrag"). Jäger und Sammler können den sinkenden Grenzerträgen ihrer Arbeit durch revolvierende Nutzung trophischer, d.h. mit der Ernährung zusammenhängender, Pyramiden und Gruppenspaltung sowie Besiedlung neuer Territorien entkommen und ein hohes Niveau des Grenzertrages ihrer Arbeit erhalten. Bei steigender ökonomischer Bevölkerungsdichte kann die Kreativität der Menschen lediglich das Tempo, mit dem die Grenzerträge der Arbeitseinheit sinken, durch die Einführung neuer Landnutzungssysteme beeinflussen. Die systematisch mit steigender Bevölkerungsdichte variierenden Landnutzungssysteme sind dann als innovative Anpassung an das verallgemeinerte Gesetz der Produktion organischer Substanzen bei steigender ökonomischer Bevölkerungsdichte zu erklären.

Folgen der Intensivierung der Landnutzung sind vielfältige neue Probleme, neue Tätigkeiten und Techniken, die Entstehung von immobilen Investitionen und die daraus resultierende systematische Erpressbarkeit der Investoren, die die Entstehung einer stärker hierarchisch gegliederten Gesellschaft mit einer Zwangsabgaben (Steuern) zahlenden („bäuerlichen") Unterschicht und einer die Hierarchie erhaltenden und rechtfertigenden Schicht aus „Kriegern" und

„Priestern" möglich macht, in der u. a. neue Probleme der Verwaltung, der Kontrolle und des Fernhandels mit „Königsgütern" entstehen und kreativ gelöst werden. In solchen agrarischen Hochkulturen gibt es Märkte, Kommerzialisierung, Geld, Banken, Privateigentum, Kapitalbildung und viele Innovationen. Sie existierten z.T. über Jahrtausende. Sie waren zwar nicht stationär, aber sie zeigten auch keine Anzeichen modernen Wirtschaftswachstums.

Modernes Wirtschaftswachstum (Industrialisierung, sinkende Beschäftigungsquote des Agrarsektors), entstand nur in einem bevölkerungs- und flächenmäßig kleinen Teil der Welt. Die anhaltende Auseinanderentwicklung der Produktions- und Beschäftigungsstrukturen der entwickelten Agrarwirtschaften in verschiedenen Weltteilen begann sehr grob gesagt im 16. Jahrhundert, als in Nord-West-Europa die Bevölkerung das vor dem Pestzeitalter (1347ff.) erreichte Niveau deutlich überschritt und weiter zunahm. Die Auseinanderentwicklung wird wiederum erklärt als Resultat einer innovativen Anpassung an eine elementare invariante Restriktion, deren Relevanz für eine Sonnenenergiestromvolkswirtschaft im Zuge der wegen steigender Bevölkerungsdichte zunehmenden Intensivierung der Landnutzung drastisch zunimmt. Diese Restriktion ist nicht überall auf der Welt gegeben, sondern nur in den Teilen, die modernes Wirtschaftswachstum hervorgebracht haben. Es ist die durch den saisonalen Temperaturgang gegebene Restriktion der Möglichkeiten der zeitlichen Allokation von Elementarprozessen in der Produktion pflanzlicher Nahrungsmittel.

Diese Restriktion erzeugt in tropischen und außertropischen agrarischen Hochkulturen systematisch verschiedene Anreizstrukturen bezüglich agrarischer und industrieller Produktion und Innovation. Ein Beispiel ist die gegenüber tropischen Regionen größere Ausstattung der direkten landwirtschaftlichen Arbeit mit Kapitalgütern (vorgetaner Arbeit) und die so steigende Bruttoproduktion pro landwirtschaftlicher Arbeitskraft bei – wie in den Tropen – sinkenden Grenzerträgen der insgesamt eingesetzten (direkten und vorgetanen) Arbeit im Zuge der Steigerung der Produktion pro Flächeneinheit. Die systematisch verschiedenen Anreizstrukturen führen zu unterschiedlichen Inhalten der volkswirtschaftlichen Lernprozesse und der daraus resultierenden Human- und Sachkapitalausstattung in tropischen und außertropischen Regionen der Erde bei als gleich kreativ und innovativ gedachten Menschen. In den dicht besiedelten außertropischen Regionen wurde als Resultat der innovativen Anpassung an die in den Tropen nicht gegebene Restriktion der Möglichkeiten der temporalen Allokation von Elementarprozessen in der Agrarproduktion ein gegenüber den Tropen inhaltlich veränderter volkswirtschaftlicher Lernprozess in Gang gesetzt und gehalten, in dem dann ungeplant die technischen und ökonomischen Bedingungen für die kontrollierte Nutzung anderer Basisressourcen als des Sonnenenergiestromes entstanden (frühe Phase der Industrialisierung bis Anfang des 19. Jahrhunderts). Danach, in der zweiten Phase der Industrialisierung, stieg mit dem steigenden Energieverbrauch pro Kopf auch die materielle Produktion pro Kopf – im Gegensatz zur frühen Phase der Industrialisierung – an. Empirische Untersuchungen, in die 90 % der Weltbevölkerung einbezogen wurden, ergaben, dass schon mit der Variablen, die den Einfluss des saisonalen Temperaturgangs misst, bis zu 70 % der Unterschiede im Industrialisierungsgrad der Weltregionen hochsignifikant erklärt werden können. Mit einer Kompaktvariablen, in die auch der im Wesentlichen aus fossilen Trägern stammende „kommerzielle" Energieverbrauch pro Kopf integriert wurde, konnten sogar bis zu 86 % der Unterschiede der elementaren ökonomischen Strukturen der Länder der Welt hochsignifikant erklärt werden. – Soweit die Interpretation der langfristigen sozio-ökonomischen Entwicklung durch den wirtschaftshistorisch orientierten Wirtschaftstheoretiker GÜNTER HESSE.

Literatur

DOPFER, Kurt (Hg.): Evolutionary Economics. Program and Scope, Boston 2001; DOPFER, Kurt (Hg.): The Evolutionary Foundations of Economics, Cambridge 2005; HERRMANN-PILLATH, Carsten: Grundriss der Evolutionsökonomik (Neue Ökonomische Bibliothek), München 2002; HESSE, Günter: Die Entstehung industrialisierter Volkswirtschaften, Tübingen 1982; HESSE, Günter: Industrialisierung in tropischen Regionen. In: Koch, W.A.S. (Hg.): Folgekosten von Entwicklungsprojekten – Probleme und Konsequenzen für eine effizientere Entwicklungspolitik. S.V.S., N.F. 143, Berlin 1984, S. 33–103; HESSE, Günter: Innovationen und Restriktionen. Zum Ansatz der Theorie der langfristigen wirtschaftlichen Entwicklung. In: Borchert, M., Fehl, U. und Oberender, P. (Hg.), Markt und Wettbewerb. Bern 1987, S. 195–226; HESSE, Günter: Die frühe Phase der Industrialisierung in der Theorie der langfristigen wirtschaftlichen Entwicklung. In: Pierenkemper, T. (Hg.): Landwirtschaft und industrielle Entwicklung. Stuttgart 1989, S. 139–171; HESSE, Günter: A New Theory of Modern Economic Growth. In: Witt, U. (Hg.), Explaining Process and Change. Contributions to Evolutionary Economics. Michigan 1991; HESSE, Günter: Innovative Anpassung in sozio-ökonomischen Systemen. In: Biervert, B. u. Held, M. (Hg.) Evolutorische Ökonomik. Frankfurt 1992; HESSE, Günter: Geschichtswissenschaft und evolutorische Ökonomik. Einige Überlegungen zu ihrer Komplementarität. In: North, M./Mörke, O. (Hg.) Die Entstehung des modernen Europa 1600–1900, Köln/Weimar/Wien 1997; MOKYR, Joel: Neither Chance nor Necessity: Evolutionary Models and Economic History, Princeton Univ. Press 1998; ROSTOW, Walt Whitman: Stadien wirtschaftlichen Wachstums. Eine Alternative zur marxistischen

Entwicklungstheorie, 2. Aufl. Göttingen 1967; ROSTOW, Walt Whitman: How It All Began. Origins of the Modern Economy, New York 1975; SCHUMPETER, Joseph Alois: Theorie der wirtschaftlichen Entwicklung. Eine Untersuchung über Unternehmergewinn, Kapital, Kredit, Zins und den Konjunkturzyklus, 7. Aufl. (= unveränd. Nachdruck der 1934 ersch. 4. Aufl.), Berlin 1987; SIEGENTHALER, Hansjörg: Regelvertrauen, Prosperität und Krisen. Die Ungleichmäßigkeit wirtschaftlicher und sozialer Entwicklung als Ergebnis individuellen Handelns und sozialen Lernens, Tübingen 1993; WALTER, Rolf: Zum Verhältnis von Wirtschaftsgeschichte und Evolutorischer Ökonomik. In: Dopfer, Kurt (Hg.), Studien zur Evolutorischen Ökonomik (= Schriften des Vereins für Socialpolitik, N.F. 195/VII), Berlin 2003, S. 113–131; WITT, Ulrich: Individualistische Grundlagen der evolutorischen Ökonomik, Tübingen 1987; WITT, Ulrich (Hg.): Explaining Process and Change. Contributions to Evolutionary Economics, Michigan 1991; WITT, Ulrich: Wirtschaft und Evolution. Einige neuere theoretische Entwicklungen. In: Wirtschaftswissenschaftliches Studium, 10. Jg., 1994, S. 503–512; WITT, Ulrich: The Evolving Economy, Cheltenham 2003.

6.5. Historisch-demographische und Altersforschung

Die historisch-demographische Entwicklung und Struktur stellt in mancherlei Hinsicht einen Kernbereich der wirtschafts- und sozialhistorischen und der wirtschaftswissenschaftlichen Arbeitsfelder dar. Spätestens mit der ersten Erhebung von Personensteuern war es für die Steuereinnehmer wichtig zu wissen, wieviele Steuerzahler dem Hoheitsgebiet angehörten und wie diese alters- und berufsmäßig strukturiert waren. Jedem ist die Figur des Steuereinnehmers bereits aus der römischen Geschichte oder wenigstens aus der biblischen Weihnachtsgeschichte bekannt. Aufzeichnungen demographischen Inhalts tauchen deshalb schon recht früh in bemerkenswerter Dichte und Vielzahl auf, so dass es kaum Schwierigkeiten bereitet, das Wachstum der Bevölkerung in der Geschichte einigermaßen zuverlässig zu ermitteln. Weit unzugänglicher sind dagegen konkrete Informationen zur Struktur der Bevölkerung, zu Fruchtbarkeit, Sterblichkeit, Heiratsverhalten, Berufspräferenz, Geschlechtsverhältnis, Familiengröße und -stand, Staatsangehörigkeit, konfessioneller Zugehörigkeit etc. Genau diese Größen sind aber zur Beurteilung sozial- und wirtschaftshistorisch relevanter Phänomene von ziemlicher Bedeutung, weshalb man kaum Kosten und Mühen scheut, um regelmäßig eine Volkszählung durchzuführen. Die Wichtigkeit eines solchen *Census* wurde wie erwähnt bereits vor Beginn des christlichen Zeitalters erkannt.

Die Zeit der Industrialisierung ist durch ein auffälliges Auseinanderklaffen der Geburten- und Sterbequote charakterisiert, das die Frühindustrialisierung einläutete und den in der Geschichte fundamentalsten generativen Struktureffekt darstellte. Man spricht in diesem Zusammenhang auch vom „demographischen Übergang".

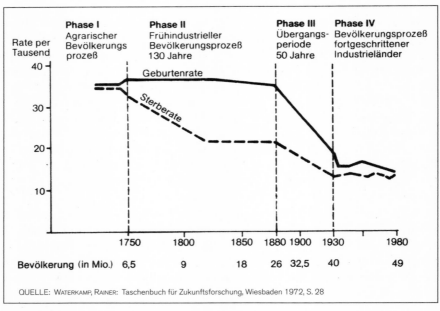

Darstellung 29   Bevölkerungsentwicklung in England und Wales

Bevölkerungsgefälle, Migrationen, Arbeitskräftepotential, Übervölkerungskrise, Urbanisierung, Außenwanderung und „Zwangswanderung" sind weitere Stichpunkte, denen das Forschungsinteresse der Bevölkerungshistoriker gilt.

Die historisch-demographische Forschung und insbesondere die Auffassungen von THOMAS ROBERT MALTHUS haben vor dem Hintergrund neuer Schätzungen der heutigen und zukünftigen Weltbevölkerung wieder neue Impulse erhalten. Selbst vorsichtige Schätzungen gehen davon aus, dass das Bevölkerungsproblem und in dessen Folge globale Migrationen ein Ausmaß annehmen werden, die das 21. Jahrhundert vor eine kaum zu bewältigende Aufgabe stellen werden. Die Gesamtproblematik wurde von dem amerikanischen Historiker PAUL KENNEDY umfassend dargestellt und begründet, worauf hier verwiesen sei.

Die Geschichte des Alters ist noch relativ jung und erhielt starke Impulse dadurch, dass das Älterwerden immer mehr ins kollektive Bewusstsein der westlichen Wohlstandsgesellschaften tritt. Die Gerontologie findet zunehmende wissenschaftliche und gesellschaftliche Beachtung und keine Regierung kann es sich mehr leisten, den demographischen Faktor sowie die normative Kraft der Alterspyramide außer Acht zu lassen. Die Generationenfrage ist neu formuliert und der Generationenvertrag in Frage gestellt.

Veranlasst durch die intensive politische Auseinandersetzung um Alterssicherung, Rentenkürzung, Überalterung und Zukunftsfähigkeit der Gesellschaft hat auch unter Historikern in den letzten drei Jahrzehnten eine Auseinandersetzung mit dieser Thematik eingesetzt. Die Aufmerksamkeit der Forschung konzentriert sich neben dem demographischen und biologischen Aspekt (Medizin, anti-*aging*-Pharmazie und -therapie etc.) auch auf die gesellschaftliche, generationelle und geschlechtsspezifische Dimension der Thematik. Aber auch die materielle Komponente und daran gekoppelt die sozial- und finanzpolitische Herausforderung alternder Industriegesellschaften sind Elemente, die eine moderne Sozialgeschichte unbedingt zu berücksichtigen hat.

Literatur

BIRG, Herwig: Die Weltbevölkerung. Dynamik und Gefahren, München 1996; Zusammenfassend und übersichtlich: BORSCHEID, Peter: Historische Altersforschung, in: G. Schulz u. a. (Hg.), 2004, S. 359–374; EHMER, Josef: Bevölkerungsgeschichte und Historische Demographie 1800–2000, München 2004; IMHOF, Arthur E.: Die gewonnenen Jahre. Von der Zunahme unserer Lebensspanne seit dreihundert Jahren oder der Notwendigkeit einer neuen Einstellung zu Leben und Sterben. Ein historischer Essay, München 1981; IMHOF, Arthur E. (Hg.): Biologie des Menschen in der Geschichte, Stuttgart 1978; Imhof, Arthur E.: Einführung in die Historische Demographie, München 1977 (Vorzüglicher Überblick über Methoden der internationalen Historischen Demographie und Hinführung auf bislang noch ungehobene Quellen und Forschungsfelder); IMHOF, Arthur E. (Hg.): Historische Demographie als Sozialgeschichte (= Quellen und Forschungen zur hessischen Geschichte 31), Darmstadt u. Marburg 1975; KENNEDY, Paul: In Vorbereitung auf das 21. Jahrhundert, Frankfurt/M. 1993; KÖLLMANN, Wolfgang: Bevölkerung in der industriellen Revolution, Göttingen 1974; LASLETT, Peter: Das Dritte Alter. Historische Soziologie des Alterns, Weinheim/München 1995; SCHIMANY, Peter: Die Alterung der Gesellschaft. Ursachen und Folgen des demographischen Umbruchs, Frankfurt a. M./New York 2003; SIEGLERSCHMIDT, Jörn: Bevölkerungsgeschichte, in: G. Schulz (Hg.), Sozial- und Wirtschaftsgeschichte (VSWG-Beihefte 169), Stuttgart 2004, S. 249–282; WRIGLEY, E. Anthony/SCHOFIELD, Roger S.: The Population History of England, 1541–1871. A Reconstruction, 2nd. ed., Cambridge 1989.

6.6. Historische Klimaforschung, Umweltgeschichte, *Environmental history*

Drängende ökologische Fragen, die sich der gegenwärtigen Generation als der ersten der Menschheit in dieser Dimension offenbaren, geben nicht mehr viel Zeit, die Eigenständigkeit der Natur und ihre Gesetze zu akzeptieren. Die Geschichte der Ökologie ist bis zu einem bestimmten Grad nur mit dem Instrumentarium der Naturwissenschaften zu erfassen, soweit es um die Feststellung des Alters von Bäumen, der Erosion von Flüssen, des Entstehens von Planeten, der Feststellung von Klimazonen und säkularen Klimaschwankungen, der Reserven und Nutzungspotentiale von Ressourcen und um ähnliche Fragen geht. Die historische Ökologie-Forschung steht leider erst am Anfang.

Als besonders ergiebige interdisziplinäre Forschungskombination hat sich in den letzten Jahren die Konstellation Klimatologie/Wirtschafts- und Sozialgeschichte herausgestellt, wobei es nicht nur um globale Fragen ging, z.B. inwieweit die Agrarkrisen des Mittelalters klimatologische Gründe hatten oder ob Massenmigrationen klimabedingt waren, sondern auch darum, die wirtschaftliche Entwicklung und das Entstehen von Volkswirtschaften in Zusammenhang mit klimatischen Veränderungen zu sehen. Ihren besonderen Niederschlag findet die angesprochene Konstellation in dem „Environmental History Newsletter", der 1989 erstmals erschien.

Literatur

ABELSHAUSER, Werner (Hg.): Umweltgeschichte. Umweltverträgliches Wirtschaften in historischer Perspektive, Göttingen 1994; BRÜGGEMEIER, Franz Josef: Umweltgeschichte – Erfahrungen, Ergebnisse, Erwartungen, in: AfS 43 (2003), S. 1–18; ENVIRONMENTAL HISTORY NEWSLETTER, published by the European Association for Environmental History, ed. by Landesmuseum für Technik und Arbeit in Mannheim, Mannheim 1989ff. (Besonderen Hinweis verdient die Bibliographie in No. 2, 1990, S. 124–137); GLASER, Rüdiger: Klimageschichte Mitteleuropas. 1000 Jahre Wetter, Klima, Katastrophen, Darmstadt 2001; HERRMANN, Bernd (Hg.): Umwelt in der Geschichte. Beiträge zur Umweltgeschichte, Göttingen 1989; IMHOF, Arthur E. (Hg.): Biologie des Menschen in der Geschichte, Stuttgart 1978; KELLENBENZ, Hermann (Hg.): Wirtschaftsentwicklung und Umweltbeeinflussung (14.–20. Jahrhundert). Berichte der 9. Arbeitstagung der Gesellschaft für Sozial- und Wirtschaftsgeschichte (30.3.–1.4.1981) (= Beitr. z. Wirtschafts- u. Sozialgesch. 20), Wiesbaden 1982 (Sammlung der wissenschaftlichen Ergebnisse der ersten Arbeitstagung der „Berufsorganisation" der Wirtschafts- und Sozialhistoriker zu einem ökologischen Thema); LE ROY LADURIE, Emmanuel: Histoire du climat depuis l'an mil, Paris 1967; OESCHGER, H./MESSERLI, B./SVILAR, M. (Hg.): Das Klima. Analysen und

Modelle, Geschichte und Zukunft, Berlin etc. 1980; PFISTER, Christian: Das Klima der Schweiz von 1525–1860 und seine Bedeutung in der Geschichte von Bevölkerung und Landwirtschaft, 2 Bde., Bern 1984; RUDLOFF, Hans von: Die Schwankungen und Pendelungen des Klimas in Europa seit Beginn der regelmäßigen Instrumenten-Beobachtungen (1670), Braunschweig 1967; SIEGENTHALER, Hansjörg (Hg.): Ressourcenverknappung als Problem der Wirtschaftsgeschichte (= Schriften des Vereins für Socialpolitik N.F. 192), Berlin 1990 (Sechs Beiträge deutscher und Schweizer Wirtschaftshistoriker mit (knapper) Einleitung des Herausgebers. Ausgehend von einem erweiterten Ressourcenbegriff konzentrieren sich die Autoren auf die Frage nach den individuellen und kollektiven Reaktionen auf Ressourcenverknappung). SIEMANN, Wolfram (Hg.): Umweltgeschichte. Themen und Perspektiven, München 2003.

6.7. Verflechtungen und Vernetzungen – Klientel- und Eliteforschung

WOLFGANG REINHARD und seine Schüler entwickelten modellhaft eine soziale Verflechtungsmatrix bzw. Soziomatrix (er wählte den kulturanthropologischen Begriff Verflechtung anstelle von *network*) mit Berücksichtigung von verwandtschaftlichen, nachbarschaftlichen, unternehmensgesellschaftlichen und konfessionellen Verbindungen, die sich – mit entsprechenden Modifikationen – im Rahmen der historischen Verflechtungsanalyse zur allgemeinen Anwendung empfiehlt (siehe Darstellungen 16 und 17).

Ein wesentliches Anwendungsfeld der Vernetzungsanalysen stellt die Eliteforschung bzw. generell die schichtenspezifische Strukturforschung dar. Besonders zu nennen ist hier die Analyse wirtschaftlich-unternehmerischer Herrschaftsformen, wie etwa die Aufsichtsratspräsenz und der Aktienbesitz als Institutionalisierungsformen der „Bankenherrschaft" über die Industrie.

Zur Identifizierung von Machtgruppen (*pressure-groups*) oder auch von Minderheiten in der Gesellschaft kann die Verflechtungsanalyse besonders erfolgversprechend eingesetzt werden.

In jüngerer Zeit hat die historische Klientelforschung beachtliche Fortschritte erzielt und methodisch viel Neuland erschlossen. Sie hat darüber hinaus bemerkenswerte Zusammenfassungen des internationalen Forschungsstandes geleistet. Ein von ANTONI MACZAK herausgegebener Band enthält wertvolle Beiträge mit Analysen sozialer Verflechtungsbeziehungen unter den Gesichtspunkten Recht, Konfession und Politik mit Bezug auf das deutsche Reich in der Frühen Neuzeit sowie über die sozialen Verflechtungen in England, Frankreich und den Niederlanden unter den Aspekten Hochadel, Beamtenschaft und Staat. Weitere

Aufsätze behandeln die Klientelsysteme an der Peripherie Europas, namentlich Schottland, Polen und Russland sowie in Italien und Spanien.

Gegenstand der historischen Eliteforschung ist die Analyse der Gruppe der politischen und wirtschaftlichen Entscheidungs- und Meinungsträger, das Herausfinden von deren Verflechtungsbeziehungen und die daraus resultierenden Konsequenzen für Politik, Wirtschaft und Gesellschaft. Die Eliten werden hierbei als Hauptträger des wirtschaftlichen und sozialen Wandels angesehen. In Bensheim/Bergstr. hat sich zum Zwecke der Aufarbeitung dieses Themenkomplexes das von FRIEDRICH-CARL EULER aufgebaute Institut zur Erforschung Historischer Führungsschichten konstituiert, das über umfassende Dateien zu genealogischen und biographischen Fragen verfügt.

Inzwischen sind eine Reihe von umfassenden Monographien über ökonomische Eliten erschienen, von denen an dieser Stelle beispielartig die von WERNER E. MOSSE über die deutsch-jüdische Wirtschaftselite (1820–1935) hervorgehoben sei.

Literatur

MACZAK, Antoni (Hg. unter Mitarb. v. E. Müller-Luckner): Klientelsysteme im Europa der Frühen Neuzeit (Schriften d. Hist. Kollegs, hg. v. d. Stiftung Hist. Kolleg, Kolloquien 9), München 1988; MOSSE, Werner E.: Jews in the German Economy. The German-Jewish Economic Élite 1820–1935, Oxford 1987; REINHARD, Wolfgang: Oligarchische Verflechtung und Konfession in oberdeutschen Städten. In: Klientelsysteme im Europa der Frühen Neuzeit. Hg. v. A. Maczak unter Mitarb. v. E. Müller-Luckner (= Schr. d. Hist. Kollegs, Kolloquien 9), München 1988; REINHARD, Wolfgang (Hg.): Augsburger Eliten des 16. Jahrhunderts. Prosopographie wirtschaftlicher und politischer Führungsgruppen 1500–1620, Berlin 1996; REINHARD, Wolfgang: Freunde und Kreaturen. „Verflechtung" als Konzept zur Erforschung historischer Führungsgruppen. Römische Oligarchie um 1600, München 1979; SIEH-BURENS, Katarina: Oligarchie, Konfession und Politik im 16. Jahrhundert. Zur sozialen Verflechtung der Augsburger Bürgermeister und Stadtpfleger 1518–1618 (= Schriften d. Phil. Fak. d. Univ. Augsburg 29), München 1986.

6.8. „Anatomistische" Ansätze

Hier ist eine Analyseform angesprochen, die (in Erweiterung des medizinischen Begriffs) versucht, den Aufbau und die Form von Dingen und Ereignissen zu erfassen.

Einen auch für Historiker interessanten Ansatz entwickelte JOHN KENNETH GALBRAITH in seinem Werk „Anatomie der Macht". Darin versucht er nicht nur die Formen von „Macht" zu identifizieren, sondern auch den Quellen und der Dialektik der Macht nachzugehen. Die von ihm gewählte Unterscheidung von repressiver, kompensatorischer und konditionierter Macht erscheint zur klareren Strukturierung historischer Studien (die sein Buch im Übrigen teilweise beinhaltet) sehr geeignet. Seine Definitionen lauten wie folgt: „Repressive Macht bedroht den einzelnen mit physischen oder psychischen Sanktionen, die so schmerzhaft sind, daß der Betroffene von vornherein seinen eigenen Willen und seine eigenen Präferenzen aufgibt, um gar nicht erst das Risiko der Bestrafung einzugehen. Kompensatorische Macht dagegen bietet dem einzelnen einen Gewinn oder eine Bezahlung, die so vorteilhaft und angenehm ist, daß er, um in ihren Genuß zu kommen, auf die Verfolgung eigener Ziele verzichtet." (J. K. GALBRAITH, Anatomie, S. 28) Im Gegensatz zu repressiver und kompensatorischer Macht, die sichtbar und „objektiv" sind, ist konditionierte Macht „subjektiv". „Die Zielwahl kann bewusst gesteuert werden, sei es durch Überredung und Überzeugung, sei es durch Erziehung und Ausbildung: In beiden Fällen handelt es sich um explizite oder direkte Konditionierung. Sie kann aber auch vom kulturellen Umfeld der Betroffenen diktiert werden, die Unterwerfung wird dann allgemein als die normale, anständige oder traditionell korrekte Verhaltensweise angesehen. In diesen Fällen liegt implizite oder indirekte Konditionierung vor." (J. K. GALBRAITH, Anatomie, S. 41)

Anzusprechen sind im Zusammenhang mit „Macht" als historischer Komponente auch die bislang zu wenig beachteten Gegenmacht-Strukturen als Antwort bzw. Umgangsformen seitens derjenigen, auf die Macht ausgeübt wurde. Interessante Ansatzpunkte bietet hier die Interamerikanistik, die ihre Fragestellung inzwischen darauf konzentriert, wie etwa die südamerikanischen Staaten auf die nordamerikanischen Formen der Machtausübung reagierten und inwieweit z. B. die nationale Identität und das politische und wirtschaftliche Handeln der Südamerikaner davon geprägt wurden.

Das Anatomie-Konzept findet auch Anwendung im Bereich der (historischen) Psychoanalyse, z. B. bei ERICH FROMM in seiner „Anatomie der menschlichen Destruktivität". Er unternahm hier den Versuch, dem destruktiven Charakter bestimmter geschichtsprägender Gestalten auf den Grund zu gehen.

Die Untersuchung der Anatomie der Macht kann auch einen wesentlichen Beitrag zum Verständnis von Marktprozessen leisten. Diesen Zusammenhang hat wohl als erster EUGEN VON BÖHM-BAWERK (1914) geäußert mit dem Hinweis, dass in einer Marktwirtschaft Macht auf dem Weg über den Markt zur Geltung komme, wobei hier der Zusammenhang zwischen Marktform (Monopol, Oli-

gopol, Polypol etc.) und den Preisbildungsprozessen an den Güter- und Faktor-
märkten angesprochen ist.

Literatur
GALBRAITH, John Kenneth: Anatomie der Macht (dt.), München 1987; FROMM, Erich:
Anatomie der menschlichen Destruktivität, 2. Aufl., Stuttgart 1974; BÖHM-BAWERK, Eugen von: Macht und ökonomisches Gesetz. In: Zeitschrift für Volkswirtschaft, Sozialpolitik und Verwaltung 23 (1914), S. 205–271.

6.9. „Alltagsgeschichte"

Die „Bewegung" der „Alltagsgeschichte" ging wohl von England aus, wobei M.
TREVELYAN mit seiner „Kultur- und Sozialgeschichte Englands" richtungsweisend
gewesen sein dürfte. Die Sozialgeschichte des „täglichen Lebens" umfasste nach
seiner Auffassung „ebenso die menschlichen wie die wirtschaftlichen Beziehungen verschiedener Klassen zueinander, die Beschaffenheit des Lebens in
Heim und Familie, die Arbeits- und Freizeitverhältnisse, die Einstellung des
Menschen zur Natur sowie die Kultur eines jeden Zeitalters, wie sie aus diesen
allgemeinen Lebensbedingungen hervorging und stetig wechselnde Gestalt in
Literatur und Glauben, Musik und Architektur, in Forschung und Denken annahm." (zit. n. H. KELLENBENZ, Probleme, S. 11). Bei TREVELYAN war somit viel
von dem angelegt, was bei FERNAND BRAUDEL in Form der *histoire totale* wiederkehrt. Es kommt nicht von ungefähr, dass der erste Band von BRAUDELS „Sozialgeschichte des 15.–18. Jahrhunderts" der Alltagsgeschichte gewidmet ist.

In Deutschland war die sozialhistorische Forschung der 1980er Jahre sehr
stark „alltagsgeschichtlich" geprägt, wobei besonders der Münsteraner Kreis
um HANS JÜRGEN TEUTEBERG und der in Marburg lehrende PETER BORSCHEID
wesentliche Basisstudien lieferten und bestimmte Themen erstmalig oder neu
aufgriffen, die auch in einer Buchreihe ihren Niederschlag fanden. Bisher standen hier Themen wie historische Familienforschung, Wohnalltag und Alltags-
nahrung im Vordergrund des Forschungsinteresses.

Eine besonders gründliche Behandlung erfuhr in diesem Zusammenhang
der Hunger als das historische Alltagsproblem schlechthin. Eklatante Ernäh-
rungsengpässe führten nicht nur zum Anstieg der Sterbeziffern, rückläufigen
Geburtenzahlen und abnehmender Heiratsneigung, sondern waren auch Auslöser großer Wanderungsbewegungen, handelspolitischer Maßnahmen, Vertei-
lungs- bzw. Speisungsaktionen und Änderungen der Ernährungsgewohn-
heiten.

Es liegt in der Natur der Sache, dass sich durch die „Bewegung" Alltagsgeschichte auch eine beachtliche Zahl von Laienforschern in historischen Vereinen oder „Geschichtswerkstätten" angesprochen fühlte und somit ein beachtliches, nicht zu unterschätzendes Potential an nicht-universitärer, meist lokalbezogener Geschichtsschreibung aktivierte. Man spricht im Zusammenhang mit der Alltagsgeschichte zuweilen von der „Geschichte von unten".

Literatur

ABEL, Wilhelm: Massenarmut und Hungerkrisen im vorindustriellen Europa. Versuch einer Synopsis, Hamburg 1974; BRAUDEL, Fernand: Sozialgeschichte des 15.–18. Jahrhunderts, Bd. 1: Der Alltag, München 1985; GINZBURG, Carlo: Der Käse und die Würmer. Die Welt eines Müllers um 1600, Berlin 2002; KELLENBENZ, Hermann: Probleme einer deutschen Sozialgeschichte der neueren Zeit, Nürnberg 1961; PALLACH, Ulrich-Christian (Hg.): Hunger. Quellen zu einem Alltagsproblem in Europa und der Dritten Welt. 17.–20. Jahrhundert, München 1986; ROTBERG, R.I./RABB, T.K. (Ed.): Hunger and History. The Impact of Changing Food Production and Consumption Patterns on Society, Cambridge 1983; SANDGRUBER, Roman: Bittersüße Genüsse. Kulturgeschichte der Genussmittel, Wien 1986; SCHIVELBUSCH, Wolfgang: Genussmittel, Frankfurt/M., Berlin, Wien 1983; TEUTEBERG, Hans Jürgen/BORSCHEID, Peter (Hg.): Studien zur Geschichte des Alltags, Münster 1983ff.; ZORN, Wolfgang: Alltagsgeschichte. Konjunkturen und bleibende Aufgaben. In: G. Schulz u. a. (Hg.), Sozial- und Wirtschaftsgeschichte (VSWG-Beihefte 169), Stuttgart 2004, S. 325–343.

6.10. Geschichte der Löhne und Einkommen

Lohn heißt Entgelt für Arbeit. Das Mittelalter und die Frühe Neuzeit kannten intensive (philosophische) Erörterungen der Frage des „gerechten" Lohnes als eines Kernelements der Existenz- bzw. Subsistenzmöglichkeit. Bis hin zu den Physiokraten im 18. Jahrhundert gab es permanent die Vorstellung vom natürlichen Reallohn als physischem Subsistenzlohn. Es versteht sich daher, dass sich die Klassiker der Nationalökonomie eingehend mit der Existenzminimumtheorie des Lohnes (RICARDO, SAY) auseinandersetzten. Von elementarer Bedeutung sind dabei vor allem der Nettolohn und der Reallohn, d. h. der abgabenbefreite und an der effektiven Kaufkraft gemessene Lohn. Im Laufe des 18. Jahrhunderts machte sich allmählich die Einsicht breit, dass gut ausgebildete Arbeitskräfte höher zu entlohnen seien und der binnenländische Konsum nicht nur von der Bevölkerungszunahme, sondern auch von der Steigerung der kaufkräftigen Nachfrage der Lohnarbeiter abhing.

Bei KARL MARX nahm die Lohnfrage eine wichtige Rolle ein. Zentral wurde sie in seiner „Verelendungstheorie", die sich jedoch mit Blick auf die reale historische Entwicklung im späteren 19. und frühen 20. Jahrhundert als Fehlprognose erwies, denn die Realeinkommen der Arbeiter stiegen in diesem Zeitraum, sodass von zunehmender Verelendung nicht die Rede sein kann. RAINER GÖMMEL widerlegte in einer Studie die MARXsche These und damit gleichzeitig die einseitigen Befunde von JÜRGEN KUCZYNSKI SR., die MARX zu bestätigen schienen.

Langfristige Lohn- und Einkommensstudien haben erwiesen, dass Phasen sinkender oder stabiler Preise mit steigendem Reallohn einhergingen bzw. mit anziehenden Preisen der Lebensstandard sank (z. B. 1510–1630; 1750–1820). Mit steigender Arbeitsproduktivität und sinkender Arbeitszeit entwickelte sich das Arbeitseinkommen nach einem Hoch um 1820 bis Mitte des 19. Jahrhun-

Preisindex der Lebenshaltungskosten und der Reallohnindex in England (1264–1954)

Die gestrichelte Kurve zeigt die Preisentwicklung der repräsentativ ausgewählten Produkte eines Warenkorbs, die durchgezogene das Verhältnis des Lohns zum Warenkorb zu laufenden Preisen.

QUELLE: NORTH, MICHAEL (HRSG.): Deutsche Wirtschaftsgeschichte. Ein Jahrtausend im Überblick, München 2000, S. 449. Zitiert nach: BRAUDEL, FERNAND, Sozialgeschichte des 15.–18. Jahrhunderts, Bd. 3, Aufbruch zur Weltwirtschaft, München 1986, S. 689

Darstellung 30 Lebenshaltungskosten und Reallohn in England (1264–1954)

derts deutlich rückläufig. Später, vor allem seit den 1880er Jahren, entwickelten sie sich – es wurde bereits ausgeführt – trendmäßig nach oben. Dasselbe gilt für das 20. Jahrhundert mit Ausnahme der kriegs- oder krisenbedingten Zwischenphasen.

Eng verbunden mit der (Real-)Einkommensfrage ist die Entwicklung des Wachstums, der Preise und der Arbeitsproduktivität, wozu auf die einschlägigen Abschnitte in diesem Buch verwiesen sei.

Literatur

DESAI, Ashok V.: Real Wages in Germany 1871–1913, Oxford 1968; DIRLMEIER, Ulf: Untersuchungen zu Einkommensverhältnissen und Lebenshaltungskosten in oberdeutschen Städten des Spätmittelalters (Mitte 14. bis Anfang 16. Jahrhundert), (= Abhandlungen der Heidelberger Akademie der Wissenschaften, Phil.-hist. Klasse, Jg. 1978, Abh. 1) Heidelberg 1978; GÖMMEL, Rainer: Realeinkommen in Deutschland. Ein internationaler Vergleich (1810–1913), (= Vorträge z. Wirtschafts- u. Sozialgesch., hg. v. H. Kellenbenz u. a., Heft 4), Nürnberg 1979; REITH, Reinhold: Lohn und Leistung. Lohnformen im Gewerbe 1450–1900 (= VSWG-Beiheft 151), Stuttgart 1999.

6.11. Geschichte der öffentlichen Finanzen, insbesondere Steuern

Mit der mehrere Jahrtausende umspannenden Geschichte der Steuern und Abgaben ist ein Kernbereich der Fiskal- bzw. Finanzpolitik angesprochen. Meist handelt es sich um die wichtigste Einnahmebeschaffungsmöglichkeit des Staates. Die individuellen Steuerverpflichtungen werden dabei von der öffentlichen Hand (Staat, Länder, Kommunen) autoritativ und einseitig bestimmt. Im Allgemeinen dienen sie der Erstellung öffentlicher Güter, wobei der Begriff öffentlich in historischer Perspektive sehr weit zu fassen ist. Man denke etwa daran, dass in absolutistischer Zeit fürstliche Geschenke wie Juwelen und Schlösser oder gar die Aussteuer der Königstöchter („Prinzessinnensteuer") steuerfinanziert waren oder an die Finanzierung der Kreuzzüge durch Steuern (z. B. der „Saladinszehnte"). Die Hinterziehung „gerechter" Steuern galt spätestens seit dem Mittelalter als Sünde und verpflichtete zu Restitution und Beichte. Die Philosophen und Kameralisten des 17. Jahrhunderts, vor allen THOMAS HOBBES, waren bemüht, das prinzipielle Besteuerungsrecht aus dem Unterwerfungsvertrag abzuleiten. Er fasste die Steuer als Preis des erkauften Friedens auf. Später änderte sich zwar die Begründung im Rahmen der Steuerrechtfertigungslehre, doch die Steuertarife zeigten langfristig eher zäh nach oben. In der Frage des Steuergegenstands oder Steuerobjekts haben sich die Steuergläubi-

ger (meist Fürst oder Staat) zu allen Zeiten als eminent einfallsreich erwiesen,
denn die Geschichte der Steuern (einschließlich der Abgaben) kennt kaum
einen Gegenstand, der nicht irgendwo bereits zum Steuerobjekt auserkoren
worden wäre: Salz, Vieh, Bier, Wein, Automobile, Tabak, Alkohol, Vergnü-
gungen, Glaubensgruppen (z. B. Juden), Umsätze, Immobilien, Löhne und Einkommen, Vermögen, Erbschaften, Kapitalerträge, Warenhäuser, Junggesellen,
Mineralöl usw. Der Phantasie der Herrschenden waren diesbezüglich kaum je
Grenzen gesetzt und veranlassten die Zeitgenossen immer wieder aufs Neue
zu stumpfem Protest und Kritik an der Obrigkeit. LICHTENBERG war einer von
ihnen. Er gab seinem Unbehagen eine lyrische Form mit ironischem Unter-
ton:

Oh sage mir, wie heißt das Tier, das Vieles kann vertragen,
das den größten Rachen hat und auch den größten Magen.
Es heißet Haifisch auf dem Meer – und Fiskus auf dem Lande.

Die Steuerpolitik – das Steuern durch Steuern – hat Auswirkungen bis weit in
das Soziale hinein, wenn man etwa an Fragen der (Real-)Einkommensvertei-
lung und Verteilungsgerechtigkeit denkt. Fragen der schmerzhaften Überbelas-
tung durch Steuern, des *excess burden*, reichen bis in die Anfänge der Wohl-
fahrtsökonomik zurück. Jedenfalls scheint eine der Belastungskennziffern auf
makroökonomischer Ebene, die sog. Steuerlastquote, eine stärkere Neigung
zum Steigen als zum Sinken zu haben. Sie zeigt an, wie groß der Teil des Sozialprodukts ist, den der Staat per Steuer zur Finanzierung seiner Ausgaben in
Anspruch nimmt. Einen Teil des Inkassos bürdete der Staat den Betrieben auf.
Mit dem Quellenabzug im Rahmen der Erzberger'schen Finanzreform
1919/1920 wurden die Unternehmen zu Fiskalagenten, denn sie hatten die
Lohn- bzw. Einkommensteuer bei Ausreichung der Steuer einzubehalten und
dem Fiskus abzuführen.

Literatur
KLEIN, Ernst: Geschichte der öffentlichen Finanzen in Deutschland (1500–1870), Wiesbaden 1974; PETZINA, Dietmar (Hg.): Probleme der Finanzgeschichte des 19. und 20.
Jahrhunderts (= Schriften des Vereins für Socialpolitik N.F. 188), Berlin 1989; SCHREM-
MER, Eckart: Steuern und Staatsfinanzen während der Industrialisierung Europas, Berlin
1998; SCHULTZ, Uwe (Hg.): Mit dem Zehnten fing es an. Eine Kulturgeschichte der Steuer, München 1986; ULLMANN, Hans-Peter: Der deutsche Steuerstaat. Eine Geschichte
der öffentlichen Finanzen, München 2005.

6.12. International vergleichende Preisgeschichte

Die international vergleichende Preisgeschichte kann wichtige Aufschlüsse über die intranationale Wettbewerbsstruktur, über internationale Kaufkraftvergleiche sowie die konjunkturellen Bewegungen im Güter- und Branchenvergleich in langfristiger Betrachtung geben. Nicht zuletzt ist sie Voraussetzung für internationale Realeinkommensvergleiche.

Einer der namhaftesten Preishistoriker, ALFRED JACOBS, empfahl bereits 1964, die Aufgaben der langfristigen Preisforschung auf folgende Problemfelder zu konzentrieren:

(1) die „Preisrevolutionen", z.B. in der Antike oder im 16. und 17. Jahrhundert, ihre gesellschaftliche Ursache und Wirkung,

(2) die „industriellen Revolutionen" in ihrer Wirkung auf die Preise

(3) die Preiskomponente der Agrar- und Ernährungskrisen

(4) die „langen" oder generativen Wellen der Preise,

Die Großhandelspreise in Deutschland, Großbritannien und Frankreich 1792–1913 (in Indexziffern)

QUELLE: JACOBS, ALFRED/RICHTER, HANS: Die Großhandelspreise in Deutschland von 1792 bis 1934 (= Sonderheft des Instituts für Konjunkturforschung. Nr. 37), Berlin 1935, S. 34, 82 f.

Darstellung 31 Großhandelspreise in Deutschland, Großbritannien und Frankreich

(5) die kurzfristigen Konjunkturen im Bild der Preise,

(6) die Entwicklung von Reallohn und Realeinkommen,

(7) die Frage der „ständigen Preissteigerung",

(8) die in Warenpreisen ausgedrückte Kaufkraft der Edelmetalle in ihren zeitlichen Veränderungen,

(9) der Einfluss monetärer Maßnahmen auf die Preise,

(10) die Wirkung der Preisschwankungen auf die nominale Verschuldung."

(A. JACOBS, HdSW 8, S. 460)

Obwohl bereits vor mehr als 40 Jahren formuliert, sind heute noch die meisten der von JACOBS angeschnittenen Punkte als Desiderate anzusehen.

Wesentliche Impulse erhielt die international vergleichende Preisgeschichte durch Forschungen im Zusammenhang mit der historischen Konjunkturtheorie bzw. im Rahmen der Analyse von Preisserien in der Zeitreihenforschung. Auch die international vergleichende Produktivitätsforschung liefert immer wieder brauchbare Ergebnisse für die historische Preisforschung bzw. profitiert umgekehrt von deren Resultaten.

Literatur

FOURASTIÉ, Jean/SCHNEIDER, Jan: Warum die Preise sinken. Produktivität und Kaufkraft seit dem Mittelalter (=Deutsch-französische Studien zur Industriegesellschaft, hg. v. L. Kissler u. R. Lasserre, Bd. 7), Frankfurt/New York 1989; JACOBS, Alfred/RICHTER, Hans: Die Großhandelspreise in Deutschland von 1792 bis 1934 (=Sonderhefte d. Inst. f. Konjunkturforsch. Nr. 37, hg. v. E. Wagemann), Berlin 1935 („klassisches" Werk zur deutschen Preisgeschichte mit zahlreichen Tabellen und graphischen Darstellungen); JACOBS, Alfred: Art. Preisgeschichte. In: HdSW 8, 1964, S. 459–476; METZ, Rainer: Geld, Währung und Preisentwicklung. Der Niederrheinraum im europäischen Vergleich: 1350–1800 (=Schriftenreihe des Instituts für bankhistorische Forschung e.V., Bd. 14), Frankfurt/M. 1990 (Zeitlich umfassende, räumlich begrenzte, methodisch Neuland betretende Arbeit, die monetäre und realwirtschaftliche Zusammenhänge – teilweise erstmals – herstellt bzw. nachweist; für die Geld- und Währungsgeschichte der frühen Neuzeit unverzichtbares Standardwerk auf EDV-Basis); REDLICH, Fritz: Die deutsche Inflation des frühen siebzehnten Jahrhunderts in der zeitgenössischen Literatur: Die Kipper und Wipper, Köln 1972 (=Forschungen zur internationalen Sozial- und Wirtschaftsgeschichte, hg. v. H. Kellenbenz, Bd. 6), Köln 1972.

6.13. Produkt-, Konsum- und Markengeschichte sowie *History Marketing*

Die Konsumgeschichte hat prinzipiell transdisziplinären Charakter, denn sie lässt sich kaum ohne Befunde aus der Konsumsoziologie, der Psychologie und Anthropologie neben jenen aus den Geschichts- und Wirtschaftswissenschaften betreiben. Die Konsumwelt hat zu viel mit Lernprozessen, insbesondere wohl mit assoziativem Lernen zu tun, als dass Rückgriffe auf die kognitionswissenschaftlichen Forschungserträge verzichtbar wären.

Die systematische Beschäftigung der Wirtschafts- und Sozialwissenschaften und der Wirtschafts- und Sozialgeschichte mit der Nachfrage und insbesondere mit dem Konsum kam erst relativ spät in Gang, wenn man einmal von der Handelsgeschichte absieht, die diesen Aspekt ohnehin stets zu berücksichtigen hatte. ROMAN SANDGRUBER war einer der ersten Wirtschaftshistoriker, die eine wegweisende Studie über die Anfänge der Konsumgesellschaft vorlegten. Inzwischen sind eine Reihe von Monographien und zusammenfassenden Sammelwerken erschienen. Zu denken ist auf internationaler Ebene an NEIL MCKENDRICKS, JOHN BREWERS und JACK H. PLUMBS gemeinsames Werk von 1983 mit dem Titel „The Birth of a Consumer Society. The Commercialization of Eighteenth-century England", das die Bedeutung der *Consumer Revolution* neben der *Industrial Revolution* hervorhob. Dieses Werk steht auch stellvertretend für viele Studien zum Thema Kommerzialisierung, die in den 1980er Jahren verfasst wurden. Weiter ist auf die Arbeiten von ROY PORTER und MAXINE BERG zu verweisen. Im deutschsprachigen Zusammenhang könnte man den von HANNES SIEGRIST, HARTMUT KAELBLE und JÜRGEN KOCKA 1997 herausgegebenen Band von Beiträgen zur „Europäischen Konsumgeschichte" nennen, der den bezeichnenden Untertitel „Zur Gesellschafts- und Kulturgeschichte des Konsums" trug und das 18. bis 20. Jahrhundert umfasste. Was dort allerdings ebenso wie in den englischsprachigen Arbeiten etwas zu kurz kam, die wirtschaftstheoretische Fundierung der historischen Konsumforschung, wurde inzwischen aufgearbeitet. Dabei geht es auch um Fragen möglicher Grenzen des Konsums, um Überkonsum und Konsumsättigung, um die Konsumtheorie und vor allem das Konsumverhalten. Es erscheint dabei kaum sinnvoll und möglich, Konsumverhalten erklären zu wollen, ohne etwa die Sozialwissenschaften und insbesondere die Kognitionswissenschaften angemessen zu berücksichtigen. Hier ist es wichtig, analog zu den Elementarbedürfnissen und kulturell erlernten Bedürfnissen primäre und sekundäre Verstärker zu unterscheiden. Darüber hinaus ist der Aspekt der Neuheit zu berücksichtigen und man sollte mit Blick auf die Kommunikationswissenschaften nicht vergessen, dass dem Konsum selektive

Aufmerksamkeitsprozesse vorausgehen und nur dem Konsum unterliegt, was tatsächlich (nicht unbedingt physisch) wahrgenommen wird.

Darstellung 32   Maggis Suppen

Die neoklassische Theorie geht von der Invarianz von Präferenzen aus. Dabei wäre es realistischer, die Entstehung von Bedürfnissen und Konsum in Abhängigkeit von kognitiven und situativen Bedingungen, die immerwährend Neuigkeit schöpfen, zu erklären. Hierin liegt ein Argument für die Unbegrenztheit der Bedürfnisse, zumindest der sekundären oder sekundär konditionierten. Dass es sich hier nicht notwendigerweise um eine moderne Entwicklung handeln muss, zeigen historische Beispiele wie die Tulpenmanie des 18. Jahrhunderts oder der Kunstkonsum der Frühen Neuzeit. Wo mentale Stimuli immer wieder neu entstehen, sind Beschränkungen des Konsums schwer auszumachen. Beispiele sind hier die Bereiche Unterhaltung, Freizeitindustrie, Erlebniskonsum, Medien und Mobilität. So relativ die mentale Stimulation ist, da sie sich durch Gewöhnung stark abnutzt, umso mehr treten an ihre Stelle neue und immer stärkere Stimuli. Sportlicher Extremkonsum wie Bungee-Springen, Air-riding oder Paragliding mögen Beispiele dafür sein. Moden, Stile, Geschmacksbildungen waren immer Ergebnisse gruppen- und subkulturspezifischer Kommunikations- und Lernprozesse und Multiplikatoren des Konsumvolumens. Der Konsumgüterkosmos vervielfachte sich analog der Ausdifferenzierung und –diversifizierung, was Veranlassung bot, die gesellschaftliche Ganzheit als Konsumgesellschaft zu charakterisieren. Normative Fragen der Legitimation von Konsum begleiteten die Entstehung der Konsumgesellschaft von Anfang an. Insbesondere der Luxuskonsum war häufig Gegenstand der Gesellschaftskritik und wurde von Volkswirten wie THORSTEIN VEBLEN (1857–1929) theoretisch reflektiert.

Darstellung 33 Thorstein Veblen

Wo Menschen sind, da ist auch Konsum. Die Konsumgeschichte gehört zu jenem Bereich der Kultur- und Wirtschaftsgeschichte, der am wenigsten erforscht werden kann, ohne physiologische, anthropologische und soziologische Befunde zu berücksichtigen. Die Komplexität konsumhistorischer Fragestellungen macht Interdisziplinarität zu einer *conditio sine qua non.*

Die Entwicklungsgeschichte des Konsums reicht von der Deckung individuellen Bedarfs durch Jagen und Sammeln im Vorstadium marktlicher Formen bis in die Gegenwart, wo der Konsum häufig seines materiellen Charakters enthoben ist und als Kompensation menschlicher Schwäche fungiert. Der imaginative Hedonismus hat sich im Lauf der Zeit gegenüber dem materiellen Konsum verstärkt.

Die Stadien der Konsumgeschichte lassen sich als Stadien der Kulturgeschichte der Menschheit interpretieren, als Prozesse der allmählichen Durchsetzung bestimmter Wohlfahrtsmuster unter sich wandelnden Bedingungen der Kommunikation, des Wissens und damit der Grundlagen klassischer Konditionierung. Aspekte der Adaption und Imitation spielen beim Konsum und dessen Diffusion eine besondere Rolle.

Konsum ist das materielle oder immaterielle Abbild von Bedürfnissen. Die Konsumstruktur visualisiert insoweit die Bedürfnisstruktur. Es ist daher sinnvoll, bei der Festlegung des Forschungsdesigns z.B. die MASLOWsche Bedürfnispyramide zu Grunde zu legen, d.h. nach Grundbedürfnissen, Sicherheitsbedürfnissen, Statusbedürfnissen und Selbstverwirklichungsbedürfnissen zu differenzieren, wobei die einzelnen Ebenen unabhängig voneinander zu sehen sind, d.h. z.B. die Deckung des Selbstverwirklichungsbedürfnisses setzt die Deckung des physiologischen Bedürfnisses nicht voraus. Das MASLOWsche Schema kann verwendet werden, um die Konsumgeschichte strukturhistorisch zu erfassen.

Historiker arbeiten in der Regel aber nicht nur strukturhistorisch, sondern chronologisch. Es fragt sich, welche Phasen der Konsumgeschichte identifizierbar sind. Hier spielen grundsätzliche Aspekte herein, nämlich die Dichotomien Überfluss und Knappheit, Angebot und Nachfrage sowie Materialität und Immaterialität. Konsum setzt Produktion in einem sehr weiten Sinne voraus. Bei Blaubeeren, die sich pfundweise im Wald finden und die man genüsslich konsumiert, wird man sich schwer tun, deren Produktion und Kosten genau zu spezifizieren. Niemand hat sie gesetzt. Sie sind ein freies Gut. Aber ihre Ernte verursacht Kosten. In der Zeit der Sammler und Jäger stand der Konsum aus solcher „Naturproduktion" im Vordergrund. Ihn gibt es auch heute noch, doch eher in der Form des Marginalkonsums von Naturfreunden und ohne große ökonomische Relevanz.

Mit der mittelalterlichen Marktwirtschaft und Urbanisierung kam es zu einer wesentlichen Intensivierung und Beschleunigung des Aufeinandertreffens von Angebot und Nachfrage. Durch die kostengünstigere Möglichkeit der Kommunikation kam es zur verbesserten wechselseitigen Wahrnehmung der beiden Marktseiten. Wahrnehmung ist – wie aus der Marktforschung bekannt – eine der essentiellen Voraussetzungen jeglichen Konsums. Eine andere ist der Preis bzw. das zum Kauf verfügbare Einkommen.

Die materielle Kultur des Mittelalters wurde durch die Entdeckung der Neuen Welt erheblich bereichert und erweitert. Man denke etwa an Konsumartikel, die im Lauf der Frühen Neuzeit selbstverständlicher Bestandteil des menschlichen Alltags wurden: Kartoffeln, Tomaten, Mais, Kakao, Tabak und viele Hundert weiterer Waren.

Die Renaissance brachte eine säkulare Neuorientierung mit sich und betonte das Individuelle. Das weltliche Dasein, das naturwissenschaftliche Interesse, der kritische Rationalismus und die protestantische Ethik mit ihren liberalen und materialistischen Ausprägungen stellten neue Rahmenbedingungen im geistigen und sozialen zeitgenössischen Umfeld dar. Es ist nicht zu übersehen, dass solcherlei gesamtgesellschaftliche Grundströmungen nicht ohne Auswirkung auf die Konsumsphäre sind und spezifische Formen des Konsums, vielleicht Konsumstile, hervorbringen. Als Medium fungiert hier häufig die Kunst als gesellschaftlicher Bereich, in dem sich die Ästhetik ausbildet, die als stilprägendes bzw. –begründendes Element sich in der materiellen Kultur in vielfacher Abwandlung wieder findet. Man könnte den Prozess vielleicht mit „Demokratisierung der Kunst" bezeichnen, denn sie wird im Laufe der Frühen Neuzeit mehr und mehr von Massen konsumiert und für diese produziert. Die Niederlande bilden mit ihrer relativ frühen „Kopierkultur" großer Meister wohl das eindrücklichste Beispiel für Kunstkonsum.

Die Zeit der Aufklärung mit ihrer Betonung des autonomen Verstandes und der eigenen Identität bildete insofern eine wichtige Basis der Konsumkultur, als mit dem Aufgeklärten auch die Suche nach Neuem und somit die kreativen Kräfte erhebliche Förderung erfuhren. Hinzu kam, dass die zunehmende horizontale und vor allem vertikale soziale Mobilität der „Demokratisierung des Konsums" wesentlich Vorschub leistete.

Man muss sich mit Blick auf Mittelalter und Frühe Neuzeit jedoch stets der Tatsache bewusst sein, dass es (von Kultur zu Kultur allerdings sehr unterschiedliche) Restriktionen gab. Formen des Konsumzwangs bzw. des Konsumverbots waren alltäglich. Ein Beispiel dafür sind die Kleiderordnungen, die es dem gemeinen Bürger z. B. versagten, bei Festen Seide zu tragen. Auch die Verbote im Bereich der damals häufig als Luxus geltenden Kolonialprodukte gehören in diesen Zusammenhang. Raucher und Kaffeetrinker wurden im friederizianischen Preußen zeitweise wie Kriminelle verfolgt. Die engen zünftischen Verfassungen boten darüber hinaus wenig Möglichkeiten der Stimulierung des Konsums. Entsprechend geht mit der Liberalisierung in Deutschland gegen Ende des 18. Jahrhunderts (und in den anderen Ländern in der Regel schon viel früher) und mit dem demographischen und urbanen Fortschritt eine weitere Erhöhung der Mobilität und ein „natürliches" Anwachsen des Nachfragepotentials einher. In diese Entwicklung mischt sich mehr und mehr konsumrelevantes Status- und Prestigestreben, demonstrativer Konsum und Muße. Die prinzipielle gesellschaftliche Liberalisierung im Zuge der verschiedenen

Revolutionen (politische, industrielle, konsummäßige) erhöht die Möglichkeit des Durchsickerns von Konsumstilen, -formen, -mustern durch die gesellschaftliche Hierarchie hin zu den sozial niedrigeren Schichten. Die Adaption und Imitation der Konsumgewohnheiten der Elite unterliegen nur noch geringen oder gar keinen Restriktionen mehr. Dieser *Trickle-down-Prozess* (Durchsickerprozess) beschleunigte sich im Zuge der Reformen des 19. Jahrhunderts wesentlich, wozu die politische Demokratisierung sowie die Verkehrs- und Kommunikationsrevolutionen wesentlich beitrugen. Es wurde jedoch auch schon die Frage erhoben, ob es nicht mehr ein *trickle-across-Effekt* war.

Wie bekannt, war der Prozess der Industrialisierung nicht nur mit einer Vielzahl von Inventionen und Innovationen verbunden, sondern hatte auch eine erhebliche Steigerung der Realeinkommen zur Folge. Neben dem Grundkonsum wurde so für die Haushalte mehr und mehr Zusatzkonsum leistbar. Der solcherart sich vollziehende Strukturwandel des Konsums brachte auch eine Umorientierung bei der Nutzenbewertung von Gütern mit sich. Neben den früher stärker vom Gebrauchsnutzen geprägten Konsum trat nun verstärkt ein Konsum, der sensual und emotional angeregt wurde. Der Einsatz von Psychotechniken und werbepsychologische Methoden trug zunehmend der Erkenntnis Rechnung, dass neben dem Grundnutzen ein Zusatznutzen existiert und der Konsument nicht nur die Befriedigung seiner unmittelbaren Grundbedürfnisse anstrebt, sondern auch ausgeprägte Genussbedürfnisse hat. Dieser hedonistische Grundzug des menschlichen Wesens wurde durch psychologische Professionalisierung der Werbung gezielt angesprochen und führte im 20. Jahrhundert zu einem enormen Bedeutungszuwachs der Konsumsymbolik. Dem Produkt wurden nun Funktionen zugesprochen, die es kaum erfüllen konnte (etwa die Funktion der Kompensation von Frustration oder des Ausgleichs von Selbstwertschwächen) und so kam es, dass gegen Ende des 20. Jahrhunderts geradezu pathologische Befunde diagnostiziert wurden. Von „Consumitis" und Kaufsucht ist seit einigen Jahren häufig die Rede und es fragt sich, wie die offensichtliche Unersättlichkeit des *homo consumens* therapeutisch zu behandeln sei. Klar scheint zu sein, dass der Konsum als Therapieform für Defizite im Bereich motivationaler und Selbstwertschwächen ausscheidet.

Ein weiterer Grundzug des 20. Jahrhunderts ist in einer gewissen „Neomanie" zu sehen, d.h. in einem Ethos, der das Neue grundsätzlich bevorzugt und der bereits von Zeitgenossen der avantgardistischen Jahrhundertwende (zum 20. Jahrhundert) wie Thorstein Veblen oder von Simmel erkannt wurde.

Insoweit die Konsumgeschichte aus der Generierung von Neuem resultiert, sind jene Disziplinen, die sich mit diesem Aspekt beschäftigen, einzubeziehen, etwa die Kreativitätspsychologie.

Inzwischen wird nicht mehr nur der Geschichte des Konsums, der Werbung und des Marketing wissenschaftliche Aufmerksamkeit geschenkt, sondern auch dem Marketing der Geschichte, also der Geschichte als Gegenstand des Marketing. Es geht um die „Marke" Geschichte als praktischer Nutzanwendung von Geschichte, mithin um die Historie als Instrument des kreativen Einsatzes in der Unternehmenskommunikation. Der Ausgangspunkt ist das Unternehmen als „historisches Wesen" und die Einsicht, dass der Umgang mit der wertvollen Geschichte eines Unternehmens gewissenhafter Professionalisierung bedarf. Während *History Marketing* als Berufsfeld z. b. in den USA als *Public History* längst wesentlicher Bestandteil der amerikanischen Geschichtskultur ist, haben Unternehmer (und Historiker) hierzulande die Möglichkeiten des *History Marketing* noch längst nicht erkannt. Erst seit 2004 existiert ein Leitfaden zum Umgang mit Geschichte in Unternehmen, der von einem Historiker stammt, der diesen neuen Zweig konzipierend, beratend und praxisnah, gleichwohl aber auch theoretisch fundiert betreibt (ALEXANDER SCHUG).

Literatur

BERG, Maxine/CLIFFORD, Helen (Ed.): Consumers and luxury. Consumer culture in Europe 1650–1850, Manchester/New York 1999; BREWER, John/PORTER, Roy (Hg.): Consumption and the world of goods. (Consumption and culture in the 17th and 18th centuries, 1), London 1993; CAMPBELL, Colin: The romantic ethic and the spirit of consumerism, Oxfort 1987; CAMPORESI, Piero: Der feine Geschmack. Luxus und Moden im 18. Jahrhundert, Frankfurt/New York 1992; CSIKSZENTMIHALYI, Mihaly: Flow. Das Geheimnis des Glücks, Stuttgart 1992; IRONMONGER, D.S.: New Commodities and Consumer Behavior, Cambridge 1972; KÖNIG, Wolfgang: Geschichte der Konsumgesellschaft (= VSWG-Beihefte 154), Stuttgart 2000; LEBERGOTT, S.: Pursuing Happiness – American Consumers in the Twentieth Century, Princeton 1993; MCKENDRICK, Neil/BREWER, John/PLUMB, Jack H. (Hg.): The birth of a consumer society. The commercialization of eighteenth-century England, London 1982; MOKYR, Joel: Demand as a factor in the Industrial Revolution: A Historical Note. In: U. Witt (Hg.), Escaping Satiation – the Demand Side of Economic Growth, Berlin 2001, S. 85–96; NORTH, Michael: Genuss und Glück des Lebens. Kulturkonsum im Zeitalter der Aufklärung, Köln/Weimar/Wien 2003; PFISTER, Christian (Hg.): Das 1950er Syndrom. Der Weg in die Konsumgesellschaft, Bern et al. 1996; ROTBERG, R.I./RABB, T.K. (Hg.): Hunger and History. The Impact of Changing Food Production and Consumption Patterns on Society, Cambridge 1983; RUPRECHT, Wilhelm: The Historical Development of the Consumption of Sweeteners – A Learning Approach (MPI, Papers on Economics and Evolution, No. 0104) Jena 2001; SANDGRUBER, Roman: Die Anfänge der Konsumgesellschaft: Konsumverbrauch, Lebensstandard und Alltagskultur in Österreich im 18. und 19. Jahrhundert, Wien 1982;

SCHUG, Alexander: History Marketing. Ein Leitfaden zum Umgang mit Geschichte in Unternehmen (= Schriften zum Kultur- und Museumsmanagement), Bielefeld 2003; SELLE, Gert: Geschichte des Design in Deutschland, Frankfurt/M./New York 1994; SIEGRIST, Hannes/KAELBLE, Hartmut/KOCKA, Jürgen (Hg.): Europäische Konsumgeschichte. Zur Gesellschafts- und Kulturgeschichte des Konsums (18. bis 20. Jahrhundert), Frankfurt/New York 1997; STEARNS, Peter N.: Consumerism in World History. The Global Transformation of Desire (= Themes in World History), London 2001; STIHLER, Ariane: Die Entstehung des modernen Konsums. Darstellung und Erklärungsansätze (=Beiträge zur Verhaltensforschung, Heft 35), Berlin 1998; VEBLEN, Thorstein B.: Die Theorie der feinen Leute. Eine ökonomische Untersuchung der Institutionen. Englische Originalausgabe: The theory of the leisure class: an economic study in the evolution of institutions (1899), New York 1986; WALTER, Rolf (Hg.): Geschichte des Konsums, (VSWG-Beih. 175), Stuttgart 2004; WALTER, Rolf: Die Kommerzialisierung von Landwirtschaft und Gewerbe in Württemberg 1750–1850 (= Beiträge zur südwestdeutschen Wirtschafts- und Sozialgeschichte, Bd. 12), St. Katharinen 1990; WHEATHERILL, L.: Consumer Behavior & Material Culture in Britain 1660–1760, 2nd ed., London 1996; WITT, Ulrich: Learning to Consume – A Theory of Wants and Growth of Demand. In: Journal of Evolutionary Economics, Vol. 11, 2001, S. 23–36.

6.14. Historische Marktforschung

Im Mittelpunkt des Sachbereichs Verkehr, Handel und Banken stehen in marktwirtschaftlichen Systemen die Märkte, so dass der historischen Marktforschung besondere Bedeutung zukommt. Sie sind die geographischen und/oder ökonomischen Orte jedes Zusammentreffens von Angebot und Nachfrage oder, allgemeiner ausgedrückt, der Kommunikation zwischen Angebot und Nachfrage. Dieses Zusammentreffen lässt sich nach sachlichen, funktionalen und räumlich-zeitlichen Kriterien unterscheiden. Sachlich, indem man beispielsweise wie SCHUMPETER die Märkte nach Genussgütern (später: Konsumgüter), Produktionsmitteln und Kapital differenziert oder, wie heute üblich, Warenmärkte in solche von Rohstoffen, Halbwaren und Fertigwaren teilt. Die sachlichen Unterscheidungskriterien sind am vielfältigsten (Geldmarkt, Kapitalmarkt, Arbeitsmarkt usw.). In funktionaler Hinsicht lässt sich der Beschaffungsmarkt als Binnen- oder Importmarkt vom Absatzmarkt als Binnen- oder Exportmarkt unterscheiden. Was schließlich die räumlich-zeitliche Dimension anbelangt, können allgemeine Märkte wie Groß-, Wochen-, Monats- oder Jahrmärkte von den speziellen Märkten unterschieden werden, also Messen, Ausstellungen und Börsen. Die Definition des Marktes als ökonomischem Ort des Tausches lässt – wie erwähnt – die begriffliche Subsumierung des abstrakten Marktes zu, also etwa des versandabhängigen, geographisch entfernten Marktes. In jedem Fall jedoch ist das Ergebnis der Kommunikation zwischen Angebot und Nachfrage der Preis, der uns je nach Art des Marktes auch in anderen Bezeichnungen begegnet (Kurs, Zins usw.).

Die Herausbildung der Märkte und ihre zunehmende Verflechtung vom Spätmittelalter bis zur Zeit der Industrialisierung hat in unnachahmlicher Weise FERNAND BRAUDEL in seiner dreibändigen „Sozialgeschichte des 15. bis 18. Jahrhunderts" geschildert, bei der es sich jedoch nach deutschem Verständnis mehr um eine Wirtschaftsgeschichte handelt, so dass der Titel dieses großen Werks nicht missverstanden werden sollte. Zum Thema Kapitalismus und Marktwirtschaft schrieb BRAUDEL: „Obwohl die Marktwirtschaft sich ausbreitete und bereits sehr große Gebiete umfasste, also schon äußerst erfolgreich war, fehlte es ihr in der Regel noch an Dichte... Die Marktwirtschaft ist ihrem Wesen nach nur das Verbindungsglied zwischen Produktion und Konsumtion, und bis ins 19. Jahrhundert hinein bildete sie nur eine mehr oder weniger dicke und resistente – manchmal jedoch auch sehr dünne – Schicht zwischen dem unter ihr liegenden Ozean des Alltagslebens und den Entstehungsprozessen des Kapitalismus, die sie mehr als einmal von oben her beeinflussten." (Kapitalismus, S. 41 u. 43) BRAUDEL deutete hier auf seine Weise an, wie sehr es bei der Strukturanalyse des Marktes bzw. der Marktmorphologie nicht nur auf die quantitative Besetzung der beiden Marktseiten ankommt, sondern in hohem Maße auf deren qualitative Beschaffenheit. Damit ist die Frage nach der Vollkommenheit oder Unvollkommenheit des Marktes tangiert, wobei in diesem Zusammenhang darauf hinzuweisen ist, dass handelspolitische Instrumentarien in tarifärer, nichttarifärer und administrativer Form die Qualität des Marktes mitbestimmen.

Die Vollkommenheitsbedingung des Marktes ist der Maßstab, an dem die Marktqualität gemessen werden kann, wozu Nachweise über die sachliche Gleichartigkeit der Güter, das Fehlen persönlicher Präferenzen sowie räumlicher und zeitlicher Differenzierungen zwischen den beiden Marktseiten ebenso zu erbringen sind wie über die Markttransparenz. So setzten ERICH GUTENBERG mit seiner Homogenitätsbedingung und ZEUTHEN mit seinem Hinweis auf „temporäre Unvollkommenheit" bei unvollständiger Markttransparenz idealtypische Orientierungspunkte, an denen auch die historische Entwicklung des Marktes gemessen werden kann. Mit der Forderung nach zeitlicher und räumlicher Unterschiedslosigkeit zwischen Angebot und Nachfrage ist insbesondere der Bereich des Verkehrs- und Nachrichtenwesens, der technikhistorischen Entwicklung und Intensivierung der Kommunikation im raum-zeitlichen Zusammenhang angesprochen. Das Produkt daraus, der Preis, wurde wiederum in idealtypischer oder theoretischer Weise von JEVONS in seinem „Gesetz von der Unterschiedslosigkeit der Preise" (*law of indifference*) für den vollkommenen Markt formuliert, wonach es dort nur einen einheitlichen Preis gibt, zu dem alle Umsätze getätigt werden. Die Aufgabe des Wirtschaftshistorikers ist es, herauszufinden, inwieweit sich die Märkte im Gang der Geschichte dem Vollkommenheitszustand näherten oder sich von ihm entfernten und welche Faktoren dafür verantwortlich waren. Die Verbesserung der Kommuni-

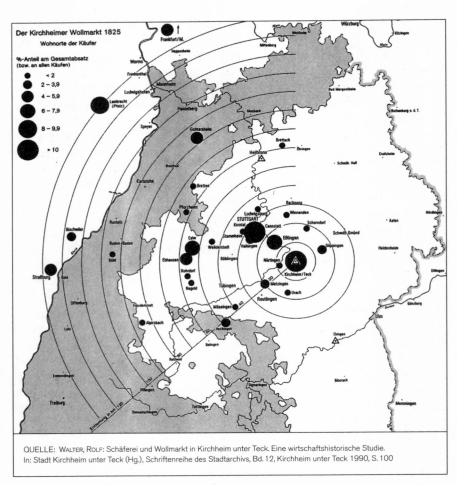

QUELLE: WALTER, ROLF: Schäferei und Wollmarkt in Kirchheim unter Teck. Eine wirtschaftshistorische Studie. In: Stadt Kirchheim unter Teck (Hg.), Schriftenreihe des Stadtarchivs, Bd. 12, Kirchheim unter Teck 1990, S. 100

Darstellung 34   Der Kirchheimer Wollmarkt 1825

kationstechnik, angefangen von den „Fackeltelegraphen" der Römer über die Stafettenreiter zur Fuggerzeit bis hin zu den heutigen Telekurs-Informationssystemen, hatte nicht nur die Minimierung der interterritorialen (Arbitrage) und intertemporalen (Spekulation) Preisdifferenzen zur Folge, sondern verkürzte wohl auch die Marktphasen einzelner Produkte oder ganzer Märkte, schuf andererseits aber auch neue Märkte.

Literatur

GÖTTMANN, Frank: Getreidemarkt am Bodensee. Raum – Wirtschaft – Politik – Gesellschaft (1650–1810) (= Beiträge zur südwestdeutschen Wirtschafts- und Sozialgeschichte, Bd. 12), St. Katharinen 1990; HEUSS, Ernst: Allgemeine Markttheorie (= St. Galler Wirtschaftswiss. Forsch. Bd. 21), Tübingen u. Zürich 1965; VÖGELE, Jörg: Getreidemärkte am Bodensee im 19. Jahrhundert. Strukturen und Entwicklungen (= Beiträge z. südwestdeutschen Wirtschafts- und Sozialgeschichte, Bd. 10, Hg. v. G. Kollmer u. H. Winkel), St. Katharinen 1990); WALTER, Rolf: Der Pferdemarkt des Herzogtums Württemberg im ausgehenden 18. Jahrhundert. In: Hochfinanz, Wirtschaftsräume, Innovationen. Festschrift für W. v. Stromer, Band II, Trier 1987, S. 831–860. WALTER, Rolf: Schäferei und Wollmarkt in Kirchheim unter Teck. Eine wirtschaftshistorische Studie. In: Stadt Kirchheim unter Teck (Hg.), Schriftenreihe des Stadtarchivs, Bd. 12, 1990, S. 87–107.

6.15. Konjunkturgeschichte und *Business Cycles*

Die Konjunkturgeschichte allgemein, aber auch der Vergleich der Konjunkturen einzelner Länder erhielt in den 1920er Jahren, nicht zuletzt durch das Wirken von ARTHUR SPIETHOFF und JOSEPH ALOIS SCHUMPETER, wesentliche Impulse. Ihnen und anderen Konjunkturforschern (KONDRATIEFF, SOMBART, DUPRIEZ etc.) ging es darum, die zunächst als Hypothese formulierte Zyklizität wirtschaftlicher Entwicklung so breit wie möglich empirisch zu untermauern, wobei sich fast zwangsläufig der internationale Vergleich aufdrängte.

Die früheren Konjunkturstudien wurden in den 70er Jahren von der deutschen Wirtschaftsgeschichte aufgenommen und weitergeführt, wobei insbesondere REINHARD SPREE, RAINER METZ, WILHELM SCHRÖDER, DIETMAR PETZINA, im Ausland insbesondere GER VAN ROON mit richtungsweisenden Forschungen hervortraten. In jüngerer Zeit kümmerte sich vor allem RAINER FREMDLING um die wichtige Frage der Stimmigkeit von Parametern im internationalen Vergleich von Wirtschaftsentwicklungen.

Basierend auf konjunkturhistorischen Forschungen versuchen Forschungsteams innerhalb der Wirtschaftswissenschaften, aber auch Historiker, die zeitliche Dimension des Wachstums- und Entwicklungsprozesses zu erfassen und neue „Periodisierungen" der wirtschaftshistorischen Entwicklung zu hinterfragen bzw. vorzuschlagen. Dabei wird von den Annales-Historikern eine bis in das Mittelalter zurückreichende Zyklizität behauptet, für die sich allerdings ein überzeugender und methodisch einwandfreier Nachweis bislang nicht finden ließ. Dass Geschichte als wellenartig schwankender Prozess in einem dialektischen Auf und Ab verlief, kann wohl kaum bestritten werden. Allein an der Frage der jahresmäßigen Präzisierung der Wendepunkte der „langen Wellen" scheiden sich die Geister, sodass man sich angewöhnt hat, sie in „Bandbreiten" anzugeben.

Der erste, der solche langen Wellen mit Auf- und Abschwüngen über jeweils ca. 50–60 Jahre glaubte feststellen zu können, war der russische Statistiker NIKOLAI KONDRATIEFF, weshalb man Wellen der erwähnten Länge auch als Kondratieff-Zyklen bezeichnet. JOSEPH A. SCHUMPETER hat durch die Unterscheidung zwischen statischer und dynamischer Theorie indirekt auch der „Wellentheorie" eine bestimmte Definition zugewiesen. Exogenen Ereignissen (Erfindungen, politische Ereignisse, Naturkatastrophen usw.) werden dabei gleichgewichtsstörende Wirkungen zugebilligt und das Gleichgewicht erst wieder erreicht, wenn die Störung beseitigt ist (statische Theorie). Demgegenüber geht die dynamische (endogene) Theorie („Kreislauftheorie") von inner-

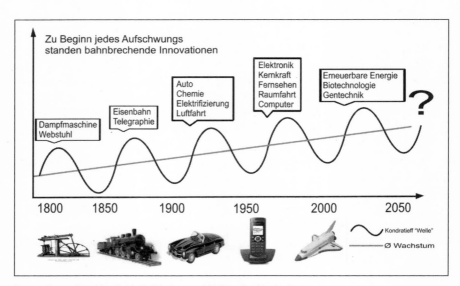

Darstellung 35 Kondratieff: Die langen Wellen der Konjunktur

wirtschaftlichen Faktoren aus, die Änderungskräfte aus sich heraus hervorbringen. SCHUMPETER war es auch, der aufgrund der angenommenen „langen Wellen" eine wirtschaftshistorische Periodisierung begründete. Die erste „lange
Welle" von den 1780er Jahren bis 1842 entsprach der Phase der Ersten Industriellen Revolution. Die zweite Welle (1842–1897) kennzeichnete er als „Dampf-
und Stahlperiode" und die dritte (beginnend 1898, unterbrochen vom Ersten
Weltkrieg) als Periode der Elektrizität, Chemie und des Automobils.

Insgesamt darf gesagt werden, dass die „Lange-Wellen"-Forschung zwar
den Blick für langfristige, säkulare Entwicklungen geschärft und ein methodisches Instrumentarium erarbeitet hat, was an und für sich als eigenständige Leistung anerkennenswert ist. Auf der anderen Seite ist jedoch unter den
„Anhängern" dieser Forschungsrichtung ein gewisser Trend zur Verabsolu-
tierung der langen Dauer nicht zu verkennen. Im Übrigen ist davor zu war-
nen, aus einer ökonomischen Konjunktur mehr ableiten zu wollen, als sie ist.
Die historische Entwicklung von Wirtschaft und Gesellschaft ist zu komplex, als dass sie sich mit Hilfe einiger langer Datenreihen als Indikatoren,
wie sie die historische Konjunkturforschung verwendet, erfassen ließe.

Das wirtschaftliche Wachstum und die Raumstruktur sind wechselseitig abhängig. D. h. im Laufe eines Kondratieff-Zyklus verändern bzw. verlagern sich

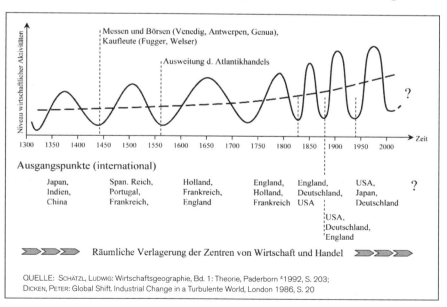

QUELLE: SCHÄTZL, LUDWIG: Wirtschaftsgeographie, Bd. 1: Theorie, Paderborn ⁴1992, S. 203;
DICKEN, PETER: Global Shift. Industrial Change in a Turbulente World, London 1986, S. 20

Darstellung 36   Internationale wirtschaftliche Entwicklung und deren Zentren

die Wachstumsschwerpunkte. Das räumliche Zentrum einer sog. „langen Welle" wächst, bis die Innovationskraft der neuen Technologie erschöpft ist. D. h. die Phasen Wachstum – Stagnation – Schrumpfung bilden sich auch räumlich ab. Industriestandorte unterliegen einem wirtschaftlichen Transformationsprozess. Sie durchlaufen sog. „regionale Wachstumszyklen". Städte bzw. Regionen, die aufgrund von Standortvorteilen Basisinnovationen zuerst durchsetzen können, entwickeln sich zu Wachstumsregionen. Die Wachstumsdynamik hält so lange an, wie es gelingt, die Produktion an den technischen Fortschritt anzupassen.

Bislang hat jede Kondratieff-Welle ein räumliches Zentrum gebildet, meist fernab des alten Zentrums.

Literatur

FREMDLING, Rainer/O'BRIEN, Patrick K. (eds.): Productivity in the Economics of Europe (= Historisch-Sozialwissenschaftliche Forschungen 15), Stuttgart 1983; GÖMMEL, Rainer: Wachstum und Konjunktur der Nürnberger Wirtschaft (1815–1914) (=Beiträge zur Wirtschaftsgeschichte, hg. v. H. Kellenbenz u. a., Bd. 1), Wiesbaden 1978; METZ, Rainer: Trend, Zyklus und Zufall. Bestimmungsgründe und Verlaufsformen langfristiger Wachstumsschwankungen (= VSWG-Beihefte 165), Stuttgart 2002; METZ, Rainer: Auf der Suche nach den Langen Wellen der Konjunktur, Stuttgart 2008; PETZINA, Dietmar/VAN ROON, Ger (Hg.): Konjunktur, Krise, Gesellschaft. Wirtschaftliche Wechsellagen und soziale Entwicklung im 19. und 20. Jahrhundert (= Geschichte und Gesellschaft, Bochumer Historische Studien Bd. 25), Stuttgart 1981; RITSCHL, Albrecht: Deutschlands Krise und Konjunktur 1924–1943. Binnenkonjunktur, Auslandsverschuldung und Reparationsproblem zwischen Dawes-Plan und Transfersperre (= Jahrbuch für Wirtschaftsgeschichte, Beiheft 2), Berlin 2002; SCHOHL, Frank: Die markttheoretische Erklärung der Konjunktur, Tübingen 1999; SCHRÖDER, Wilhelm H./SPREE, Reinhard (Hg.): Historische Konjunkturforschung (= Historisch-Sozialwiss. Forsch. Bd. 11), Stuttgart 1980; SPREE, Reinhard: Lange Wellen wirtschaftlicher Entwicklung in der Neuzeit. Erklärungen und Untersuchungsmethoden, Köln 1991.

6.16. Lokal- und Stadtgeschichte

Die Kommunen als wichtige Elemente der Gesellschaftsgeschichte haben immer eine eingehende historisch-wissenschaftliche Behandlung erfahren. Die Bevölkerungs-, Siedlungs- und Stadtgeschichte, die eng mit der Wirtschafts- und Sozialgeographie zusammenhängt, kann im Grunde nur interdisziplinär erarbeitet werden. Zu ihren Forschungsgegenständen gehören die Städtebildung, Stadtentwicklung, der Städtevergleich und die Bedeutung einzelner Städte. Sie hat sich mit der Zeitschrift „Die Alte Stadt" ein eigenes Organ geschaffen, das richtungsweisende Forschungsbeiträge enthält. Besonders hinzuweisen ist auf den Doppelband 2–3/1989 dieser Reihe, der OTTO BORST gewidmet ist. Er enthält einen ausgezeichneten Querschnitt durch die stadthistorische Forschung und berücksichtigt die Stadtplanungsgeschichte, Stadtsoziologie, Denkmalpflege, Stadterneuerung, städtische Kultur- und Geistesgeschichte, städtische Wirtschafts- und Sozialgeschichte sowie die historische Stadtgeographie und Regionalplanung.

Literatur

EHBRECHT, Wilfried (Hg.): Voraussetzungen und Methoden geschichtlicher Städteforschung, Köln 1979; ENNEN, Edith: Die europäische Stadt des Mittelalters, 4. Aufl., Göttingen 1987; RÖCK, Bernd: Eine Stadt in Krieg und Frieden. Studien zur Geschichte der Reichsstadt Augsburg zwischen Kalenderstreit und Parität, 2 Teilbände, Göttingen 1989.

6.17. Vergleichende Regionalgeschichte

Hier handelt es sich um einen Forschungsbereich, der in besonders fruchtbarer Weise durch eine interdisziplinäre Zusammenarbeit zwischen Historikern und Geographen zu erschließen ist. Seit geraumer Zeit scheint in den Geschichtswissenschaften, möglicherweise parallel zur „neuen regionalen Besinnung", die Region als Forschungsgegenstand wieder „Konjunktur" zu haben. Verschiedene Großprojekte, so etwa das von der Robert Bosch Stiftung getragene über Südwestdeutschland, an dem etwa dreißig Wissenschaftler beteiligt waren, unterstreichen diese Feststellung ebenso wie das umfangreiche Schrifttum der letzten Jahre, das sich regionalhistorischer Themen annahm. Die einzelnen Regionen Deutschlands und Europas sind inzwischen so gut aufgearbeitet, dass nun immer stärker die komparative Perspektive in den Vordergrund tritt. Für die frühere Zeit, insbesondere für das 17. und 18. Jahrhundert sind von der Konstanzer Forschungsgruppe um HORST RABE neue methodische Ansätze und Basisstudien realisiert worden, wobei der Aspekt der regionalen Transformation im Vordergrund stand. Sie sahen (als bisher wohl einzige, aber völlig berechtigt) die regionalen Grenzen nicht als fixen Ausgangspunkt der Forschung an, sondern als deren Ergebnis. So gelang es ihnen auch, die politische, wirtschaftliche und soziale „Grenze" als Forschungsgegenstand in ein neues Licht im Rahmen der Regionalgeschichte zu rücken und erheblich zur Differenzierung unserer Kenntnisse darüber beizutragen.

Literatur

BERGMANN, Jürgen u. a. (Hg.): Regionen im historischen Vergleich. Studien zu Deutschland im 19. und 20. Jahrhundert (= Schriftenreihe d. ZI f. Sozialwiss. Forsch. d. FU Berlin, Bd. 55), Opladen 1989 (Gute Ansätze und viel empirisches Datenmaterial, insbesondere zur Frage der regionalen Disparitäten. Fünf Beiträge von sieben Autoren); GÖTTMANN, Frank/RABE, Horst/SIEGLERSCHMIDT, Jörn: Regionale Transformation von Wirtschaft und Gesellschaft. In: Schriftenreihe VG Bodensee, 102. Heft, Friedrichshafen 1984, S. 115–173 (Vorstellung eines richtungsweisenden Forschungskonzepts und dessen Anwendung auf der Basis neu erschlossenen Archivmaterials durch verschiedene Autoren); FREMDLING, Rainer/TILLY, Richard (Hg.): Industrialisierung und Raum, Stuttgart 1979 (Theoretisch und methodisch anspruchsvolle Studie mit reichem empirischen Material und guten Anwendungsbeispielen verschiedener Autoren).

6.18. Geschichte der Weltwirtschaft und Globalisierung

Eine Übereinstimmung darüber, was man unter dem Begriff Weltwirtschaft zu verstehen hat, gibt es nicht und wird es wohl auch nie geben. „Weltwirtschaft" ist immer vor dem Hintergrund des Gegenstands und der Zeit zu definieren, die zu bearbeiten ist. Sieht FERNAND BRAUDEL, in der Tradition der französischen Sozialgeschichte stehend, den Aufbruch zur Weltwirtschaft bereits im 15. bis 18. Jahrhundert und IMMANUEL WALLERSTEIN das „Modern World System" vor 1750 sich entwickeln, gehen viele andere Autoren davon aus, dass der Aufbruch der Weltwirtschaft, verstanden als Entstehung grundlegend neuer ökonomischer Verhältnisse infolge der Verdichtung der internationalen Verflechtung des Wirtschaftslebens um die Mitte des 19. Jahrhunderts begann. Der Begriff „Weltwirtschaft" tauchte freilich schon in der Frühen Neuzeit auf, womit auch die Relativität des Begriffes „Welt" deutlich wird: Er bezieht sich eben auf die jeweils bekannte Welt. Vor Kolumbus gehörten dazu im Wesentlichen Europa sowie Teile Asiens und Afrikas. Letztendlich ist es von den Kriterien, die man als Maßstab annimmt, abhängig, ob von Weltwirtschaft gesprochen werden kann. Als solche können gelten: Ordnungsaspekte (z.B. Weltwährungsordnung), Prozess- oder Ablaufaspekte (z.B. Struktur, Konjunktur, Entwicklung, Wachstum), die in der Regel – wenn auch nicht problemlos – quantifizierbar sind sowie Integrationsaspekte (z.B. Institutionalisierung, Aufhebung von Leistungs- und Wissensgefällen, trennungsüberwindende Kommunikations- und Transfersysteme).

FERNAND BRAUDEL vertritt dagegen – wie angedeutet – einen anderen Begriff von „Weltwirtschaft". Er orientierte sich zwar an dem deutschen Wort, ohne sich jedoch mit dessen Schöpfern und Interpreten (BERNHARD HARMS, FRITZ RÖRIG, BRUNO KUSKE, ANDREAS PREDÖHL etc.) intensiv auseinanderzusetzen. Nahm er früher die *économie mondiale* als den „Markt des ganzen Universums" an, so gelang ihm mit der Wortprägung *économie-monde* ein glücklicher Kunstgriff, der sich wiederum an FRITZ RÖRIG orientierte und im Gegensatz zu den nationalökonomischen Definitionen die historische Entwicklung als Ganzes zu erfassen versucht. In diesem Sinne lässt sich nicht nur das Altertum vom Zweistromland bis Rom als Kette von *économies-monde* erfassen, sondern es stellt auch etwa das Russische Reich, das um 1650 den Pazifischen Ozean erreichte, eine solche *économie-monde* dar. Ebenfalls das türkische Reich mit seinem typischen Karawanenhandel ist in diesem Sinne als *économie-monde* anzusehen. Die europäische *économie-monde* sieht BRAUDEL im 11. Jahrhundert aufkeimen, wobei hier die Orientierung an RÖRIG besonders deutlich wird. In diesem System dominieren regelmäßig *villes-monde*, große internationale Zentralorte, gewissermaßen die bestimmenden Exponenten der „Weltzeit". Als ein solches Zentrum von „weltwirtschaftlichem Rang" erkannte BRAUDEL etwa Venedig, dem später Lissabon und Antwerpen folgten. Diese *économie-monde* stellt ein Ordnungssystem dar, aber nur eines von mehreren, die nebeneinander in bemerkenswerter Ungleichheit, mit beträchtlichen Gefällen zwischeneinander, existierten. Nutznießer dieses Gefälles ist der Kapitalismus, dessen globaler Entstehung sich wie erwähnt IMMANUEL WALLERSTEIN zuwandte, wobei hier bereits WERNER SOMBART mit seinem „Modernen Kapitalismus" bedeutende Vorarbeit leistete.

Die jüngeren Arbeiten zur Weltwirtschaft waren sehr um empirische Nachweise der internationalen Verflechtungsbeziehungen bemüht. Eine derartige Basisarbeit unter Aggregation des offiziellen statistischen Materials aller erreichbaren Länder stammt von WALT WHITMAN ROSTOW, der sich früher durch richtungsweisende Studien mit stufen- bzw. entwicklungstheoretischen Schwerpunkten („Stadien wirtschaftlichen Wachstums") einen Namen machte. WOLFRAM FISCHER, der die „Weltwirtschaft" wesentlich erst im 20. Jahrhundert realisiert sieht, verdankt die Wirtschaftsgeschichte einen hervorhebenswerten Überblick unter Verwertung wertvollen, ausgewählten, statistischen Quellenmaterials. CARL-LUDWIG HOLTFRERICH schließlich trug eine Reihe von Beiträgen zusammen, in denen die interdependente Dynamik und komplizierte Vernetzung der Weltwirtschaft in historischer Perspektive im Vordergrund steht.

Besondere Beachtung verdient schließlich das ironisch-kritische Büchlein von D.C.M. PLATT, der vor allzu extensivem Gebrauch immer wieder neu aufbereiteter offizieller Statistiken warnt und diesbezügliche Missbräuche schonungslos offenlegt.

In gewissem Sinne kann die jüngste Globalisierungsforschung in der Kontinuität der *stages of growth*-Studien à la ROSTOW gesehen werden, ist aber sehr viel weitgreifender und in einem vielfachen Sinne komplexer. Sie geht derzeit von einer mindestens vierteiligen Periodisierung aus und spricht von archaischer (vor 1760), proto- (1760–1850), moderner und post-kolonialer Globalisierung (HOPKINS, S. 3). Es geht also noch darum, erst zu einer genügend differenzierten Taxonomie zu finden. Eine Stufenbetrachtung ist abzulösen durch die Vorstellung, dass Strukturen weltweit überlappten und interdependent waren. Koexistenz, Absorption, Komplementarität, Symbiose und Wettbewerb, also ko-evolutionäre Merkmale umschreiben die Komplexität. Die Globalisierung erscheint momentan noch als inkompletter, ebenso fragmentarischer wie uniformer Prozess.

Häufig wird in einschlägigen Studien davor gewarnt, den Prozess eurozentrisch zu betrachten nach dem Motto *the rise of the West and the fall of the rest*. Eine realistische Darstellung der Geschichte der Globalisierung hat gleichermaßen die nicht-westlich geprägten Formen einzubeziehen.

Literatur

BAIROCH, Paul: Economics and World History. Myths and Paradoxes, Chicago/Hemel Hempstead 1993; BRAUDEL, Fernand: Aufbruch zur Weltwirtschaft (= Sozialgeschichte des 15.–18. Jahrhunderts, Bd. 3), München 1986; BUCHHEIM, Christoph: Die Wiedereingliederung Westdeutschlands in die Weltwirtschaft, München 1990; CAMERON, Rondo: Geschichte der Weltwirtschaft, 2 Bde., Bd. 1: Von den Anfängen bis zur Industriellen Revolution, Stuttgart 1991; Bd. 2: Von der Industriellen Revolution bis zur Gegenwart, Stuttgart 1992; FISCHER, Wolfram: Die Weltwirtschaft im 20. Jahrhundert, Göttingen 1979; HARMS, Bernhard: Volkswirtschaft und Weltwirtschaft. Versuch der Begründung einer Weltwirtschaftslehre (=Probleme der Weltwirtschaft 6), Jena 1920; HOLTFRERICH, Carl-Ludwig (ed.): Interactions in the World Economy. Perspectives from International Economic History, Hertfordshire 1990; HOPKINS, A.G. (ed.): Globalization in World History, London 2002; JONES, Eric Lionel: Growth Recurring. Economic Change in World History, Oxford 1988; LANDES, David: Wohlstand und Armut der Nationen. Warum die einen reich und die anderen arm sind, Berlin 1999; OSTERHAMMEL, Jürgen/ PETERSSON, Niels P.: Geschichte der Globalisierung. Dimensionen, Prozesse, Epochen, München 2003; PLATT, D.C.M.: Mickey Mouse Numbers in World History. The Short View, London 1989; POHL, Hans: Aufbruch der Weltwirtschaft. Geschichte der Weltwirtschaft von der Mitte des 19. Jahrhunderts bis zum Ersten Weltkrieg (= Wiss. Paperbacks 24), Stuttgart 1989; ROSTOW, Walt Whitman: The World Economy. History and Prospect, London/Basingstoke 1978; SCHULARICK, Moritz: Finanzielle Globalisierung in historischer Perspektive. Kapitalflüsse von Reich nach Arm, Investitionsrisiken und globale öffentliche Güter, Tübingen 2006; SIEBERT, Horst: The World Economy, 2nd. ed. London 2002; WALLERSTEIN, Immanuel: The Modern World System I. Capitalist Agriculture and the Origins of the European World-Economy in the Sixteenth Century, New York u. a. 1974; The Modern World System II. Mercantilism and the Consolidation of the European World-Economy, 1600–1750, New York u. a. 1980; WALTER, Rolf: Geschichte der Weltwirtschaft. Eine Einführung, Köln/Weimar/Wien 2006; WOODRUFF, William: Impact of Western Man. A Study of Europe's Role in the World Economy 1750–1960, London/New York 1966.

7. Interdiziplinäres

> *„Ich verstehe nicht, wie irgend jemand, es sei*
> *denn ein Einfaltspinsel, meinen kann, irgend etwas*
> *von Geschichte zu verstehen, bevor er etwas von*
> *Wirtschaftswissenschaft versteht."*
> (E. POUND. In: H.-U. Wehler (Hg.),
> Gesch. u. Ökonomie, S. 203)

Das Zitat gibt ein Beispiel beschränkter Auffassung von einer Disziplin, hier den Geschichtswissenschaften, das seinen Autor als einseitig entlarvt. Viel näher kommt PIERRE VILAR der interdisziplinären Verbindung von historischer und ökonomischer Wissenschaft, wenn er schreibt:

Des Historikers „schwere Aufgabe ist es, in einer Interdependenz, die noch weitreichender als die volkswirtschaftliche Gesamtrechnung ist, die Mechanismen des gesamten historischen Zusammenhangs zu begreifen, in dem der Mensch lebt, schafft, kämpft und stirbt." (P. VILAR: Geschichte, S. 186)

Solche und ähnlich weit auseinander liegenden Auffassungen von der Wichtigkeit der einen für die andere Wissenschaftsdisziplin deuten den Bogen der Möglichkeiten an, über die sich z. B. Geschichts- und Wirtschaftswissenschaften in ihrem fruchtbaren Interdependenzverhältnis definieren können. Da die Wirtschaftsgeschichte genau in diesem Spannungfeld ihren Standort hat und dieser in vorliegendem Buch generell Gegenstand der Betrachtung ist, kann hier auf die anderen Ausführungen verwiesen werden.

Es gibt in jeder Wissenschaftsdisziplin thematische Kern- oder Randbereiche, die praktisch überhaupt nicht ausschließlich monodisziplinär erfasst werden können. Wie etwa sollte man die großen Pestumzüge des 14. Jahrhunderts, die Pandemien interkontinentalen Ausmaßes darstellen, ohne den wissenschaftlichen Beistand der Medizin erforschen? Wie soll es möglich sein, das Kanonische Zinsverbot des Mittelalters ohne die Aristotelische Philosophie zu begreifen? Wie soll der „Geist des Kapitalismus" und seine Konsequenzen ohne Einsicht in die protestantische Ethik begriffen werden und wie fruchtbar kann hier eine Zusammenarbeit zwischen Theologie, Philosophie und Geschichtswissenschaft sein? Und wer wollte das Entstehen und stetige Vorhandensein von Diktaturen erklären, ohne die Politikwissenschaft, die Soziologie, die Psychoanalyse und die Historie gleichzeitig zu konsultieren?

Aus diesen Fragen sollte deutlich genug werden, wie sehr der wissenschaftliche Alltag der Interdisziplinarität bedarf. In diesem Sinne sind die folgenden Abschnitte zu verstehen, die nicht mehr und nicht weniger sein sollen als Plädoyers gegen die Apartheid der Disziplinen und Blicke über deren Horizonte.

Literatur

HUGHES, Jonathan R.T.: Tatsache und Theorie in der Wirtschaftsgeschichte. In: H.-U. Wehler (Hg.), Geschichte und Ökonomie, Köln 1973, S. 203–226; VILAR, Pierre: „Quantitative Geschichte" oder „Retrospektive Ökonomie"? In: H.-U. Wehler (Hg.), Geschichte und Ökonomie, Köln 1973.

7.1. Philosophie

Das frühe nationalökonomische Denken entwickelte sich aus der Philosophie heraus. Weltbilder, Idealtypen, Anschauungen über das soziale und wirtschaftliche Leben entsprangen vom Altertum bis in die Frühe Neuzeit dem ethisch-politischen Denken griechischer Philosophen und im Mittelalter den Scholastikern.

Frühe wirtschaftliche Fragestellungen waren meist philosophische: die nach dem „gerechten" Preis oder jene nach dem „standesgemäßen" Lebensunterhalt. Es waren zugleich und typischerweise soziale Fragestellungen, also auch ein Hinterfragen des Zustandekommens dessen, was Rousseau später den „Gesellschaftsvertrag" nennen sollte. Moralische standen zunächst vor rationalen Überlegungen.

Der Zusammenhang bzw. die gegenseitige Bereicherung von Philosophie und Wirtschaftsgeschichte lässt sich vielleicht am besten am Werk historischer Personen verdeutlichen, die Philosophen und Wirtschaftstheoretiker zugleich waren bzw. die die wirtschaftstheoretischen Ansätze aus ihrer philosophischen Anschauung heraus begründeten und entwickelten. Um eine solche Person handelt es sich z.B. bei DAVID HUME, der mit seiner auf NEWTON, LEIBNIZ und LOCKE basierenden Geisteshaltung nicht nur eine eigene Geschichtsphilosophie entwickelte, sondern auch eine Staats- und Gesellschaftslehre sowie eine Wirtschaftsphilosophie, die für die Herausbildung der späteren Wirtschafts- und Sozialwissenschaften von ganz wesentlicher, bisher möglicherweise stark unterschätzter Bedeutung waren. Oder, anders formuliert: Viele Erkenntnisse, die man heute anderen „Klassikern", z.B. ADAM SMITH zuschreibt, finden sich bei HUME bereits „vorgedacht". Wenn heute etwa die Lehre von den Bedürfnissen Schülern in der ersten Klasse der Berufsschule vermittelt wird, so könnte der Stoff direkt HUMES Wirtschafts-Psychologie oder seiner Lehre von den Ursachen ökonomischer Betätigung (*causes of labour*) entnommen sein, und man würde nicht merken, dass er aus dem mittleren 18. Jahrhundert stammt.

Es fällt auf, dass insbesondere im Bereich der Unternehmensberatung und der strategischen Unternehmensführung in jüngerer Zeit wieder stark auf „Philosophien" gebaut wird. Die philosophische Denkweise wird offenbar als eine dem modernen unternehmerischen Wirken höchst adäquate und zuträgliche Form erachtet.

Literatur

STREMINGER, Gerhard: David Hume. Sein Leben und sein Werk, Paderborn 1994.

7.2. Kunst und Kultur

Ebenso wie die Sprache und Literatur von der Symbolik lebt, die im geschichtlichen Prozess häufigen Veränderungen unterworfen ist und über deren begriffliche Veränderlichkeit sich der Historiker immer wieder neu Klarheit verschaffen muss, ist dies in der Kunst. Eine Sozialgeschichte der Kunst und Literatur, wie sie ARNOLD HAUSER 1953 erstmals vorlegte, hat diesem Umstand in besonderer Weise Rechnung zu tragen und ist von vornherein äußerst problematisch. HUGO KUHN sah drei praktische Aufgabenstellungen, der sich jede Soziologie oder Sozialgeschichte der Künste stellen muss: „1) angemessene Gegenwärtigung des Stoffes, der Tatsachen sowohl aus der Geschichte der Künste wie aus der allgemeinen Sozial- und Wirtschaftsgeschichte; 2) Kunstsoziologie im engeren Sinn, d. h. die Soziologie und Sozialgeschichte von Künstler und Publikum – die Werke selbst entziehen sich dieser Soziologie weithin…; 3) soziologische Interpretation der Werke selbst." (H. KUHN, Sozialgeschichte, S. 21f.)

Die vielverzweigten Wechselwirkungen zwischen Kunst und Kommerz zeigt in exemplarischer Weise MICHAEL NORTH in seiner Sozialgeschichte der niederländischen Malerei des 17. Jahrhunderts. Er weist überzeugend nach, dass das sog. Goldene Zeitalter in der Niederlanden nicht zufällig gleichzeitig eine ökonomische, künstlerische und soziale Blütephase darstellte.

Häufig weisen Gegenstände des Wirtschaftslebens starke Kunstbezüge auf, sei es in der popularisierten Form auf Geldscheinen oder im Rahmen von Werbebotschaften in den Medien. Umgekehrt nehmen bedeutende Werke der bildenden Kunst Motive, Figuren und Themen der ökonomischen Wirklichkeit auf. So gehören z. B. Porträts von Kaufleuten und Unternehmerfamilien zu den bedeutendsten Motiven der Maler der Frühneuzeit, wenn man z. B. an ALBRECHT DÜRERS Bildnis JAKOB FUGGERS denkt.

Schließlich sei darauf hingewiesen, dass der Stilbegriff, der Kunstwissenschaft entlehnt, auch im Bereich der Wirtschaftsgeschichte zur Charakterisierung bestimmter Entwicklungen herangezogen wird. So sprach etwa ALFRED MÜLLER-ARMACK – in Weiterführung der Stufentheorie und in Anlehnung an HEINRICH BECHTEL – vom „Wirtschaftsstil".

Die Idee, Wirtschaftsgeschichte als Kulturgeschichte zu schreiben, ist nicht neu. Spätestens der Kulturhistoriker und Nationalökonom EBERHARD GOTHEIN (1853–1923) hat in seiner „Wirtschaftsgeschichte des Schwarzwaldes" eindrucksvoll gezeigt, wie fruchtbar dieser Ansatz für beide Seiten sein kann. PETER BURKE gibt mit seiner klugen Besichtigung der französischen Strukturgeschichte am Beispiel der „Annales" eine Vorstellung davon, was eine ganzheitlich verstandene Geschichtsschreibung zu leisten vermag.

Literatur

BERGHOFF, Hartmut/VOGEL, Jakob (Hg.): Wirtschaftsgeschichte als Kulturgeschichte. Dimensionen eines Perspektivenwechsels, Frankfurt a. M./New York 2004; BURKE, Peter: Die Geschichte der ‚Annales'. Die Entstehung der Geschichtsschreibung, Berlin 2004; DANIEL, Ute: Kompendium Kulturgeschichte. Theorien, Praxis, Schlüsselwörter, 3. Aufl., Frankfurt a. M. 2002; HANDBUCH DER KULTURWISSENSCHAFTEN, Bd. 1: Jaeger, Friedrich/Liebsch, Burkhard (Hg.): Grundlagen und Schlüsselbegriffe, Stuttgart/Weimar 2004; MAURER, Michael/SÄNGER, Johanna/ULRICH, Editha (Hg.): Im Schaffen genießen. Der Briefwechsel der Kulturwissenschaftler Eberhard und Marie Luise Gothein (1883–1923), Köln/Weimar/Wien 2006; NORTH, Michael (Hg.): Economic History and the Arts (=Wirtschafts- und Sozialhistorische Studien Bd. 5), Köln/Weimar/Wien 1996; NORTH, Michael: Kunst und Kommerz im Goldenen Zeitalter. Zur Sozialgeschichte der niederländischen Malerei des 17. Jahrhunderts, Köln/Weimar/Wien, 2. erw. Aufl. 2001.

7.3. Sprach- und Literaturwissenschaft

Bislang von der Forschung relativ wenig aufgearbeitet ist die Wirtschaftsgeschichte als Literaturgeschichte. Die Frage, wie sich wirtschaftliche Sachverhalte in der Literatur niederschlugen, wurde bislang kaum systematisch untersucht. Dabei handelt es sich um einen überaus reizvollen Interessenbereich, dem es an Quellenmaterial kaum fehlen dürfte, sind doch GUSTAV FREYTAGS Kaufmannsroman „Soll und Haben", GERHARD HAUPTMANNS Stück „Die Weber",

THOMAS MANNS „Buddenbrooks" oder etwa ROBERT MUSILS Unternehmerfiguren (z. B. RATHENAU) in „Der Mann ohne Eigenschaften" bekannte, ja geradezu berühmte Beispiele dafür, wie sich Wirtschaftsgeschichte in der Literatur „versteckt" und ihrer Entdeckung harrt. Damit ist weniger gemeint, dass sich große Dichter und Schriftsteller sehr intensiv mit den verfügbaren Geschichtswerken ihrer Zeit auseinandersetzten und dieses historische Wissen sich in ihrem Opus verarbeitet wiederfindet; es geht vielmehr darum, dass sie mit ihrer Sprache, Denkweise und literarischen Form ein lebendiges Stück Geschichte darstellten und in diesem Sinne „Quelle" des Historikers sind. Von besonderem Interesse der Wirtschaftsgeschichte sind dabei z. B. die literarischen Niederschläge von besonders feinsinnigen Beobachtern der zeitgenössischen Wirtschaft, zu denen nicht zuletzt JOHANN WOLFGANG VON GOETHE gehörte, dessen Werke außerordentlich oft auf Kaufmannsfiguren, Unternehmertypen, Werktätige aller Art und auf die sozioökonomischen Verhältnisse seiner Zeit Bezug nehmen. Viele Kapitel, z. B. aus „Wilhelm Meisters Wanderjahre", bringen Nachweise auf GOETHES außerordentliches Interesse am Ökonomischen und seine Kenntnisse des Marktes und der sie gestaltenden Subjekte. Hier ein Beispiel: Im 9. Kapitel des dritten Buches in „Wilhelm Meister" trägt Lenardo einen kurzen Hymnus auf den Kaufmann vor: Wir begegnen „auf unsern Wegen Marktenden und Handelnden; ein kleiner Krämer sogar darf nicht versäumen, von Zeit zu Zeit seine Bude zu verlassen, Messen und Märkte zu besuchen, um sich dem Großhändler zu nähern und seinen kleinen Vorteil am Beispiel, an der Teilnahme des Grenzenlosen zu steigern. Aber noch unruhiger durchkreuzt sich einzeln zu Pferde auf allen Haupt- und Nebenstraßen die Menge derer, die auf unsern Beutel auch gegen unser Wollen Anspruch zu machen beflissen sind. Muster aller Art und Preisverzeichnisse verfolgen uns in Stadt- und Landhäuser, und wohin wir uns auch flüchten mögen, geschäftig überraschen sie uns, Gelegenheit bietend, welche selbst aufzusuchen Niemanden in den Sinn gekommen wäre."

Auch in der Gegenwartsliteratur finden sich häufig wirtschafts- und unternehmenshistorische Sachverhalte beschrieben. Ein besonders hervorhebenswertes Beispiel ist BURKHARD SPINNENS Kontextualisierung und treffende Porträtierung des Unternehmers LINDENMAIER aus Laupheim, die zeigt, wie reich der wirtschaftshistorische Fundus ist, aus dem Literaturwissenschaftler schöpfen können.

Eine besondere Nähe ist zwischen der Sprach- und der Sozialgeschichte vorhanden. Sprachgeschichte lässt sich durchaus als Sozialgeschichte auffassen. Die Geschichte der deutschen Sprache ist ein wichtiger Bestandteil der deutschen Sozialgeschichte. Man braucht sich nur vorzustellen, wie gesellschaftliche Veränderungen bzw. Vorstellungen sich in sprachlichen Wandlungen ausdrücken und so die Gesellschaftsgeschichte bis zu einem gewissen Grade an der Sprachgeschichte ablesbar wird.

Literatur

BYNON, Theodora: Historische Linguistik, München 1981; CRAMER, Thomas (Hg.): Literatur und Sprache im historischen Prozess. Vorträge des Deutschen Germanistentages, Aachen 1982, Tübingen 1983; CHERUBIM, Dieter/MATTHEIER, Klaus J. (Hg.): Voraussetzungen und Grundlagen der Gegenwartssprache, Berlin/New York 1989; HAUSER, Arnold: Sozialgeschichte der Kunst und Literatur, 2 Bde., München 1953; KUHN, Hugo: Eine Sozialgeschichte der Kunst und Literatur. In: VSWG 43, 1956, S. 19–43; LENZ, Siegfried: Geschichte erzählen. Ein Essay. In: FAZ Nr. 236 v. 11.10.1986; MILKEREIT, Gertrud: Das Unternehmerbild im zeitkritischen Roman des Vormärz (=Kölner Vorträge zur Sozial- und Wirtschaftsgeschichte, Heft 10), Köln 1970; NIEMANN, Hans-Werner: Das Bild des industriellen Unternehmers in deutschen Romanen der Jahre 1890 bis 1945 (=Einzelveröff. d. Hist. Komm. zu Berlin Bd. 34), Berlin 1982 (Berliner Habilitationsschrift, die die Ergebnisse der Analyse von 98 Unterhaltungsromanen beinhaltet und auch auf Methodik, Rezeption und die Soziologie der Autoren kurz eingeht); RARISCH, Ilsedore: Das Unternehmerbild in der deutschen Erzählliteratur der ersten Hälfte des 19. Jahrhunderts. Ein Beitrag zur Rezeption der frühen Industrialisierung in der belletristischen Literatur (=Einzelveröff. d. Hist. Komm. zu Berlin, Bd. 17), Berlin 1977; SCHEFOLD, Bertram (Hg.): Studien zur Entwicklung der ökonomischen Theorie XI. Die Darstelllung der Wirtschaft und der Wirtschaftswissenschaften in der Belletristik, Berlin 1992; SPINNEN, Burkhard: Der schwarze Grat. Die Geschichte des Unternehmers Walter Lindenmaier aus Laupheim, Frankfurt/M. 2003; SÜSSMANN, Johannes: Geschichtsschreibung oder Roman? Zur Konstitutionslogik von Geschichtserzählungen zwischen Schiller und Ranke (1780–1824) (=Frankfurter historische Abhandlungen, 41), Stuttgart 2000; TSCHIRCH, Fritz: Geschichte der deutschen Sprache, 3. Aufl., Berlin 1983; WHITE, Hayden: Die Bedeutung der Form. Erzählstrukturen in der Geschichtsschreibung, Frankfurt a. M. 1990.

7.4. Politikwissenschaft

Wirtschafts- und Sozialgeschichte ist bis zu einem gewissen Grade auch die Geschichte der Politik, wobei der besondere Schwerpunkt auf der Wirtschafts- und Sozialpolitik liegt. Die wirtschafts- und sozialpolitischen Entscheidungen und Manifestationen bilden die Grundlage für die realen Entwicklungen. Das politische System weist enge Zusammenhänge mit der Wirtschaft und Gesellschaft auf. Nicht nur, weil der Staat durch seine Steuerhoheit über die Gewinnmöglichkeiten der Privatwirtschaft mitentscheidet. Seine Finanzkraft ist auch ein erheblicher Nachfragefaktor und der Staat als Unternehmer, als Entscheidungsträger der öffentlichen Unternehmen, ein nicht zu übersehender Marktteilnehmer. Über die Politik äußert der Staat seine Entscheidungen und kann damit nicht zum Geringsten die gesamtwirtschaftliche Entwicklung beeinflussen. Es sei nur an die Art und Weise erinnert, wie OTTO VON BISMARCK das Instrumentarium der Zoll- und Handelspolitik zur Umsetzung auch innenpolitischer Interessen einsetzte und einer bestimmten Gruppe von Großagrariern durch die Einführung von Schutzzöllen ermöglichte, erhebliche Gewinne abzuschöpfen, um sie als Wähler zu gewinnen bzw. zu erhalten. Steuergeschenke vor Wahlen sind ja auch gegenwärtigen Zeitgenossen nicht ganz unbekannt, und es ist die Frage, ob es nicht eine Art Wahlkonjunktur gibt. Jedenfalls erscheint ein Zusammenwirken der Politologie und der historischen Wissenschaft sehr fruchtbar und ertragreich.

Überlegungen im Rahmen einer historisch vergleichenden Wirtschaftssystemuntersuchung ist zwangsläufig die Nähe zu politikwissenschaftlichen Fragestellungen immanent. Fragen nach dem Funktionieren und den Auswirkungen demokratischer, autokratischer oder kollektivistischer Systeme bergen in gleichen Teilen politik- und wirtschaftswissenschaftliche Fragestellungen in sich.

Die Frage nach dem besten Staat sollte auch die Frage nach dem richtigen Wirtschaftssystem beinhalten. Demokratie und Zentralverwaltungswirtschaft lassen sich ebensowenig in Übereinstimmung bringen wie Diktatur und Marktwirtschaft.

Eine ebenso zentrale wie aktuelle Frage ist immer die nach dem Verhältnis zwischen Staat und Wirtschaft. Wieviel „Staat" verträgt die Wirtschaft? Die Klassiker mit ADAM SMITH empfahlen bekanntlich, der Staat solle sich eher als „Nachtwächter" verhalten, also in eine eher passive Rolle schlüpfen. Demgegenüber plädierte JOHN MAYNARD KEYNES im 20. Jahrhundert sehr viel differenzierter für eine konjunkturelle Ankurbelung durch staatliches *deficit spending*, also durch aktive Nachfrageschöpfung mit Hilfe des Staates. Die Politik muss immer neue Antworten und gleichzeitig ökologische Fragen finden und die Wohlfahrt der gesamten Nation im Auge behalten. Reduziert man die Rolle des Staates und betreibt Privatisierung in großem Maßstab (wie in England zur Zeit MARGARET THATCHERS) – wozu die Wirtschaftswissenschaft im Allgemeinen rät – und vergisst darüber die unüberwälzten Kosten externer Effekte, z.B. in Form von Lärm, Luftverschmutzung und Risikozunahme? Oder verstaatlicht man die Wirtschaft im Rahmen des verfassungsmäßig Erlaubten und bläht damit die Staatsquote auf bzw. entzieht einiges den Kräften des Marktes? Hierzu muss die Politik-(wissenschaft) ebenso eine zufriedenstellende Antwort finden wie die Wirtschaftswissenschaft und keine der beiden Disziplinen kann und sollte dies ohne die jeweils andere tun.

Schließlich ist in diesem Zusammenhang die Interdependenz von politischer und wirtschaftlicher Macht von Interesse. Ist es nicht so, dass politische Macht kaum je ohne starke ökonomische Basis entstand? Ohne das Kapital der FUGGER und WELSER hätte KARL I. von Spanien 1519 wohl kaum Kaiser werden können. Kein kluger Politiker hat jemals darauf verzichtet, sich der Rückendeckung der Kaufleute und Ökonomen zu versichern. Ob es in merkantilistischer Zeit der Hofbankier war oder heute der sog. „Rat der fünf Weißen": Die Politik hatte sich schon immer sehr wesentlich an ökonomischen Sachverhalten zu orientieren, auch wenn dies z.B. die Geschichtsschreibung des 19. Jahrhunderts nach außen hin kaum wahrhaben wollte.

Literatur

AMBROSIUS, Gerold: Staatstätigkeiten und Staatsunternehmen. In: G. Schulz (Hg.): Sozial- und Wirtschaftsgeschichte, Stuttgart 2004, S. 175–190; HENTSCHEL, Volker: Wirtschaft und Wirtschaftspolitik im Wilhelminischen Deutschland. Organisierter Kapitalismus und Interventionsstaat?, Stuttgart 1978; LEIPOLD, Helmut: Wirtschafts- und Gesellschaftssysteme im Vergleich. Grundzüge einer Theorie der Wirtschaftssysteme, 5. bearb. Aufl., Stuttgart 1988. Aus politikwissenschaftlicher Sicht grundsätzlich: IMBUSCH, Peter/LAUTH, Hans-Joachim: Wirtschaft und Gesellschaft. In: Mols, Manfred u.a. (Hg.): Politikwissenschaft: Eine Einführung, Paderborn 1994.

7.5. Naturwissenschaften

Teilt man die Realwissenschaften, wie traditionell üblich, in Natur- und Geisteswissenschaften, so ist der Betrachtungsgegenstand ersterer die Natur, d.h. die Realität, die unabhängig vom Wirken des Geistes hervorgebracht wurde. Der Zustand und die Gesetzmäßigkeiten der Natur werden von den einschlägigen naturwissenschaftlichen Disziplinen erforscht, also etwa von der Physik, der Chemie oder der Biologie. Insoweit der Mensch auch Naturprodukt ist, wird er Betrachtungsgegenstand der Naturwissenschaft sein. Als Wesen des Geistes widmet sich ihm die Geisteswissenschaft.

Die Naturwissenschaften entwickeln hochpräzise Analyseverfahren, mit deren Hilfe heute Aufschlüsse über Entwicklungen in längst vergangener Zeit gewonnen werden können, ob es sich dabei um die Pollenanalyse oder die

Analyse von Jahresringen (Dendrochronologie) handelt, die der historischen Klimaforschung wesentliche Einblicke vermitteln, oder um chemische Analysen von Metalllegierungen, die die Fortschrittlichkeit ihrer Erfinder, z.B. der Inka, zeigen.

Erdbeben, Vulkanausbrüche, Überschwemmungen, Stürme und sonstige Naturkatastrophen haben historische Prozesse zuweilen entscheidend geprägt. Detaillierte naturwissenschaftliche Aufschlüsse hierüber sind daher von einigem Erkenntnisinteresse auch für die Geschichtswissenschaften. Überdies vernichteten Schädlinge wie die Reblaus, der Kartoffelkäfer oder die Tsetsefliege ganze Kulturen und brachten weiten Teilen der Bevölkerung existenzielle Not. Ohne das Wissen um die Entstehung, Übertragung bzw. Vermehrung dieser Kleinkreaturen wird die historische Entwicklung vieler Regionen der Welt kaum begreifbar sein.

Einschneidende Effekte historischer Dimension gingen nicht selten von neuen naturwissenschaftlichen Aufschlüssen, beispielsweise der Physik oder Chemie, aus. Von nichts war die allgemeine und Wirtschaftsgeschichte weltweit bislang mehr betroffen als von der Erfindung des Atoms, die einem Zeitalter den Namen gab. Noch nie in der Menschheitsgeschichte veränderte eine physikalische Erfindung das Leben derartig einschneidend und umfassend und bedrohte es gleichzeitig in seiner Gesamtheit. Entwicklungsgeschichte ist daher zu einem Großteil die Geschichte primärer Energieformen und das materielle Fortkommen ist gekoppelt an die naturwissenschaftlichen Erkenntnisfortschritte. Erstmals in der Menschheitsgeschichte gefährdet eine Generation durch die Hinterlassenschaft von Atommüll mit Halbwertzeiten von vielen Millionen Jahren die Existenz der gesamten Nachwelt, sorgt jedoch gleichzeitig dafür, dass eine dynamisch wachsende Weltbevölkerung mit Energie versorgt werden kann.

Literatur

HUMBOLDT, Alexander von: Kosmos. Entwurf einer physischen Weltbeschreibung, hg. v. Ottmar Ette u. Oliver Lubrich, Frankfurt a.M. 2006; LANDES, David S.: Der entfesselte Prometheus. Technologischer Wandel und industrielle Entwicklung in Westeuropa von 1750 bis zur Gegenwart, Köln 1973; OEXLE, Otto G. (Hg.): Naturwissenschaft, Geisteswissenschaft, Kulturwissenschaft: Einheit – Gegensatz – Komplementarität, 2. Aufl., Göttingen 2000; RICKERT, Heinrich: Die Grenzen der naturwissenschaftlichen Begriffsbildung. Eine logische Einleitung in die historischen Wissenschaften, 5. verb. Aufl., Tübingen 1929.

7.6. Medizin

Fragen der menschlichen und gesellschaftlichen Entstehung und Reproduktion sind existenzielle historische Fragen und können ohne tiefe Einsichten in die wissenschaftliche Medizin nicht begreiflich gemacht werden. Ein besonders fruchtbares Feld interdisziplinärer Zusammenarbeit bietet momentan das Tandem Medizin/historische Demographie (Bevölkerungslehre). Spätestens bei Fragen der Mortalität (Sterblichkeit) oder Fertilität (Fruchtbarkeit) ist der reiche Wissenschatz der Medizin und der medizinhistorischen Archive gefragt. Fragen nach Ursache, Verlauf und Behandlungsmöglichkeiten bestimmter Krankheiten erklären nicht selten historische Entwicklungen, demographische Brüche, wirtschaftliche Schwankungen oder kollektive Aggressionen, die sich oft gegen Minderheiten entluden. So wurden Juden und Frauen (als „Hexen") für die Pestumzüge des 14. Jahrhunderts verantwortlich gemacht, und es kam zu entsetzlichen Pogromen. Kolumbus brachte den amerikanischen Ureinwohnern nicht nur neue Exponate der materiellen Kultur Europas, sondern auch Krankheiten wie Blattern, Pocken und die Variole, Masern, Malaria, Gelbfieber, Lepra, Typhus sowie Tuberkulose. Aber auch das 20. Jahrhundert blieb, trotz der bemerkenswerten medizinischen Fortschritte, nicht verschont. Angeblich soll z.B. die spanische Influenza, die 1918/19 weltweit auftauchte, mehr Opfer gekostet haben als der Erste Weltkrieg. Medizinwissenschaftliche Erkenntnisse, Heilmethoden und Medikamententwicklungen halfen, unheilvolle Prozesse zu stoppen. Wie segensreich war etwa das Erkennen der Wirkung des Morphiums (1817), der Möglichkeiten der Röntgenstrahlung (1895), des Impfens (1713ff.) oder der Antibiotika für die menschliche Wohlfahrt?

Literatur

DOBSON, Mary: Contours of Death and Disease in Early Modern England, Cambridge 1997; GERABEK, Werner E. u.a. (Hgg.): Enzyklopädie Medizingeschichte, Berlin/New York 2004; HERLIHY, David: Der Schwarze Tod und die Verwandlung Europas, Berlin 1998; IMHOF, Arthur E.: Die gewonnenen Jahre. Von der Zunahme unserer Lebensspanne seit dreihundert Jahren oder der Notwendigkeit einer neuen Einstellung zu Leben und Sterben. Ein historischer Essay, München 1981; IMHOF, Arthur E. u.a.: Lebenserwartungen in Deutschland vom 17. bis 19. Jahrhundert. Life Expectancies in Germany from the 17th to the 19th Century, Weinheim 1990; SPREE, Reinhard: Soziale Ungleichheit vor Krankheit und Tod. Zur Sozialgeschichte des Gesundheitsbereichs im Deutschen Kaiserreich, Göttingen 1981.

7.7. Rechtswissenschaft

Fasst man der kantianisch-erkenntnistheoretischen Auffassung folgend die Rechtswissenschaft als diejenige Wissenschaft auf, die Mittel-Zweck-Zusammenhänge ergründet (was sie von der Kausalzusammenhänge erforschenden Naturwissenschaft unterscheiden soll), so lässt sich hier gleich ein gemeinsamer Forschungsgegenstand ausmachen, da es auch ein Anliegen der Wirtschafts- und Sozialgeschichte ist, Mittel-Zweck-Relationen im sozio-ökonomischen Kontext zu untersuchen. Ohne Kenntnis der herrschenden gesellschaftlichen Spielregeln und ohne Berücksichtigung der jeweiligen Rechtsauffassungen wird Geschichte unverständlich bleiben. Sie fanden Eingang in die Gesetzestexte aller Gesellschaften und Staaten und geben ungefähr die Grenzen an, innerhalb derer sich der historische Alltag vollzog. Freilich wurden diese Grenzen auch häufig überschritten wobei die Geschichte der Gesetzesüberschreitungen ein reizvoller Untersuchungsgegenstand wäre, auf den hier nicht näher eingegangen werden soll.

Der Zusammenhang zwischen Recht und Wirtschaft und damit zwischen Rechts- und Wirtschaftsgeschichte ist so eng, dass eine verstärkte Interdisziplinarität nicht erst eingefordert werden muss, sondern geradezu selbstverständlich ist. So betont der Rechtshistoriker RAINER SCHRÖDER etwa: „Rechtsgeschichte kann nur als Teil der Wirtschafts- und Sozialgeschichte begriffen werden". (Rechtsgeschichte, S. I)

Ein vorzügliches Beispiel dafür, wie man Rechts- und Geschichtswissenschaft sinnvoll in Einklang bringt bzw. wie untrennbar diese beiden Wissenschaften miteinander verbunden sind, gibt WILHELM HENKE in seinem Buch „Recht und Staat. Grundlagen der Jurisprudenz". Zu einem der Kardinalprobleme im Zusammenwirken von Staat, Wirtschaft und Gesellschaft, der Eigentumsfrage, schreibt HENKE: „Da der Streit, wo es keine staatliche Rechtsordnung gibt, leicht zugunsten des Stärkeren entschieden wird, die Gerechtigkeit aber auf der Seite des Schwächeren liegen kann, kommt in der Geschichte immer wieder eine eigentümliche, der Erhebung des Eigentums zum Menschenrecht gerade entgegengesetzte Eigentumsfeindlichkeit auf. – Diese Eigentumsfeindlichkeit hat sich stark gewandelt. Sieht man von Platons Idealstaat und den frühchristlichen Gemeinden ab, so trat in den „Staatsromanen", besonders in Thomas Morus' Utopia von 1516, zuerst der soziale Gedanke hervor, daß die Konzentration der Güter in wenigen Händen, bei Morus die Entstehung des ländlichen Großgrundbesitzes in England, ungerecht sei. Locke und Rousseau beschrieben einen eigentumslosen Zustand allgemeiner Gütergemeinschaft als vergangenen Naturzustand, demgegenüber das Eigentum, das der einzelne für sich beansprucht, der Rechtfertigung bedarf, die nur unter Einschränkungen und Vorbehalten möglich ist. Bei Saint-Simon, Proudhon und besonders bei Karl Marx wurde die Eigentumsfeindlichkeit zum politischen Programm, damit aber notwendig auch zur Frage der politischen Organisation, denn wenn das Eigentum als Prinzip der Gliederung und Anknüpfungspunkt für die Zusammenordnung der Menschen wirklich wegfallen soll, so muß es eine andere Grundlage der politischen Ordnung und auch der Wirtschaft geben, sofern man sich nicht auf die Brüderlichkeit, also darauf, daß die Menschen immer einer Meinung darüber sind, was gerecht sei, verlassen will, was in Anbetracht der historischen Erfahrung jedenfalls leichtsinnig wäre. So ist es zur Beseitigung des Eigentums auch nicht gekommen, aber sein zwiespältiger Charakter bezüglich der Gerechtigkeit hat dazu geführt, daß in Politik und Recht neben dem besseren Schutz des Eigentums stets auch seine Beschränkung gefordert und durchgesetzt wurde. Solange es Eigentum als Behauptung einer Sache im Streit gibt, gibt es auch die Feindschaft der Nichteigentümer gegen die Eigentümer und der kleinen gegen die großen Eigentümer. Diese werden es für gerecht halten, daß ihnen ihr Eigentum erhalten bleibt, sei es, weil sie es erworben oder weil sie es ererbt haben, jedenfalls weil es ihnen gehört in dem tieferen Sinn, dass es ein Teil ihres Selbst, ihrer Person und ihrer Lage ist und ihnen darum nicht ohne Ungerechtigkeit genommen werden kann. Jene werden es, wenn auch nicht immer und jedenfalls nicht mit entsprechenden Gründen für ungerecht halten, sei es aus Neid, oder weil es ungerecht erworben wurde oder weil es die Eigentümer zu unabhängig macht und ihnen dadurch die Möglichkeit zu rücksichtslosem und ungerechtem Handeln bietet oder sie sogar dazu verführt. Die Gerechtigkeit des Eigentums ist so gewiss wie sein Bestand, aber der wird niemals unangefochten sein." (Recht, S. 249f.)

Literatur

DÜLMEN, Richard van: Theater des Schreckens. Gerichtspraxis und Strafrituale in der frühen Neuzeit, 4. durchges. Aufl., München 1995; HENKE, Wilhelm: Recht und Staat. Grundlagen der Jurisprudenz, Tübingen 1988; SCHRÖDER, Rainer: Rechtsgeschichte, 6. Aufl., Münster 2006; KROESCHELL, Karl: Deutsche Rechtsgeschichte, Bd. 1 (bis 1250), 12. Aufl., Köln/Weimar/Wien 2005; KROESCHELL, Karl/CORDES, A./NEHLSEN-VON STRYK, K.: Bd. 2 (1250–1650), 9. Aufl. 2007; Bd. 3 (seit 1650), 4. Aufl. 2005.

7.8. Soziologie und Sozialwissenschaft

Die bereits mehrmals erwähnte französische Historikergruppe der „Annales" verstand die Geschichtswissenschaft als neue Sozialwissenschaft, als Wissenschaft vom Menschen, die ihre Erkenntnisse durch analytische und hermeneutische Methoden gewinnt. Dabei wird sehr stark auf Ansätze der Psychoanalyse und der Soziologie zurückgegriffen. Insbesondere die zahlreichen Versuche, „Sozialprofile", kollektive Mentalitäten, die Sozialstruktur bestimmter Gruppen (Arbeiter, Eliten usw.) im historischen Kontext herauszuarbeiten, lassen sich viel fruchtbarer mit Berücksichtigung der einschlägigen sozialwissenschaftlichen Erfahrungen erschließen. Immer wiederkehrende Phänomene mit verheerender Wirkung wie z. B. der Antisemitismus oder übersteigerter Nationalismus fordern ein gegenseitiges Zurateziehen von Forschern verschiedener Disziplinen geradezu heraus.

Literatur

ARIÈS, Philippe/DUBY, Georges (Hg.): Geschichte des privaten Lebens, 5 Bde., Frankfurt a. M. 1991 ff.; DÜLMEN, Richard van: Kultur und Alltag in der Frühen Neuzeit. Bd. 1: Das Haus und seine Menschen, München 1990; Bd. II: Dorf und Stadt, 16.–18. Jahrhundert, München 1992; Jahrbuch für Soziologiegeschichte 1990, Hg. v. H.-J. Dahme u. a., Opladen 1990; KERN, Horst: Empirische Sozialforschung. Ursprünge, Ansätze, Entwicklungslinien, München 1982 (Als Einführung in die empirische Sozialgeschichte und zum Kennenlernen der sozialhistorischen Quellen seit dem 18. Jahrhundert gut geeignet; der Autor ist Soziologe); KORTE, Hermann: Einführung in die Geschichte der Soziologie, 7. Aufl., Stuttgart 2003; LUDZ, Peter Christian (Hg.): Soziologie und Sozialpsychologie, (Sonderheft 16), 1972; SMELSER, Neil J./SWEDBERG, Richard (eds.): The Handbook of Economic Sociology, Princeton/N.J. 1994; WEBER, Max: Wirtschaft und Gesellschaft. Grundriss der verstehenden Soziologie, 5. revidierte Aufl., hg. v. Johannes Winckelmann, Studienausgabe Tübingen 1976; WEHLER, Hans-Ulrich (Hg.): Geschichte und Soziologie, Köln 1972.

7.9. Soziobiologie

Der Wirtschaftsgeschichte stellen sich – ebenso wie der Evolutorischen Ökonomik – ständig Fragen, die nur durch die Berücksichtigung der Befunde anderer Disziplinen einer Erklärung oder „Lösung" näher gebracht werden können. So ergeben sich etwa wesentliche Antworten auf die Frage der „Offenheit" und „Komplexität" in einer bis in die Jungsteinzeit zurückreichenden Perspektive aus der Evolutions- und Soziobiologie. Darin beschäftigt man sich seit Jahren mit Fragen der genetisch-kulturellen Ko-Evolution als einem Prozess der wechselseitigen neurobiologischen Abhängigkeit. Hier ist der Ort, wo eine evolutorische (Wirtschafts-)Geschichte ihren Anfang nehmen kann, denn da geht es um Fragen der genetischen und kulturellen Information. Basis der Ko-Evolution ist die genetisch-kulturelle Vererbung, die angeborene Lernfähigkeiten einschließt und kulturelle Vielfalt entstehen lässt. Die Muster des genomischen Ausdrucks, die die individuelle Geistesentwicklung begleiten, bezeichnen die Soziobiologen ED WILSON und CHARLES LUMSDEN als primäre und sekundäre „epigenetische Regeln", die etwas Ähnlichkeit mit den Metaphern von der genotypischen und phänotypischen Entwicklung haben. Erstere reichen von der anfänglichen sensorischen Filterung bis zur Wahrnehmung und zweitere von der Entwicklung zentraler Eigenschaften und Fähigkeiten (Temperament, Persönlichkeit, Glauben) die den Menschen prädisponieren und ihn zur Weitergabe von Varianten der kulturellen Information befähigen. Dabei sind die sekundären epigenetischen Regeln weniger genetisch festgelegt und flexibler. Die Einflüsse beider führen zur Fähigkeit des Geistes zur Selbstorganisation und zu einer parallelen oder konvergenten Evolution in unabhängigen Kulturen. So liegt der Ansatzpunkt für Neues und Überraschendes in den epigenetischen Regeln für kulturelles Lernen, das nonlineare Kopplungen zwischen genetischer und kultureller Evolution schafft.

Die genetisch-kulturelle Ko-Evolution ist der Nährboden der Geschichte der Kultur, die hauptsächlich biologisch geprägt ist („biologischer Imperativ", LUMSDEN 1999). Der ko-evolutionäre Aufschaukelungsprozess via Genverschiebungen und zunehmende kulturelle Vielfalt führte über Protokulturen (Schimpansen, Primaten) zu heterarchischen proteischen Kulturen (Menschen) und „Phantasiekulturen", d.h. Kulturformen, die zunächst nur in der menschlichen Phantasie existieren und die – hier liegt der entscheidende Punkt – sich nur unter Einbeziehung der menschlichen Kreativität als geschichtliche Kraft erklären lassen. Die Imaginationsfähigkeit des Menschen eröffnet Horizonte des Neuen, d.h. des zunächst Unvorstellbaren. Im Grunde beschreibt die Soziobiologie hier ein historisches „Entwicklungsgesetz", das nicht nur die Anthropogenese, sondern auch Wesen, Werden und Wandel von ideeller und materieller Kultur umfasst und das einen zentralen Aspekt der Evolutorik fokussiert. Imagination und Vision sind die „Revolutionäre" der Geschichte und entheben die Darstellung der menschlichen Entwicklung einer geschlossenen Betrachtung im Sinne eines Systems oder einer Zustandsbeschreibung, wenn man einmal ein System als aus vielen Teilen bestehendes Konstrukt aus zeitlich variablen tiefen Eigenschaften sehen will. Einen (historischen) Zeitpunkt oder die historische Realität zum Zeitpunkt t in der Geschichte zu bestimmen hieße dann, als Zustand alle erkennbaren Eigenschaften des Systems zum Zeitpunkt t zu bestimmen, wobei die Menge der möglichen Zustände eines Systems als Zustandsraum und die Veränderung der Zustände als Dynamik bezeichnet würde. Nun mag es möglich sein, weitere Zustandsräume zu beschreiben und Regeln unter Berücksichtigung von mehr Komplexität (Geschwindigkeit der Anpassung, Modus, neue Wahrscheinlichkeitsverteilungen usw.) zu entwerfen, also eine Art ko-evolutionäre Dynamik. Genau hier liegt die Beschränkung bzw. der Knackpunkt, denn realistischerweise müssten Elemente wie Imagination und Kreativität als strukturbildende Komponenten herangezogen werden. Damit verliert der Zustandsraum jedoch seine konstante Struktur, denn mit jeder Invention bzw. Innovation wird die Menge kultureller Information um neue Daten bereichert und der Zustandsraum verändert. Es ist daher sinnvoll, ihn (wie auch die „ganze" Geschichte) als offen und in dem beschriebenen Sinne komplex anzunehmen. Die Folgen solcher ständig sich erneuernden kulturellen Konfigurationen lassen keine zukünftige Wahrscheinlichkeitsverteilung mehr seriös erscheinen, es sei denn, es gelänge die imaginations-generierte Dynamik genetisch-kultureller Ko-Evolution und ihre sozio-kulturellen Implikationen zu berücksichtigen. Hier erschiene es aus historischer Sicht plausibel, die Veränderlichkeit der durch sukzessive kreative Akte geprägten Ereignishorizonte im Sinne einer wesentlichen Verkürzung in langfristiger (evolutionärer) Perspektive anzunehmen. Mit Verkürzung (man könnte auch von Beschleunigung sprechen) ist die Annahme gemeint, dass mit jeder Annäherung an die Gegenwart das Einfließen von Imagination in die Kultur schneller erfolgt. D.h. isolierte und vereinzelte Einflüsse des innovativen Wandels waren z.B. für das Paläolithikum typischer als für die Gegenwart des 21. Jahrhunderts. Die Einflüsse dürften in einer postindustriellen Informationsgesellschaft mit zeitgleicher Kommunikationsmöglichkeit von einer Komplexität sein, die sich auch über die Annahme nonlinearer Dynamik und des Chaos nicht formal erfassen lassen, da ja auch beim Chaos der Zustandsraum fixiert ist und kreatives Verhalten den Zustandsraum sprengt. Historisch betrachtet täte man also gut daran, in die Abschätzung der jeweiligen Zukunft (d.h. die Erfassung eines Zustandsraumes unter Berücksichtigung mutierender Gene und kreativer „Sprengsätze") ein zunehmendes Maß an Neuheit einzubeziehen, d.h. die Antizipation einer größeren Zahl kultureller Optionen. Es ist diese Art von Komplexitätszunahme, die auch die Evolution der Ökonomie kennzeichnet und die in der Wirtschaftsgeschichte noch nicht genügend erklärt und berücksichtigt wurde. Wollte man also den evolutorischen Prozess in Ökonomie und Kultur erfassen, müsste man Kreativität vor(aus)sehen oder doch zumindest in Annäherung historischer Realität ein theoretisches Modell entwerfen, das Vergangenheit und Zukunft so weit offen lässt, dass der Zustandsraum das ursprünglich Unvorstellbare umfasst. Solcherlei Theorie käme einem wissenschaftlichen Sprachspiel mit nicht festgelegten Texten gleich. Hier hat die Evolutorik mit ihren Hinweisen auf „Anpassung", selbstgerichteten Wandel, Selbst-organisation usw. schon einen alternativen Weg eingeschlagen und erkannt, dass evolutionäre Theorien des kreativen Geistes selbst „kreativ" sein müssen. Inwieweit gegenwärtige Formen der zeitgleichen Kommunikation und der Verkürzung der Halbwertzeiten für Wissen hier bereits zu gewissen Varianten selbstgenerierter „kreativer" Muster führen und zu einer Art Strukturierung des noch Unvorstellbaren, mögen Spieltheoretiker, Chaosforscher und Cyberspace-Spezialisten abschätzen. Hier sei lediglich bemerkt, dass man sich auch in früheren Jahrhunderten beschleunigter Vergänglichkeit von Wissen bewusst war, oder, wie ALFRED NORTH WHITEHEAD einmal lapidar bemerkte, das Wissen halte nicht länger als Fisch. WHITEHEAD war jener Historiker, der in auf- und abgeklärter Analyse des Zusammenhangs von Wissenschaft und dem Entstehen der modernen Welt hervorhob: „The greatest of the nineteenth century was the invention of the method of invention." (WHITEHEAD, 1975, S. 120 f.)

Man wurde sich im Zuge der Moderne der Bedeutung von Ideen, Neuheit und Inventionen und der Mechanismen, die den oben beschriebenen Zustandsraum sprengen, zunehmend bewusst. Dieses neue Bewusstsein der Wissenschaftsrevolution wird häufig auch mit der Metapher des „Schlüssels zur Moderne" umschrieben und findet in den Geschichtswissenschaften unter dem Stichwort „Wissenschaftspopularisierung" eine breite Diskussions- und Literaturgrundlage.

Literatur

LUMSDEN, Charles J./WILSON, Ed O.: Genes, Mind, and Culture: The Coevolutionary Process, Cambridge, MA. 1981; LUMSDEN, Charles J.: Die genetisch-kulturelle Ko-Evolution. In: Telepolis, Magazin der Netzkultur, 1999, S. 1–22; SCHWARZ, Angela: Der Schlüssel zur modernen Welt. Wissenschaftspopularisierung in Großbritannien und Deutschland im Übergang zur Moderne (ca. 1870–1914) (= VSWG-Beihefte 153), Stuttgart 1999; WHITEHEAD, Alfred North: Science and the Modern World, Glasgow 1975; WITT, Ulrich: Warum sollten sich Ökonomen mit Selbstorganisation beschäftigen? In: A. v. Gleich, S. Leinkauf, S. Zundel (Hg.), Surfen auf der Modernisierungswelle, Marburg 1997, S. 47–70; WUKETITS, Franz M.: Was ist Soziobiologie?, München 2002.

7.10. Psychologie und Kognitionswissenschaft

Ausgangspunkte der Untersuchung des Verhältnisses zwischen Geschichte und Psychologie können die naturwissenschaftlichen, geistigen Gesetzmäßigkeiten oder aber die historische Psychologie (*psychologie historique*) im Sinne LUCIEN FEBVRES sein. Wie der Psychologe kann (oder sogar: muss) auch der Historiker drei methodischen Ansatzpunkten, das Indiviuum zu erforschen, folgen: dem Menschen in seinem historisch-gesellschaftlichen Milieu (Kollektivpsychologie), dem Menschen als Subjekt eines spezifischen Organismus (Psycho-Physiologie) und dem Menschen als psychische Ausprägung von Zu- und Wechselfällen des gesellschaftlichen Lebens (Differentialpsychologie). Insbesondere Fragen der gesellschaftsgeschichtlichen Bestimmtheit des Psychischen werden neuerdings wieder verstärkt diskutiert. Die vorhandenen Beziehungen zwischen Seelen- und Gesellschaftsleben, zwischen Psychologie und Soziologie bilden komplizierte historische Realitäten, deren Aufschlüsselung ein Zurückgreifen auf die in den beiden Disziplinen entwickelten Methoden und gewonnenen Erkenntnisse erfordert. MAX WEBERS Betonung der protestantischen Ethik in ihrem Einfluss auf die kapitalistische Entwicklung oder z.B. WERNER SOMBARTS „Geist des Kapitalismus" stellen konkrete Fragen an die historische Psychologie. Verhaltensweisen in ihrer inneren Begründung, Mentalitäten, das Bewusstsein sowie Motive und Gefühle besitzen, wer wollte dies bestreiten, geschichtsprägende Kraft, individuell und kollektiv. Wie sehr sie prägen konnte, hat ERICH FROMM in seiner „Anatomie der menschlichen Destruktivität" verdeutlicht. DAVID MCCLELLAND hat versucht, aus der Sicht der Verhaltensforschung die Nahtstelle zwischen der Herausbildung und Äußerung von Bedürfnissen (speziell dem Bedürfnis nach Leistung oder dem Leistungsmotiv) und der daraus zeitverzögert resultierenden wirtschaftlichen Entwicklung ausfindig zu machen. Immer mehr besinnt sich auch die moderne Volks- und Betriebswirtschaftslehre auf außerökonomische, oft eben psychologische, Komponenten. Das historisch-zeitgenössische Wirtschaftssubjekt hat sicher ebenso im Sinne der MASLOWschen Bedürfnispyramide gehandelt wie der gegenwärtige Konsument. Die der Reihe nach sich vollziehende Befriedigung der Primär-, Sekundär- und Tertiärbedürfnisse erklärt möglicherweise recht weitgehend wirtschafts- und sozialhistorische Stufen- oder Stilentwicklungen. Auch die historische Integrationsforschung dürfte kaum zu erschöpfenden Ergebnissen gelangen, wenn nicht die mentale Ebene und individuelle wie kollektive Verhaltensweisen die gebührende Berücksichtigung finden. Pogrome, Hexenverfolgungen, Glaubenskriege, Kreuzzüge oder Migrationen von Individuen und Gruppen, die die Wirtschaft und Gesellschaft im Lauf der Geschichte strukturell völlig veränderten, sind letztendlich nur zu verstehen, wenn man sich der (politischen oder der Machterhaltung dienenden) Ausnutzung niedriger menschlicher Veranlagungen und deren gewollter und geplanter negativen Konditionierung bewusst wird.

Während es hier um die Aufhellung psychologisch determinierter historischer Entwicklungen geht, ist umgekehrt auch des Fragens würdig, inwieweit von der heutigen Psychologie und Psychoanalyse aufgeworfene neue Problemfelder und Erkenntnisse herangezogen werden sollten, um die Geschichte unter veränderter Perspektive neu zu befragen. FROMM hat hier den Weg vorgezeichnet.

Neuheit und Kreativität – Eine Annäherung über die Kreativitätspsychologie
Zu den Treibriemen der Geschichte gehört das Neue. Neuheit entsteht im Kontext höherer mentaler Funktionen, also durch Intelligenz, Kreativität und Klugheit. Intelligenz kann als Fähigkeit aufgefasst werden, sich in einem bestimmten Umfeld durch den Einsatz analytischer, kreativer und praktischer Geschicklichkeit fortzuentwickeln bzw. Kompetenz zu schöpfen und weiterzugeben. Es sind immer wieder kreative Impulse (Elemente, Beiträge ...), die die Entwicklung antreiben. Insofern liegt der Gedanke nicht fern, STERNBERGS *propulsion theory of creative contributions* als „Geschichtstheorie" zu verwenden und davon auszugehen, dass Kreativität eine Art Führerschaft darstellt, die Kulturen in die Lage versetzt, im Wettbewerb untereinander komparative Vorteile zu erwirken. Dies setzt gesellschaftliche Bereitschaft bzw. Offenheit voraus, neue Wege zu gehen bzw. traditionelle Pfade zu verlassen. Hochkulturen sind vermutlich durch diese Neuheit und Einmaligkeit ihrer Wege und Formen zu solchen geworden. Hierzu gehört auch die Weisheit/Klugheit ihrer Eliten, intrapersonale, interpersonale und extrapersonale Interessen in kurzer und langer Frist abzuwägen, bevor etwas als allgemeinverbindlich bzw. als common good angenommen wird. Eine stetige Neubewertung (*infusion of values*) führt zur Übernahme, Teilung oder Ablehnung (Selektion) von Umwelten (*environments*). (STERNBERG nennt dies *a balance theory of wisdom*).

Kulturführerschaft hieße so Qualitätsführerschaft im Sinne von Qualität im Umgang mit komplexen Anforderungen an die kognitive Änderungsfähigkeit. (*Theory of cognitive modifiability*). Gesellschaften, die in der Geschichte solch kognitive Variabilität oder einfach Offenheit zeigten, der Aufnahme neuen Wissens und der Bildung gegenüber aufgeschlossen waren, galten nicht nur als modern, sondern waren möglicherweise auch ökonomisch erfolgreicher. Das Italien der Renaissance, die Niederlande im 17. Jahrhundert oder England im 18. Jahrhundert mögen Beispiele dafür sein, wie sich gebildete Kultur und wirtschaftliches Wachstum wechselseitig bedingten. In welchem Verhältnis Demokratie und Wirtschaftswachstum stehen, ist historisch allerdings noch nicht erwiesen, auch wenn der Zusammenhang plausibel erscheint.

Angesichts der Bedeutung, die der Kreativität als inventionsgenerierendem Faktor zukommt, ist es erstaunlich, dass sich die Psychologie bisher wenig mit ihr auseinandergesetzt hat, sehr im Unterschied zur Intelligenzforschung, die über Jahrzehnte die psychologische Forschung dominierte. Es ist davon auszugehen, dass daher auch wichtige Differenzierungen, wie wir sie beim Faktor „Lernen" vornehmen, beim Faktor „Kreativität" bislang eher außen vor geblieben sind.

Ein Aspekt, der von der Kreativitätsforschung durchgehend als zentral hervorgehoben wird, ist der, dass Kreativität offensichtlich hochgradig mit Assoziationsfähigkeit korreliert. Die Lern- bzw. Kognitionsforschung weist also zurecht häufig auf das assoziative Lernen als jener Lernform hin, die den stärksten Fit mit Kreativität hat. Besonders kreative Menschen sind daher zu beschreiben als solche von hoher *defocused attention*, also der spontanen Aufnahmefähigkeit und kognitiven Verarbeitungsfähigkeit einer Vielzahl von Eindrücken bzw. Informationen. Sie haben ein hohes Kombinationsvermögen und weite assoziative Horizonte bei flachen assoziativen Hierarchien. Generell geht die Kreativitätspsychologie davon aus, dass der entscheidende kombinatorische Sprung (oder *link*) umso wahrscheinlicher erscheint, je größer die „Aufmerksamkeits-Kapazität" ist. Es wäre einer evolutorisch verstandenen Wirtschaftsgeschichte zuträglich, dem *homo creativus* dieselbe intensive Aufmerksamkeit zu schenken, wie sie dem *homo oeconomicus* in der klassischen bzw. neoklassischen Wirtschaftstheorie zu Teil wurde. Die Kreativitätsforschung betont wesentliche Aspekte, die im Rahmen der Geschichtswissenschaften, besonders auch der Wirtschaftsgeschichte, eine stärkere Rolle spielen sollten. Dies gilt vor allem für die Analyse des „Urknalls" und „Nährbodens" inventorischer Schöpfung, der präinventiven Phase. Hier kommt der historischen Kontextforschung hohe Bedeutung zu, etwa der Ausleuchtung des familialen Zusammenhangs und der Rolle der Familienmitglieder.

Die Familie und das Verwandtennetz bilden einen personalen Background des Individuums. Dieser ist eingebettet in die Gesellschaft und beide sind Teile der „Kultur". Individuen, Gesellschaft und Kultur sind wechselseitig komplex aufeinander bezogen. Das Individuum schöpft Neuheit in einer offenen Gesellschaft und stimuliert sie umgekehrt auch. Die Kultur bzw. der kulturelle Wettbewerb selektiert die besten Ideen und Neuerungen und wirkt auf die Individuen zurück. Welchen Kulturbegriff man auch immer wählt, es geht um die individuelle und kollektive Bewahrung kognitiver Errungenschaften (Techniken,

Wissensformen, Kunststile, Glaubensformen etc.). Es geht um das, was CSIKS-
ZENTMIHALYI *cultural capital* nennt, das – so vorhanden – kreativitätsschöpfend
oder doch zumindest kreativitätsfördernd wirkt. Von ihm stammt die Aussage,
die Kreativität sei der Motor, der die kulturelle Evolution antreibt („Creativity
is the engine that drives cultural evolution"). Er weist (am Beispiel von Nobel-
preisträgern) darauf hin, wie sehr es dabei auf die Nutzung des kulturellen Kapitals im Wege der Internalisierung des kreativen Systems geht. Er hebt das
kulturelle Umfeld hervor (was häufig auch als Kontextualisierung bezeichnet
wird) und plädiert dafür, sich nicht zu ausschließlich auf das kreative Potential
des Individuums zu konzentrieren, sondern auch die Gemeinschaft, das Ge-
meinwesen mit einzubeziehen, in dem das Individuum wirkt („it is the community and not the individual who makes creativity manifest"). Im Zusammenhang mit der Evolution von Unternehmen ist die Frage der *organizational creativity* mit der Differenzierung nach *individual creativity* und *group creativity* von
Interesse. „Lernende Organisationen", auf die es in der Wirtschaft zunehmend
ankommt (und schon immer ankam), sind nicht zuletzt gekennzeichnet durch
Offenheit, flache Hierarchien und ein hohes Maß an Flexibilität. Solcherlei
Strukturen setzen ein hohes Maß an Kreativität bei der Problemlösung und
Entscheidungsfindung bzw. kreative Anpassungsfähigkeit an Strukturveränderungen voraus. Es war nicht zuletzt der Wettbewerbsdruck, der kreative und
intelligente Anpassung unter Ausschöpfung entsprechender Humankapitalres-
sourcen bewirkte.

Literatur

CSIKSZENTMIHALYI, Mihaly: Implications of a Systems Perspective for the Study of Creativity. In: R. Sternberg (ed.), Handbook, S. 311–335; FEBVRE, Lucien: Das Gewissen des
Historikers, hg. v. U. Raulff, Berlin 1988 (franz. erstmals 1953), darin besonders sein
Aufsatz über „Geschichte und Psychologie" (S. 79–90); FRIED, Johannes/SÜSSMANN, Johannes (Hg.): Revolutionen des Wissens. Von der Steinzeit bis zur Moderne, München
2001; FROMM, Erich: Anatomie der menschlichen Destruktivität, 2. Aufl., Stuttgart 1974;
JÜTTEMANN, Gerd (Hg.): Wegbereiter der Historischen Psychologie, München/Wein-
heim 1988; MCCLELLAND, David C.: Die Leistungsgesellschaft. Psychologische Analyse
der Voraussetzungen wirtschaftlicher Entwicklung, Stuttgart usw. 1966 (Übersetzung
von The Achieving Society, New Jersey 1961); MOKYR, Joel: The Lever of Riches. Technological Creativity and Economic Progress, New York/Oxford 1992; ROTH, Gerhard:
Fühlen, Denken, Handeln. Wie das Gehirn unser Verhalten steuert, Frankfurt a. M. 2001;
STERNBERG, Robert J.: Successful intelligence, New York 1997; STERNBERG, Robert J.: A
balance theory of wisdom. In: Review of General Psychologie, 2, 1998, S. 347–365;
STERNBERG, Robert J. (ed.): Handbook of Creativity, Cambridge 1999; STERNBERG, Ro-

bert J.: The theory of successful intelligence. In: Review of General Psychology, 3, 1999, S. 292–316; STERNBERG, Robert J.: Making school reform work: A „mineralogical" theory of school modifiability, Bloomington 2000; STERNBERG, Robert J./KAUFMAN, J.C./ PRETZ, J.E.: The creativity conundrum: A propulsion model of creative contributions, Philadelphia, PA 2002; STERNBERG, Robert J./LUBART, Todd I.: Defying the crowd: Cultivating creativity in a culture of conformity, New York 1995.

7.11. Ethnologie und Anthropologie

Die historische Anthropologie betrachtet den Menschen in seiner Historizität, in seiner Gebundenheit in Kultur und Zeit. MICHAEL MAURER (2003, S. 297 ff.) schlägt vor, sich der historischen Anthropologie durch die Unterscheidung dreier Komponenten zu nähern:
1. Korporalität (der Mensch als Individuum, Persönlichkeit und Körperwesen; primärer Kreis),
2. Sozialität (der Mensch als Gemeinschaftswesen, seine Sozialisation, Interaktion; sekundärer Kreis),
3. Kulturalität (Weltanschauung, Sinnhorizont, Mentalität; tertiärer Kreis).

Eine mögliche systematische Aufgabenteilung sieht er darin, die Korporalität der Historischen Anthropologie zuzuweisen, die Sozialität der Sozialgeschichte und die Kulturalität der Kulturgeschichte (2003, S. 305).
Ethnologische und anthropologische Aspekte werden in jüngerer Zeit vor allem von der Evolutorischen Wirtschaftsgeschichte und der Anthropometrie stärker beachtet. Insoweit Ernährungs- und menschliche Subsistenzformen in langfristiger Perspektive betrachtet werden, ist ein Rückgriff auf die Befunde der Ethnologie unumgänglich. Auch die historische Akkulturationsforschung und generell die vergleichende Kultur- und Wirtschaftsgeschichte sind auf die Zusammenarbeit mit Ethnologen angewiesen. Insbesondere gilt dies für die Konsum-, Präferenz- und Produktforschung.

Literatur

DRESSEL, Gert: Historische Anthropologie. Eine Einführung, Wien usw. 1996; GADAMER, Hans-Georg/VOGLER, Paul (Hg.): Neue Anthropologie, 7 Bde., Stuttgart/München 1972–74; GREVERUS, Ina Maria: Kultur und Alltagswelt. Eine Einführung in Fragen der Kulturanthropologie, München 1978, Nachdr. 1987; MAURER, Michael: Historische Anthropologie. In: M. Maurer (Hg.), Aufriss der Historischen Wissenschaften, Bd. 7: Neue Themen und Methoden der Geschichtswissenschaft, Stuttgart 2003, S. 294–380;

NIPPERDEY, Thomas: Kulturgeschichte, Sozialgeschichte, historische Anthropologie. In: VSWG 55, 1968, S. 145–164; SÜSSMUTH, Hans (Hg.): Historische Anthropologie. Der Mensch in der Geschichte, Göttingen 1984; VAN DÜLMEN, Richard u.a. (Hg.): Historische Anthropologie. Kultur – Gesellschaft – Alltag, Köln/Weimar/Wien 1993ff.; VAN DÜLMEN, Richard: Historische Anthropologie. Entwicklung – Probleme – Aufgaben, Köln usw. 2000.

7.12. Geographie

Die Betrachtung des Menschen in historischer Zeit schließt meist die Dimension Raum ein. So erfasst z.B. die Anthropogeographie den Menschen im räumlichen Kontext. Der Raum ist eine Dimension mit eigener Geschichtlichkeit und prägend für Kultur, Wirtschaft und Gesellschaft, und dies nicht nur der damit verbundenen klimatischen Unterschiede wegen.

Die Wirtschafts- und Sozialgeschichte hat eine besondere Affinität zur Anthropogeographie, indem beide Teildisziplinen die Sphäre menschlichen Wirkens (Kultur, Religion, Wirtschaft, Gesellschaft) zum Gegenstand haben. Verkehrsnetz und Siedlungsraum sind Elemente der Landschaftsgeographie bzw. Länderkunde, die im Rahmen der räumlichen Analyse der Wirtschaftsgeschichte eine Rolle spielen. Die Wirtschaft bildet entwicklungshistorisch räumliche Strukturen, die sich mit unterschiedlicher Dynamik verändern, wobei man z.B. von Agglomeration und Deglomeration spricht, je nachdem sich eine räumliche Struktur verdichtet oder entflechtet. Die Sozialgeographie erforscht das Verhältnis von „Raum" und „Gesellschaft". Der Mensch hat ein spezifisches Verhältnis zum Raum, das in Begriffen wie Heimat in Form einer örtlichen Vorstellung wiederkehrt und zum wichtigen Sozialisationskontext gehört. Insofern ist der Raum mehr als eine in Entfernungen messbare Größe und ist die Geographie mehr als nur die überprüfbare Topografie des Erdballs oder deren Umsetzung in kartographischen Werken wie Atlanten und Globen. Vielmehr versucht sie Erlebnisräume, Handlungsräume und Interaktionsräume zu erfassen, also interdependente und dynamische räumliche Konfigurationen zu analysieren. Insofern sich die Sozialgeographie mit Umweltwahrnehmung beschäftigt, greift sie auf Erkenntnisse der Kognitionsforschung zurück.

Literatur
BARTHELT, Harald/GLÜCKLER, Johannes: Wirtschaftsgeographie. Ökonomische Beziehungen in räumlicher Perspektive, Stuttgart 2002; RATZEL, Friedrich: Anthropogeographie oder Grundzüge der Anwendung der Erdkunde auf die Geschichte. Bd. 1, Stuttgart

1882.; Ders.: Anthropogeographie – Die geographische Verbreitung der Menschen, Bd. 2, Stuttgart 1891; SCHÄTZL, Ludwig: Wirtschaftsgeographie 1. Theorie, 9. Aufl., Paderborn 2003; SEDLACEK, Peter/WERLEN, Benno: Texte zur handlungstheoretischen Geographie. Jenaer Geographische Manuskripte, Bd. 18, 1998; WERLEN, Benno: Sozialgeographie, 2. Aufl., Bern/Stuttgart/Wien 2004.

8. Historiographie und Dogmengeschichte

8.1. Der Weg der Wirtschaftsgeschichte und die Entwicklung der Wirtschaftswissenschaft

8.1.1. Allgemeine Zusammenhänge

Ganz allgemein lässt sich feststellen, dass der Wirtschaftshistoriker in dem Maße verstärkt auf wirtschaftswissenschaftliche Methoden und Ansätze zurückgreifen muss, je jünger der Zeitraum ist, den er erforschen will. Ein Wirtschaftshistoriker, der die Wirtschaftsgeschichte des Spätmittelalters untersucht, wird sich in seiner Vorgehensweise und der Auswahl seines Instrumentariums von dem unterscheiden, der das 19. Jahrhundert erforscht.

Mit der Komplexität des Wirtschaftsgeschehens in der Praxis sind auch die theoretischen Anforderungen gewachsen. Ein Wirtschaftshistoriker, der über das 20. Jahrhundert arbeitet, kommt nicht umhin, sich fundamentale Kenntnisse, Methoden und Instrumente der Betriebs- und Volkswirtschaftslehre anzueignen, bis tief hinein in die Spezialdisziplinen der Ökonomie.

Stellen wir uns einmal die Aufgabe, einen Beitrag über die deutsche Wirtschaftsgeschichte zur Zeit der Renaissance und einen weiteren über die Zeit nach 1945 zu schreiben. Einmal abgesehen von anderen entscheidenden Unterschieden wird es im ersten Fall große Schwierigkeiten bereiten, quantifizierbares Quellenmaterial aufzufinden und dieses dann auszuwerten. Die Forschung muss hier weit mehr im Bereich der Vermutung und Thesenhaftigkeit liegen, qualitative Faktoren müssen in hohem Maße quantitative ersetzen oder zu deren Herleitung herangezogen werden, d. h. der Hermeneutik kommt hervorragende Bedeutung zu, und ebenso wichtig ist es, jeden noch so kleinen und zunächst vielleicht nichtssagenden Aspekt in Wort oder Zahl aufzunehmen, zu deuten und einzubauen. Darüber hinaus erfordert die Auseinandersetzung mit der Vergangenheit eine verstärkte Kenntnis und Anwendung der Rand- und Hilfsdisziplinen. Beispielhaft sei hier nur die Metrologie genannt, also die Kunde von den Maßen und Gewichten. Wer über ein territoriales Splittergebiet in Deutschland vor und nach der Säkularisation bzw. Mediatisierung arbeitet, also

z. B. über den Südwesten Deutschlands im 17. oder 18. Jahrhundert, muss sich vorher Gedanken über etwa fünfzig verschiedene Klein- und Kleinstgebiete machen, die jeweils unterschiedliche Münzen, Maße und Gewichte aufwiesen, von den Rechtsausprägungen und den politischen, gesellschaftlichen, mentalen und konfessionellen Unterschieden ganz abzusehen. Außerdem ist offensichtlich, dass mit der Größe von Territorien auch Faktoren wie Macht und Dynamik korrespondieren. Die Reichsstädte des Ancien Régime hatten ungleich größere Schwierigkeiten, ihre Interessen durchzusetzen, als das nächst größere, sie meist umklammernde, Territorium. Dem größeren Gebiet fiel es oft ungleich leichter, seine Wirtschaft zu dynamisieren (zum Wachsen zu bringen), nötigenfalls durch nominelle (z. B. durch gemeinsame Zollverwaltungen) oder faktische Inkorporation.

Auf ganz anderem – genau entgegengesetztem – Feld liegen die Probleme im zweiten, zeithistorischen Fall. Eine komplexe, mit einer Überfülle von Daten, Zahlenmaterial und Statistiken beladene Wirtschaft macht ein weitaus feineres und vielseitigeres Instrumentarium zur Erfassung der wirtschaftshistorischen Realität notwendig. Infolgedessen kann in wesentlich stärkerem Maße auf Methoden und Mittel zurückgegriffen werden, die den Wirtschaftswissenschaften entstammen. Dies schafft für den Wirtschaftshistoriker freilich auch Schwierigkeiten in der Abgrenzungs- und Standortfrage. Die Grenzen zwischen den Disziplinen werden unsichtbarer, und die Forderung nach interdisziplinärer Forschung wird um so dringlicher: Der Verein für Socialpolitik hat seinerzeit eine vollkommene Umorientierung von der Nationalökonomie hin zur Wirtschaftsgeschichte erlebt. Unsere Disziplin muss sich heute fragen lassen, ob sich die Geschichte hier nicht umgekehrt hat. In den letzten Jahren häuften sich Stellungnahmen bedeutender Wirtschafts- und Sozialhistoriker zur kritischen, gegenüber den 70er Jahren deutlich verschlechterten Situation des Faches. Hatte die „Enthistorisierung" der Nationalökonomie (BORCHARDT) die Herausbildung des Spezialfaches Wirtschaftsgeschichte erst nötig und möglich gemacht, so waren es später „die gewachsene Distanz zum Kern der Wirtschaftswissenschaft", die Vermehrung der Zahl der Wahlfächer an den Universitäten, die Einschränkung des Geschichtsunterrichts an den Schulen sowie die zunehmende studentische Neigung, praxisrelevant zu studieren (was die Wirtschaftsgeschichte kaum leisten kann oder will), die KNUT BORCHARDT fragen ließen, ob die Wirtschaftsgeschichte „wirtschaftswissenschaftliches Kernfach, Orchideenfach, Mauerblümchen oder nichts von dem?" sei.

Zur Konkretisierung und Verdeutlichung des Gesagten soll im Folgenden versucht werden, anhand von Zusammenhängen und Beispielen den für den Wirtschaftshistoriker anwendbaren Teil der Wirtschaftswissenschaften zu verdeutlichen. Dazu sollte man – gewissermaßen schon zuständigkeitshalber – aber wissen, wann und wie die Wirtschaftswissenschaften entstanden sind, von welcher Zeit an man auf sie überhaupt zurückgreifen konnte. Hierzu ist ein kleiner historischer Rückblick erforderlich.

Literatur

BORCHARDT, Knut: Wirtschaftsgeschichte: Wirtschaftswissenschaftliches Kernfach, Orchideenfach, Mauerblümchen oder nichts von dem? In: Historia Socialis et Oeconomica. Festschrift f. W. Zorn (=VSWG-Beihefte 84), Stuttgart 1988, S. 17–31; KELLENBENZ, Hermann/WALTER, Rolf: Die Wirtschaftsgeschichte im Rahmen der Wirtschaftswissenschaften. In: WiSt 9, Sept. 1980, S. 411–417; ZORN, Wolfgang: Das Fach Wirtschafts- und Sozialgeschichte im letzten halben Jahrhundert. In: I. Bog u.a. (Hg.), Wirtschaftliche und soziale Strukturen im sekularen Wandel, Festschrift f. W. Abel z. 70. Geb. I, Hannover 1974, S. 11–22.

8.1.2. „Vorwissenschaft", Wirtschaftslehre und Handelskunde

Für die historische Betrachtung einer Wissenschaft ist es wichtig, die Vorläufer der eigentlichen Lehre mit zu berücksichtigen, also in einem bestimmten Umfang Dogmengeschichte zu betreiben.

Unsere Betrachtung beginnt in einer Zeit, in der man sich noch nicht im eigentlichen Sinne „wissenschaftlich" mit dem Wirtschaftsgeschehen auseinandersetzte, weshalb hier vereinfacht von der „Vorwissenschaft" die Rede sein soll, in der erste ökonomische Denkansätze sichtbar wurden. Diese „vorwissenschaftliche" Phase könnte man mit den Hochkulturen der Stromtäler beginnen lassen, denn damals bereits hatten die Sumerer die Schrift erfunden und die erste Faktoreibuchhaltung entwickelt. In der antiken Zeit waren es dann PLATON und ARISTOTELES, die in ihre ethisch-politischen Wirtschaftslehren grundlegende ökonomische Denkansätze einfließen ließen, was freilich nicht darüber hinwegtäuschen soll, dass jahrhundertelang die metaphysische Frage nach der Sinnhaftigkeit der Wirtschaft das vorrangige Problem der Wirtschaftslehre war. Insofern stand die Wirtschaftslehre unter dem Primat der Wirtschaftsphilosophie und auch der Theologie. ARISTOTELES' Ablehnung des Zinses als einer wider die Natur des Geldes gerichteten Sache wurde von erheblicher Bedeutung für die Zinslehre des Mittelalters. Spätestens hier wird wohl die Notwendigkeit der Einbeziehung historischer Sachverhalte in einen Erklärungszusammenhang deutlich. Dasselbe gilt für die von ARISTOTELES bereits vorgenommene Unterscheidung von Tausch- und Gebrauchswert eines Gutes und eine auf den menschlichen Bedürfnissen aufgebaute Preis- und Wertlehre. Auf die-

ser Erkenntnisbasis konnten in der frühen Neuzeit die Italiener MONTANARI, DA-
VANZATI und im 18. Jahrhundert GALIANI als Wegbereiter der „subjektiven Wertlehre" und Vorboten der „Grenznutzenschule" weiterarbeiten.

Von der Antike zum Mittelalter ging dann unter dem Einfluss des Christen-
tums die ethisch-politische in eine ethisch-religiöse Grundhaltung über. Die
„Ansätze ökonomischen Denkens von der Antike bis zur Reformationszeit"
wurden von FRANCESCA SCHINZINGER (1977) kurz zusammengefasst. Die dog-
matische Regelung der ökonomischen Tätigkeit durch die Ethik der Kirche
verhinderte die Entwicklung einer wissenschaftlichen Wirtschaftslehre. Im
Mittelalter bestimmte also die Wirtschaftsethik der Kirchenväter zunächst das
Wirtschafts- und Sozialleben. Darauf aufbauend entwickelten die Scholastiker
eine eigene Lehre, bei der die Austauschgerechtigkeit im Vordergrund stand.
Es kennzeichnet aber die Komplexität bereits der mittelalterlichen Entwicklung, dass schon jetzt im freiheitlichen Bereich des aufstrebenden Städtewe-
sens die Ansätze zur Ausbildung der späteren kapitalistischen Wirtschaftsweise
entstehen konnten. Einige Scholastiker konkretisierten wenigstens die Elemente der Preisbildung. Im 13. Jahrhundert waren dies ALBERTUS MAGNUS, der
sich mit dem Bedürfnis als preisbildendem Element auseinandersetzte sowie
THOMAS VON AQUINO, der im „gerechten" Preis die Produktionskosten einschließlich des Arbeitslohnes entgolten sehen wollte. So sollte dem gebenden
Tauschpartner zu einem standesgemäßen Lebensunterhalt verholfen werden,
worin sich der ethisch-soziale Charakter des Preises äußerte. Im Wesentlichen
galt dies auch für den Handelsgewinn, der als gesellschaftlicher Arbeitslohn
verstanden wurde. Da beim Tausch die „Gleichheit" der Werte gelten musste,
war der Zins als Kapitalkostenfaktor verboten.

Die Renaissance verstärkte mit ihrer diesseitsbezogenen Geisteshaltung den
Übergang vom mittelalterlichen Zunftbetrieb zum kapitalistischen Erwerbsbe-
trieb und machte in stärkerem Maße Aufzeichnungen über Erfahrungen und
Kenntnisse des Handels notwendig, woraus sich die Handelskunde entwickelte, die wiederum richtungsweisend für das spätere merkantilistische Schrifttum
wirkte. Die mit der Renaissance aufkommende Hinwegwendung vom Jenseits
hin zum Diesseits, wie sie bereits von einem Medici geäußert wurde („Strebt
Ihr ruhig dem Unendlichen nach, ich halte mich an das Endliche") zeigte sich
nicht nur in der Wirtschafts-, insbesondere der Unternehmergeschichte, sondern auch in Kunst und Literatur. Es ist kein Zufall, dass Künstler wie (als einer
der ersten) ALBRECHT DÜRER Einzelporträts schufen, Selbstporträts gar, denen
in der Wirtschafts- und Sozialgeschichte die Betonung des unternehmerischen
Ego entsprach. JAKOB und ANTON FUGGER, BARTHOLOMÄUS WELSER und Vertreter
anderer bedeutender oberdeutscher und europäischer Häuser waren mit ihrer

rationalen Auffassung schon dem Mittelalter entrückt und verkörperten bereits die Tatsache, dass inzwischen neben Theologie und Ethik Fragen des Rechts- und Wirtschaftslebens in den Vordergrund gerückt waren. Theoretisch basierte diese Haltung auf der Moralphilosophie und dem Naturrecht, auf dem später ganz wesentlich die klassische Nationalökonomie aufbaute. Es sei hier nur an ADAM SMITHS Bedeutung für die spätere Volkswirtschaftslehre und dessen tiefe Verwurzelung in dem umfassenden philosophischen Potential seines bislang zu wenig gewürdigten „Lehrers" DAVID HUME erinnert.

Literatur

SCHINZINGER, Francesca: Ansätze ökonomischen Denkens von der Antike bis zur Reformationszeit (= Erträge der Forschung Bd. 68), Darmstadt 1977.

8.1.3. Merkantilismen und Kameralismus

Mit dem absolutistischen Staat und seiner wirtschaftspolitischen Komponente, dem Merkantilismus, bildete sich die Volkswirtschaft heraus, die sich die ökonomischen Grundsätze der Lehre vom Betrieb zu eigen machte. Der Merkantilismus ist also kein Lehrgebäude, sondern der Inbegriff wirtschaftspolitischer Maßnahmen meist europäischer Staatsregierungen über etwa zwei Jahrhunderte hinweg, mit entsprechend differenzierten länderspezifischen Ausprägungen. Gemeinsam ist diesen Wirtschaftspolitiken eben ihr staatswirtschaftlicher Charakter sowie der Versuch, diesen gesamtwirtschaftlich zu bilanzieren (Lehre von der Handelsbilanz). Die Richtlinien für die praktische Ausgestaltung der Handelspolitik konzentrierten sich im Wesentlichen auf folgende fünf Punkte:

- Minimierung der Einfuhr von Fertigwaren
- Förderung der Einfuhr von Rohstoffen
- Minimierung der Ausfuhr von Rohstoffen
- Förderung der Ausfuhr von Fertigwaren
- Übertragung von Dienstleistungen auf inländische Unternehmer und Institutionen.

Während die englische, französische, italienische und niederländische Ausprägung des Merkantilismus mehr auf den Handel gerichtet war, konzentrierte sich in überwiegenden Binnenstaaten wie Deutschland und seinen Ländern das wirtschaftspolitische Interesse auf die Förderung von Gewerbe und Landwirtschaft sowie die Wohlfahrt des absoluten Fürstenstaates bzw. dessen Schatzkammer (*camera*, daher „Kameralismus").

Die so in merkantilistisch/kameralistischer Zeit entstandene Handlungswissenschaft war aber zunächst mehr eine Kunstlehre als eine Wissenschaft im heutigen Sinne. Zeitgenössisch wurde diese Kaufmannswissenschaft jedoch als solche bezeichnet, nämlich, um mit LUDOVICI zu sprechen, die „Wissenschaft, die Handlung gehörig zu betreiben". Weitere Hauptvertreter des handlungswissenschaftlichen Schrifttums, die uns auch unter der Bezeichnung „Enzyklopädisten" begegnen und denen insbesondere die Handelsgeschichte wesentliche Erkenntnisse verdankt, waren J. SAVARY, PAUL JAKOB MARPERGER und der Hamburger JOHANN GEORG BÜSCH.

Ansätze zur späteren Volkswirtschaftslehre ergaben sich in der Form der Kameralwissenschaften bzw. der „politischen Ökonomie". Sie war noch eine Art Wirtschaftskunstlehre, eine recht unphilosophische Sammlung praktischer Maßregeln für eine zweckmäßige Einrichtung des Staatshaushalts. Die Klassiker schufen daraus – aufbauend auf dem geistigen Nährboden der Aufklärung und deren Philosophie – eine systematische Wissenschaft, in der die reine (rationale) Theorie dominierte. Sie entfaltete sich innerhalb eines Jahrhunderts (1775–1870) von England ausgehend (SMITH, RICARDO, MILL) über Frankreich (SAY) und erlebte in Deutschland ihren ersten bedeutenden Vertreter in JOHANN HEINRICH VON THÜNEN (1783–1850).

Über die Zwischenstufe der „Handlungswissenschaft" bildeten sich dann gegen Ende des 19. Jahrhunderts die Wirtschaftswissenschaften heraus, d. h. es erfolgte eine Trennung von Volkswirtschafts- und Betriebswirtschaftslehre, nachdem sich bis dahin lediglich die Volkswirtschaftslehre als wissenschaftliche Disziplin ausbilden konnte. Die Betriebswirtschaftslehre ist also eine relativ junge Disziplin.

Literatur

BLAICH, Fritz: Die Epoche des Merkantilismus, Wiesbaden 1973 (Bislang bündigste und prägnanteste, alle wichtigen Aspekte behandelnde Darstellung des wirtschaftlichen Pendants zum Absolutismus. Mit großem volkswirtschaftlichen Sachverstand geschrieben und reichlich mit bibliographischen Hinweisen versehen); BLAICH, Fritz: Merkantilismus, Kameralismus, Physiokratie. In: WiSt, Heft 3/1983, S. 141–145; BOG, Ingomar: Der Reichsmerkantilismus. Studien zur Wirtschaftspolitik des Heiligen Römischen Reiches im 17. und 18. Jahrhundert, Stuttgart 1959; GÖMMEL, Rainer: Die Entwicklung der Wirtschaft im Zeitalter des Merkantilismus 1620–1800, München 1998; GÖMMEL, Rainer/KLUMP, Rainer: Merkantilisten und Physiokraten in Frankreich, Darmstadt 1994.

MERKANTILISMUS:

Maxime: Förderung der nationalen Wirtschafts- und Handelskraft durch staatliche Wirtschaftspolitik.

Wirtschaftslehre des Merkantilismus:

- Geld und Beschäftigung: unterbeschäftigte Wirtschaft. Vermehrung der Geldmenge. Umlaufsgeschwindigkeit des Geldes.
- Theorem von der aktiven Handelsbilanz: Bullionisten (*bullion* = Edelmetallbarren). Wirtschaftlicher Wohlstand. Aktive Gesamthandelsbilanz. Dienstleistungen und Kapitalverkehr („unsichtbare Posten"). Außenwirtschaftspolitik. Instrumente. Lohn- und Bevölkerungspolitik: Forderung nach niedrigen Löhnen. Bevölkerungswachstum (Peuplierungsmaßnahmen, *consumtio interna*. Abschaffung des Müßiggangs (Zucht- und Arbeitshäuser)).

KAMERALISMUS:

Begriff von *camera* = fürstliche Schatzkammer steht praktisch als Symbol für die Hebung der Steuerkraft als Grundlage der absoluten Machtausübung durch die Fürsten (deshalb auch „*Fürstenwohlstandslehre*"). Der Begriff umschreibt die spezielle Ausformung des Merkantilismus in den deutschen Kleinstaaten, ansonsten kaum Unterschiede zu den Merkantilisten. Das kameralistische Schrifttum kann als Sammlung von Erfahrungsgrundsätzen und Nützlichkeitsregeln angesehen werden, die auf die Bereiche Wirtschaft, Verwaltung, Gesetzgebung und Finanzen angewandt werden. Bedeutendstes Werk: der „Politische Discurs" (1668) von JOHANN JOACHIM BECHER (1635–1682).

8.1.4. Physiokratie

Physiokraten nannte man im 18. Jahrhundert Personen, denen es darum ging, ausgehend vom Naturrecht die natürlichen Gesetzmäßigkeiten des Wirtschaftsprozesses aufzudecken. Auf der Basis dieser unabhängig von Raum und Zeit formulierten Vorstellungen gaben sie wirtschaftspolitische Ratschläge und benannten hierbei ganz bestimmte Prämissen. Beispielsweise nahmen sie unter den Produktionsfaktoren Arbeit, Kapital und Boden allein den letzteren, d.h. die Landwirtschaft, als produktiv an. Im Grunde war die Physiokratie eine Antwort auf den in Frankreich vom Finanzminister LUDWIGS XIV., JEAN BAPTISTE COLBERT (1619–1683), vertretenen Merkantilismus (Colbertismus), der wiederum recht einseitig das Wachstum des städtischen Gewerbes mit höchster Priorität gefördert wissen wollte und mit zahlreichen markt-inkonformen Maßnahmen, z. B. Preistaxen, die Agrarproduktion lähmte.

PHYSIOKRATIE:

■ *Ausgangspunkt:* Naturrecht. Naturgesetzlichkeit des Wirtschaftsprozesses. Ablehnung des COLBERTismus.

■ *Klassenschema/Sektorenmodell von FRANÇOIS QUESNAY (1694–1774, Leibarzt LUDWIGS XV. von Frankreich) („Tableau Economique"):* Übertragung der Kreislaufidee von der Medizin (Körperkreislauf) auf die Wirtschaft. Landwirtschaft ist *classe productive.* Nur diese Klasse erzeugt einen Reinertrag oder Mehrwert. Grundeigentümer (König, geistliche und weltliche Grundbesitzer) sind *classe des propriétaires* bzw. *classe distributive.* Ihre Aufgabe: Distribution, d. h. Verwendung der Pachteinkünfte zum Kauf von landwirtschaftlichen und gewerblichen Erzeugnissen. Gewerbliche Wirtschaft (Handwerker, Kaufleute) ist *classe stérile.* Erzeugt keinen Mehrwert, sondern erhöht den Wert ihrer Güterproduktion nur um die aufgewendeten Kapital- und Lohnkosten.

■ *Bedeutung des „Tableau Economique":* Physiokraten bildeten erste geschlossene Schule der Nationalökonomie. Darstellung von Geld- und Güterströmen. Erste makroökonomische Darstellung des Wirtschaftskreislaufs. Beeinflussung späterer theoretischer Ansätze: Input-Output-Analyse, Kreislauftheorie, Gleichgewichtsbedingungen der stationären Wirtschaft, Quantifizierung des Wirtschaftsprozesses, Theorie der Besteuerung.

■ *Wirtschaftspolitische Folgerungen:* Förderung der landwirtschaftlichen Produktion. Ausgewogene Getreidehandels- bzw. -preispolitik. Steuerreform mit dem Ziel der Bildung von Eigenkapital in der Landwirtschaft. Belastung der Grundeigentümer mit Steuer.

■ *Weitere Forderungen:* Einführung neuer Produktionsmethoden. Aufhebung der Leibeigenschaft und der Zünfte. Unterrichtung der Bevölkerung in landwirtschaftlichen Dingen. Anlage von Mustergütern. Gewerbefreiheit.

In der linken Randleiste vertikal: TELEGRAMM

Literatur

BLAICH, Fritz: Der Beitrag der deutschen Physiokraten für die Entwicklung der Wirtschaftswissenschaft von der Kameralistik zur Nationalökonomie. In: H. Scherf (Hg.), Studien zur Entwicklung der ökonomischen Theorie III (= Schriften des Vereins für Socialpolitik, N.F. Bd. 115/3), Berlin 1983, S. 9–36; GÖMMEL, Rainer/KLUMP, Rainer: Merkantilisten und Physiokraten in Frankreich, Darmstadt 1994; LÜTHY, Herbert: François Quesnay und die Idee der Volkswirtschaft, Zürich 1959.

8.2. VWL-orientierte Dogmengeschichte

8.2.1. Klassische Nationalökonomie

Die moderne Wirtschaftswissenschaft basiert auf einem klassischen Fundament, das im 18. und 19. Jahrhundert geschaffen wurde. Diese wichtige Phase ökonomischen Denkens ist verbunden mit den Namen von DAVID HUME (1711–1776), ADAM SMITH (1723–1790), ROBERT MALTHUS (1766–1834), JEAN-BAPTISTE SAY (1767–1831), DAVID RICARDO (1772–1823), JOHANN HEINRICH VON THÜNEN (1783–1850) und JOHN STUART MILL (1806–1873).

Darstellung 37 Adam Smith

Insbesondere ADAM SMITH lieferte mit seiner Politischen Ökonomie einen richtungsweisenden Ansatz zur Theorie individueller Entscheidung. Sie kann als Antwort auf den kollektivistisch orientierten Merkantilismus angesehen werden und verhalf dem Liberalismus zum Durchbruch. Dieser wiederum erfuhr später im „Manchestertum" seinen höchsten und auch sich als zu hoch erweisenden Freiheitsgrad. Zu den wichtigen Komponenten der klassischen Nationalökonomie gehört das Selbstinteresse als Leistungsmotiv im gesellschaftlichen und wirtschaftlichen Leben. Dies findet seine Grenzen in einem ethisch bestimmten Ordnungsrahmen und einem System positiver Gesetze. Tausch und Nutzen sind durch diesen Ordnungsrahmen gesteuert wie von unsichtbarer Hand (*invisible hand*). Dabei spielt das Eigentumsrecht (oder im weiteren Sinne die *property rights*) eine wesentliche Rolle, ebenso wie geordnete Hierarchien und Institutionen. Das Prinzip der Arbeitsteiligkeit, der auf Angebots- und Nachfragemechanismen beruhende Marktpreis sowie grundsätzliche Überlegungen zu den Marktformen gehören ebenfalls zum Repertoire der „Klassiker", wie Einsichten in die Zusammenhänge zwischen Konsum, Investition, Sparen und Kapital im Kreislauf der Wirtschaft. Zusammenhänge zwischen Geldmenge und Preisniveau, die sich bei angenommener Vollbeschäftigung proportional verschieben, finden sich in der klassischen Quantitätstheorie. Auch die moderne Außenwirtschaftstheorie verdankt der klassischen Nationalökonomie wesentliche Einsichten, insbesondere DAVID RICARDO und JOHN STUART MILL. So fand der Gedanke der Arbeitsteilung in der Freihandelstheorie bzw. in RICARDOS Theorie der komparativen Kosten seinen Niederschlag, indem erkannt wurde, dass unter dieser Voraussetzung internationaler Handel auch bei relativem Kostenvorteil sinnvoll sein kann.

Selbstverständlich dachten die Klassiker auch über die Rolle des Staates nach, zumal sie ihn aus seiner bis dahin im Absolutismus, Merkantilismus und Kameralismus dominanten Funktion erlösen wollten. Sie billigten ihm durchaus Funktionen zu, die sogar – wenn man SMITH folgt – über die des „Nachtwächters" hinausgehen sollten; doch andererseits wollte man dem Staat keine unmittelbare Eingriffsmöglichkeit in den Markt gewähren, forderte aber von ihm geradezu die Festlegung von Rahmenbedingungen zur Regelung des gesellschaftlichen und wirtschaftlichen Miteinander.

Viele Überlegungen der Klassischen Nationalökonomie finden sich später in der Volkswirtschaftslehre wieder, nicht nur in der Neoklassik, die stark auf die ordnungstheoretischen Überlegungen der „Klassiker" aufbaut, sondern auch im Konzept der Sozialen Marktwirtschaft und in der Neuen Politischen Ökonomie.

Literatur

GRÄFRATH, Bernd: John Stuart Mill: „Über die Freiheit". Ein einführender Kommentar, Paderborn 1992; KOPF, Peter: David Hume. Philosoph und Wirtschaftstheoretiker (1711–1776) (= Beiträge zur Wirtschafts- und Sozialgeschichte 25), Wiesbaden 1987; MALTHUS, Thomas R.: Principles of Political Economy, 2. Aufl., New York 1964; MILL, John Stuart: Principles of Political Economy, hg. v. J.M. Robson, Toronto 1965; PRIBRAM, Karl: Geschichte des ökonomischen Denkens, 2 Bde., Frankfurt/M. 1992; RICARDO, David: Works and Correspondence, Bd. 1: On the Principles of Political Economy and Taxation, hg. von P. Sraffa, Cambridge 1951–1955; SAY, Jean Baptiste: Cours complet d' économie politique pratique, 3. Aufl., Paris 1852; SCHUMPETER, Joseph Alois: Geschichte der ökonomischen Analyse, Göttingen 1965; SMITH, Adam: Der Wohlstand der Nationen. Eine Untersuchung seiner Natur und seiner Ursachen, hg. v. H.C. Recktenwald, München 1974 (dtv-Ausgabe 3. Aufl. 1983); STREMINGER, Gerhard: David Hume. Sein Leben und sein Werk, Paderborn 1993; THÜNEN, Johann Heinrich von: Der isolierte Staat in Beziehung auf Landwirtschaft und Nationalökonomie, 3 Teile, Rostock 1826, 1850, 1863.

„MANCHESTERTUM"

Zunächst in Großbritannien, dann verstärkt auch in Deutschland, diskutierte man nach dem Friedensschluss von Wien handelspolitische Fragen, wobei die Zölle im Vordergrund der Erwägungen standen.

Nach der Agrarkrise bzw. Hungersnot von 1816/17, durch die die Sterblichkeit stark anstieg und tausende Europäer in die Emigration getrieben wurden, geriet zunächst der Getreide- und damit der Brotpreis in die Schusslinie der Handelspolitiker und man forderte die Aufhebung der Getreidezölle.

Hier und im Bereich der Textilindustrie gingen nun namhafte Kreise bzw. Persönlichkeiten daran, Anti-Zoll-Initiativen zu gründen und Einfluss auf die Handelspolitik zu nehmen. Zu diesen Personen gehörten zwei Textilindustrielle aus Manchester, RICHARD COBDEN (1804–1865) und JOHN BRIGHT (1811–1889), die eine *Anti-Corn-Law-Association* gründeten und sich auf die Freihandelslehre des Liberalismus stützten. Sie forderten die Aufhebung der Zölle und 1846 war ihr Bemühen von Erfolg gekrönt: Die Zölle in England wurden tatsächlich aufgehoben.

Im Laufe der Zeit gewöhnte man sich an, für alle Formen kompromissloser Freihandelspolitik, das nahezu vollständige Nichteingreifen des Staates und vollkommenen ökonomischen Liberalismus die Bezeichnung „Manchestertum" zu verwenden. Mit dieser Forderung ging man viel weiter als ADAM SMITH und die „klassische Nationalökonomie".

Nach der Zollfreiheit von 1846 folgten weitere Liberalisierungsmaßnahmen: So wurde drei Jahre später (1849) die fast zweihundert Jahre geltende „Navigationsakte" von OLIVER CROMWELL (1651) aufgehoben, womit den Schiffen aller Nationen der Englandhandel freigestellt wurde.

In diesen Zusammenhang gehört des Weiteren der 1860 abgeschlossene Handelsvertrag zwischen England und Frankreich, der sog. „Cobden-Vertrag", der erstmals das Prinzip der uneingeschränkten Meistbegünstigung beinhaltete und damit eine Phase des internationalen Zollabbaus einleitete.

Mit gutem Recht lässt sich daher vom mittleren Drittel des 19. Jahrhunderts als der Phase des Liberalismus sprechen.

TELEGRAMM

8.2.2. „Historische Schule"

Im 19. Jahrhundert war es in der Nationalökonomie Usus, sich mit den Wurzeln (moral-) philosophischen Denkens, historischen Bedingungskonstellationen und der „Staatskunst" intensiv auseinanderzusetzen. Zu den Vorläufern dieser als „Historische Schule der Nationalökonomie" titulierten Richtung gehörten originelle Denker wie ADAM MÜLLER (1779–1829) und FRIEDRICH LIST (1789–1846). MÜLLER gehörte zu den ersten, die eine „Geldlehre" entwickelten und sich für die Einführung von Papiergeld als Tauschmittel einsetzten. LIST war ein strategischer Denker und sah frühzeitig die Notwendigkeit einer Integration der deutschen Staaten, politisch und nicht zuletzt durch den Aufbau eines Eisenbahnnetzes. Im Übrigen äußerte er – in genauer Kenntnis der amerikanischen und englischen Situation – richtungsweisende Gedanken zur Zollpolitik, wobei seine Forderung nach einem Schutz- bzw. „Erziehungszoll" in keinerlei Widerspruch stand zu der grundsätzlich freihändlerischen Einstellung. Der „Erziehungszoll" sollte nur so lange erhoben werden, bis die junge Industrie international wettbewerbsfähig war. Danach sollte der Handel von diesem Hemmnis wieder befreit werden. Sein besonderes Augenmerk im Hauptwerk „Das nationale System der politischen Ökonomie" (1841) galt den „produktiven Kräften", die zum Reichtum führten und die nach seiner Auffassung wesentlicher waren als der Reichtum selbst. Außerdem betonte LIST neben der Bedeutung des Individuums, das ja durch die „Klassiker" besondere Hervorhebung erfuhr, die Wichtigkeit gesellschaftlicher und sozialer Gruppen für das wirtschaftliche Ganze und zeigte somit einen Weg der Wirtschaftswissenschaft hin zur politischen und Sozialwissenschaft.

PAPIERGELD

TELEGRAMM

Deutschland: Die erste Ausgabe von Papiergeld in Deutschland erfolgte Anfang des 18. Jahrhunderts durch den pfälzischen Kurfürsten und Herzog von Jülich-Berg, JOHANN WILHELM II. (1679–1716), den man im Volksmund *Jan Wellem* nannte. Er gründete 1705 in Köln den „Banco di gyro d'affrancatione", die erste Notenbank Deutschlands, die zeitgenössisch als „Zettelbank" bezeichnet wurde.

Österreich: 1759/62 wurden in Österreich vom Wiener Stadt-Banco, einem staatlichen Institut, Guldenscheine im Wert von 5 bis 100 fl. in den Verkehr gebracht. Goethe bezeichnete diese im zweiten Teil des „FAUST" als „Papiergespenst der Gulden".

Preußen: 1765 wurde in Preußen der staatliche „Königliche Giro- und Lehn-Banco" gegründet, der ab 1766 Papiergeld in Stückelungen von 4–1000 Pfund Banco herausgab.

Frankreich: Berühmt wurde das in Frankreich 1789 herausgegebene „Revolutionsgeld", die Assignaten, die jedoch ab 1793 durch drastische Vermehrung hemmungslos entwertet wurden. Diese Assignaten wurden, wie Papier allgemein, damals aus Lumpen gemacht und fanden in den französisch besetzten Gebieten, Verbreitung und Verachtung, worauf ein rheinischer Spruch hindeutet: „Von Lumpen werd ich einst gemacht, von Lumpen an den Rhein gebracht, aus Lumpen nährten Lumpen sich, und mancher wird ein Lump durch mich."

Die sog. „Ältere Historische Schule der Nationalökonomie" setzte sich in der Person ihres Begründers WILHELM ROSCHER (1817–1894) mit der „Lehre von den Entwicklungsgesetzen der Volkswirtschaft" auseinander. In diesem Zusammenhang nahm er LISTS Stufenlehre wieder auf und untersuchte die Bedeutung der einzelnen Produktionsfaktoren („Natur", Kapital, Arbeit) für die Genese der Volkswirtschaft.

Der zweite bedeutende Vertreter der Älteren Historischen Schule, BRUNO HILDEBRAND (1812–1886) orientierte sich nicht weiter an der klassischen Theorie mit ihrer vernunftbetonten Weltläufigkeit, sondern arbeitete stärker „realitätsbezogen" und versuchte, damals brennende Gegenwartsfragen theoretisch zu durchleuchten und statistisch zu belegen bzw. zu widerlegen.

Mit KARL KNIES (1821–1878) gelang der entscheidende Brückenschlag von der Älteren zur Jüngeren Historischen Schule, indem er die „Entwicklungsgesetze" als Analogien entlarvte und bemerkte, dass es eine völlige Gleichheit von Kausalitäten nicht gab. Demzufolge kann auch keine „historische" Gesetzmäßigkeit existieren.

Hier liegt der Ansatzpunkt der „Jüngeren Historischen Schule", die in GUSTAV VON SCHMOLLER (1838–1917) ihre herausragende Persönlichkeit hatte und mit ihm davon ausging, dass die Kenntnis der historischen Realität dem Begreifen wirtschaftlicher Zusammenhänge vorausgehen müsse. VON SCHMOLLERS Bedeutung gründete sich nicht nur auf sein akribisches und umfassendes wissenschaftliches Werk zu Kameralismus, Gewerbewesen, Rechts-, Verfassungs- und Verwaltungsgeschichte, Demographie und Statistik, sondern auch auf sein organisatorisches und politisches Wirken im Brennpunkt intellektueller Auseinandersetzungen des kaiserlichen Deutschland. Er war nicht nur Mitbegründer des bedeutenden „Verein für Socialpolitik" (1872), sondern auch Mitglied des preußischen Staatsrats. VON SCHMOLLER hielt, wie kein Nationalökonom vor ihm, an der gründlichen historischen, enorm materialreichen Bestandsaufnahme und einer über diese gewonnenen Realitätsnähe fest, bevor daraus Verallgemeinerungen formuliert wurden. Er trat, wie es SCHUMPETER einmal aus-

drückte, mit einer „Minimalbelastung an Apriori" an seinen Untersuchungsgegenstand heran und dies unter Berücksichtigung der Erkenntnisse aller rele-
vanten Nachbar- oder Hilfswissenschaften, zu denen bei VON SCHMOLLER besonders auch die Psychologie gehörte.

Der Auffassung, Anschauung habe der Theorie vorauszugehen (Induktion),
stand die Position CARL MENGERS (1840–1921) gegenüber, der die Deduktion
favorisierte und sich über diese Grundsatzfrage im berühmten „Methodenstreit" mit VON SCHMOLLER auseinandersetzte.

Das Werk der Jüngeren Historischen Schule, zu der neben VON SCHMOLLER
vor allem KARL BÜCHER, LUJO BRENTANO, HELD, KNAPP, CONRAD und HERKNER zu
zählen sind, fand Kontinuität in seinen Schülern, unter denen WERNER SOMBART
(1863–1941) wohl der bedeutendste war.

Literatur

HILDEBRAND, Bruno: Die Nationalökonomie der Gegenwart und Zukunft, 2. Aufl., Jena
1922; KNIES, Karl: Die politische Ökonomie vom geschichtlichen Standpuncte, 2. Aufl.,
Braunschweig 1883; LIST, Friedrich: Das nationale System der politischen Oekonomie,
1. Bd., 2. Aufl., Stuttgart/Tübingen 1842; MENGER, Carl: Grundsätze der Volkswirtschaftslehre, 1. Aufl. 1871. In: Gesammelte Werke, Bd. 1, Tübingen 1968; MÜLLER, Adam:
Die Elemente der Staatskunst, 3 Bde., 2. Aufl., Meersburg/Leipzig 1936; ROSCHER, Wilhelm: System der Volkswirtschaft, 5 Bde., Stuttgart 1854–1894; SCHMOLLER, Gustav von:
Grundriss der allgemeinen Volkswirtschaftslehre, 2 Bde., unveränd. Nachdr. d. Ausg.
(1923), Berlin 1978; WINKEL, Harald: Die deutsche Nationalökonomie im 19. Jahrhundert
(= Erträge der Forschung, Bd. 74), Darmstadt 1977.

8.2.3. „Grenznutzenschule"

Mit dem erwähnten Österreicher CARL MENGER (1840–1921) sowie mit STANLEY
JEVONS (1835–1882) und LÉON WALRAS (1834–1910) gelang der Durchbruch der
sog. Grenznutzenschule, die in HERMANN HEINRICH GOSSEN (1810–1858) ihren
gewichtigsten Vorläufer hatte. Nach dem Ersten Gossenschen Gesetz nimmt
der Nutzen eines beliebig teilbaren Gutes mit zunehmendem Verbrauch ab
(„Sättigungsgesetz"), wobei die jeweilige Nutzenabnahme als Grenznutzen bezeichnet wird. Der Preis richtet sich dabei nach der letzten noch begehrten
Guteinheit. Das Zweite Gossensche Gesetz macht in Erweiterung des Ersten
Aussagen über die Nutzenmaximierung bei einer Vielzahl von Gütern („Nutzenausgleichsgesetz"). Als Problem stellte sich die Nutzenmessung heraus, eine
Schwierigkeit, die heute noch nicht gelöst ist und die in der neueren Theorie
mit dem Aufstellen von Präferenzskalen umgangen wird.

WILHELM RÖPKES Beispiel des Kofferpackens verdeutlicht GOSSENS „Nutzenausgleichsgesetz" auf originelle Art: „Da wir nicht unsere ganze Habe mitnehmen können, überlegen wir uns zunächst, welche Dinge wir am dringendsten brauchen (Auswahl); zugleich aber wägen wir ein Mehr an Hemden gegen ein Weniger an Schuhen, ein Mehr an Büchern gegen ein Weniger an Anzügen so gegeneinander ab, dass alles in einem vernünftigen Verhältnis zueinander steht (Begrenzung). Es klingt ein wenig komisch, aber es ist tatsächlich so, dass der Koffer dann ideal gepackt ist, wenn das Niveau des Grenznutzens für die Anzüge, Hemden, Socken, Taschentücher, Schuhe und Bücher gleich hoch und höher als der Nutzen der zurückgelassenen Gegenstände ist." (W. RÖPKE, Lehre, S. 31)

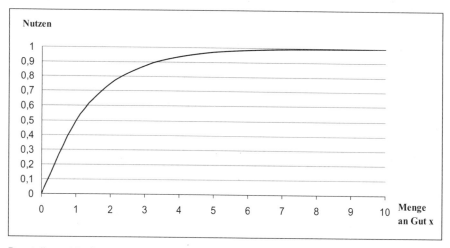

Darstellung 38 Grenznutzen

Literatur

GOSSEN, Hermann Heinrich: Entwicklung der Gesetze des menschlichen Verkehrs und der daraus fließenden Regeln für menschliches Handeln, 1. Aufl. 1854, 3. Aufl. Berlin 1927; JEVONS, W. Stanley: The theory of political economy, London 1871; deutsch: Die Theorie der politischen Ökonomie, Übers. nach der 4. engl. Aufl., Jena 1924; RÖPKE, Wilhelm: Die Lehre von der Wirtschaft, 13. Aufl., Bern/Stuttgart 1994; WALRAS, Léon: Eléments d'économie politique pure ou théorie de la richesse social, 1. Aufl. 1874, édition definitive Paris 1926; engl.: Elements of pure economics or the theory of social wealth, London 1954.

8.2.4. Neoklassik

GOSSEN und die Grenznutzenschule spielten die Ouvertüre zur „marginalistischen Revolution", die sich über ein neoklassisches Intermezzo zur modernen ökonomischen Theorie ausformte.

Gemeinsamer Ausgangspunkt der „Klassiker" war die Betonung des von Selbstinteresse geleiteten Individuums, wobei auch der institutionelle Aspekt Berücksichtigung fand. Dieser fand später in den „Datenkranz" von WALTER EUCKEN (1891–1950) Eingang, wobei dieser dem Staat und den von ihm geschaffenen Rahmenbedingungen besondere Aufmerksamkeit schenkte.

Die zweite neoklassische Grundidee neben dem methodologischen Individualismus war die vom „Gleichgewicht", womit ein wesentlicher Schritt in Richtung Operationalisierbarkeit von Hypothesen getan und der empirischen Überprüfung neue Möglichkeiten eröffnet wurden. Während im Rahmen der Analysen zum methodologischen Individualismus vom Modell des lernfähigen, abwägenden, maximierenden Menschen (LAMM) ausgegangen wird, wohl einer spezifizierten Form des homo oeconomicus, über dessen Nutzenpräferenzen beim Konsum sich interessante Zusammenhänge zwischen Produktions- und Nutzentheorie erschlossen, führte der Gleichgewichtsgedanke zu wesentlichen Differenzierungen bezüglich Nutzen- und Gewinnmaximierungsverhalten beim individuellen Gleichgewicht und zu neuen Erkenntnissen über die Gleichgewichtsbedingungen von Märkten. Richtungsweisende Forschungen über die Stabilität des Gleichgewichts schlossen sich an. Die Theorie des allgemeinen Gleichgewichts fand sodann Anwendung auf verschiedenen Feldern der modernen Theorie, so im Rahmen der Außenhandelstheorie zur Erklärung internationaler Preiszusammenhänge und deren Ausgleich (Heckscher-Ohlin-Theorem etc.).

Die Neoklassik brachte darüber hinaus neue theoretische Einsichten in Verteilung und Wachstum, wobei etwa die Grenzproduktivitätstheorie der Verteilung aus den Gesetzen der Produktion heraus erklärt wurde, die man aber wohl besser über die Preistheorie zu verstehen versucht, am besten unter Einschluss der Rechtsordnung und differenziert nach Marktformen.

Von wesentlicher Bedeutung war schließlich die neoklassische Wachstumstheorie, die zu der wichtigen Erkenntnis gelangte, dass bei gegebener Sparquote und der Gleichheit von Sparen und Investieren die langfristige wirtschaftliche Wachstumsrate durch die Bevölkerungswachstumsrate und die Zuwachsrate der durchschnittlichen Arbeitsproduktivität bestimmt wird. Hier schloss sich dann die Frage nach der optimalen Sparquote an.

Literatur

EUCKEN, Walter: Grundlagen der Nationalökonomie, 9. Aufl., Berlin 1989; NEUMANN, Manfred: Neoklassik. In: O. Issing (Hg.), Geschichte der Nationalökonomie, 4. Aufl., München 2002, S. 271–288.

8.2.5. Welfare Economics

Die Auseinandersetzung mit Fragen des Volkswohlstandes fand bereits in merkantilistischer Zeit, dann unter den Physiokraten und Klassikern statt. Der materiell-technischen Auffassung folgte im Laufe der Zeit, unter dem Einfluss der Grenznutzenschule, eine mehr nutzenorientierte sowie die Frage nach der Verteilung des Volkseinkommens. Der „Volkswohlstand" war zu Beginn des 20. Jahrhunderts Gegenstand reger Diskussionen im Kreise von Nationalökonomen und Wirtschaftshistorikern, allen voran WERNER SOMBART, EUGEN V. PHILIPPOVICH und MAX WEBER, die die Auffassung vertraten, „Wohlstand" sei nicht objektiv messbar. Hier spielen Fragen des allgemeinen Wohlempfindens, der Konsumentenrente (ALFRED MARSHALL), das Gesetz des abnehmenden Ertrages und immer wieder in variierter Form die Frage nach der Quantifizierbarkeit des Nutzens und des Maximums der Bedürfnisbefriedigung eine wesentliche Rolle. Im Rahmen der *New Welfare Economics* wurde dann zwischen drei Bedingungskonstellationen differenziert: den Totalbedingungen, den Stabilitätsbedingungen und den Marginalbedingungen.

Im Grunde waren die *Welfare Economics* bestrebt, das ökonomische Optimum herauszufinden, was HERBERT GIERSCH (*1921) für utopisch hält. Er versuchte mit seiner „Theorie des Bestmöglichen" dem Absoluten des Optimums das Relative dessen hinzuzufügen, was MEADES als *Theory of the Second Best* entwickelte bzw. auffasste. BERGSON und SAMUELSON sind schließlich zur *Social Welfare Function* gelangt, die jedoch ebenfalls auf interpersonelle Nutzenvergleiche verzichtet. Die Feststellung der Wohlfahrtsfunktion erfolgt hier durch Abstimmung, wobei rationales Handeln der Angehörigen der Gesellschaft unterstellt wird.

Literatur

BRANDT, Karl: Geschichte der deutschen Volkswirtschaftslehre, Bd. 1: Von der Scholastik bis zur klassischen Nationalökonomie, Freiburg i. Br. 1992, Bd. 2: Vom Historismus bis zur Neoklassik, Freiburg i. Br. 1993; ISSING, Otmar (Hg.): Geschichte der Nationalökonomie, München 1984, 4. überarb. u. erg. Aufl., München 2002 (Kurzgefasste Überblicksbeiträge von zwölf namhaften Autoren zu wesentlichen Gegenstandsbereichen der historischen Nationalökonomie); OTT, Alfred E./WINKEL, Harald: Geschichte der theoretischen Volkswirtschaftslehre (= Grundriss der Sozialwissenschaft, Bd. 31), Göt-

tingen 1985 (Hervorhebenswert ist u.a. die systematische Konzeption des Buches in
fünf zeitliche und 12 sachliche Gliederungskapitel, die – kombiniert – dem Werk eine
bemerkenswerte Transparenz verleihen); RÖPKE, Wilhelm: Die Lehre von der Wirtschaft, 13. Aufl., Bern/Stuttgart 1994; SÖLLNER, Fritz: Die Geschichte des ökonomischen
Denkens, 2. verb. Aufl., Berlin et al. 2001; STARBATTY, Joachim (Hg): Klassiker des ökonomischen Denkens, Bd. 2, München 1989; STAVENHAGEN, Gerhard: Geschichte der
Wirtschaftstheorie (= Grundriss der Sozialwissenschaft, Bd. 2), 4. durchges. u. erw.
Aufl., Göttingen 1969; WEBER, Max: Wirtschaft und Gesellschaft. Grundriss der verstehenden Soziologie, hg. v. J. Winckelmann, Tübingen 1976.

TELEGRAMME

JOHN MAYNARD KEYNES (1883–1946)

KEYNES' Hauptbedeutung liegt darin, die Rolle der gesamtwirtschaftlichen Nachfrage, insbesondere bei dauernder Unterbeschäftigung einer Wirtschaft theoretisch
erfasst zu haben. Sein Name ist somit auch verbunden mit der Politik des *deficit
spending*, d.h. der öffentlichen Verschuldung zur Stimulierung der Nachfrage mit
dem Ziel der Steigerung des wirtschaftlichen Wachstums.
Hauptwerke: The Economic Consequences of the Peace (1919); A Treatise on
Money (1930); General Theory of Employment, Interest and Money (1936).

ALFRED MÜLLER-ARMACK (1901–1978)

Gilt als Begründer der „sozialen Marktwirtschaft", die er als Staatssekretär in
Bonn und wirtschaftspolitischer Berater der Regierung ERHARD auch konkret in
die Praxis umsetzte. MÜLLER-ARMACK setzte sich intensiv mit dem Werk MAX WEBERS
auseinander und führte den von HEINRICH BECHTEL und WERNER SOMBART aufgegrif-
fenen Gedanken des Wirtschaftsstils fort.
Hauptwerke: Diagnose unserer Gegenwart (1949); Religion und Wirtschaft
(1959).

WALTER EUCKEN (1891–1950)

EUCKENS Name steht für die deutsche Ausprägung des Neoliberalismus, den er
„Ordoliberalismus" nannte. Der Stammvater der ordoliberalen Bewegung, die sich
in Freiburg i.Br. um EUCKEN gruppierte, setzte sich mit der „Ordnung" als Scharnierbereich zwischen Wirtschaft und Gesellschaft auseinander. Die ordnungspolitische Denkform versucht alle System- bzw. Gestaltformen im Spannungsfeld zwischen Wettbewerbsordnung und Zentralverwaltungswirtschaft in ihrem Wesen zu
erfassen und leitet daraus konkrete wirtschaftspolitische Handlungsanweisungen
ab. Sie liefert somit die theoretische Begründung für die Vorteilhaftigkeit der

Marktwirtschaft gegenüber der Planwirtschaft, indem sie auf die unterschiedlichen Freiheitsgrade und damit Entfaltungsmöglichkeiten von Individuum und Kollektiv hinweist und fordert, die Machtposition von Individuen und Gruppen möglichst zu beschränken.

Hauptwerke: Die Grundlagen der Nationalökonomie (1940); Grundsätze der Wirtschaftspolitik (1952).

JOSEPH ALOIS SCHUMPETER (1883–1950)

Von SCHUMPETER stammt eine Theorie der wirtschaftlichen Entwicklung, die den Zusammenhang zwischen Konjunkturbewegung und technischem Fortschritt im weiteren Sinne betont und in deren Rahmen der „dynamische Pionierunternehmer" eine tragende Rolle spielt. Dieser setzt neue Kombinationen durch, die den Wirtschaftsprozess verändern und beschleunigen.

Hauptwerke: Theorie der wirtschaftlichen Entwicklung (1912); Business Cycles (1939); Capitalism, Socialism and Democracy (1942).

8.2.6. Institutionentheorie

Ausgangspunkt dieses Ansatzes sind die Institutionen, d.h. formale Beschränkungen (Verfassungen, Gesetze, allgemein Regeln etc.), informelle Normen (nichtformale Beschränkungen wie z.B. Gebräuche, Konventionen, Kodizes etc.) und die Mittel zur Durchsetzung dieser Beschränkungen. DOUGLASS C. NORTH (*1920) schlägt in seinem „institutionell-kognitiven Ansatz der Wirtschaftsgeschichte" vor, die institutionelle Evolution der Wirtschaft in Form eines Wechselspiels von Institutionen (Regeln) und Organisationen (Spielern) abzubilden und eine Institutionenmatrix zu entwickeln, bei der die Intensität des Wettbewerbs zwischen den Organisationen den Umfang des Lernprozesses bestimmt. Die Geschwindigkeit des ökonomischen Wandels sieht North als Funktion der Lernrate.

Im Grunde soll der institutionell-kognitive Ansatz das Entstehen preiswerter Transaktionen auf unpersönlichen Märkten erklären helfen, d. h. die Frage beantworten, weshalb und unter welchen Bedingungen es zur Senkung von Transaktionskosten kommt. Es wird also davon ausgegangen, dass ein bestimmtes institutionelles Arrangement die Kooperationsneigung steigert und somit das Kosten-Nutzen-Verhältnis verbessert, was wiederum zu einer Senkung der Transaktionskosten führt.

Insgesamt geht es dieser Konzeption um ein besseres Verständnis des komplexen Zusammenspiels zwischen Institutionen, dem Faktor „Wissen" und den demographischen Komponenten im Gesamtprozess des wirtschaftlichen Wandels.

Literatur

ELLERBROCK, Karl-Peter/WISCHERMANN, Clemens (Hg.): Die Wirtschaftsgeschichte vor der Herausforderung durch die New Institutional Economics (Untersuchungen zur Wirtschafts-, Sozial- und Technikgeschichte 24), Dortmund 2004; LEIPOLD, Helmut: Kulturvergleichende Institutionenökonomik, Stuttgart 2006; NORTH, Douglass C.: Structure and Change in Economic History, New York 1981; NORTH, Douglass C.: Ökonomische Entwicklung in langfristiger Sicht. Nobel-Lesung vom 9. Dezember 1993. In: Grüske, Karl-Dieter (Hg.): Die Nobelpreisträger der ökonomischen Wissenschaft, Bd. 3: 1989–1993, Düsseldorf 1994, S. 311–328; VOLCKART, Oliver: Institutionenökonomische Erklärungen und wirtschaftshistorische Modelle. In: G. Schulz u.a. (Hg.), Sozial- und Wirtschaftsgeschichte (VSWG-Beihefte 169), Stuttgart 2004, S. 619–638; WISCHERMANN, Clemens/NIEBERDING, Anne: Die institutionelle Revolution, Stuttgart 2004.

8.2.7. Evolutionsökonomik

Der Wirtschafts- und Sozialwissenschaft, mithin auch der Wirtschafts- und Sozialgeschichte, geht es um die Erklärung und Analyse von Entwicklungen im raum-zeitlichen Kontext. Dabei liegt der Gedanke nicht fern, die soziale Entwicklung verlaufe ähnlich wie die von anderen lebendigen Formen, etwa von Pflanzen und Tieren. Es ist also die Frage, ob es Ähnlichkeiten in der Entwicklung, in der Genese von Lebewesen gibt. Lassen sich möglicherweise strukturelle Analogien zwischen der Genese von Mensch und Tier bejahen – z.B. die Entwicklung von einem Grundtypus hin zu einer Vielzahl von Ausprägungen –, so bleiben doch andererseits gravierende Unterschiede. Diese liegen z.B. in der neurobiologischen Prädisposition, also in der Ausdifferenzierung und Leistung des menschlichen Gehirns. Dieses komplizierte und feine biologische System befähigt den Menschen zu kognitiven Leistungen, die den homo sapiens zu einer besonderen Spezies machen. Dazu gehört z.B. seine Speicher- bzw. Merkfähigkeit, die Koordination seiner Sinnesorgane, seine logische Problemlösungskompetenz und nicht zuletzt seine Fähigkeit zu kognitiver Kreation, d.h. zur Generierung von Neuheit. Diese erfinderische (inventorische) Kraft ist es, die die Menschheitsgeschichte so komplex, veränderlich und unberechenbar macht. Man kann auch sagen: die Menschheitsgeschichte ist ein nicht-algorithmischer Prozess, d.h. die Zukunft ist nie sicher vorhersehbar. Die Prognostik hat also ihre natürlichen Grenzen in der Fähigkeit des menschlichen Gehirns zur unendlichen Schöpfung von Neuheit und zu schöpferischen Variations- /Selektionsprozessen. Diese Tatsache hat jede Geisteswissenschaft zu berücksichtigen, so auch die Wirtschafts- und Sozialgeschichte.

Evolutorisch heißt in diesem Zusammenhang, dass sie sich von der bisherigen Disziplin dadurch unterscheidet, dass sie die langfristige Entwicklung unter Berücksichtigung der Fähigkeit der Wirtschaftssubjekte zu kognitiver Kreation zu erklären versucht. Dadurch, dass der Mensch als lernendes, die Realität von Moment zu Moment veränderndes Wesen aufgefasst wird, ist es möglich, die (Eigen-) Dynamik einer Entwicklung (z.B. des wirtschaftlichen Wachstums) zu erklären. Die Entwicklungsimpulse werden dabei nicht (oder weniger) in anderen (konstant oder veränderlich gehaltenen) Variablen oder Externalitäten gesehen, sondern in immanenten endogenen Faktoren, d.h. den Elementen der (menschlichen) Selbsterneuerungsfähigkeit. Die evolutorische Entwicklungstheorie erweitert also die üblichen Produktionsfaktoren Arbeit, Kapital, Boden und technischen Fortschritt um einen weiteren Faktor, nämlich die kognitive Kreation. Sie wird häufig im Zusammenhang mit dem Humankapital (der Summe von (Aus-)Bildungsleistungen, Kenntnissen, Kennen und Können, Erfahrungswerten etc.) genannt bzw. erforscht und ist das Element, das bei der Erklärung historischer Prozesse eine eigenständige Bedeutung gewinnt. „Man hat dann nicht zur Zeitreihen von Variablen als Explanandum (als zu erklärenden Gegenstand), sondern die konkrete Geschichte ist auch ein selbstständiger Teil des Explanans. Wer historische Zeitreihen ohne konkrete Geschichte erklären will, landet schnell wieder bei irgend einer Geschichtsphilosophie und bewegt sich damit geistesgeschichtlich gesehen in die Zeit vor dem Abbruch der metaphysischen Tradition gegen Ende des vorigen Jahrhunderts zurück. ... Im evolutorischen Ansatz kann man schlagwortartig formuliert – kaum Theorie ohne Geschichte betreiben." (HESSE, Anpassung, S. 138).

So gesehen besteht genügend Grund, das *history-friendly modelling*, wie es KURT DOPFER einmal genannt hat, als eigenständige Methode anzusehen und anzuwenden. Das Ziel einer erklärungskräftigen und (intersubjektiv) prüfbaren Theorie der langfristigen wirtschaftlichen Entwicklung kann ohne die Einbeziehung des Elements der kognitiven Kreation ins Explanandum nicht erreicht werden. Umgekehrt eröffnet ihre Berücksichtigung bislang nicht wahrgenommene Möglichkeiten der Erfassung dessen, was ULRICH WITT „qualitative Komplexität" genannt hat. Es reicht einfach nicht, den technischen Fortschritt allein bzw. nur ihn in seiner Eigenschaft als verändernde, dynamische Größe bei der Erklärung des Wirtschaftsprozesses zu berücksichtigen. Wesentlich ist vielmehr, die selbstgenerierenden Wirkungskräfte, das Kognitionssystem, als Auslöser neuer Prozesse, Impulsgeber und Energiequelle immer neuer Kombinationen, d.h. von Zäsuren zu betrachten. Dabei ist auch die Intensität zu berücksichtigen, die solche Wirkungskräfte entfalten. Sie reichen von den alltäglichen kleinen, im monotonen Rhythmus kaum wahrgenommenen Veränderungen bis hin zu Fundamentalzäsuren in Form revolutionärer Ideen, für die Namen wie NEWTON, KEPLER, LEIBNIZ, DA VINCI oder EINSTEIN stehen.

Literatur

DOPFER, Kurt: History Friendly Theories in Economics. Reconciling Universality and Context in Evolutionary Analysis, Ms. Juli 1999; FOSTER, John: Evolutionary Macroeconomics, London 1987; HESSE, Günter: Innovative Anpassung in sozio-ökonomischen Systemen – Ein Beispiel: Landnutzungssysteme und Handlungsrechte bezüglich Boden. In: B. Bievert/M. Held (Hg.), Evolutorische Ökonomik. Neuerungen, Normen, Institutionen, Frankfurt/New York 1992, S. 110–142; HESSE, Günter: Evolutionsökonomik, Diskussionspapier 98/08, Jena 1998; MOKYR, Joel: Neither Chance nor Necessity: Evolutionary Models and Economic History, Princeton Univ. Press 1998; WALTER, Rolf: Zum Verhältnis von Wirtschaftsgeschichte und Evolutorischer Ökonomik. In: Kurt Dopfer (Hg.), Studien zur Evolutorischen Ökonomik (= Schriften des Vereins für Socialpolitik, N.F. 195/VII), Berlin 2003, S. 113–131; WITT, Ulrich: The Evolving Economy. Essays on the Evolutionary Approach to Economics, Cheltenham 2003.

8.3. BWL-orientierte Dogmengeschichte

Fragt man sich, was etwa die Wirtschaftsgeschichte von der Betriebswirtschaftslehre lernen oder möglicherweise konzeptiv übernehmen kann, wäre z.B. an die Art und Weise zu denken, wie die BWL ihren Forschungsgegenstand zu strukturieren und zu systematisieren pflegt.

Zu den zentralen Problemfeldern der BWL gehört die hinreichend präzise Formulierung von Kriterien für ökonomische Dispositionen, z.B. für Finanzierungsentscheidungen. Geht man davon aus, dass ein solches Kriteriensystem zeitunabhängig ist (es hat sich im Laufe der Zeit sicher verfeinert, aber nicht grundsätzlich verändert), so heißt dies nichts anderes, als dass es auch als Ansatz für eine historische Studie durchaus adäquat verwendet werden kann. Als hinreichende Kriterien für Finanzierungsentscheidungen, um bei dem Beispiel zu bleiben, gelten heute und galten auch schon im Zeitalter der FUGGER (wenn auch mit möglicherweise unterschiedlicher Gewichtung) die folgenden vier: Rentabilität, Liquidität, Sicherheit und Unabhängigkeit. Historische Fragestellungen könnten hier etwa lauten: Ist Rentabilität und war sie schon immer das Leitmotiv wirtschaftlichen Handelns? Welchen Gewinn erwirtschaftete das Unternehmen und wie wurde er verwendet? Welche Kreditsicherheiten waren wann üblich? Welche Zusammenhänge bestehen zwischen der historisch-politischen Entwicklung und der Disposition des einzelnen Kaufmanns und wann tritt, abhängig davon, eines der genannten Kriterien besonders in den Vordergrund?

8.3.1. Die Wurzeln kaufmännischen Denkens

Die Wurzeln kaufmännischen Denkens nahmen im klassischen Altertum, bei ARISTOTELES und PLATON deutlichere Konturen an und wurden von der Scholastik im Mittelalter wieder aufgegriffen. Da dies bereits im Abschnitt „VWL-orientierte Dogmengeschichte" ausgeführt wurde, sei hier nur nochmals darauf verwiesen.

8.3.2. Frühe Kaufmanns- und Handelstechniken und die „Kommerzielle Revolution"

Wichtig ist hier zunächst die Tatsache, dass in der Umbruchszeit der Kreuzzüge die Kaufleute langsam des Schreibens kundig wurden, eine Domäne, die bis dahin der Geistlichkeit vorbehalten war. Die Aufzeichnung der Geschäftsvorgänge war eine wesentliche Voraussetzung für die Zuverlässigkeit und Transparenz des betriebenen Handels oder Gewerbes und der Kommunikation mit Beschäftigten und Geschäftspartnern, zumal wenn diese sich in der Ferne befanden. So konnte auch der Wechsel entstehen, der zunächst nichts anderes als einen Brief darstellte, in dem ein Zahlungsversprechen abgegeben wurde. Damit erübrigte sich die direkte und gefährliche Übergabe von Barwerten. Der Wechsel war nicht nur sicheres Geldtransfer-, sondern auch Kreditinstrument, das die Handels- und Bankpraxis revolutionär veränderte.

Erste Aufzeichnungen von Kaufleuten im Mittelmeergebiet gehen auf die Mitte des 12. Jahrhunderts zurück. Im späteren 13. Jahrhundert findet man im hansischen Bereich, in Lübeck, Aufzeichnungen zum Zwecke der internen Erfolgskontrolle. Das älteste erhaltene Kaufmannsbuch Oberdeutschlands, das Schuldbuch der Nürnberger HOLZSCHUHER, stammt aus dem frühen 14. Jahrhundert (1304–1307) und wurde noch lateinisch geführt.

Die Anwendung des Revolutionsbegriffs auf die wirtschaftlichen Neuerungen im Hochmittelalter geht auf RAYMOND DE ROOVER zurück. Gemeint ist damit die Entwicklung neuer Techniken des Zahlungsverkehrs, der Kreditgebung, der Rechnungslegungs- und Buchungstechnik sowie der Handelsformen mit dem erwähnten Wechsel. Die Entwicklung ging hier vom mediterranen Bereich aus und fand in Deutschland zunächst im Süden Eingang. Dort gelangte die in Italien entwickelte doppelte Buchführung zuerst zum Durchbruch, namentlich in Nürnberg. Im hansischen Bereich setzten sich die Innovationen des Rechnungswesens erst später durch.

Die Oberdeutschen führten zunächst zwei Kaufmannsbücher, das Journal (auch: Grundbuch) und das Schuldbuch. Vom Journal folgte die Übertragung der Posten in das Schuldbuch getrennt nach Debitoren und Kreditoren. In Deutschland war es üblich, im Schuldbuch nur die Personenkonten und für Sachbuchungen einen sog. *Kapus*, ein Güterbuch, zu führen. Daneben wurden – je nach Bedarf – Nebenbücher in Form von Kassenbüchern, Sekret- und Geheimbücher, Kladden, Haderbüchlein, Gesellenbücher, Wechselbücher usw. erstellt.

Richtungsweisend für den deutschen Bereich waren das Rechenbuch des Nürnbergers HENRICUS GRAMMATEUS (HEINRICH SCHREIBER (1495–1525/26)) von 1518 und die „Musterbuchhaltung" des FUGGER'schen Hauptbuchhalters MATTHÄUS SCHWARZ. Im Wesentlichen blieb es bei dieser Art der Buchführung in Deutschland bis in die frühindustrielle Zeit hinein.

Neben der Technik der Buchführung und dem Wechsel als Instrument des Zahlungs- und Kreditverkehrs entwickelten sich interessante Rechtsformen der Handelsgesellschaften. Hierzu zählen insbesondere die *Commenda*, bei der ein Kapitalgeber sich mit einem Partner verband, der die Handelsreise durchführte, und die *Compagnia accomandita*, die Vorläuferin der heutigen Kommanditgesellschaft, bei der eine beschränkte kapitalmäßige Beteiligung möglich war. Auf diese Weise gelang es, gleichzeitig das erforderliche Kapital aufzubringen und das Risiko zu streuen.

Neben den genannten Büchern wurden Handels- oder Handlungsbücher geführt, die umfassend Auskunft über die Dispositionen der spätmittelalterlichen und frühneuzeitlichen Kaufleute geben. In einigen Fällen sind solche geschlossen erhalten geblieben, so etwa die des Großkaufmanns FRANCESCO DI MARCO DATINI in Prato aus dem 14./15. Jahrhundert. Dabei handelt es sich um nicht weniger als 500 Rechnungsbücher. Von größter Bedeutung sind darüber hinaus die Geschäftsbriefe, die häufig in Form der Briefkopierbücher vorliegen und Auskunft geben über die Usanzen im Zahlungsverkehr, über die Handelskontakte, Beteiligungsmodalitäten, Wechselkurse sowie über die Einschätzung der Konkurrenzsituation und die politischen Verhältnisse.

Eine systematisch und geordnete Lehre ist im 16. Jahrhundert noch nicht entstanden, jedoch wurde das betriebswirtschaftliche Denken durch die Verfeinerung der Kaufmannstechnik weiter inspiriert und fand in der Kameralistik des 17. und 18. Jahrhunderts seinen Niederschlag.

Literatur

HOOCK, Jochen/JEANNIN, Pierre: Ars Mercatoria. Eine analytische Bibliographie, Bd. 1: 1470–1600, Paderborn 1991; Bd. 2: 1600–1700, Paderborn 1993; KELLENBENZ, Hermann: Die Fugger in Spanien und Portugal bis 1560. Ein Großunternehmen des 16. Jahrhunderts (= Schriften der Philosophischen Fakultäten der Universität Augsburg, Historisch-Sozialwiss. Reihe, Bde. 33/1 (Darstellung), 33/2 (Anmerkungen), 34 (Dokumente)), München 1990; LEITHERER, Eugen: Geschichte der handels- und absatzwirtschaftlichen Literatur, Köln/Opladen 1961; PACIOLI, Luca: Abhandlung über die Buchhaltung 1494, dt. Übers. und mit einer Einführung versehen v. B. Penndorf, Stuttgart 1933; PENNDORF, Balduin: Geschichte der Buchhaltung in Deutschland, Leipzig 1913; ROOVER, Raymond de: The Development of Accounting prior to Luca Pacioli According to the Account Books of Medieval Merchants. In: Studies in the History of Accounting, ed. A.C. Littleton and B.S. Yamey, London 1956, S. 114–174; ROOVER, Raymond de: L'évolution de la lettre de change, Paris 1953; SCHIELE, Hartmut/RICKER, Manfred: Betriebswirtschaftliche Aufschlüsse aus der Fuggerzeit, Berlin 1967; SPUFFORD, Peter: Handbook of Medieval Exchange (Royal Historical Society Guides and Handbooks 13), London 1986; SPUFFORD, Peter: Money and its Use in Medieval Europe, Cambridge et al. 1991.

8.3.3. Wirtschaftslehre – Privatwirtschaftslehre – Betriebswirtschaftslehre

Die Wirtschaftslehre des 18. Jahrhunderts brachte immerhin schon in Ansätzen die kalkulatorische Abschreibung im Rahmen der Kostenrechnung sowie ein intensives Nachdenken über die Umlaufgeschwindigkeit des Kapitals. Ferner wurde die Rechnungslegung und Revision verfeinert.

Die Privatwirtschaftslehre war in der Auffassung ihres bedeutendsten zeitgenössischen Vertreters, KARL HEINRICH RAU (1792–1870) Erwerbslehre und Hauswirtschaftslehre in einem und noch stark normativ ausgerichtet.

Bei dem Kameralwissenschaftler EDWARD BAUMSTARK (1807–1889) war dann erstmals von der „Betriebswirthschaft" die Rede, der es um die Wahrung, Ermittlung und Verwendung des Einkommens und Vermögens der einzelnen Gewerbe ging. Bei ihm wie auch bei anderen „Betriebswirtschaftlern" des 19. Jahrhunderts standen praktisch-gestaltende Handlungen deutlich im Vordergrund vor systematisch-theoretischen Erwägungen, sodass von einer Wissenschaft noch nicht gesprochen werden kann. Sie bildete sich erst im 20. Jahrhundert heraus, wobei an dieser Stelle nur auf einige ihrer bedeutendsten Vertreter kurz eingegangen werden soll.

Literatur

BELLINGER, Bernhard: Geschichte der Betriebswirtschaftslehre, Stuttgart 1967; HUNDT, Sönke: Zur Theoriegeschichte der Betriebswirtschaftslehre, Köln 1977; ISAAC, Alfred: Die Entwicklung der wissenschaftlichen Betriebswirtschaftslehre in Deutschland seit 1898, Berlin 1923; LÖFFELHOLZ, Josef: Geschichte der Betriebswirtschaft und der Betriebswirtschaftslehre, Stuttgart 1935; SEYFFERT, Rudolf: Über Begriff, Aufgaben und Entwicklung der Betriebswirtschaftslehre, Stuttgart 1967.

8.3.4. SCHMALENBACH – RIEGER – GUTENBERG – NICKLISCH

Ein kurzes Eingehen auf die Gedanken von EUGEN SCHMALENBACH (1873–1955) scheint nicht nur deshalb angebracht, weil er dem Fach Betriebswirtschaftslehre wichtige Grundlagen vermittelte, sondern weil er den Gradmesser allen Wirtschaftens schlechthin, die Wirtschaftlichkeit im Sinne des Grundsatzes einer sparsamen Mittelverwendung ins Zentrum seiner Gedanken stellte und dem wichtigen Teilgebiet Rechnungswesen seine bis heute gültige Nomenklatur gab. Seit SCHMALENBACH unterscheidet der Betriebswirt fixe und variable Kosten und es wird genau zwischen Ausgaben, Aufwand und Kosten bzw. analog zwischen Einnahmen, Ertrag und Leistungen differenziert.

Er fasste das Fach als realwissenschaftliche, ja technologische „Kunstlehre" auf, die im Gegensatz zur Wissenschaft (die er für philosophisch hielt), genaue Verfahrensregeln erarbeitete. Die Gestaltungsaufgabe stand also bei Schmalenbach im Vordergrund.

WILHELM RIEGER (1878–1971) wies dem Fach Betriebswirtschaftslehre im Gegensatz zu SCHMALENBACH primär eine Erklärungsaufgabe zu. In kritischer Auseinandersetzung mit SCHMALENBACH wies er darauf hin, dass es nicht nur auf Wirtschaftlichkeit (z.B. ausgedrückt im Gewinn) ankomme, sondern auf die Rentabilität, wobei diese trotz eines hohen Grades an Wirtschaftlichkeit nicht notwendig ebenfalls hoch sein müsse.

Ein weiterer Name ist mit der Entwicklung des Fachs Betriebswirtschaftslehre untrennbar verbunden: ERICH GUTENBERG (1897–1984), der nach dem Zweiten Weltkrieg mit seinem faktortheoretischen Ansatz neue Maßstäbe setzte. Die BWL als Wissenschaft sollte nach GUTENBERG wertfrei und die Theorie rein, d.h. hypothetisch-deduktiv sein. Die Suche nach Gesetzmäßigkeiten, z.B. die Ableitung von Produktionsfunktionen, wie sie die (volkswirtschaftliche) Mikroökonomie verwendet, spielte in GUTENBERGS Konzept eine wesentliche Rolle. Im Übrigen bereicherte und verfeinerte er das Begriffssystem der Betriebswirtschaft, etwa in der Unterscheidung der Elementarfaktoren (Werkstoffe, Betriebsmittel, objektbezogene Arbeitsleistungen) und dem dispositiven

Faktor in Form des originären (Geschäftsleitung) und derivativen (Planung und Organisation). Mit einer derart durchgestalteten Produktionstheorie war auch der Weg zu einer Kostentheorie geebnet, im Übrigen aber auch dem OR-Bereich (*Operations Research*) grundlegende Aufmerksamkeit geschenkt. Allerdings hat sich die Geschlossenheit des GUTENBERG'schen Ansatzes für die weitere Diversifizierung des Fachs eher als Hindernis erwiesen. Andererseits hat er stark dazu beigetragen, die Theorie in der BWL an die Stelle der Lehren zu setzen, das Fach also einer eigentlich wissenschaftlichen Bestimmung zuzuführen. Er sorgte dafür, dass die Mikroökonomie in die BWL integriert wurde.

Während GUTENBERG die faktoralen Kombinationsprozesse hervorhob, stellte HEINRICH NICKLISCH (1876–1946) mehr auf den Betrieb als soziales Gebilde ab, bei dem es ihm um die Aufhebung der Antinomie zwischen Kapital und Arbeit ging. Seine systematische Suche nach dem gemeinschaftsverbindenden Element im Betrieb führte zu brauchbaren und auch realisierten Ideen, etwa im Bereich der Ertragsbeteiligung von Mitarbeitern in Unternehmen. NICKLISCHS ethisch-normativer Ansatz und seine Grundforderung nach möglichster Konfliktlosigkeit im Sozialkörper Betrieb findet heute vielleicht in der Frage wieder eine Substanz, ob zufriedene Mitarbeiter letztlich nicht die leistungsfähigeren sind. Insofern dachte NICKLISCH bereits die Grundannahmen des *job-enrichment* und *job-enlargement* vor.

Literatur

GUTENBERG, Erich: Die Unternehmung als Gegenstand betriebswirtschaftlicher Theorie, Berlin/Wien 1929; HUNDT, Sönke: Zur Theoriegeschichte der Betriebswirtschaftslehre, Köln 1977; LÖFFELHOLZ, Josef: Geschichte der Betriebswirtschaft und der Betriebswirtschaftslehre. Altertum – Mittelalter – Neuzeit bis zu Beginn des 19. Jahrhunderts, Stuttgart 1935; SCHNEIDER, Dieter: Allgemeine Betriebswirtschaftslehre, 4., neu bearbeitete und erweiterte Auflage, München/Wien 1991 (Der Titel der 2.–4. Aufl. täuscht darüber hinweg, dass das Buch die wesentlichsten Grundzüge der Geschichte der BWL enthält und sehr bemüht ist, gegenwärtig gültige Wirtschafts„theorien" historisch herzuleiten. Das Buch ist ein Plädoyer gegen die geschichtslose Managementwissenschaft die „dazu verführt, modisches Wissen mit neuen Einsichten zu verwechseln." [Vorwort zur dritten Aufl. 1987].).

8.3.5. Zunehmende Differenzierung und Spezialisierung der BWL

Im Zuge der Zeit kam es zur Herausbildung der „Zweiglehren", der speziellen Betriebswirtschaftslehren. Die BWL-Disziplinen stellen nichts anderes dar als ein Abbild der Diversifizierung und Spezialisierung der wirtschaftlichen Realität. Die Möglichkeiten medialer Beeinflussung des Konsums, neue Rechenkapazitäten (EDV), überhaupt der Trend zur Abstraktion bestimmen die Betriebswirtschaftslehre zunehmend.

Einen großen Zuwachs hat der Zweig Marketing und Marktverhalten gehabt, der heute vielfach unterteilt in Erscheinung tritt, etwa in Form des Verhaltensmarketing und des Erlebnismarketing. Entsprechend erhöhen sich die „interdisziplinären" Anteile am Curriculum (z.B. Psychologie). Dabei haben die sozialwissenschaftlichen Anteile zugenommen. So finden z.B. etablierte Verfahren der Markt- und Sozialforschung (Präferenz- und Nutzenmessverfahren) wie die Conjoint-Analyse Anwendung im Bereich der neuen BWL.

Analog der zunehmend diversifizierten wirtschaftlichen Praxis differenzieren sich die Spezialisierungsrichtungen in der BWL. Am Beispiel des Faches Produktion lässt sich dies gut beobachten. Galt früher die Fließbandproduktion als große Errungenschaft, entwickelte sich daraus bis heute die Variantenfließfertigung und kommt der Konfigurationsplanung von Fließproduktionssystemen mit ihren vielfältigen kombinatorischen Fragestellungen praktisch und theoretisch große Bedeutung zu. Wenn sich gegenwärtig in der KFZ-Industrie über tausend unterschiedliche Automobilvarianten ein Fließsystem teilen, lässt sich vorstellen, wie komplex die Anforderungen ans *Operations Research* und an die Entwicklung adäquater Algorithmen sind.

Informatik und neue Heuristiken (Entscheidungstheorie, Spieltheorie usw.) haben inzwischen weite Teile der Betriebswirtschaftslehre durchdrungen. Subformen der Managementlehre (*Risk-Management, Cash-Management, Product-Management,* Wissensmanagement usw.) sowie statistische Prognoseverfahren und mathematische Modellierung prägen das Fach zunehmend.

8.4. Mikroökonomische Theorie und Interdependenzen VWL-BWL

Wie bereits erwähnt, hat sich ERICH GUTENBERG um die Integration der Mikroökonomie in die BWL verdient gemacht. Was heißt das?

▪ Dies bedeutet zunächst Entwicklung der Kostenlehre zu einer Produktions- und Kostentheorie, wobei man nach 1945 erst den Rückstand gegenüber der angelsächsischen BWL aufzuholen hatte. Die Entwicklung der Plankostenrechnung sowie eine Theorie der Gesamtplanung stehen in der Kontinuität der GUTENBERG'schen Impulse.

▪ Aus der auf die Handelsfunktionen beschränkten Absatzlehre entwickelte GUTENBERG eine Theorie des Einsatzes absatzpolitischer Instrumente, wobei er jedoch von der Dynamik dieser speziellen BWL-Disziplin, insbesondere durch das angelsächsische Marketing-Schrifttum, überholt wurde.

▨ Im Bereich Investition und Finanzierung dauerte es einige Zeit, bis die mikroökonomische Kapitaltheorie aus dem angelsächsischen Bereich übernommen wurde. Der Weg führte hier von einfacheren Konzepten der Wirtschaftlichkeitsrechnung hin zur theoretischen Erfassung des optimalen Finanzplans.

▨ Im Bereich Planung, ein elementarer Teil der Technik der Unternehmensführung, differenzierte man mit ERICH SCHNEIDER und HELMUT KOCH stärker in Sollplanung und dispositive Planung, entwickelte also präzisere prognostische und Entscheidungsverfahren.

▨ Die das personelle Element stärker berücksichtigende Unternehmenstheorie, die auch die Unternehmensphilosophie fortentwickelte und neben Organisations- und Planungsproblemstellungen ebenfalls die in den 70er Jahren stark diskutierten Modelle hervorbrachte (Beispiel: Mitbestimmung), fand ihre Formulierung durch KARL HAX, WILHELM HASENACK und ERICH KOSIOL unter starkem Rückgriff auf die Ansätze EUGEN SCHMALENBACHS. In jüngerer Zeit wird hier zunehmend mit dem recht fragwürdigen Begriff der „Unternehmenskultur" gearbeitet.

▨ Im Bereich Rechnungswesen hat die deutsche BWL schon in ihrer frühen Zeit, d.h. bereits vor dem Zweiten Weltkrieg, sehr Wesentliches und Bleibendes geleistet. Aus der Kostenrechnung entwickelte man das *„direct costing"* hin zur Deckungsbeitragsrechnung, die auf PAUL RIEBEL zurückgeht. Schließlich wird die Bilanzlehre „dynamisiert", d.h. für Preis- und Geldwertänderungen anwendbar gemacht, also korrigierbar. Auch hier waren es wieder HAX und KOSIOL, die wesentliche Beiträge leisteten.

8.5. Wirtschaftswissenschaft und Wirtschaftsgeschichte

Die gegenwärtige wirtschaftshistorische Forschung greift im Rahmen interdisziplinärer Zusammenarbeit reichlich auf ökonomisches „Rüstzeug" zurück. Den Ansätzen der Preis-, Konjunktur- und Wachstumstheorie kommt dabei besondere Aufmerksamkeit zu. Zur Geschichte der Preise siehe beispielhaft das Werk von DIETRICH EBELING und FRANZ IRSIGLER über die Kölner Getreidepreise oder, um ein älteres Werk zu nennen, die Studie von ALFRED JACOBS und HANS RICHTER über die Großhandelspreise in Deutschland von 1792 bis 1934. Unverzichtbar für historische Preis-, Konjunktur- und Wachstumsstudien ist nach wie vor das umfassende Werk WALTHER G. HOFFMANNS „Das Wachstum der deutschen Wirtschaft seit der Mitte des 19. Jahrhunderts". Eine Zusammenfassung der wichtigsten internationalen historischen Statistiken bietet BRIAN R. MIT-CHELL (jeweils ab 1750) für Europa, sodann Afrika, Asien, Ozeanien und schließlich Nord- und Südamerika.

Dem Wirtschaftshistoriker, der diese und andere statistischen Daten verwendet, stellt sich immer wieder die Frage der Anwendbarkeit theoretischer Ansätze auf wirtschaftshistorische Analysen. Dies impliziert die „Entscheidung über Theorien unter Unsicherheit ihrer Gültigkeit" (KNUT BORCHARDT). Inwieweit lässt sich – forschungspraktisch gesehen – beispielsweise die Konjunkturtheorie zur Untersuchung und Erklärung der wirtschaftlichen Entwicklung im 18. oder in der ersten Hälfte des 19. Jahrhunderts anwenden, also auf eine Zeit, für die sich Preise spezieller Produkte oft kaum oder nur sehr lückenhaft finden und sich volkswirtschaftliche Gesamtgrößen wie Brutto- oder Nettosozialprodukt, Volkseinkommen usw. nicht gesichert bestimmen lassen? Ein spezielles Problem stellt sich hier mit der Frage nach der intertemporalen Vergleichbarkeit dieser Maßgrößen, wie überhaupt wir diese Schwierigkeit des Begriffs- und Bedeutungswandels immer wieder gestellt bekommen und zu lösen haben. Es liegt in der Natur der Sache, dass der Wirtschaftshistoriker langfristige wirtschaftliche Entwicklungen untersucht. Dies setzt fundierte Kenntnisse im Bereich der theoretischen und angewandten Statistik voraus. Hier genügt nicht das Wissen über die Existenz von JUGLAR-, KITCHIN- oder KONDRATIEFF-Zyklen, sondern statistische Untersuchungen müssen selbst vorgenommen werden können.

So gehören zum Rüstzeug des Wirtschaftshistorikers z. B. Berechnungen von Entwicklungtrends, wobei sich hier eine interdisziplinäre Zusammenarbeit mit den Wachstums- und Konjunkturtheoretikern empfiehlt und vielerorts praktiziert wird. Dogmenhistorische Kenntnisse sind hier von Nutzen. Man sollte wissen, was unter SOLOW'schem Wachstum zu verstehen ist (Wachstum durch Steigerung des Investitionsvolumens), SCHUMPETER'schem Wachstum (vermehrte Innovationen) oder SMITH'schem, das durch Spezialisierung, Arbeitsteilung und Produktivitätserhöhung entsteht.

Vom Statistiker, der nahezu allen Wissenschaftsbereichen wesentliche methodische Grundlagen an die Hand gibt, sind für Wirtschaftshistoriker Trendanalysen, Korrelationsstudien, Index- und Quotenberechnungen bis hin zu spektralanalytischen Verfahren sowie rein deskriptive Darstellungsformen von unverzichtbarer Bedeutung. Beispielhaft hierfür seien die Studien von RAINER METZ genannt, dessen Weg von der Mathematik zur Wirtschaftsgeschichte führte. Bedeutende Beiträge zur Konjunkturgeschichte leisteten u. a. KNUT BOR-CHARDT („Wandlungen des Konjunkturphänomens in den letzten hundert Jahren"), RAINER GÖMMEL in seiner modellhaften Lokalstudie „Wachstum und Konjunktur der Nürnberger Wirtschaft (1815–1914)" sowie REINHARD SPREE („Wachstumstrends und Konjunkturzyklen in der deutschen Wirtschaft von 1820 bis 1914"). Der Wirtschaftshistoriker bietet dem Volkswirtschaftler wichtige Eckdaten der verschiedenen „Wellen", indem er die Krisen und ihre Ursachen und Wirkungen untersucht. Die Konjunkturtheorie ist ja aus der Krisentheorie hervorgegangen, und Missernten, Seuchen und Kriege als markante Punkte langfristiger Schwankungen waren schon immer ein Hauptgegenstand der Wirtschaftsgeschichte, was WILHELM ABELS Werke „Agrarkrisen und Agrarkonjunktur" sowie „Massenarmut und Hungerkrisen im vorindustriellen Deutschland" am eindrücklichsten zeigen. Darüber hinaus bietet die Erfassung historischer Konjunkturen wichtige Anhaltspunkte für die Periodisierung der (Wirtschafts-)Geschichte.

Der Trend als Element der Wachstumstheorie stellt den langfristigen Durchschnitt unter Eliminierung der Konjunkturschwankungen dar. Eine Kombination mit der Konjunkturtheorie fand J.R. HICKS mit den zyklischen Wellen, die er um einen „Wachstumspfad" oszillieren ließ. – Ein neuer Impuls zur Beschäftigung mit dem Wachstumsprozess und seiner systematischen Analyse entsprang der Diskussion um die Problematik der Entwicklungsländer im Rahmen der Weltwirtschaft. Zur Geschichte der Wachstumstheorie und des wirtschaftlichen Wachstums bot WALTHER G. HOFFMANN eine grundlegende Bestandsaufnahme in seinem Beitrag „Wachstumstheorie und Wirtschaftsgeschichte" in der Festgabe für ALFRED MÜLLER-ARMACK. Zu HOFFMANNS Verdienst gehört die Verbindung quantitativer Verfahren mit historischen Interessen, wobei er der Wirtschaftsgeschichte Selbstständigkeit neben der Rechts- und Kunstgeschichte zubilligte, ohne ihre Rolle im Rahmen der Universalgeschichte zu verkennen. Er begründete die relative Selbstständigkeit der Wirtschaftsgeschichte mit dem Hinweis auf die Größe des Einflusses wirtschaftlicher Faktoren auf das gesellschaftliche Leben. – Eine internationale Sammlung von Beiträgen bedeutender Wirtschaftshistoriker zum Thema „Wirtschaftliches Wachstum im Spiegel der Wirtschaftsgeschichte" wurde 1978 von HERMANN KELLENBENZ u.a. herausgegeben. Das Thema „Wachstumsschwankungen – wirtschaftliche und soziale Auswirkungen (Mittelalter bis 20. Jahrhundert)" war 1979 das Generalthema der (1981 publizierten und von HERMANN KELLENBENZ herausgegebenen) Referate der 8. Arbeitstagung der Gesellschaft für Sozial- und Wirtschaftsgeschichte. Die Publikation enthält auch vielerlei Beispiele zur wirtschaftlichen Bedingtheit sozialer Entwicklungen.

Mitte der 80er Jahre sind – nicht zuletzt unter dem Eindruck der Strukturwandlungen im Welthandel – wieder handelspolitische Themen bzw. wichtige

Aspekte der Außenhandelstheorie von der wirtschaftshistorischen Forschung aufgegriffen worden. Das Interesse konzentrierte sich hier auf die historische Protektionismusforschung, die in drei zusammenfassenden Bänden (1985, 1987 und 1988) als Erträge aus diesbezüglichen Arbeitstagungen und Symposien eine gewisse vorläufige Abrundung erfuhr. Dabei wurde die Frage „Protektionismus, Fortschritt oder Rückschritt?" von FRITZ BLAICH mikroökonomisch (wie reagierten einzelne Unternehmen auf den Protektionismus?) und von JUERGEN B. DONGES makroökonomisch (wie reagierten die nationalen Volkswirtschaften?) behandelt. Den „Wettbewerbsbeschränkungen auf internationalen Märkten" widmeten sich 1985 auf einem Symposium nicht weniger als 14 namhafte Wirtschaftshistoriker, so dass dieses Forschungsfeld für das 19. und 20. Jahrhundert verhältnismäßig erschöpfend erschlossen ist, zumal sich in demselben Jahr eine Arbeitstagung in bemerkenswerter zeitlicher Breite den „Auswirkungen von Zöllen und anderen Handelshemmnissen auf Wirtschaft und Gesellschaft vom Mittelalter bis zur Gegenwart" annahm. Die historischen Aspekte tarifärer, nicht-tarifärer und administrativer Handelshemmnisse sind damit relativ hell ausgeleuchtet.

Zur wissenschaftlichen Diskussion über das Verhältnis Wirtschaftsgeschichte – Betriebswirtschaftslehre ist vor allem auf FRANZ DECKERS Beitrag über „Betriebswirtschaft und Geschichte" sowie auf KARL HAX' Studie zur „Bedeutung der historischen Methode in der BWL" hinzuweisen. Mit der Betriebswirtschaftslehre, die ja – wie erwähnt – eine relativ junge Disziplin ist, ergeben sich eine Reihe gegenseitiger Anregungs- und Bereicherungsmöglichkeiten. Hier ist etwa auf die Lehren von SCHMALENBACH, SEYFFERT, GUTENBERG, VERSHOFEN und RIEGER und deren Verwendung im wirtschaftshistorischen Bereich hinzuweisen. Ein eindrucksvolles Beispiel für eine derartige Anwendung betriebswirtschaftlicher Erkenntnisse bzw. Methoden gab DIETER LINDENLAUB, der eine berühmte These SCHMALENBACHS für den Zeitraum 1929–1933 anhand von Unterlagen der Firmen MAN und Humboldt-Deutz-Motoren AG empirisch überprüfte. Seine Studie bestätigte nicht die Auffassung SCHMALENBACHS, dass der Fixkostendruck die Wettbewerbsordnung gefährde. Auch stellt die Überprüfung all diejenigen Vorstellungen in Frage, welche die fixen Kosten als voll disponibel ansehen. Darüber hinaus existiert eine Reihe weiterer Publikationen, die die gegenseitige Bereicherung der Betriebswirtschaftslehre und der Wirtschaftsgeschichte eindrucksvoll exemplifizieren. Besonders deutlichen Ausdruck findet dieser Zusammenhang – wie angedeutet – in der Unternehmer- bzw. Unternehmensgeschichte. In jüngerer Zeit hat WERNER PLUMPE die „Perspektiven der Unternehmensgeschichte" umrissen und auf gemeinsame Forschungsfelder von BWL und Wirtschaftsgeschichte aufmerksam gemacht, während MARK SPOERER sich des Verhältnisses von Mikroökonomik und Unternehmensgeschichte angenommen hat.

Literatur

BLAICH, Fritz: Der Schwarze Freitag. Inflation und Wirtschaftskrise, 2. Aufl., München 1990; HEUSS, Ernst: Grundelemente der Wirtschaftstheorie. Eine Einführung in das wirtschaftstheoretische Denken, 2. durchges. u. erw. Aufl., Göttingen 1981; LINDENLAUB, Dieter: Die Anpassung der Kosten an die Beschäftigungsentwicklung bei deutschen Maschinenbauunternehmen in der Weltwirtschaftskrise 1928–1932 – Unternehmenshistorische Untersuchungen zu Schmalenbachs Theorie der Fixkostenwirkungen. In: H. Kellenbenz (Hg.), Wachstumsschwankungen. Wirtschaftliche und soziale Auswirkungen (Spätmittelalter bis 20. Jahrhundert), Stuttgart 1981, S. 273–311; MAYER, Achim: Fegefeuer und Bettelorden: Päpstliches Marketing im 13. Jh. Ein Beitrag zur Analyse der Unternehmensgeschichte der katholischen Kirche unter Einsatz der Franchisetheorie, Marburg 1996; PLUMPE, Werner: Perspektiven der Unternehmensgeschichte. In: Günther Schulz u. a. (Hg.), Sozial- und Wirtschaftsgeschichte (= VSWG-Beihefte 169), Stuttgart 2004, S. 403–427; SPOERER, Mark: Mikroökonomie in der Unternehmensgeschichte? Eine Mikroökonomik der Unternehmensgeschichte. In: Kulturalismus, Neue Institutionenökonomik oder Theorienvielfalt. Eine Zwischenbilanz der Unternehmensgeschichte. Hg. Jan Otmar Hesse/Christian Kleinschmidt/Karl Lauschke, Essen 2002, S. 175–195 (Bochumer Schriften zur Unternehmens- und Industriegeschichte, 9); WALTER, Rolf (Hg.): Wirtschaftswissenschaften. Eine Einführung, Paderborn usw. 1997.

8.6. Sozialwissenschaft und Sozialgeschichte

Fand der Begriff *socialis* und *societas* in der Renaissance wieder vereinzelt Verwendung und trat er bei HUGO GROTIUS im 17. Jahrhundert als *ius sociale* in Erscheinung, so kann doch seine breite Anwendung allgemein erst für die zweite Hälfte des 18. Jahrhunderts festgestellt werden: DARJES spricht 1751 vom *status socialis* und DAVID HUME von *social virtues*, ADAM SMITH 1759 von *social passions*, ROUSSEAU 1762 vom berühmten *contrat sociale*, GRAF DE BUAT 1773 von der *économie social* und REID 1785 von den *social operations of the mind*. Vielleicht kann man hierin die begrifflichen Vorläufer einer neuen Wissenschaft sehen, die sich nicht zufällig im Gefolge der sozialen Bewegungen des ausgehenden 18., dann zu Beginn des 19. Jahrhunderts herausbildet: der Sozialwissenschaft. Durch die neue soziale Struktur nach der Revolution und der Herausbildung der vierten, „gefährlichen" Klasse sowie durch die Auflösung des Naturrechts in diesem Zusammenhang suchte die neue Situation eine neue Begrifflichkeit. Sie trat –

nicht zufällig in Frankreich – erstmals bei SAINT-SIMON als „Physicopolitik" und bei CHARLES FOURIER dann als *science sociale* (1808) als allgemeine Wissenschaft in Erscheinung, wobei der reformistisch-evolutionäre Charakter der neuen Wissenschaft zunächst eine besondere Betonung erfuhr. AUGUSTE COMTE war es dann, der für die „Inwertsetzung" der Soziologie als eigenständiger positiver Wissenschaft sorgte und sie als *science générale* neben die Philosophie stellte, gewissermaßen die Grundlagenwissenschaft des dritten, positiven Zeitalters im Sinne des „Dreistadiengesetzes" von TURGOT (nach dem theologischen und metaphysischen Zeitalter). Während in England durch H. SPENCER der psychologische Ansatz von FOURIER (Vollendung des Menschen durch Triebbefriedigung und Harmonisierung des Genusses) aufgegriffen und um ethnologische Erkenntnisse erweitert wurde, bildete sich in Deutschland die Sozialwissenschaft als Staatswissenschaft heraus. Tragende Säule dieser Entwicklung ist die historische Rechtsschule um HUGO, SAVIGNY, EICHHORN und MÜHLENBRUCH, die naturrechtliche Ansätze in rechtsphilosophische Auffassungen wandelte, die nun in das Zivilrecht einflossen. Nach der Auffassung einiger Zeitgenossen (z. B. H. EISENHART) sollte die Sozialwissenschaft also nun Grundlage der Rechtswissenschaft und Teil der „Staatswissenschaft" werden.

Inzwischen hatten in Deutschland die „Kathedersozialisten", allen voran GUSTAV VON SCHMOLLER und ADOLF WAGNER, die „Soziale Frage" stark thematisiert und die Sozialwissenschaft (die man nun zunehmend und allgemein so bezeichnete) als sozialpolitische Variante aufgefasst. Im Grunde war es MAX WEBER, der dann durch die Herausarbeitung und Betonung der ökonomischen Struktur des Soziallebens der Sozialwissenschaft als „Sozialökonomie" Geltung verschaffte. Damit fand auch der innere Zusammenhang zwischen Wirtschafts- und Sozialwissenschaft einen begrifflichen Niederschlag.

Die wesensmäßige Auffassung von der Sozialwissenschaft wich dann mehr und mehr einer strukturalistischen. Strukturbegriffe wie Mechanismus (Analogie zur Physik), Organismus (Analogie zur Biologie), Ganzheit und Prozess prägten die sozialwissenschaftliche Diskussion, bevor man sich verstärkt methodischen Fragestellungen zuwandte, die im sog. „Methodenstreit" zwischen CARL MENGER und GUSTAV VON SCHMOLLER ausdiskutiert wurden, wobei die in der Nationalökonomie anzuwendenden Methoden gemeint waren, die Sozialgeschichte jedoch zunehmend in die nationalökonomische „Umklammerung" geriet. Dabei ging es nicht nur um die Vorteilhaftigkeit deduktiven (MENGER) oder induktiven Vorgehens (SCHMOLLER), sondern auch um die Frage des sich gegenseitig Ausschließens von Methoden und deren grundsätzliche Anwendbarkeit. SCHMOLLER favorisierte die historische Methode, CARL MENGER gab der rational-theoretischen Betrachtungsweise den Vorzug bei der Erklärung des

Wirtschaftsgeschehens. Später fand eine Annäherung beider Positionen statt. Im Prinzip könnte dieser Streit ebenso mit Blick auf sozialhistorische Fragestellungen geführt werden, doch verbietet es sich eigentlich – gerade in Kenntnis der Ergebnisse des „Methodenstreits" – den Primat der einen oder der anderen Methode behaupten zu wollen. Schließlich ist sie vom konkreten Untersuchungsgegenstand abhängig. Die Sozialgeschichte beinhaltet geschichtswissenschaftliche und sozialwissenschaftliche Elemente gleichermaßen, womit der Sozialhistoriker, will er sein Fach ausgeglichen wahrnehmen, zum Gratwanderer zwischen Hermeneutik und Positivismus wird. Auslegung auf der einen und empirische Eindeutigkeit auf der anderen Seite charakterisieren sein wissenschaftliches Schaffen.

Wie alle Wissenschaftsdisziplinen unterlag auch die Sozialgeschichte gewissen „Konjunkturen" und „konkurrierte" mit anderen historischen Disziplinen. Nach dem Ersten Weltkrieg absorbierte die „Kriegsschuldthese" geschichtswissenschaftliches Forschungspotential, und im späteren Weimar lief die Sozialgeschichte allzu leicht Gefahr, in marxistische Nähe gerückt zu werden. Andererseits sollte man nicht übersehen, dass die Sozialgeschichte als Landesgeschichte ein durchaus eigenständiges Dasein führte und weniger den Themen-Trends der Zeit folgte. Darüber hinaus ist es angezeigt, darauf hinzuweisen, dass es der Sozialgeschichte des Altertums und Mittelalters im Gegensatz zur neuzeitlichen Sozialgeschichte eher gelang, sich „modeunabhängig" und ohne allzu enge Umklammerung durch die Nationalökonomie zu entwickeln. Im Übrigen ist darauf hinzuweisen, dass die Sozialgeschichte in Deutschland Brüche aufweist, die in der Person richtungsweisender Historiker begründet liegen, die Deutschland aus unterschiedlichen Gründen verließen. So fanden etwa KARL LAMPRECHTS Studien im Ausland große Aufnahme und wurden dort fortgesetzt, während in Deutschland gegen sie polemisiert wurde. Später erfuhr dann die deutsche Sozialgeschichte wieder Anregungen aus Frankreich (etwa durch MARC BLOCH, LUCIEN FÈBVRE und FERNAND BRAUDEL), das seinerzeit von der deutschen Sozialgeschichte starke Impulse erhielt.

Vom Instrumentarium her gesehen, gehören heute recht komplizierte statistisch-mathematische, sozialwissenschaftliche Verfahren – nicht zuletzt aufgrund ihrer wesentlich leichteren Anwendbarkeit durch hohe EDV-Kapazität und Vereinfachung der Anwenderprogramme – zum Standardrepertoire eines empirisch arbeitenden Sozialhistorikers. Bislang nicht zu bewältigende Datenmassen können so einer eingehenden Analyse zugeführt werden. Damit einher geht die wesentliche Verbesserung und Erleichterung der graphischen Darstellung sozialhistorischer Prozesse und deren optische Erfassbarkeit bis hin zur dreidimensionalen Darstellung oder Veranschaulichung hochkomplexer

„Netze", z.B. in der Eliteforschung. Dies muss jedoch nicht unbedingt heißen, dass die quantifizierende Sozialgeschichte der qualifizierenden den Rang ablaufen wird, denn das genealogische und biographische Interesse von Wissenschaft und interessierter Öffentlichkeit und das Verstehenwollen des historischen Alltags, von strukturverändernden Kräften wie der Arbeiterbewegung oder des Begreifens von Gefühlen und Weltanschauungen der mittelalterlichen Zeitgenossen war wohl noch nie so groß wie derzeit.

Literatur

KOCKA, Jürgen: Sozialgeschichte. Begriff – Entwicklung – Probleme. 2. Aufl., Göttingen 1986; Ders. (Hg.): Sozialgeschichte im internationalen Überblick. Ergebnisse und Tendenzen der Forschung, Darmstadt 1989; SCHULZ, Günther: Sozialgeschichte. In: ders. (Hg.), Sozial- und Wirtschaftsgeschichte, Stuttgart 2004, S. 283–303; TENNSTEDT, Florian: Sozialwissenschaft – Sozialrecht – Sozialgeschichte. Kooperation und Konvergenz am Beispiel der Sozialpolitik. In: G. SCHULZ (Hg.), ebenda, S. 551–575.

9. Erste Hilfe

9.1. Didaktische Konzeptionen, Ausstellungen und Museen

Während es in älteren Museen des 19. und frühen 20. Jahrhunderts vornehmlich um die publikumswirksame Darstellung nationaler Errungenschaften ging und sozial- und wirtschaftshistorische Inhalte – wenn überhaupt – eher am Rande Beachtung fanden, ist in der zweiten Hälfte des 20. Jahrhunderts ein Trend zum Museum zu beobachten, das auch industrielle, über das kunstgewerbliche hinausgehende Objekte ausstellt und unter Berücksichtigung neuester didaktischer Erkenntnisse seinen „Stoff" anbietet. Ein hervorhebenswertes unter vielen Beispielen ist hier das Papiermuseum in Basel, das nicht nur umfassend über die Papier- und Druckgeschichte sowie über die Kulturgeschichte des Papiers Anschaulichkeit bietet, sondern es dem Besucher ermöglicht, selbst in einer wasserbetriebenen Papiermühle im Keller des Museums Papier zu schöpfen, zu trocknen und anschließend in den oberen Stockwerken Setzkästen zu bedienen und es zu bedrucken. Diese Art „gelebte" Wirtschaftsgeschichte wird mehr und mehr auch in anderen Museen praktiziert, z.B. im Landesmuseum für Technik und Arbeit in Mannheim, das – von oben nach unten durchschritten – einen Querschnitt durch die Technikgeschichte bietet, der um die Mitte des 18. Jahrhunderts beginnt und praktisch „im Keller der Gegenwart" endet. Es berücksichtigt die Wirtschafts- und Sozialgeschichte ebenfalls stark und gibt dem Besucher die Möglichkeit, durch Umlegen von Hebeln oder Betätigung von Knöpfen unterschiedliche Apparaturen in Gang zu setzen. Ähnlich arbeitet das 1996 in Hamburg eingerichtete Museum der Arbeit.

Das bedeutendste unter den technischen Museen hierzulande ist das Deutsche Museum in München, das einen vorzüglichen Einblick in die Erfindungs- und Innovationsgeschichte gestattet und den Besucher in der Gewissheit entlässt, dass das wirtschaftliche und gesellschaftliche Dasein ohne die dort dargestellten technischen Zusammenhänge kaum wirklich zu begreifen ist, ob man die Errungenschaften der Technik nun als Segnungen empfindet oder eher als schwere Hypothek.

Eine ähnlich umfassende Gesamtschau der Entwicklung vom *Low-tech* zum *High-tech* in allen denkbaren Sparten technikwissenschaftlichen Wirkens von

Menschen mit Anschauungsmaterial von den Anfängen bis zur Gegenwart vermittelt das TECHNORAMA, ein modernes Technikmuseum in Winterthur/Schweiz. Erwähnenswert ist in diesem Zusammenhang auch das Museum Industriekultur in Nürnberg.

Inzwischen hat auch die „Alltagsgeschichte" in der Form, wie sie seit Jahren in „renovierter" Form existiert, ihren musealen Niederschlag gefunden. Es gibt nur noch wenig wichtige Gegenstände des Alltagslebens und der materiellen Kultur, denen nicht bereits eigens ein Museum gewidmet wurde. Zu erinnern wäre hier an das Deutsche Technikmuseum in Berlin (dort integriert: das Zuckermuseum), das z.B. die Kulturgeschichte der Verkehrs-, Kommunikations-, Produktions- und Energietechniken präsentiert. Andere spezialisierte Museen sind das Brotmuseum in Ulm, das Biermuseum in Stuttgart, das Textilmuseum in Krefeld, das Postmuseum in Frankfurt am Main, das Ledermuseum in Offenbach, das Architekturmuseum in Frankfurt, das Optische Museum in Jena, das Schmuckmuseum in Pforzheim, diverse Automuseen sowie die vielen Freilicht- und Bergwerksmuseen. In Frankfurt existiert ferner Hamburg das Museum der Arbeit, in Bremerhaven das Deutsche Schiffahrtsmuseum und in verschiedenen Städten (Ibbenbüren, Ducherow, Moers-Asberg usw.) sind Motorradmuseen eingerichtet.

Literatur

Buchtipps und umfassende Hinweise finden sich im Internet unter:
http://www.museumsfuehrer.de

9.2. Personen, Organisationen, Institutionen und Kongresse

Wie jede wissenschaftliche Disziplin, so ist auch die deutsche Wirtschafts- und Sozialgeschichte organisiert und institutionalisiert. Dasselbe gilt für die Teildisziplinen Agrar-, Technik-, Banken-und Unternehmensgeschichte. So nimmt die Gesellschaft für Sozial- und Wirtschaftsgeschichte (GSWG) die Interessen der deutschen Wirtschafts- und Sozialhistoriker wahr. Sie wurde 1961 ins Leben gerufen und führt in zweijährigem Turnus mehrtägige Arbeitstagungen an jeweils wechselndem Ort durch, auf denen wichtige, übergreifende Themen des Faches in Spezialreferaten erschlossen und anschließend in einem Sammelband publiziert werden. Von der GSWG wird im zweijährigen Turnus der „Friedrich-Lütge-Preis" für herausragende Dissertationen auf dem Gebiet der Wirtschafts- und Sozialgeschichte verliehen, der mit 1500 Euro dotiert ist.

Im Verein für Socialpolitik gibt es einen wirtschaftshistorischen Ausschuss, der jährlich mehrtägige Arbeitskonferenzen abhält, die meist einer bestimmten Thematik gewidmet sind.

Die 1976 gegründete Gesellschaft für Unternehmensgeschichte e.V. (GUG) hat ihren Sitz (Sekretariat und Geschäftsführung) in Frankfurt a.M. Die GUG führt jährlich mehrere wissenschaftliche Symposien und öffentliche Vortrags-veranstaltungen durch, wozu Vertreter von Wirtschaft und Wissenschaft zur Behandlung eines abgegrenzten, übergreifenden Sachthemas referieren. Die Ergebnisse werden in der Regel in den „Beiheften" der Zeitschrift für Unter-nehmensgeschichte (ZUG), dem regelmäßigen Publikationsorgan der GUG, veröffentlicht. Spezialgebiete der Unternehmensgeschichte (Banken, Marke-ting, Verkehr etc.) sind in Arbeitskreisen organisiert. Die GUG verleiht jährlich einen „Preis für Unternehmensgeschichte", der mit 3000 Euro dotiert ist.

Auf europäischer Ebene existiert seit 1994 die European Business History Association (EBHA). Nach ihrem Selbstverständnis ist sie „a body for individu-als interested in the development of business and management in Europe from the earliest time to the present day." Ihre Mitglieder erhalten zweimal jährlich einen „Newsletter".

Die deutschen Agrarhistoriker haben sich mit der Gesellschaft für Agrarge-schichte einen organisatorischen Rahmen gegeben und verfügen mit der Zeit-schrift für Agrargeschichte und Agrarsoziologie über ein renommiertes Publi-kationsorgan, das zweimal jährlich erscheint.

Die deutsche Bankengeschichte ist im Institut für bankhistorische For-schung e.V. (IBF) organisiert, dem ein mehrköpfiger Vorstand und ein wissen-schaftlicher Beirat angehören und das von einer Geschäftsführerin betreut wird. Das IBF veranstaltet jährlich eines oder mehrere, nationale und interna-tionale Symposien zu aktuellen und historischen Bankthemen. Das IBF hat mit dem Bankhistorischen Archiv. Zeitschrift für Bankengeschichte ein eigenes Pu-blikationsorgan, das zweimal jährlich erscheint.

International ist die Wirtschaftsgeschichte in der International Economic History Association (Association Internationale d'Histoire Economique) orga-nisiert, die früher in vierjährigem, inzwischen in drei- oder vierjährigem Turnus Kongresse an jeweils wechselndem Ort abhält und ihre(n) Präsidentin(en) neu wählt.

Literatur

Informationen über die erwähnten Organisationen findet man leicht im Internet.

9.3. Zeittafel zur Wirtschafts-, Sozial- und Innovationsgeschichte

500–800	Entstehung und Ausbildung der grundherrlichen Agrarverfassung und des Feudalismus
ca. 800	Münzordnung Karls des Großen
10.–13. Jh.	Deutsche Ostkolonisation (Expansion nach Osten)
1096–1270	Epoche der Kreuzzüge (Expansion nach Südost). Orienthandel. Erstarken der Levante und Venedigs
11./12. Jh.	Entfaltung des deutschen Städtewesens und des Fernhandels
13./14. Jh.	sog. „Kommerzielle Revolution"
1348ff.	Pestumzüge in Europa (sog. „Schwarzer Tod"). Agrarkrise. Prag: erste Universität im Reich
1356	Erlass der Goldenen Bulle durch Kaiser KARL IV.: „Grundgesetzliche" Regelung der Königsnachfolge und der Rechte der Kurfürsten
1358	Gründung der „Städtehanse"
1380–1530	Große Ravensburger Gesellschaft
1390	Erste deutsche Papiermühle in Nürnberg
1448	Wiener Konkordat: Grundsätzliche Regelung der Beziehungen zwischen Kirche und Staat sowie des Rechts der Besetzung kirchlicher Ämter
ca. 1450	JOHANNES GUTENBERG erfindet den Buchdruck
1490	Organisation des Postwesens mit FRANZ V. TAXIS als oberstem Postmeister
1492	Der Genuese CHRISTOPH COLUMBUS entdeckt Amerika. Beginn der überseeischen Westexpansion
1493–1519	MAXIMILIAN I. wird deutscher König, 1508 Kaiser
1494	LUCA PACIOLI: Anleitung zur doppelten Buchführung erstmals gedruckt veröffentlicht
1495	Reichstag zu Worms: Reform der Reichsverfassung
1512	Reichstag zu Köln: Das Reich wird in 10 Reichskreise eingeteilt, die bestimmte Aufgaben zugewiesen bekommen
1517	Beginn der Reformation mit dem Thesenanschlag MARTIN LUTHERS (1483–1546). Ausbreitung des Protestantismus
1519–1556	KARL V. römischer König und Kaiser (als KARL I. König von Spanien)
1521	Reichstag zu Worms: bringt u. a. die Reichsmatrikelordnung (Verzeichnis der Einkünfte der Territorien)

1524/25	Deutscher Bauernkrieg, dessen Ausgang die landesherrliche Position wesentlich stärkt
1530	Reichstag zu Augsburg: Glaubensbekenntnis der protestantischen Reichsstände („Confessio Augustana") und katholische Gegenerklärung („Confutatio"). Erste Reichspolizeiordnung
1532	Reichsabschied in Regensburg: Verkündigung des ersten deutschen Reichsstrafgesetzbuches
1555	Augsburger Religionsfrieden: Gleichberechtigung des katholischen und lutherischen Bekenntnisses
1559	Reichsmünzordnung, deren Durchführung den Reichskreisen übertragen wird. Bestehende Silberwährung formal anerkannt
1566	Der Reichstaler endgültig legitimiert. Nord- und Ostdeutschland werden Taler-, Süd- und Westdeutschland Guldengebiet
1603	Erste Wechselordnung in Deutschland
1618–1623	Zeit der „Kipper und Wipper": Münzverschlechterung. Kursverfall des Reichstalers
1618–1648	Dreißigjähriger Krieg
1619	Gründung einer „Girobank" in Hamburg nach Amsterdamer Vorbild (Amsterdamer Wisselbank 1609). Mark Banco unausgemünzte Währungseinheit im Großhandel
1621	Gründung eines „Banco Publico" in Nürnberg nach Hamburger Vorbild (bestand bis 1827)
1648	Westfälischer Friede: Stärkung der Reichsstände und Territorialstaaten. Beginn der absolutistisch-merkantilistischen Ära
1651	Navigationsakte CROMWELLS
1694	Bank von England als erste Notenbank der Welt gegründet
1731	Reichsgewerbeordnung
1756–1763	Siebenjähriger Krieg
1765	Braunschweig: Gründung des „Fürstlichen Leyhauses", ältestes Bodenkreditinstitut Deutschlands
1765	Berlin: Gründung des Königlichen Giro- und Lehnbanco, erste deutsche Notenbank (Recht zur Notenausgabe 1766)
1769	JAMES WATT erfindet die Dampfmaschine
1772	Gründung der „Preußischen Seehandlung"
1775ff.	Spinnmaschine in England
1776	„Der Wohlstand der Nationen" von ADAM SMITH (1723–1790) erstmals publiziert

1778	Erste deutsche Sparkasse in Hamburg gegründet („Allgemeine Versorgungsanstalt", bestand bis 1823)
1786	EDMUND CARTWRIGHT erfindet den ersten mechanischen Webstuhl in England
1794	Inkrafttreten des „Preußischen Allgemeinen Landrechts"
1803	Reichsdeputationshauptschluss: Säkularisation geistlicher und Mediatisierung weltlicher Herrschaften bzw. Reichsstädte
1806	„Berliner Dekret": Kontinentalsperre
1806	Errichtung des Rheinbundes unter NAPOLEONS Herrschaft (Auflösung am 18.10.1813). Ende des Heiligen Römischen Reiches Deutscher Nation
1807–1815	Reformen der Minister FREIHERR VOM STEIN und HARDENBERG: Beginn der „Bauernbefreiung", d. h. Aufhebung der Erbuntertänigkeit der preußischen Bauern und Freiheit des Güterverkehrs (Oktoberedikt, 9.10.1807)
1810, 2.11.	Einführung der Gewerbefreiheit in Preußen
1811, 14.9.	Preußisches Regulierungsedikt: Ablösung der bäuerlichen Abgabe- und Dienstpflichten an den Gutsherren
1812	Rechtliche und wirtschaftliche Gleichstellung der Juden im preußischen Emanzipationsedikt
1814/15	Wiener Kongress: Neuordnung Deutschlands und des europäischen Staatensystems
1815	Deutsche Bundesakte: Der Deutsche Bund (bis 1866) tritt als Staatenbund an die Stelle des Römischen Reiches
1816/17	Schwere Missernte und Hungersnot
1818	Preußisches Zollgesetz, Aufhebung aller Binnenzölle
1819	Gründung des Allgemeinen Deutschen Handels- und Gewerbevereins durch FRIEDRICH LIST (1789–1846)
1825	Erste Technische Hochschule in Karlsruhe gegründet
1828	Süddeutscher Zollverein der Königreiche Württemberg und Bayern
1833/34	Gründung des Deutschen Zollvereins
1835	Erste deutsche Eisenbahn Nürnberg-Fürth
1839	Beginn der Arbeiterschutzpolitik in Preußen (Verbot der Kinderarbeit, Begrenzung der Arbeitszeit für Jugendliche)
1844	Weberaufstand in Schlesien
1845	Preußische Gewerbeordnung
1846–1849	Schwere Missernten und Hungerjahre
1848	Allgemeine Deutsche Wechselordnung

1848	Gründung des SCHAAFFHAUSEN'schen Bankvereins als erste preußische Aktienbank (hervorgegangen aus dem insolventen Privatbankhaus SCHAAFFHAUSEN in Köln)
1848/49	Deutsche Revolution. 27.12.1848: Deutsche Nationalversammlung erlässt die „Grundrechte des deutschen Volkes"
1850	Gründung der ersten Gewerblichen Kreditgenossenschaft durch HERMANN SCHULZE-DELITZSCH (1808–1883) in Delitzsch
1851	Erste Weltausstellung in London
1857–1859	Weltwirtschaftskrise
1861	JOHANN PHILIPP REIS erfindet den Fernsprecher
1861–1864	Allgemeines Handelsgesetzbuch in den einzelnen deutschen Bundesstaaten eingeführt
1863	Allgemeiner Deutscher Arbeiterverein durch FERDINAND LASSALLE (1825–1864) gegründet
1864	Gründung der ersten ländlichen Kreditgenossenschaft durch FRIEDRICH WILHELM RAIFFEISEN (1818–1888) in Heddesdorf
1865	Zollvereins-Reform. Übergang zur Freihandelspolitik
1866	Preußisch-Österreichischer Krieg um die Vorherrschaft in Deutschland
1867, 1.7.	Gründung des Norddeutschen Bundes
1868	Mehrere Gewerkschaftsgründungen in Deutschland
1869	Eröffnung des Suez-Kanals
1870, 11.6.	Aktienrechtsnovelle: Aufhebung der Konzessionspflicht für Aktiengesellschaften, Liberalisierung des Aktienrechts. Gründung der Deutschen Bank sowie der Commerz- und Discontobank
1871, 18.1.	Gründung des Deutschen Reiches als Bundesstaat
1871	Reichsmünzgesetz: Mark wird Währungseinheit für das Reich
1871–73	„Gründerjahre". Industrieller Aufschwung in Deutschland
1872	Das Reich übernimmt die Maß- und Gewichtsordnung des Norddeutschen Bundes
1872	Gründung des Vereins für Socialpolitik
1873/74	„Gründerkrise"
1875 f.	Gründung der Deutschen Reichsbank (bis 1945) als Zentralnotenbank durch Umwandlung der Preußischen Bank nach dem Reichsbankgesetz. Goldumlaufswährung (bis 1914). Mark neue Währungseinheit (seit 1924 Reichsmark RM)

1875	Gründung der Sozialistischen Arbeiterpartei Deutschlands (SPD)
1876	Gründung des Centralverbandes Deutscher Industrieller (CDI)
1876	Entwicklung des Viertaktgasmotors durch NIKOLAUS OTTO
1876	ALEXANDER C. BELL entwickelt das Telefon
1878	„Sozialistengesetz" (bis 1890)
1878/79	Ende der liberalen Ära. BISMARCKS Übergang zum Protektionismus
1883–89	Sozialversicherungsgesetzgebung (1883 gesetzliche Krankenversicherung, 1884 Unfallversicherung, 1889 Alters- und Invaliditätsversicherung)
1886	GOTTLIEB DAIMLER, WILHELM MAYBACH und CARL BENZ konstruieren den ersten Kraftwagen und das erste Motorrad mit Verbrennungsmotor
1891	Verbot der Sonntagsarbeit
1893, 23.2.	RUDOLF DIESEL erhält das Patent auf seinen „rationellen Wärmemotor"
1895	Gründung des Bundes der Industriellen (BdI)
1896	Börsengesetz. Verbot des Terminhandels
1900	Inkrafttreten des Bürgerlichen Gesetzbuches (BGB) und des Handelsgesetzbuches (HGB)
1903	Erster Motorflug der Gebrüder WRIGHT
1904	Gründung des Vereins deutscher Arbeitgeberverbände
1906	Reform des Börsengesetzes
1909	Bankgesetz: Noten der Reichsbank gesetzliches Zahlungsmittel
1911	Reichsversicherungsordnung. Angestellte in Rentenversicherung einbezogen
1912	Gründung der Reichsversicherungsanstalt für Angestellte
1913	Erste Fließbandfertigung bei HENRY FORD (USA).
1914–1918	Erster Weltkrieg
1919ff.	sog. „Messeinflation"
1920	Betriebsrätegesetz
1921, 27.4.	Die Reparationsforderungen werden auf 132 Mrd. Goldmark festgesetzt
1923	Große Inflation und Rentenmark (Währungsreform)

RENTENMARK

Originelle Geldschöpfung bzw. Schaffung einer provisorischen Zwischenwährung nach der Hyperinflation im November 1923. Von der Rentenbank herausgegebenes Geld, das durch eine Grundschuld auf industriellen und landwirtschaftlichen Grundbesitz in Höhe von 3,2 Mrd. Rentenmark gesichert war. Die tatsächlich ausgegebenen 2,4 Mrd. Rentenmark wurden zu je 50 % dem Staat und der Wirtschaft zur Verfügung gestellt. Die Rentenmark stellte zwar kein gesetzliches Zahlungsmittel dar, es bestand jedoch Annahmepflicht seitens der Banken. Die Reichsbank blieb Notenbank, durfte jedoch keine Schatzanweisungen der öffentlichen Hand mehr diskontieren. Die Rentenmark konnte gegen Goldrentenbriefe eingelöst werden. Die praktische Inwertsetzung der Übergangswährung (15.11.1923–31.12.1923) erfolgte durch Austausch Mark : Rentenmark im Verhältnis 1 Billion Mark : 1 Rentenmark, d.h. durch schlichte Tilgung/Streichung von 12 Nullen.

Literatur: FELDMAN, Gerald D. (unter Mitarbeit von Elisabeth Müller-Luckner) (Ed.): Die Nachwirkungen der Inflation auf die deutsche Geschichte 1924–1933 (= Schriften des Historischen Kollegs, Kolloquien, Bd. 6), München 1985; HOLTFRERICH, Karl-Ludwig: Die deutsche Inflation 1914–1923. Ursachen und Folgen in internationaler Perspektive, Berlin u.a. 1980; KINDLEBERGER, Charles Poor: A Financial History of Western Europe, London 1984.

1923	Erste Rundfunksendung aus Berlin
1924	Dawes-Plan zur Regelung der Reparationsforderungen. Neue Währung (Reichsmark RM). Einführung einer Gold-Devisen-Kernwährung

CHARLES GATES DAWES (1865–1951)

D. war amerikanischer Finanzpolitiker und Republikaner, Rechtsanwalt und Bankier. 1925–29 amerikanischer Vizepräsident. Er erhielt 1925 zusammen mit SIR CHAMBERLAIN den Friedensnobelpreis. D. arbeitete den nach ihm benannten Plan aus, der die deutschen Reparationen nach dem 1. Weltkrieg regelte, wobei der deutsche Haushalt und die deutsche Handelsbilanz durch die Reparationen nicht gefährdet werden sollten. Drei Schritte: 1. Kredit (800 Mill. Goldmark) zur Stabilisierung der deutschen Währung; 2. Reparationszahlungen in Höhe von 2,4 Mrd. GM p.a. nach Anlaufzeit; 3. Scheitern des Plans; 1929 durch Youngplan ersetzt.

1929–32	Weltwirtschaftskrise
1929, Juni	Young-Plan: endgültige Regelung der Reparationsfrage
1931	Bankenkrise

1932	Neuregelung des Finanzausgleichs zwischen Reich, Ländern und Gemeinden („Popitz-Gutachten")
1933, 30.1.	„Machtergreifung" ADOLF HITLERS
1933, 31.3.	Vorläufiges Gesetz zur Gleichschaltung von Ländern und Reich (Zweites Gesetz: 7.4.1933)
1933, 1.4.	Boykott jüdischer Geschäfte
1933, 2.5.	Zerschlagung der Freien Gewerkschaften (Zwangseingliederung und Selbstauflösung: 10.5.1933)
1933, 3./4.5.	Nationalsozialistische Zwangskartelle („Reichsstände") für Handwerk und Handel unter Führung von ADRIAN VON RENTELN
1933, 19.5.	Beseitigung der Tarifautonomie durch Gesetz über „Treuhänder der Arbeit"
1933, 28.5.	Nach Gleichschaltung der Landwirtschaftsverbände wird WALTHER DARRÉ „Reichsbauernführer"
1933, 1.6.	REINHARDT-Programm (Gesetz zur Beseitigung der Arbeitslosigkeit). „Adolf-Hitler-Spende der deutschen Wirtschaft"
1933, 27.6.	ALFRED HUGENBERGS Rücktritt als Reichsminister für Wirtschaft, Ernährung und Landwirtschaft
1933, 8.8.	„NS-Kampfbund für den gewerblichen Mittelstand" durch „NS-Handwerks-, Handels- und Gewerbeorganisation" inkorporiert
1933, 13.9.	Agrarmärkte und -preise durch Gesetz über den Reichsnährstand geregelt
1933, 29.9.	Reichserbhofgesetz: Für Höfe von 7,5 bis 125 ha Erbteilung verboten. Bauer muss „deutscher Staatsbürger, deutschen oder stammesgleichen Blutes und ehrbar" sein
1933, 14.12.	Reichsregierung und I.G. Farben schließen „Benzinvertrag"
1934, 20.1.	„Gesetz zur Ordnung der nationalen Arbeit": Treuhänder werden Reichsbeamte. 19 „Reichsbetriebsgruppen" gegründet
1934, 30.7.	Reichsbankpräsident HJALMAR SCHACHT Reichswirtschaftsminister nach KURT SCHMITT

„DEFICIT SPENDING"

Nachfrageankurbelung durch öffentliche Verschuldung, realisiert entweder über drastische Ausgabenerhöhung oder über Steuersenkung. Praktizierte Wirtschaftspolitik der nationalsozialistischen Regierung in den Jahren nach 1933, wobei das *deficit spending* stärker über Ausgabensteigerungen als über Steuersenkungen erfolgte. Da der durch das *deficit spending* stimulierten Importnachfrage keine entsprechenden Exporterlöse gegenüberstanden, verknappten sich die Währungsreserven, und die Außenwirtschaft musste gelenkt werden – „Neuer Plan" von SCHACHT (1934). Dieser beinhaltete:

1. Bilateralisierung des Handels
2. Kontingentierung der Importnachfrage
3. Selektive Exportförderung

TELEGRAMM

1934, 1.8.	HINDENBURGS Tod. HITLER „Führer und Reichskanzler"
1934, 10.8.	Beschränkung der freien Arbeitsplatzwahl durch Verordnung über Arbeitskräfteverteilung
1934, 24.9.	SCHACHTS „Neuer Plan" zur Lenkung der Wirtschaft durch Devisen- und Außenhandelskontrolle
1934, 24.10.	HITLERS Verordnung über „Wesen und Ziel der Deutschen Arbeitsfront
1934,11.–18.11.	Reichsbauerntag ruft zur „Erzeugungsschlacht" auf
1934, 27.11.	Wirtschaft wird in sechs „Reichsgruppen" der „Reichswirtschaftskammer" eingeteilt
1934, 5.12.	Großbanken durch das Gesetz über das Kreditwesen dem Reichsbankpräsidenten unterstellt
1935, 30.1.	Beseitigung der Länderhoheit und der kommunalen Selbstverwaltung durch „Reichsstatthaltergesetz" und neue Gemeindeordnung
1935, 15.2.	Jährlicher „Reichsberufswettkampf" erstmals durchgeführt
1935, 26.2.	Kontrolle der Arbeitsverhältnisse und der Arbeitstätigen durch Arbeitsbuch-Gesetz
1935, 21.5.	Durch geheimes „Reichsverteidigungsgesetz" wird die Wirtschaft zur Rüstungsproduktion verpflichtet. SCHACHT wird „Generalbevollmächtigter für die Kriegswirtschaft"
1935, 26.6.	Arbeitsdienstpflicht in dem von KONSTANTIN HIERL geführten Reichsarbeitsdienst

1935, 10.–16.9.	„Reichsparteitag der Freiheit" in Nürnberg: „Reichsbürgergesetz" und „Gesetz zum Schutze des deutschen Blutes und er deutschen Ehre" (Nürnberger Rassegesetze)
1935, 13.12.	SS-"Lebensborn" zur Förderung von Kinderreichtum gegründet
1936, 7.3.	Kündigung des Locarnovertrags. Besetzung des entmilitarisierten Rheinlands durch die Wehrmacht
1935, 4.4.	GÖRING Beauftragter für sämtliche Devisen- und Rohstofffragen
1935, Juli/ August	„Fettkrise" durch Defizite im Außenhandel und Devisenknappheit. Aufrüstungsaktivitäten
1935, 18.10.	GÖRING Beauftragter des Vierjahresplans
1936, 29.10.	Vierjahresplangesetz. GÖRING fordert Arbeitsfrieden und Lohnstopp
1937, 10.2.	Reichsbank und Reichsbahn gesetzlich der Reichsregierung unterstellt
1937, 1.5.	„Leistungskampf deutscher Betriebe" von LEY ausgerufen
1937, 15.7.	„Reichswerke Hermann Göring" (Stahlproduktion) in Salzgitter gegründet
1937, 26.6.	NS-Freizeitorganisation „Kraft durch Freude" gegründet
1937, 26.11.	SCHACHTS Rücktritt als Reichswirtschaftsminister (WALTHER FUNK tritt Nachfolge am 4.2.1938 an)
1938, 15.2.	Pflichtjahr für Frauen im Reichsarbeitsdienst eingeführt
1938, April	„Arisierung" jüdischer Wirtschaftsbetriebe forciert
1938, ab Juni	Bau des Westwalls durch RAD und Organisation Todt
1939, 20.1.	Entlassung von Reichsbankpräsident SCHACHT
1939, 14.–16.3.	Einmarsch in die Tschechoslowakei
1939, 23.8.	Deutsch-sowjetischer Nichtangriffspakt
1939, 27.8.	Lebensmittelrationierung mit Bezugsscheinen
1939, 1.9.	Beginn des Zweiten Weltkriegs durch deutschen Angriff auf Polen
1939, 3.9.	Kriegserklärung Großbritanniens und Frankreichs an das Deutsche Reich
1939–45	Kriegswirtschaft und Währungsverfall
1939, 14.10.	Einführung der Reichskleiderkarte
1940, 11.2.	Sicherung der Erdöl-, Edelmetall- und Getreidelieferungen durch deutsch-sowjetisches Wirtschaftsabkommen
1940, 17.3.	TODT wird Reichsminister für Bewaffnung und Munition. Aufbau einer neuen Rüstungsorganisation mit Unterstützung der Wirtschaft

1940, 10.5.	Kriegsbeginn im Westen
1941, 21.4.	Versorgungsengpässe sollen durch Zusammenwirken von Bergbau und Kohlehandel in der „Reichsvereinigung Kohle" behoben werden
1941, 22.6.	Deutsche Offensive gegen die Sowjetunion
1941, 14.7.	Verstärkte Luft- und Marinerüstung
1941, 1.9.	Auswanderungsverbot für Juden
1941, 11.12.	HITLERS Kriegserklärung an die USA
1941, Dez./ 1942, Jan.	Produktionssteigerung durch Umstellungen im Bereich der Kriegswirtschaft
1942, 21.3.	FRITZ SAUCKEL wird Generalbevollmächtigter für den Arbeitseinsatz. „Fremdarbeiter" in Deutschland
1942, 17.5.	Mutterschutzgesetz
1943, 2.2.	Kapitulation der 6. Armee in Stalingrad
1943, 4.2.	Alle nicht kriegswichtigen Betriebe in Handwerk, Handel und Gastronomie geschlossen
1943, 26.6.	Kontrolle der gesamten Rüstungsproduktion mit Ausnahme der Luftwaffe durch SPEER
1943, 2.9.	SPEER plant als „Reichsminister für Rüstung und Kriegsproduktion" Konzentration der Kriegswirtschaft
1944, 25.7.	GOEBBELS wird „Reichsbevollmächtigter für den totalen Kriegseinsatz"
1944, 24.8.	Totaler Kriegseinsatz: Urlaubssperre und 60-Stunden-Woche
1944, 25.9.	Einberufung aller Männer zwischen 16 und 60 Jahren zum „Deutschen Volkssturm"
1945	Auflösung der Konzerne und Kartelle
1945, 4.–11.2.	Konferenz von Jalta
1945, 30.4.	Selbstmord HITLERS
1945, 2.5.	Neues Staatsoberhaupt: Großadmiral KARL DÖNITZ
1945, 7.–9.5.	Kapitulation der deutschen Wehrmacht
1945, 5.6.	Deklaration der vier alliierten Militärbefehlshaber in Berlin. Alliierte übernehmen oberste Regierungsgewalt in Deutschland
1945, 11.7.–2.8.	Potsdamer Konferenz
1947, 5.6.	sog. Marshall-Plan („European Recovery Program" (ERP)) als europäisches Hilfs- und Wiederaufbauprogramm verkündet, das auch Deutschland unterstützen soll
1948, 1.3.	Gründung der „Bank deutscher Länder" als Zentralnotenbank Westdeutschlands in Frankfurt a. M.
1948, 21.6.	Währungsreform: Deutsche Mark ersetzt die Reichsmark

1949, 23.5.	Verabschiedung des Grundgesetzes der Bundesrepublik Deutschland
1949, 7.10.	Gründung der Deutschen Demokratischen Republik (DDR)
1950	Europäische Zahlungsunion (EZU) errichtet
1952	Europäische Gemeinschaft für Kohle und Stahl (Montanunion). Gesetze zur Mitbestimmung der Arbeitnehmer
1953, 17.6.	Aufstand in der Sowjetischen Besatzungszone
1953ff.	Regelmäßige Fernsehsendungen
1955, 23.12.	Regelung der Verteilung der Einkommensteuer zwischen Bund und Ländern sowie des Finanzausgleichs zwischen Ländern und Gemeinden im Finanzverfassungsgesetz
1957	Start des ersten künstlichen Erdsatelliten durch die UdSSR (Sputnik)
1957, 23.2.	Rentenreform („Dynamisierung" der Renten)
1957, 27.7.	Kartellgesetz (Gesetz gegen Wettbewerbsbeschränkungen) erlassen; Bundeskartellamt in Berlin errichtet
1957, 1.8.	Deutsche Bundesbank wird in Frankfurt a. M. als regierungsunabhängige Zentralbank eingerichtet (15.1.1958)
1959	Europäische Wirtschaftsgemeinschaft (EWG) tritt in Kraft (Vertrag 1957)
1959	„Kleine" Aktienrechtsreform
1961, 11.7.	Gesetz über das Kreditwesen: Institutionalisierung des Bundesaufsichtsamtes für das Kreditwesen in Berlin
1961, 12.7.	Gesetz zur Förderung der Vermögensbildung der Arbeitnehmer (312-DM-Gesetz)
1961, 13.8.	Bau der Berliner Mauer
1966/67	Erste Rezession nach dem Krieg
1967, 8.6.	„Stabilitätsgesetz": Gesetz zur Förderung der Stabilität und des Wachstums der Wirtschaft
1968, 1.1.	Ersatz der kumulativen Brutto-Umsatzsteuer durch die Mehrwertsteuer
1968, 1.7.	Zollunion zwischen den EWG-Ländern
1969	Finanzreform, Arbeitsförderungsgesetz
1970	Drittes Vermögensbildungsgesetz (624-DM-Gesetz)
1971	Weltwährungskrise und konjunkturpolitisches Stabilitätsprogramm
1971	Viermächteabkommen über Berlin
1972	Rentenreformgesetz

1973	Stabilitätsprogramm, Öllieferboykott, Preissteigerung, Konjunkturschwächung
1975	Reform der Einkommen- und Lohnsteuer
1976, 1.7.	Inkrafttreten des Gesetzes über die Mitbestimmung der Arbeitnehmer (paritätische Mitbestimmung) in bestimmten Unternehmen
1978	Bundesdatenschutzgesetz
1979, 1.1.	Europäisches Währungssystem in Kraft
1979, 10.6.	Erste Direktwahl zum Europäischen Parlament
1981, 21.5.	Gesetz zur Änderung der Montan-Mitbestimmung
1987, 19.10.	Weltweit größter Börseneinbruch seit 1929
1989, 9.11.	Öffnung der Mauer
1990, 1.7.	Währungs-, Wirtschafts- und Sozialunion zwischen der Bundesrepublik Deutschland und der DDR
1990, 3.10.	Deutsche Einheit in voller Souveränität
1991	Auflösung des Warschauer Paktes und des RGW
1992, Febr.	Maastrichter Vertrag zur Gründung der Europäischen Union
1993, 1.1.	Europäischer Binnenmarkt
1993, 1.10.	Europäische Union in Kraft (EU-Vertrag). Gründung des Europäischen Systems der Zentralbanken (ESZB)
1994	Gründung des Europäischen Währungsinstituts (EWI)
1998, 1.6.	Errichtung der Europäischen Zentralbank (EWI aufgelöst)
1998, 2.6.	Arbeitsbeginn der Europäischen Zentralbank (EZB)
1999, 1.1.	Euro als neue, gemeinsame, eigenständige Währung als Buchgeld eingeführt
2002, 1.1.	Ausgabe von Euro-Münzen und Euro-Noten als Bargeld
2002, 1.7.	Euro alleiniges gesetzliches Zahlungsmittel
2008	Euro offizielle Währung in 21 europäischen Staaten
2008, 1.8.	Wechselkurz 1 EUR = 1,5574 USD

10. Er-Lesen

10.1. Einführungen

10.1.1. Einführungen in die Wirtschafts- und Sozialgeschichte

AMBROSIUS, Gerold/PETZINA, Dietmar/PLUMPE, Werner (Hg.): Moderne Wirtschaftsgeschichte. Eine Einführung für Historiker und Ökonomen, München 1996 (Eine „Einführung" von elf AutorInnen, die bestrebt sind, die Geschichts- und Wirtschaftswissenschaften zusammenzuführen und Interaktionen zwischen beiden Wissenschaftsbereichen anzuregen).

BEUTIN, Ludwig/KELLENBENZ, Hermann: Grundlagen des Studiums der Wirtschaftsgeschichte, Köln 1973 (Faktenreiche, die Wirtschaftsgeschichte in ihrer gesamten Komplexität erfassende Einführung mit internationaler Bibliographie. Neben Wolfgang Zorns „Einführung" als Einstieg in das Fach sehr zu empfehlen).

BOELCKE, Willi Alfred: Wirtschafts- und Sozialgeschichte. Einführung, Bibliographie, Methoden, Problemfelder, Darmstadt 1987 (geraffter Problemaufriss mit theoretischen und methodischen Hinweisen sowie internationaler Auswahlbibliographie, die etwa die Hälfte der Seitenzahl beansprucht).

BUCHHEIM, Christoph: Einführung in die Wirtschaftsgeschichte, München 1997 (Makroökonomisch orientierte, theoriegeleitete Wirtschaftsgeschichte mit den Schwerpunkten Wachstum und wirtschaftliche Entwicklung).

KIRCHGÄSSNER, Bernhard: Einführung in die Wirtschaftsgeschichte: Grundriss der deutschen Wirtschafts- und Sozialgeschichte bis zum Ende des Alten Reiches, Düsseldorf 1979 (Chronologische Darstellung der wichtigsten wirtschaftshistorischen Prozesse bis zum Beginn des 19. Jahrhunderts unter Verzicht auf Tabellen, Graphiken, Karten o.ä.).

KLOFT, Hans: Einführung in die Wirtschaftsgeschichte der griechisch-römischen Welt, Darmstadt 1992 (Gute, leicht verständliche Einführung mit ausführlicher Erläuterung der Quellen).

PIERENKEMPER, Toni: Wirtschaftsgeschichte. Eine Einführung – oder: Wie wir reich wurden, München 2005 (Geht von der These aus, dass es den „westlich geprägten Gesellschaften" in den letzten 200 Jahren gelang, die „Fesseln der Armut" abzuschütteln und versucht herauszufinden, wie dies sein konnte).

WALTER, Rolf: Wirtschaftsgeschichte. Vom Merkantilismus bis zur Gegenwart, 4. Aufl., Köln/Weimar/Wien 2003 (Als einführendes Studienbuch konzipiertes Werk, das die Grundzüge der neueren und neuesten Wirtschaftsgeschichte prägnant erfasst).

WALTER, Rolf: Geschichte der Weltwirtschaft. Eine Einführung, Köln/Weimar/Wien 2006 (Erfasst die Grundzüge der Weltwirtschaft von der Kreuzzugszeit bis zur „globalisierten" Gegenwart und stellt Methoden sowie Konzepte zur Erfassung des weltwirtschaftlichen Wandels vor).

ZORN, Wolfgang: Einführung in die Wirtschafts- und Sozialgeschichte des Mittelalters und der Neuzeit. Probleme und Methoden, München 1972 (2. Aufl. 1974) (Bündige, anspruchsvolle Darstellung der wesentlichsten Problemfelder und Ergebnisse der Wirtschafts- und Sozialgeschichte durch einen erfahrenen Fachhistoriker mit sehr breiter Perspektive).

10.1.2. Einführungen in die Technikgeschichte

TROITZSCH, Ulrich/WOHLAUF, Gabriele (Hg.): Technik-Geschichte. Historische Beiträge und neuere Ansätze, Frankfurt a. M. 1980 (Für Studierende der Technikgeschichte vorzüglich geeignetes Taschenbuch mit vielen methodischen Anregungen).

10.1.3. Einführungen in die Rechtsgeschichte

MEDER, Stephan: Rechtsgeschichte – Eine Einführung, Köln 2002.

SCHLOSSER, Hans: Grundzüge der Neueren Privatrechtsgeschichte, 9. Aufl., Heidelberg 2001 (Klar strukturiert, vorzüglicher Überblick).

SCHRÖDER, Rainer: Rechtsgeschichte, 5. Aufl., Münster 2000 (Gut strukturierte, als Einführung in die Rechtsgeschichte vorzüglich geeignete Darstellung in einfachster, preisgünstiger Aufmachung als Manuskriptdruck).

10.1.4. Einführungen in die allgemeine Geschichte

BOOCKMANN, Hartmut: Einführung in die Geschichte des Mittelalters, 6. durchges. Aufl., München 1996.

BOSHOF, Egon/DÜWELL, Kurt/KLOFT, Hans: Grundlagen des Studiums der Geschichte. Eine Einführung, 4. überarb. Aufl., Köln et al. 1994.

GOETZ, Hans-Werner: Proseminar Geschichte: Mittelalter, Stuttgart 1993.

GÜNTHER, Rosmarie: Einführung in das Studium der Alten Geschichte, Paderborn et al. 2001.

HINRICHS, Ernst: Einführung in die Geschichte der Frühen Neuzeit, München 1980.

OPGENOORTH, Ernst/SCHULZ, Günther: Einführung in das Studium der Neueren Geschichte, 6., grundlegend überarbeitete Aufl., Paderborn et al. 2001.

SCHULZE, Winfried: Einführung in die Neuere Geschichte, 2. verb. Aufl. Stuttgart 1991.

10.1.5. Sonstige Einführungen in historische Disziplinen

JÄGER, Helmut: Einführung in die Umweltgeschichte, Darmstadt 1994.

10.2. Gesamtdarstellungen

10.2.1. Gesamtdarstellungen zur deutschen Wirtschafts- und Sozialgeschichte

Große Zeiträume umfassende Darstellungen

BECHTEL, Heinrich: Wirtschafts- und Sozialgeschichte Deutschlands. Wirtschaftsstile und Lebensformen von der Vorzeit bis zur Gegenwart, München 1967 (Obwohl nicht mehr aktuell, eine methodisch interessante Arbeit. Wesentlicher Beitrag über „Wirtschaftsstufen" und „Wirtschaftsstile" in der wirtschaftshistorischen Diskussion).

ENGELSING, Rolf: Sozial- und Wirtschaftsgeschichte Deutschlands, Göttingen 1973 (Merkwürdig gegliederte, aber die allerwesentlichsten Entwicklungen beinhaltende, gut lesbare Darstellung mit (allzu) knapper Bibliographie. Das erste Kapitel behandelt „die Eigenart der deutschen Sozial- und Wirtschaftsgeschichte").

HENNING, Friedrich-Wilhelm: Wirtschafts- und Sozialgeschichte, Bd. 1: Das vorindustrielle Deutschland 800 bis 1800, 5. durchges. u. erg. Aufl., Paderborn 1994; Bd. 2: Die Industrialisierung in Deutschland 1800 bis 1914, 9. erg. Aufl. 1995 ; Bd. 3: Das industrialisierte Deutschland 1914 bis 1990, 9. Aufl. 1997 (Einfach strukturierte, auf die wesentlichen Entwicklungslinien reduzierte, faktenreiche Taschenbuchdarstellung der deutschen Wirtschafts- und Sozialgeschichte).

KELLENBENZ, Hermann: Deutsche Wirtschaftsgeschichte, Bd. I: Von den Anfängen bis zum Ende des 18. Jahrhunderts, München 1977; Bd. II: Vom Ausgang des 18. Jahrhunderts bis zum Ende des Zweiten Weltkriegs, München

1981 (Umfassende, regionale Besonderheiten Deutschlands stark berücksichtigende, ziemlich faktenreiche Darstellung der deutschen Wirtschaftsgeschichte unter Einbeziehung der wesentlichsten sozialgeschichtlichen Zusammenhänge. Grundstruktur nach Epochen, innerhalb dieser sachlich zusammenhängend gegliedert, von der Frühzeit bis zum Zweiten Weltkrieg).

LÜTGE, Friedrich: Deutsche Sozial- und Wirtschaftsgeschichte. Ein Überblick, Nachdruck der 3. Aufl. von 1966, Berlin/Heidelberg/New York 1979 (Fundamentales, gut lesbares und für jeden Studenten des Fachs obligatorisches Werk. Zur Einführung und Vertiefung gleichermaßen geeignet, jedoch teilweise überholt).

NORTH, Michael (Hg.): Deutsche Wirtschaftsgeschichte. Ein Jahrtausend im Überblick, München 2000 (Das Gemeinschaftswerk von sechs Autoren vermittelt den neuesten Forschungsstand und nimmt die jüngsten Fragestellungen und Kontroversen kompetent auf).

OGILVIE, Sheilagh /OVERY, Richard (eds.): Germany: A New Social and Economic History, Vol. III: 1800–1989, London 2002.

Kleinere Zeiträume umfassende Darstellungen

ABELSHAUSER, Werner: Deutsche Wirtschaftsgeschichte seit 1945, München 2004.

HARDACH, Gerd: Der Erste Weltkrieg 1914–1918, München 1973.

HARDACH, Karl: Wirtschaftsgeschichte Deutschlands im 20. Jahrhundert, Göttingen 1976.

LÜTGE, Friedrich (Hg.): Die wirtschaftliche Situation in Deutschland und Österreich um die Wende vom 18. zum 19. Jahrhundert, Stuttgart 1964.

MATHIS, Franz: Die deutsche Wirtschaft im 16. Jahrhundert, (=EDG 11), München 1992.

SPREE, Reinhard (Hg.): Geschichte der deutschen Wirtschaft im 20. Jahrhundert, München 2001 (Ein von R. Spree eingeleiteter Rückblick auf ein Jahrhundert deutscher Wirtschaft in neun Längsschnitten durch neun Wirtschafts- bzw. Sozialhistoriker).

10.2.2. Gesamtdarstellungen zur europäischen Wirtschafts- und Sozialgeschichte

CIPOLLA, Carlo M./BORCHARDT, Knut (Hg.): Europäische Wirtschaftsgeschichte, 5 Bde., Stuttgart/New York 1983ff. (Umfassende, strukturhistorisch und länderweise gegliederte Darstellung mit Beiträgen recht unterschiedlicher Qualität; Taschenbuchausgabe sehr kleingedruckt und daher schwer lesbar).

10.2.3. Gesamtdarstellungen zur Technikgeschichte

KÖNIG, Wolfgang (Hg.): Propyläen-Technikgeschichte, 5 Bde., Frankfurt a. M./ Berlin 1990–1992. Nachdruck 1997.
Die frühe Neuzeit wird dargestellt von:
TREUE, Wilhelm: Wirtschaft, Gesellschaft und Technik vom 16. bis zum 18. Jahrhundert (=Handbuch der Deutschen Geschichte, 12), Stuttgart 1970.
Das 19. Jahrhundert wird speziell erschlossen durch:
TREUE, Wilhelm/MAUEL, Kurt (Hg.): Naturwissenschaft, Technik und Wirtschaft im 19. Jahrhundert, 2 Bde., Göttingen 1976.
Die Zeit 1750 bis ca. 1972 behandelt umfassend und zusammenhängend:
LANDES, David Saul: Der entfesselte Prometheus. Technologischer Wandel und industrielle Entwicklung in Westeuropa von 1750 bis zur Gegenwart, Köln 1973 (Deutsche Übersetzung eines der vorzüglichsten Werke zur Technik- und Wirtschaftsgeschichte im internationalen Zusammenhang).

10.2.4. Gesamtdarstellungen zur Bankengeschichte

DEUTSCHE BANKENGESCHICHTE (Hg. i. A. d. Inst. f. bankhist. Forsch. e.V.). Band 1: (verfasst von Ernst Klein): Von den Anfängen bis zum Ende des alten Reiches (1806), Frankfurt a. M. 1982; Band 2: Das deutsche Bankwesen (1806–1848) (Hans Pohl); Die Entwicklung des deutschen Bankwesens zwischen 1848 und 1870 (Manfred Pohl); Festigung und Ausdehnung des deutschen Bankwesens zwischen 1870 und 1914 (Manfred Pohl), Frankfurt 1982; Band 3: Vom Beginn des Ersten Weltkrieges bis zum Ende der Weimarer Republik (1914–1933) (Karl Erich Born); Das deutsche Bankwesen im Dritten Reich (1933–1945) (Eckhard Wandel); Die Entwicklung des privaten Bankwesens nach 1945/Die Kreditgenossenschaften nach 1945 (Manfred Pohl); Entwicklung der Sparkassenorganisation ab 1924 (Günter Ashauer); Zeitgeschichtliche Problemfelder des Bankwesens der Bundesrepublik Deutschland (Hans E. Büschgen), Frankfurt a. M. 1983.

10.2.5. Gesamtdarstellungen und Nachschlagewerke zur Rechts- und Verwaltungsgeschichte

DEUTSCHE VERWALTUNGSGESCHICHTE, hg. v. Kurt G.A. Jeserich, Hans Pohl u. Georg-Christoph von Unruh, 6 Bde., Stuttgart 1983–88.
HANDWÖRTERBUCH ZUR DEUTSCHEN RECHTSGESCHICHTE (HRG), Berlin 1991– 1998.

KROESCHELL, Karl: Deutsche Rechtsgeschichte, Bd. 1 (bis 1250), 11. Aufl. Wiesbaden 1999; Bd. 2 (1250–1650), 8. Aufl. 1992; Bd. 3 (seit 1650), 3. Aufl. 2001 (moderne Konzeption, quellenreich, problemorientiert).

MITTEIS, Heinrich/LIEBERICH, Heinz: Deutsche Rechtsgeschichte, 19. Aufl. 1992 (Herkömmlicher Aufbau, umfassende Berücksichtigung neuester Literatur).

10.3. Handbücher zur deutschen Wirtschafts- und Sozialgeschichte

AUBIN, Hermann/ZORN, Wolfgang (Hg.): Handbuch der deutschen Sozial- und Wirtschaftsgeschichte, 2 Bde., Stuttgart 1971 u. 1976 (Wenn auch inzwischen teilweise überholt, nach wie vor die wichtigste und umfassendste Darstellung der deutschen Wirtschafts- und Sozialgeschichte. Unverzichtbar für alle Fachstudierenden).

HENNING, Friedrich-Wilhelm: Handbuch der Wirtschafts- und Sozialgeschichte Deutschlands. Bd. 1: Deutsche Wirtschafts- und Sozialgeschichte im Mittelalter und in der frühen Neuzeit, Paderborn 1991; Bd. 2: Deutsche Wirtschafts- und Sozialgeschichte im 19. Jahrhundert, 1996; Deutsche Wirtschafts- und Sozialgeschichte in der ersten Hälfte des 20. Jahrhunderts, Bd. 3, Teil I: 1914–1932, 2003; Bd. 3 Teil II: 1933–1945, 2007 (Auf vier Bände konzipierte, umfassende Gesamtdarstellung aus „einer Hand" auf dem neuesten Forschungsstand).

10.4. Handbücher zur europäischen Wirtschafts- und Sozialgeschichte

HANDBUCH DER EUROPÄISCHEN WIRTSCHAFTS- UND SOZIALGESCHICHTE, 6 Bände; Bd. 1: Römische Kaiserzeit, Stuttgart 1990 (Hg. F. Vittinghoff); Bd. 2, Mittelalter, Stuttgart 1980 (Hg. H. Kellenbenz); Bd. 3, ausgehendes Mittelalter bis Mitte 17. Jh., Stuttgart 1986 (Hg. H. Kellenbenz); Bd. 4, Mitte 17. bis Mitte 19. Jh., Stuttgart 1993 (Hg. Ilja Mieck); Bd. 5, Mitte 19. Jh. bis zum Ersten Weltkrieg, Stuttgart 1986 (Hg. W. Fischer); Bd. 6, Vom Ersten Weltkrieg bis zur Gegenwart, Stuttgart 1987 (Hg. W. Fischer, unter Mitarb. v. André Armengaud) (Neben der von Cipolla und Borchardt herausgegebenen deutschen Übersetzung der „Fontana Economic History of Europe" einziges europäisches Handbuch zum Fach. Die Kapitel zu den einzelnen Ländern sind jeweils von Angehörigen dieser Staaten verfasst und nach einer jeweils gleichen Systematik durchgegliedert.

10.5. Sonstige umfassende Darstellungen zur Europäischen Wirtschaftsgeschichte

AMBROSIUS, Gerold/HUBBARD, William H.: Sozial- und Wirtschaftsgeschichte Europas im 20. Jahrhundert, München 1986 (Strukturhistorische, mit viel graphischem und tabellarischem Datenmaterial aufbereitete Darstellung unter Verzicht auf die übliche chronologische Phasengliederung).

CIPOLLA, Carlo M.: Before the Industrial Revolution: European Society and Economy, 1000–1700, 3. Aufl., London 1993.

KELLENBENZ, Hermann: Die Wiege der Moderne. Wirtschaft und Gesellschaft Europas 1350–1650, Stuttgart 1991.

TREUE, Wilhelm: Wirtschaftsgeschichte der Neuzeit. Das Zeitalter der technisch-industriellen Revolution 1700 bis 1966, 2. erw. Aufl., Stuttgart 1966 (1. Aufl. 1962) (Die unter dem Gesichtspunkt der industriellen Entwicklung alle wichtigen europäischen und nicht-europäischen Länder berücksichtigende Wirtschaftsgeschichte des 18. bis zur Mitte der 60er Jahre des 20. Jhs. mit nach Ländern und den wichtigsten Themenbereichen geordneter Bibliographie. Obwohl er den neuen Forschungsstand nicht mehr repräsentiert, ein nach wie vor unverzichtbarer „Klassiker" der Wirtschafts- (und Technik-)geschichte).

10.6. Statistische Gesamtwerke zur deutschen und internationalen Wirtschafts- und Sozialgeschichte

HOFFMANN, Walther G.: Das Wachstum der deutschen Wirtschaft seit der Mitte des 19. Jahrhunderts, Berlin/Heidelberg/New York 1965 (Bislang größte systematische Erfassung und Indexierung von volkswirtschaftlichen Grunddaten, gegliedert nach der Aufbringungs-, Verteilungs- und Verwendungsrechnung; mit 249 Tabellen und 26 Schaubildern; für makroökonomische Arbeiten über die fragliche Zeit unverzichtbares Grundlagenwerk)

MADDISON, Angus: Dynamic Forces in Capitalist Development. A Long-Run Comparative View, Oxford 1991.

MADDISON, Angus: Monitoring the World Economy 1820–1992, Paris 1995.

MITCHELL, Brian R.: International Historical Statistics. Europe, 1750–1993, 4th ed., New York 1998.

MITCHELL, Brian R.: International Historical Statistics. Africa, Asia and Oceania, 1750–1993, 3rd ed., New York 1998.

MITCHELL, Brian R.: International Historical Statistics. The Americas, 1750–1993, 4th ed., New York 1998.

10.7. Bibliographien

HACKEN, Richard D.: Central European Economic History from Waterloo to OPEC 1815–1975. A Bibliography, New York/Westport/Conn./London 1987 (Internationale Spezialbibliographie, umfasst 5373 Titel, gegliedert in: 1. History of Economic Conditions (includes general works) 2. History of Agriculture 3. History of Industry (also includes historical productivity) 4. History of Business and Commerce 5. History of Finance; (Labor history wurde bewusst nicht erfasst)).

TAYLOR, Barry: Society and Economy in Early Modern Europe, 1450–1789. A Bibliography of Post-War Research, Manchester and New York 1989, Reprint 1990 (erfasst etwa 5000 Titel, die nach 1945 in englischer und den wichtigsten anderen europäischen Sprachen zur Geschichte von Wirtschaft und Gesellschaft des frühneuzeitlichen Europa erschienen).

10.8. Arbeitsbücher

FISCHER, Wolfram/KRENGEL, Jochen/WIETOG, Jutta (Hg.): Sozialgeschichtliches Arbeitsbuch I. Materialien zur Statistik des Deutschen Bundes 1815–1870, München 1982 (Datenbankähnliche (Zahlen-) Materialsammlung zu den vier Themenbereichen „Bevölkerung, Wanderungen und Urbanisierung", „Wirtschaft und Arbeit", „Soziale Verhältnisse und soziale Konflikte" und „Gesellschaft und Staat". Für alle (Wirtschafts- und) Sozialgeschichte studierenden Empiriker und Positivisten eine wertvolle Datenquelle).

HOHORST, Gerd/KOCKA, Jürgen/RITTER, Gerhard A. (Hg.): Sozialgeschichtliches Arbeitsbuch II. Materialien zur Statistik des Kaiserreichs 1870–1914, 2. durchges. Aufl., München 1978.

PETZINA, Dietmar/ABELSHAUSER, Werner/FAUST, Anselm (Hg.): Sozialgeschichtliches Arbeitsbuch III. Materialien zur Statistik des Deutschen Reiches 1914–1945, München 1978.

RYTLEWSKI, Ralf/OPP DE HIPT, Manfred: Die Bundesrepublik Deutschland in Zahlen 1945/49–1980. Ein sozialgeschichtliches Arbeitsbuch, München 1987.

RYTLEWSKI, Ralf/OPP DE HIPT, Manfred: Die Deutsche Demokratische Republik in Zahlen 1945/49–1980. Ein sozialgeschichtliches Arbeitsbuch, München 1987.

10.9. Lexika/Nachschlagewerke

ALBERTI, Hans-Joachim von: Maß und Gewicht. Geschichtliche Darstellung von den Anfängen bis zur Gegenwart, Berlin (Ost) 1957.

GESCHICHTLICHE GRUNDBEGRIFFE. Historisches Lexikon zur politisch-sozialen Sprache in Deutschland, Hg. von Otto Brunner (+), Werner Conze (+) und Reinhart Koselleck, 7 Bde., Stuttgart 197 ff.

HANDWÖRTERBUCH DER SOZIALWISSENSCHAFTEN (HDSW), 12 Bde., Stuttgart 1956–1965.

HANDWÖRTERBUCH DER WIRTSCHAFTSWISSENSCHAFTEN (HDWW), 9 Bde., Stuttgart 1988.

LEXIKON DES MITTELALTERS, 9 Bde., Zürich u. a. 1980 ff.

MATZ, Klaus-Jürgen: Wer regierte wann? Regententabellen zur Weltgeschichte. Von den Anfängen bis zur Gegenwart, 4. Aufl., München 1994.

NORTH, Michael (Hg.): Von Aktie bis Zoll. Ein historisches Lexikon des Geldes, München 1995.

SCHÄFER, Hermann (Hg.): Wirtschaftsgeschichte der deutschsprachigen Länder vom Mittelalter bis zur Gegenwart (Ploetz), Freiburg/Würzburg 1989 (Geraffte Darstellung in übersichtlicher Form durch sieben namhafte deutsche Wirtschaftshistoriker).

WISTRICH, Robert: Wer war wer im Dritten Reich? Ein biographisches Lexikon. Anhänger, Mitläufer, Gegner aus Politik, Wirtschaft und Militär, Kunst und Wissenschaft, München 1989.

10.10. Sonstige Basiswerke und Atlanten

BOOCKMANN, Hartmut: Das Mittelalter. Ein Lesebuch aus Texten und Zeugnissen des 6. bis 16. Jahrhunderts, München 1988 (Sammlung von (meist erzählenden) Quellentexten aus dem deutschen Mittelalter, die zum Lesen einladen und zum Studium des Mittelalters animieren sollen).

DEUTSCHE GESCHICHTE IN SCHLAGLICHTERN, Mannheim 1987.

GROTEFEND, Hermann: Taschenbuch der Zeitrechnung des deutschen Mittelalters und der Neuzeit, 12. verb. Aufl., Hannover 1991.

KROKER, Evelyn/KÖHNE-LINDENLAUB, Renate/REININGHAUS, Wilfried (Hg.): Handbuch für Wirtschaftsarchivare. Theorie und Praxis, München 1998.

NEUE DEUTSCHE BIOGRAPHIE. Bisher erschienen bis Band 22, Berlin 2005.

PFEIFFER, Elisabeth: Die alten Längen- und Flächenmaße. Ihr Ursprung, geometrische Darstellung und arithmetische Werte (= Sachüberlieferung und Geschichte. Siegener Abhandlungen zur Entwicklung der materiellen Kultur Bd. 2), St. Katharinen 1986 (2 Teilbände).

RIBBE, Wolfgang/HENNING, Eckart (Hg.): Taschenbuch für Familienge-schichtsforschung, 12. Aufl., Neustadt/Aisch 2001.

TASCHENHANDBUCH ZUR GESCHICHTE. Überblick. Grundbegriffe, aktualisierte Neubearbeitung, Paderborn 1991 (Ein als historisches Datenhandbuch und zur stichwortartigen Erschließung geschichtlichen Grundwissens geeignetes Taschenbuch, enthaltend (Teil II) die wichtigsten historischen Grundbegriffe; mit Graphiken, Tabellen und Zeittafeln).

VADEMEKUM DER GESCHICHTSWISSENSCHAFTEN, 7. Ausgabe, 2006/2007, Stuttgart 2006.

WALTER, Rolf (Hg.): Wirtschaftswissenschaften. Eine Einführung, (UTB 1955, Paderborn 1997.

WELTGESCHICHTE IN SCHLAGLICHTERN, Mannheim 1992.

ATLANTEN

DTV-Atlas zur Weltgeschichte. Karten und chronologischer Abriss, Bd. 1: Von den Anfängen bis zur Französischen Revolution (neueste Auflage); Bd. 2: Von der Französischen Revolution bis zur Gegenwart (neueste Auflage).

PUTZGER, F.W.: Historischer Weltatlas, neueste Auflage.

GROSSER HISTORISCHER WELTATLAS (Bayerischer Schulbuchverlag), neueste Auflage.

WESTERMANN GROSSER ATLAS ZUR WELTGESCHICHTE, neueste Auflage.

10.11. Wichtige historische Zeitschriften bzw. Periodika

Deutschsprachige Zeitschriften

VIERTELJAHRSCHRIFT FÜR SOZIAL- UND WIRTSCHAFTSGESCHICHTE (VSWG) Erscheint seit 1903 und behandelt umfassend in Beiträgen und Miszellen die allgemeine Sozial- und Wirtschaftsgeschichte; der Schwerpunkt liegt auf neuzeitlichen Themen der deutschen und österreichischen Geschichte. Der umfangreiche, seit 1971 systematisch gegliederte Besprechungsteil informiert über internationale Neuerscheinungen zur Wirtschafts- und Sozialgeschichte. Seit 1923 erscheint in unregelmäßiger Folge eine selbstständige Reihe „VSWG-Beihefte".

ZEITSCHRIFT FÜR AGRARGESCHICHTE UND AGRARSOZIOLOGIE (ZAA)
Erscheint seit 1953 halbjährlich und behandelt Themen der Agrargeschichte
und der Sozialgeschichte des ländlichen Raumes. Sie enthält neben Aufsätzen
und Rezensionen auch Tagungsberichte. In sog. „Notizen" werden außerdem
Aufsätze in Zeitschriften und Sammelbänden mit knappen Inhaltsangaben angezeigt.

ZEITSCHRIFT FÜR UNTERNEHMENSGESCHICHTE (ZUG)
Die 1956 gegründete „Tradition", Zeitschrift für Firmengeschichte und Unter-
nehmerbiographie, erhielt 1977 ihren heutigen Titel. Im Mittelpunkt stehen
Arbeiten über die deutschen gewerblichen Unternehmen, insbesondere die industriellen des 19. und 20. Jahrhunderts. Sie erscheint dreimal jährlich und enthält Aufsätze, Buchbesprechungen sowie eine Bibliographie zur Unternehmensgeschichte, die neben fachwissenschaftlichen Darstellungen auch Firmen-
festschriften aufführt. Zur ZUG erscheinen in unregelmäßiger Folge Beihefte.
Bereits die „Tradition" hatte (1960) mit einer Beiheft-Reihe begonnen.

SCRIPTA MERCATURAE (ScrM)
Die Scripta Mercaturae erscheinen halbjährlich und dienen nach dem Untertitel der ersten Ausgabe 1967 der Veröffentlichung von Urkunden und Abhandlungen zur Geschichte des Handels und der Weltwirtschaft. Seit dem Doppel-
heft 1/2 1979 ist der Titel ergänzt um den Zusatz „Zeitschrift für Wirtschafts-
und Sozialgeschichte", womit die Öffnung der ScrM über die Handelsgeschichte hinaus zur allgemeinen Wirtschafts- und Sozialgeschichte deutlich wird. Die
ScrM enthält keinen Rezensionsteil. Ihr zeitliches Spektrum reicht vom Altertum bis zur Gegenwart.

BANKHISTORISCHES ARCHIV. ZEITSCHRIFT FÜR BANKENGESCHICHTE (BA)
Erscheint seit 1974 zweimal jährlich und bringt Aufsätze, Miszellen und Besprechungen zur deutschen und internationalen Bankengeschichte. Der Rezensionsteil ist meist knapp gehalten. In Beiheften erscheinen bankhistorische
Monographien.

Technikgeschichte
Vierteljährlich erscheinende Zeitschrift, die seit 1965 an das Jahrbuch „Technikgeschichte. Beiträge zur Geschichte der Technik und Industrie" (1909–1941)
anknüpft und vom VDI herausgegeben wird. Neben Aufsätzen, in denen auch
die vorindustrielle Zeit stark berücksichtigt wird, enthält jeder Band einen Besprechungsteil und eine Zeitschriftenschau.

DER ANSCHNITT
Seit 1949 (1. Jahrgang) bestehend, gehört diese Zeitschrift zu den wichtigsten
Publikationsorganen der Bergbaugeschichte. Eine Beiheft-Reihe bringt in un-

regelmäßiger Erscheinungsweise gebündelte Informationen zu ausgewählten Themen.

HISTORISCHE ZEITSCHRIFT (HZ)

Die HZ erscheint seit 1859 und berücksichtigt den Gesamtbereich der Geschichte mit Schwerpunkt Neuzeit. Ausführlicher Besprechungsteil, der nach Epochen gegliedert ist. Als „Sonderhefte" der HZ erscheinen in loser Folge Sammelberichte über Literatur zur außerdeutschen Geschichte. „Beihefte" bieten Aufsätze zu ausgewählten Schwerpunktthemen.

JAHRBUCH FÜR WIRTSCHAFTSGESCHICHTE

Vor der Wende in Ostberlin herausgegebenes, führendes periodisches Organ der DDR-Wirtschaftsgeschichte. Später unter neuer, erweiterter Herausgeberschaft publiziert und neu konzipiert, erscheint das „Jahrbuch" jeweils mit einem bestimmten Themenschwerpunkt.

GESCHICHTE UND GESELLSCHAFT (GG)

Die Zeitschrift wird von Historikern herausgegeben, die Geschichte als „historische Sozialwissenschaft" verstehen. Der zeitliche Schwerpunkt liegt auf dem 19. und 20. Jahrhundert. Die einzelnen Hefte sind vier bestimmten Themenbereichen gewidmet. Kein Rezensionsteil, aber unregelmäßig erscheinende Literaturberichte. Aktuelle Kontroversen werden in einem „Diskussionsforum" ausgetragen. Zur Zeitschrift erscheinen Sonderhefte.

ZEITSCHRIFT FÜR HISTORISCHE FORSCHUNG (ZHF)

Halbjährlich seit 1974 erscheinende Zeitschrift, die sich vor allem der Erforschung des Spätmittelalters und der Frühen Neuzeit (Alteuropa) widmet. In diesem Rahmen zahlreiche Beiträge, die wirtschafts- und sozialhistorisch von Interesse sind. Ausführlicher Berichts- und Besprechungsteil.

VIERTELJAHRSHEFTE FÜR ZEITGESCHICHTE (VfZG, neuerdings: VfZ)

Bieten seit 1953 Aufsätze, Dokumente, Miszellen zur Geschichte seit 1917 bis zur jüngsten Vergangenheit und in einer Beilage eine laufende „Bibliographie zur Zeitgeschichte". Die Hefte enthalten keine Rezensionen, der Schwerpunkt liegt auf der politischen Geschichte.

DAS HISTORISCH-POLITISCHE BUCH

Kurzrezensionen der wichtigsten historischen Neuerscheinungen.

Fremdsprachige Zeitschriften

ANNALES. ECONOMIES - SOCIÉTÉS - CIVILISATIONS (ANNALES E.S.C.)

In zahlreichen programmatischen und methodisch grundlegenden Abhandlungen haben die ersten Herausgeber (1. Reihe seit 1929, in jetziger Form seit 1946), Lucien Febvre und Marc Bloch, in dieser Zeitschrift die Hinwendung von der rein politischen „Ereignisgeschichte" zu einer sozialhistorisch geprägten „Strukturgeschichte" vollzogen und damit nachhaltigen Einfluss auf die internationale Diskussion um die Geschichtswissenschaft ausgeübt. In den ANNALES wird das Bemühen deutlich, auch die außereuropäische Geschichte und alle Epochen gleichermaßen zu berücksichtigen. In unregelmäßigen Abschnitten erscheinen große Literaturberichte zu bestimmten Regionen oder Sachthemen.

BUSINESS HISTORY
In Großbritannien seit 1958 herausgegebene wirtschafts- und unternehmenshistorische Zeitschrift mit meist fünf Artikeln und umfangreichen Book Reviews.

BUSINESS HISTORY REVIEW
Die Business History Review wird von der Harvard Business School (Boston/ USA) vierteljährlich (03/06/09/12) herausgegeben. Sie enthält Artikel, Buchbesprechungen, Miszellen und wissenschaftliche Diskurse zur Unternehmensgeschichte im weiteren Sinne. (Näheres: http://www.hbs.edu/bhr/advertising. html; dort auch Abstracts zurückgehend bis Vol. 28 (1954))

ECONOMIC HISTORY REVIEW (EcHR)
Die in England erscheinende Zeitschrift behandelt die westeuropäische, insbesondere englische Wirtschafts- und Sozialgeschichte des Mittelalters und der Neuzeit. Dazu ein umfangreicher Rezensionsteil und eine sachlich gegliederte Liste der Publikationen zur Wirtschafts- und Sozialgeschichte Großbritanniens und Irlands; gelegentlich Literaturberichte.

ENTERPRISE AND SOCIETY
Die seit dem Jahr 2000 erscheinende Zeitschrift firmiert mit The International Journal of Business History und ist das Organ der Business History Conference. Sie wird vierteljährlich (03/06/09/12) publiziert und enthält wissenschaftliche Beiträge und Buchbesprechungen zur Unternehmensgeschichte (http://muse. jhu.edu/journals/enterprise_and_society/index.html; mit Abstracts)

THE EUROPEAN JOURNAL OF THE HISTORY OF ECONOMIC THOUGHT
Erscheint seit 1994 vierteljährlich (03/06/09/12) mit wissenschaftlichen Beiträgen und Rezensionen zur Dogmengeschichte bzw. Geschichte der wirtschaftswissenschaftlichen Lehrmeinungen.

EUROPEAN REVIEW OF ECONOMIC HISTORY
Organ der European Historical Economics Society seit 1997 (Vol. 1). Erscheint drei Mal jährlich (04/08/12) und enthält pro Heft vier oder fünf Beiträge unterschiedlicher Länge zur europäischen Wirtschaftsgeschichte, deren Horizont erweitert werden soll ("expanding the horizons of european economic history"). Ferner enthält die Zeitschrift Notizen, Kommentare, Debatten und Besprechungen sowie Nachrichten aus der und über die European Historical

Economic Society. (Näheres: http://www.econ.ku.dk/Ereh/default.htm; dort auch Zugang zu Abstracts).

EXPLORATIONS IN ECONOMIC HISTORY (EEH)

Die Zeitschrift vertritt einen methodisch interessanten Ansatz: Sie bemüht sich um die empirische Anwendung ökonomischer Modelle in der historischen Perspektive. Der Schwerpunkt liegt dabei auf der Wirtschaftsgeschichte Europas und Nordamerikas im 19. und 20. Jahrhundert. In ihren Literaturberichten werden auch historisch interessante Publikationen in eher wirtschaftswissenschaftlich orientierten Zeitschriften erschlossen.

FINANCIAL HISTORY REVIEW

Das Organ der European Association for Banking History erscheint seit 1994 zweimal jährlich und enthält Abstracts, Articles, Archive surveys, Book reviews und ein Noticeboard. Die FHR versteht sich als Forum für wissenschaftlich Interessierte an der Banken-, Finanz- und Geldgeschichte. Zeitlich reicht sie von den Anfängen der Marktwirtschaft bis zur Gegenwart und ist ohne geographische Begrenzung. Inhaltlich werden im Rahmen des Grundanliegens auch kulturelle und soziale Aspekte sowie die Beziehungen zwischen Politik und Finanz angesprochen. (http://titles.cambridge.org/journals/journal_catalogue. asp?mnemonic=FHR; mit Abstracts)

HISTORY AND THEORY. Studies in the Philosophy of History.

Die Zeitschrift erscheint vier Mal jährlich (02/05/10/12) als Printversion und in elektronischer Form. Enthält Artikel, Rezensionen und Diskussionsforum. H-net.org organisiert und koordiniert Internet-Netzwerke. (http://www.historyandtheory.org)

THE HISTORY OF THE FAMILY: AN INTERNATIONAL QUARTERLY

Internationales familienhistorisches Zentralorgan, das 1996 (Vol. 1, Nr. 1) erstmals erschien. Enthält Forschungsbeiträge zur quantitativen und qualitativen Familiengeschichte im Lichte der Kulturgeschichte und Anthropologie. Die Vierteljahrschrift ist global und interdisziplinär angelegt. Die Artikel stammen aus den Disziplinen Historische Anthropologie, Historische Soziologie, Wirtschaftsgeschichte und Psychologie, soweit sie einen Bezug zu den Themen Familie und Lebenslauf aufweisen. Zu den Themen gehören Haushalt, Verwandtschaft, Heirat, Kindheit und Jugend, Stammbaum und Alter sowie die Historische Demographie. Publiziert werden Buchbesprechungen, methodologische Arbeiten, Beschreibungen von Datenbanken und anderer Quellen sowie Konferenzberichte. (Näheres: http://www.iastate.edu/~quarterly/homepage.html)

INTERNATIONAL REVIEW OF SOCIAL HISTORY

Die Zeitschrift erschien 1956 erstmals und wird jährlich drei Mal (04/08/12) vom International Institute of Social History herausgegeben. Sie enthält Beiträge, Forschungsberichte, Miszellen und Rezensionen zur Sozialgeschichte. (http://www.iisg.nl/irsh/index.html; Über die Webseite erhält man Zugang zu den vorzüglichen Indizes (nach Verfasser, Titel und Inhalt) sowie Download-Möglichkeiten von PDF-files)

JOURNAL OF DESIGN HISTORY

Seit 1988 vierteljährlich erscheinendes Organ der Design History Society. Bietet Artikel zu Themen, die eng mit der Wirtschafts- und Sozialgeschichte, insbesondere der Geschichte der materiellen Kultur und der Konsumgeschichte zusammenhängen (Produktgestaltung, Geschmack, Mode, Kunst, Kunsthandwerk etc.). Neben wissenschaftlichen Beiträgen enthält das Journal einschlägige Rezensionen. (http://www3.oup.co.uk/design/; Abstracts der seit 1997 erschienenen Beiträge)

JOURNAL OF ECONOMIC HISTORY (JEH)

Legt Schwergewicht auf die nordamerikanische Wirtschaftsgeschichte der Neuzeit. Es werden jedoch grundsätzlich alle Themen zur internationalen Wirtschaftsgeschichte behandelt. Der Besprechungsteil erschließt vor allem die amerikanische Literatur.

JOURNAL OF EUROPEAN ECONOMIC HISTORY (JEEH)

In Italien seit 1972 drei Mal jährlich englischsprachig herausgegebene Zeitschrift mit Beiträgen zur internationalen Wirtschaftsgeschichte. Die JEEH enthält neben Artikeln auch Notizen, Problemfelder, Debatten, Konferenzberichte, Nachrufe und Buchbesprechungen. (http://www.istitutodatini.it/biblio/riviste/g-k/journal4.htm)

JOURNAL OF INSTITUTIONAL AND THEORETICAL ECONOMICS (JITE)

Erscheint vierteljährlich. Die Zeitschrift setzt mit modernen analytischen Methoden die Tradition der „Zeitschrift für die gesamte Staatswissenschaft" fort, die, 1844 begründet, eine der ältesten Zeitschriften auf dem Gebiet der Nationalökonomie darstellt. Gegenwärtig ein Organ der Institutionentheoretiker, zuweilen mit interessanten wirtschaftshistorischen Beiträgen.

REVIEW. A JOURNAL FROM THE FERNAND BRAUDEL CENTER

Die seit 1977 vierteljährlich erscheinende Zeitschrift (Winter, Frühling, Sommer, Herbst) enthält Artikel, die im Sinne des französischen Historikers Fernand Braudel langfristige historische Prozesse analysieren und/oder neue heuristische bzw. theoretische Wege gehen. Der Schwerpunkt liegt auf Arbeiten zur Geschichte der Weltwirtschaft und historischen Sozialwissenschaft im globalen Kontext. Diskussionen wird in dem von Immanuel Wallerstein betreuten Organ breiter Raum gegeben. (http://fbc.binghamton.edu/rev.htm) Vom Fernand Braudel Center wird im Übrigen seit 1995 auch das Journal of World-Systems Research herausgegeben, das eine interessante Ergänzung zur REVIEW darstellt.

TECHNOLOGY AND CULTURE
Organ der Society for the History of Technology. Die vierteljährlich (01/04/ 07/10) erscheinende Zeitschrift versteht sich als interdisziplinäres Medium zur Technik- bzw. Technologiegeschichte und enthält Beiträge nicht nur von Historikern, sondern auch von Ingenieuren, Naturwissenschaftlern, Archivaren, Soziologen, Anthropologen etc. Sie umfasst Artikel, Notizen, Ausstellungsberichte, Miszellen, wiederentdeckte Klassiker und Buchbesprechungen. (http://muse.jhu.edu/journals/technologies_and_culture/; Dies ist die Adresse der electronic edition)

10.12. Wirtschafts- und Sozialgeschichte Online

Erlanger Historikerseite
http://www.phil.uni-erlangen.de/~p1ges/home.html

Geschichte im Internet
   http://www.historicum.net/index.php
Elektronische Zeitschrift, Geschichtswissenschaft
   http://www-geschichte.fb15.uni-dortmund.de/links
Historische DDR-Forschung des Zentrums für Zeitgeschichtsforschung in
   Potsdam
   http://www.zzf-pdm.de/index.html
H-Net. Humanities and Social Sciences online
   http://www2.h-net.msu.edu/
Server Frühe Neuzeit (SFN)
   http://www.sfn.uni-muenchen.de/
Virtual Library Geschichte, Sektion Mittelalter
   http://www.ErlangerHistorikerseite.de/ma_resso.html
Virtual Library Geschichte, Sektion Frühe Neuzeit
   http://www.fruehe-neuzeit.net
Virtual Library Geschichte, Sektion „Drittes Reich"
   http://www.hco.hagen.de/history/
Zeitgeschichte Informationssystem (ZIS)
   http://zis.uibk.ac.at/

Sonstige

http://hsozkult.geschichte.hu-berlin.de
http://www.eserver.org/history/history-at-fingertips.txt
http://www.geschichte.hu-berlin.de/EDV/Buch/
http://www.mpiwg-berlin.mpg.de/texts/Galileo.Nuncius.html
http://www.uni-tuebingen.de/mittelalter/tutorium/

Literatur

BISTE, Bärbel/HOHLS, Rüdiger (Hg.): Fachinformation und EDV-Arbeitstechniken für Historiker (Historical Social Research Supplement 12), Köln 2000; DITFURTH, Christian von: Internet für Historiker, Frankfurt a.M./New York, 3. Aufl. 1999; HORVATH, Peter: Geschichte Online. Neue Möglichkeiten für die historische Fachinformation (Historical Social Research, Supplement 8), Köln 1997; JENKS, Stuart/MARRA, Stephanie (Hg.): Internet-Handbuch Geschichte, Köln usw. 2001; JENKS, Stuart/TIEDEMANN, Paul: Internet für Historiker, Darmstadt 2000.

Quellenverzeichnis der Darstellungen

Darstellung 1:   Eigene Darstellung.

Darstellung 2:   Eigene Darstellung.

Darstellung 3:   http://www.mohr.de/mw/img/max_weber.jpg; Zugriff am 22.01.2008.

Darstellung 4:   WALTER, Rolf: Die Kommerzialisierung von Landwirtschaft und Gewerbe in Württemberg (1750–1850), St. Katharinen 1990, S. 144.

Darstellung 5:   Die Expansion der europäischen Wirtschaft in Gestalt der wichtigsten Handelsbeziehungen: BRAUDEL, Fernand: Sozialgeschichte des 15–18. Jahrhunderts. Bd. 3: Aufbruch zur Weltwirtschaft, München 1990, S. 26f.

Darstellung 6:   SÖDERBERG, Johan: Regional Economic Disparity and Dynamics, 1840–1914: a Comparison between France, Great Britain, Prussia and Sweden. In: The Journal of European Economic History, Vol. 14, Nr. 2 (1985), S. 283.

Darstellung 7:   HENNING, Friedrich-Wilhelm: Die Industrialisierung in Deutschland 1800-1914, 8. Aufl., Paderborn 1993. STATISTISCHES BUNDESAMT: Statistisches Jahrbuch für die Bundesrepublik Deutschland, Stuttgart 2007.

Darstellung 8:   PETZINA, Dietmar/ABELSHAUSER, Werner/FAUST, Anselm: Sozialgeschichtliches Arbeitsbuch III Materialien zur Statistik des Deutschen Reiches 1914–1945, München 1978, S. 78.

Darstellung 9:   PETZINA, Dietmar/ABELSHAUSER, Werner/FAUST, Anselm: Sozialgeschichtliches Arbeitsbuch III Materialien zur Statistik des Deutschen Reiches 1914–1945, München 1978, S. 100.

Darstellung 10:   GÖMMEL, Rainer: Realeinkommen in Deutschland. Ein internationaler Vergleich (1810–1913) (Vorträge zur Wirtschaftsgeschichte, hrsg. von H. Kellenbenz und J. Schneider, Heft 4), Nürnberg 1980, S. 12.

Darstellung 11:   Eigene Darstellung.

Darstellung 12: Eigene Darstellung.
Darstellung 13: Eigene Darstellung.
Darstellung 14: Eigene Darstellung.
Darstellung 15: ABEL, Wilhelm: Massenarmut und Hungerkrisen im vorin-
dustriellen Europa, 2. Aufl., Göttingen 1977, S. 253.
Darstellung 16: MACZAK, Antoni (Hrsg.): Klientelsysteme im Europa der
Frühen Neuzeit, München 1988, S. 54.
Darstellung 17 MACZAK, Antoni (Hrsg.): Klientelsysteme im Europa der
Frühen Neuzeit, München 1988, S. 53.
Darstellung 18: http://geschichte_des_fahrrads_in_bildern.know-library.
net/
Darstellung 19: BRANDT, Karl: Geschichte der deutschen Volkswirtschaftsleh-
re, Bd. 1, Freiburg/Br. 1992, S. 192.
Darstellung 20: Illustration aus Fliegende Blätter 1857, Nr. 612, Bd. XXXI, 94.
Abgedruckt in: TSCHOEKE, Jutta, Zeitgeist. In: Zug der Zeit –
Zeit der Züge. Deutsche Eisenbahn 1835–1985, Bd. 2, Berlin
1985, S. 433.
Darstellung 21: HIPPEL, Wolfgang von: Auswanderung aus Südwestdeutsch-
land, Stuttgart 1984, S. 149.
Darstellung 22: Vierteljahreshefte zur Statistik des Deutschen Reiches 44
(1935), S. 291.
Darstellung 23: Vierteljahreshefte zur Statistik des Deutschen Reiches 44
(1935), S. 298f.
Darstellung 24: Eigene Darstellung.
Darstellung 25: HAUPT, Reinhard: Industriebetriebslehre. Einführung.
Management im Lebenszyklus industrieller Geschäftsfelder,
Wiesbaden 2000, S. 55.
Darstellung 26: http://neatorama.cachefly.net/images/2007-04/joseph-
schumpeter.jpg; Zugriff am 22.01.2008.
Darstellung 27: Job Berckheyde, de binnenplaats van de amsterdamse beurs,
1668, collection amsterdams museum
Darstellung 28: http://www.larreur.com/image4.php?id=11; http://cepa.
newschool.edu/het/profiles/image/dnorth.gif; Zugriff am
22.01.2008.
Darstellung 29: WATERKAMP, Rainer: Taschenbuch der Zukunftsforschung,
Wiesbaden 1972, S. 28.
Darstellung 30: NORTH, Michael (Hrsg.): Deutsche Wirtschaftsgeschichte. Ein
Jahrtausend im Überblick, München 2000, S. 449. Zit. nach:
BRAUDEL, Fernand: Sozialgeschichte des 15.–18. Jahr-

hunderts, Bd. 3, Aufbruch zur Weltwirtschaft, München 1986, S. 689.

Darstellung 31: JACOBS, Alfred/RICHTER, Hans: Die Großhandelspreise in Deutschland von 1792 bis 1934 (= Sonderheft des Institutes für Konjunkturforschung. Nr. 37), Berlin 1935, S. 34, 82f.

Darstellung 32: SELTER, Bernward: Der „satte" Verbraucher: Idole des Ernährungsverhaltens zwischen Hunger und Überfluß 1890–1970. In: BORSCHEID, Peter/WISCHERMANN, Clemens (Hrsg.): Bilderwelt des Alltags. Werbung in der Konsumgesellschaft des 19. und 20. Jahrhunderts, Stuttgart 1995, S. 203.

Darstellung 33: http://cache.eb.com/eb/image?id=61852&rendTypeId=4; Zugriff am 22.01.2008.

Darstellung 34: WALTER, Rolf: Schäferei und Wollmarkt in Kirchheim unter Teck. Eine wirtschaftshistorische Studie. In: Stadt Kirchheim unter Teck (Schriftenreihe des Stadtarchives. Bd. 12), Kirchheim unter Teck 1990, S. 100.

Darstellung 35: Eigene Darstellung.

Darstellung 36: SCHÄTZL, Ludwig: Wirtschaftsgeographie, Bd. 1: Theorie, Paderborn 1992, S. 203; DICKEN, Peter: Global Shift. Industrial Change in a Turbulente World, London 1986, S. 20.

Darstellung 37: http://www.biografiasyvidas.com/biografia/s/fotos/smith_adam.jpg; Zugriff am 22.01.2008.

Darstellung 38: Eigene Darstellung.

Personenregister

Sachregister

Rolf Walter

Geschichte der
Weltwirtschaft
Eine Einführung

Das Buch erfasst in Grundzügen die Geschichte der Weltwirtschaft von der Kreuzzugszeit bis zur »globalisierten«
Gegenwart und benennt wesentliche Triebkräfte der Entwicklung. Es stellt Theorien, Methoden und Konzepte vor, die
zur Erfassung des weltwirtschaftlichen Wandels geeignet sind.
Jedem Kapitel folgen zur Vertiefung wichtige Literaturempfehlungen. Der Konzeption als Studienbuch entsprechend
finden sich eingestreut Klausur- und Wiederholungsfragen.
Ferner enthält das Werk eine umfangreiche, thematische
Bibliographie sowie ein ausführliches Register. Zahlreiche
Karten, Graphiken und Bilder ergänzen den Text. Das Lehr-
buch richtet sich vorwiegend an Studenten und Lehrer in den
Fächern Wirtschaftsgeschichte, Volkswirtschaft, Betriebswirtschaft, Geschichte, Geographie, Politik- und Sozialwissenschaften.

(UTB für Wissenschaft 2724 M)

2006. XVI, 257 Seiten.

Zahlr. Abb. und Tab. Broschur.

ISBN 978-3-8252-2724-1

KÖLN WEIMAR WIEN

URSULAPLATZ 1, D-50668 KÖLN, TELEFON (0221) 91390-0, FAX 91390-11

8252724070702

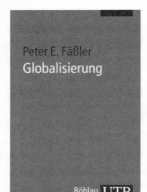

Peter E. Fäßler
Globalisierung

Peter E. Fäßler
Globalisierung
Ein historisches
Kompendium
(UTB für Wissenschaft 2865 S)
2007. 240 S. Mit 16 Abb., sowie
zahlr. Tab. und Grafiken. Br.
ISBN 978-3-8252-2865-1

»Globalisierung« ist für die heutige Zeit Schlüsselbegriff und Epochenetikett zugleich. Sie weckt einerseits Hoffnungen auf die Überwindung von Armut und schürt andererseits Ängste vor wachsender sozialer Ungerechtigkeit. Unklar bleibt aber, wann die »Globalisierung« einsetzte. Welche Entwicklungslinien lassen sich nachweisen? Welche Merkmale kennzeichneten sie in der Vergangenheit?
Das vorliegende Studienbuch präsentiert die Globalisierungsgeschichte von ihren Anfängen bis zur Gegenwart und arbeitet die Kennzeichen der einzelnen Phasen heraus. Die langfristige Entwicklung grundlegender Infrastrukturen, wichtiger Akteurskategorien (u.a. Multinationale Unternehmen, Internationale Organisationen) und ideengeschichtlicher Konzepte wird knapp und übersichtlich dargestellt. Infoboxen, Schaubilder, Graphiken, Tabellen sowie eine Auswahlbibliographie runden das Kompendium ab.

KÖLN WEIMAR WIEN

Böhlau

Ursulaplatz 1, D-50668 Köln, Telefon (0221) 91390-0, Fax 91390-11

UTB2865071126

Rolf Walter
**Wirtschaftsge-
schichte**
**Vom Merkantilismus
bis zur Gegenwart**
(Wirtschafts- und Sozial-
historische Studien,
Band 4)

Das für die 4. Auflage gründlich überarbeitete und aktualisierte Buch erschließt in leicht lesbarer Form die deutsche Wirtschaftsgeschichte vom Zeitalter des Merkantilismus bis zur
Gegenwart. In elf chronologisch aufeinanderfolgenden Kapiteln werden die wesentlichen Grundzüge der Wirtschaftsgeschichte in diesem Zeitraum strukturiert und prägnant dar-
gelegt. Die Darstellung bietet einen umfangreichen Stoff ge-
rafft und selektiv dar. Jedem Kapitel folgen zur Vertiefung und
Ergänzung die wichtigsten Literaturempfehlungen sowie eine
Reihe von Kontroll- und Wiederholungsfragen.
Das Werk enthält eine umfangreiche Bibliographie und ein
ausführliches Register. Als Lehr- und Studienbuch richtet es
sich vorwiegend an Studenten und Lehrer in den Fächern
Wirtschafts- und Sozialgeschichte, Volkswirtschaft, Betriebswirtschaft und Geschichte.

4. überarbeitete und
aktualisierte Auflage 2003.
XVI, 357 Seiten. 27 s/w-Abb.,
zahlreiche Grafiken und
Karten. Broschur.
ISBN 978-3-412-11803-7

KÖLN WEIMAR WIEN

URSULAPLATZ 1, D-50668 KÖLN, TELEFON (0221) 91 39 00, FAX 91 39 011

118030

Wirtschafts- und Sozialhistorische Studien

Herausgegeben von
Stuart Jenks, Michael North
und Rolf Walter
– Eine Auswahl –

6: Albert Fischer: **Die Landesbank der Rheinprovinz.**
Aufstieg und Fall zwischen
Wirtschaft und Politik.
1997. 639 S. Br.
ISBN 978-3-412-00297-8

7: Olaf Mörke, Michael North
(Hg.): **Die Entstehung
des modernen Europa
1600–1900.**
1998. XIII, 177 S. Br.
ISBN 978-3-412-06097-8

8: Martin Krieger:
**Kaufleute, Seeräuber
und Diplomaten.** Der dänische Handel auf dem Indischen Ozean (1620–1868).
1998. 278 S. 9 s/w-Abb. Br.
ISBN 978-3-412-10797-0

9: Claudia Schnurmann:
Atlantische Welten.
Engländer und Niederländer
im amerikanisch-atlantischen
Raum 1648–1713.
1999. VIII, 440 S. Br.
ISBN 978-3-412-09898-8

11: Reiner Flik:
Von Ford lernen?
Automobilbau und Motorisierung in Deutschland bis
1933.
2001. VIII, 319 S. Br.
ISBN 978-3-412-14800-3

12: Joachim Schwerin:
**Wachstumsdynamik in
Transformationsökonomien.** Strukturähnlichkeiten
seit der industriellen Revolution und ihre Bedeutung für
Theorie und Politik.
2001. XI, 320 S. Br.
ISBN 978-3-412-08501-8

13: Andrea Penz:
Inseln der Seligen. Fremdenverkehr in Österreich und
Irland von 1900 bis 1938.
2005. 370 S. 13 s/w-Abb. Zahlr.
Tab. u. Grafiken. Br.
ISBN 978-3-412-25105-5

14: Peter E. Fäßler:
**Durch den »Eisernen
Vorhang«.** Die deutschdeutschen Wirtschaftsbeziehungen 1949–1969.
2006. VII, 335 S. Br.
ISBN 978-3-412-28405-3

15: Armin Müller:
**Institutionelle Brüche und
personelle Brücken.**
Werkleiter in Volkseigenen
Betrieben der DDR in der
Ära Ulbricht.
2006. X, 384 S. mit 2 s/w-Abb. 14
s/w-Abb. auf 8 Taf. Br.
ISBN 978-3-412-31005-9

16: Harald Wixforth (Hg.):
**Österreich nach dem
»Anschluss«.**
Die wirtschaftliche
Neuordnung seit 1938.
2008. Ca. 336 S. Br.
ISBN 978-3-412-20146-3

17: Manuel Schramm:
Wirtschaft und Wissenschaft in DDR und BRD.
Die Kategorie Vertrauen in
Innovationsprozessen.
2008. XII, 355 S. Br.
ISBN 978-3-412-20174-6

KÖLN WEIMAR WIEN

URSULAPLATZ 1, D-50668 KÖLN, TELEFON (0 221) 91 39 00, FAX 91 39 011

SO185080605

Margot Berghaus
Luhmann leicht gemacht
Eine Einführung in die
Systemtheorie

(UTB für Wissenschaft 2360 M)

2., durchges. Auflage 2004.

302 S. 167 s/w-Abb. Br.

ISBN 978-3-8252-2360-1

Luhmanns Theorie zu kennen ist ein Gewinn – sowohl für das wissenschaftliche Denken als auch für das Verständnis von Kommunikation und Medien im Alltag. Diese Einführung ermöglicht einen Zugang in unkomplizierter Form, gerade auch für Leser ohne Vorkenntnisse. Die didaktisch klare und einfach zu erfassende Aufteilung des Stoffes hilft auch all denen, die sich mit dem Original auseinandersetzen wollen. Kommentare und Erläuterungen erschließen dem Leser die enthaltenen Zitate von Luhmann. Eine zusätzliche Verständnishilfe liefern zahlreiche Schaubilder, Karikaturen und Cartoons.

»*[Diese Einführung] sollte man aber auch jedem im Mediensystem praktisch Tätigen in die Hand drücken. Berghaus macht es [...] dem Leser tatsächlich leicht, aber nicht zu leicht.*« *literaturkritik.de*

»*Es gehört schon Mut dazu, [...] den Titel ›Luhmann leicht gemacht‹ zu wählen. Doch, dies sei vorweggenommen, der Anspruch wird eingelöst. In 21 übersichtlich strukturierten und sinnvoll aneinander anschließenden Kapiteln gelingt es Berghaus, den Kern der Systemtheorie samt Anwendung auf Kommunikation, Medien und Massenmedien so aufzuschließen, dass der Zugang einfach und einladend wird.*« *IASLonline*

KÖLN WEIMAR WIEN

URSULAPLATZ 1, D-50668 KÖLN, TELEFON (0221) 913 90-0, FAX 913 90-11

UTB2360080416

Industrielle Welt
Schriftenreihe des Arbeitskreises für moderne Sozialgeschichte.
Herausgegeben von
Lutz Raphael und
Friedrich Wilhelm Graf
– Eine Auswahl –

Band 64: Mechthild Hempe
Ländliche Gesellschaft in der Krise
Mecklenburg in der Weimarer Republik
2002. 378 S. Gb.
ISBN 978-3-412-06502-7

Band 65: Tobias Dietrich
Konfession im Dorf
Westeuropäische Erfahrungen im 19. Jahrhundert.
2004. VII, 511 S. Gb.
ISBN 978-3-412-07104-2

Band 66: Ute Schneider
Hausväteridylle oder sozialistische Utopie?
Die Familie im Recht der DDR.
2004. VIII, 389 S. Gb.
ISBN 978-3-412-09704-2

Band 67: Friedrich Lenger, Klaus Tenfelde (Hg.)
Die europäische Stadt im 20. Jahrhundert
Wahrnehmung – Entwicklung – Erosion
2006. X, 522 S.
19 s/w-Abb. auf 16 Taf. Gb.
ISBN 978-3-412-17705-8

Band 68: Marcel Boldorf
Europäische Leinenregionen im Wandel
Institutionelle Weichenstellungen in Schlesien und Irland (1750–1850)
2006. 331 S. mit 4 s/w-Karten. Gb. ISBN 978-3-412-32705-7

Band 69: Martin Lengwiler
Risikopolitik im Sozialstaat
Die schweizerische Unfallversicherung (1870–1970)
2006. XVIII, 445 S. 7 s/w-Abb. Gb.
ISBN 978-3-412-08606-0

Band 70: Bettina Hitzer
Im Netz der Liebe
Die protestantische Kirche und ihre Zuwanderer in der Metropole Berlin (1849–1914)
2006. XII, 446 S. 16 s/w-Abb. auf 16 Taf. Gb.
ISBN 978-3-412-08706-7

Band 71: Thomas Kroll
Kommunistische Intellektuelle in Westeuropa
Frankreich, Österreich, Italien und Großbritannien im Vergleich (1945–1956)
2007. XII, 775 S. Gb.
ISBN 978-3-412-10806-9

Band 72: Jakob Vogel
Ein schillerndes Kristall
Eine Wissensgeschichte des Salzes zwischen Früher Neuzeit und Moderne
2008. 522 S. Gb.
ISBN 978-3-412-15006-8

Band 73: Friedrich Wilhelm Graf, Klaus Große Kracht (Hg.)
Religion und Gesellschaft
Europa im 20. Jahrhundert
2007. IX, 416 S. Gb.
ISBN 978-3-412-20030-5

Band 74: Thomas M. Bohn
Minsk – Musterstadt des Sozialismus
Stadtplanung und Urbanisierung in der Sowjetunion nach 1945
2008. XVI, 410 S.
38 s/w-Abb. Gb.
ISBN 978-3-412-20071-8

KÖLN WEIMAR WIEN

Böhlau

URSULAPLATZ 1, D-50668 KÖLN, TELEFON (0 221) 91 39 00, FAX 91 39 011

TC232080714

Heike Knortz
Diplomatische Tauschgeschäfte
»Gastarbeiter« in der westdeutschen Diplomatie und Beschäftigungspolitik 1953–1973

2008. 248 S. Mit 23 s/w-Abb. Br.

ISBN 978-3-412-20074-9

Entgegen der Annahme, die westdeutsche Anwerbepolitik sei ausschließlich den Bedürfnissen der Industrie gefolgt, zeigt dieses Buch, dass sämtliche Initiativen zur Anwerbung ausländischer Arbeitskräfte von den Herkunftsländern Italien, Griechenland, Spanien, Portugal, Türkei, Jugoslawien, Marokko und Tunesien ausgingen. Damit versuchten diese etwa ihre aus der westdeutschen Exportstärke resultierenden Devisenprobleme sowie Arbeitslosigkeit zu reduzieren. Eine verbesserte Quellenlage sowie die systematische Sichtung regierungsamtlicher, zum Teil unverzeichneter Akten erzwingen eine Neubewertung der bundesdeutschen Ausländerpolitik der Jahre 1953 bis 1973.

Von bundesdeutscher Seite folgten die Anwerbevereinbarungen weniger arbeitsmarkt- und wirtschaftspolitischen Erwägungen, sondern den Prinzipien klassischer Außenpolitik: Die Bemühungen um einen potenziellen NATO-Partner oder um Entspannung im Ost-West-Verhältnis spielten die entscheidende Rolle. Die solchermaßen definierte Ausländerpolitik, die ein stärker technikinduziertes Wachstum in der Bundesrepublik Deutschland bis 1973 verhindert hat, lässt erstmals auch eine fundierte Neubewertung des Anwerbestopps ab diesem Zeitpunkt zu.

KÖLN WEIMAR WIEN

URSULAPLATZ 1, D-50668 KÖLN, TELEFON (0221) 91390-0, FAX 91390-11

2007408303

Hans-Peter Schwarz (Hg.)
Die Bundesrepublik Deutschland
Eine Bilanz nach
60 Jahren

2008. 698 S. Zahlr. Grafiken
und Tab. Gb. mit SU.
ISBN 978-3-412-20237-8

Im Jahr 2009 begeht die Bundesrepublik Deutschland ihren 60. Geburtstag. Anlass genug, den Werdegang dieser ersten beständigen deutschen Demokratie einer kritischen Bilanz zu unterziehen. In diesem Band beleuchten namhafte Wissenschaftler alle zentralen Aspekte dieser Geschichte und geben Ausblicke auf die Zukunftsfähigkeit des wiedervereinigten Deutschlands.

Die Beiträger: Steffen Alisch, Winfried Becker, Harald Biermann, Stefan Fröhlich, Alexander Gallus, Philipp Gassert, Jörg-Dieter Gauger, Dominik Geppert, Manfred Görtemaker, Christiane Groß, Christian Hacke, Hans Mathias Kepplinger, Hans Hugo Klein, Karl-Rudolf Korte, Sabine Kropp, Lutz Leisering, Stefan Luft, Holger Magel, Peter März, Sönke Neitzel, Merith Niehuss, Werner Plumpe, Joachim Radkau, Thomas Raithel, Silke Riemann, Stefan Schirm, Klaus Schönhoven, Klaus Schroeder, Jochen Staadt, Roland Sturm, Franz Walter und Udo Wengst.

Böhlau

KÖLN WEIMAR WIEN

URSULAPLATZ 1, D-50668 KÖLN, TELEFON (0221) 91390-0, FAX 91390-11

20237080918

Martin Krieger

Geschichte Asiens

Eine Einführung

(UTB für Wissenschaft 2382 S,

Geschichte der Kontinente, Bd. 1)

2003. VIII, 317 S. 16 Karten. Br.

ISBN 978-3-8252-2382-3

Im Zuge der Globalisierung rücken die einzelnen Erdteile immer stärker in das öffentliche Bewusstsein. Die vorliegende Einführung beschäftigt sich mit dem größten Kontinent der Erde: Asien. Er reicht von den frühen Nomadenkulturen Zentralasiens bis zu den heutigen hochentwickelten Staaten Indiens und Südostasiens.

Der Band ist in drei Abschnitte gegliedert: Methoden und Tendenzen der Forschung, Historische Grunderfahrungen und Einzelregionen Asiens. Fachlich fundiert und in gut lesbarer Sprache werden die historischen Grundlagen des Kontinents systematisch erschlossen: Umwelt, Bevölkerung, Wirtschaft, Religion und Kultur sowie die politische Geschichte. Die jeweiligen Besonderheiten der geschichtlichen Entwicklung in den Einzelregionen, angefangen bei den frühen Hochkulturen in Mesopotamien und im Industal, werden einführend dargestellt.

Das Buch eignet sich nicht nur für Studierende der asiatischen Geschichte, sondern für alle an der asiatischen Geschichte und Kultur interessierten Leser.

KÖLN WEIMAR WIEN

URSULAPLATZ 1, D-50668 KÖLN, TELEFON (0221) 91390-0, FAX 91390-11

UTB23820

Volker Depkat
Geschichte
Nordamerikas
Eine Einführung

Geschichte der Kontinente, Bd. 2

(UTB für Wissenschaft 2614 S)

2008. X, 341 S. 5 Karten. Br.

ISBN 978-3-8252-2614-5

Der Band bietet eine Einführung in die Geschichte des gesamten nordamerikanischen Kontinents und stellt somit die Gesamtgeschichte der Vereinigten Staaten und Kanadas dar. Fachlich fundiert und in gut lesbarer Sprache werden die historischen Grunderfahrungen des Kontinents systematisch erschlossen: Umwelt, Bevölkerung, Wirtschaft, Kommunikation und Verkehr, Religion sowie der kulturelle Austausch zwischen den ethnischen Gruppen. Die politische Geschichte wird von der Zeit vor der europäischen Besiedlung bis zum Ende des Kalten Krieges dargestellt. Dabei finden auch die Besonderheiten der Entwicklung – die Geschichte der Indianer, die Grundlegung des modernen Amerikas in der Kolonialzeit, die Staatsgründungsprozesse in Nordamerika bis zur Geschichte der USA und Kanadas im 20. Jahrhundert – Beachtung.

Bereits erschienen:
UTB 2614 Geschichte Asiens, Geschichte der Kontinente, Band 1, ISBN 978-3-8252-2382-5

Köln Weimar Wien

Böhlau

Ursulaplatz 1, D-50668 Köln, Telefon (0221) 91390-0, Fax 91390-11

UTB2614081001